산업인력공단 시행
최신 출제경향 반영

독학으로 합격이
가능한 필수교재

손해 평가사
한권으로 끝내기

· 독학으로 합격이 가능한 필수교재
· 합격에 필요한 핵심이론 완벽정리
· 단원별 핵심기출문제 수록
· 기출모의고사 수록

- 제1과목 「상법」 보험편
- 제2과목 농어업재해보험법령
- 제3과목 농학개론 중 재배학 및
  원예작물학

메인에듀 손해평가사연구회 편저

01차 **최신법령 최신정책**
최신출제 기준반영

동영상 강의 mainedu.co.kr

 MAINEDU

손해평가사 시험 안내

1. 기본 정보

*개요

자연재해·병충해·화재 등 농업재해로 인한 보험금 지급사유 발생 시 신속하고 공정하게 그 피해사실을 확인하고 손해액을 평가하는 일을 수행

※ 근거법령 : 농어업재해보험법

*변천과정

o 2015. 5. 15 : 손해평가사 자격시험의 실시 및 관리에 관한 업무위탁 및 고시(농림축산식품부)

o ~ 현재 : 한국산업인력공단에서 손해평가사 자격시험 시행

*수행직무

o 피해사실의 확인

o 보험가액 및 손해액의 평가

o 그 밖의 손해평가에 필요한 사항

*소속부처명

o 소관부처 : 농림축산식품부(재해보험정책과)

o 운용기관 : 농업정책보험금융원(보험2부)

*실시기관 : 한국산업인력공단(http://www.q-net.or.kr/site/loss)

2. 시험 정보

*응시자격 : 제한 없음

※ 단, 부정한 방법으로 시험에 응시하거나 시험에서 부정한 행위를 해 시험의 정지/무효 처분이 있은 날 부터 2년이 지나지 아니하거나, 손해평가사의 자격이 취소된 날부터 2년이 지나지 아니한 자는 응시할 수 없음 [농어업재해보험법 제11조의4제4항]

*원서접수방법

○ 큐넷 손해평가사 홈페이지(http://www.Q-Net.or.kr/site/loss)에서 접수

  ※ 인터넷 활용 불가능자의 내방접수(공단지부·지사)를 위해 원서접수 도우미 지원

  ※ 단체접수는 불가함

○ 원서접수 시 최근 6개월 이내에 촬영한 여권용 사진(3.5㎝×4.5㎝)을 파일(JPG·JPEG 파일, 사이즈: 150×200 이상, 300DPI 권장, 200KB 이하)로 등록(기존 큐넷 회원의 경우 마이페이지에서 사진 수정 등록)

  ※ 원서접수 시 등록한 사진으로 자격증 발급

○ 원서접수 마감시각까지 수수료를 결제하고, 수험표를 출력하여야 접수 완료

* 시험과목 및 방법

구 분	시험과목	시험방법
제1차 시험	1. 「상법」 보험편 2. 농어업재해보험법령(「농어업재해보험법」, 농어업 재해보험법 시행령」, 「농어업재해보험법 시행규칙」 및 농림축산식품부 장관이 고시하는 손해평가 요령을 말한다.) 3. 농학개론 중 재배학 및 원예작물학	객관식 4지 택일형
제2차 시험	1. 농작물재해보험 및 가축재해보험의 이론과 실무 2. 농작물재해보험 및 가축재해보험 손해평가의 이론과 실무	단답형, 서술형

* 시험시간

구 분	시험과목	문항 수	입실	시험시간
제1차 시험	① 「상법」 보험편 ② 농어업재해보험법령 ③ 농학개론 중 재배학 및 원예작물학	과목별 25문항 (총 75문항)	09:00	09:30~ 11:00 (90분)
제2차 시험	① 농작물재해보험 및 가축재해보험의 이론과 실무 ② 농작물재해보험 및 가축재해보험 손해평가의 이론과 실무	과목별 10문항	09:00	09:30~ 11:30 (120분)

○ 시험과 관련하여 법령·고시·규정 등을 적용해서 정답을 구하여야 하는 문제는 시험
   시행일기준으로 시행중인 법령·고시·규정 등을 적용하여 그 정답을 구하여야 함

* 합격기준(농어업재해보험법 시행령 제12조의6)

구 분	합 격 결 정 기 준
제1차 시험	매 과목 100점을 만점으로 하여 매 과목 40점 이상과 전 과목 평균 60점 이상을 득점한 사람을 합격자로 결정
제2차 시험	매 과목 100점을 만점으로 하여 매 과목 40점 이상과 전 과목 평균 60점 이상을 득점한 사람을 합격자로 결정

손해평가사

머리말

    손해평가사는 객관적이고 공정한 농업재해보험의 손해평가를 위해 손해액 및 보험가액의 평가, 피해사실의 확인, 그 외 손해평가에 필요한 사항에 대한 업무를 수행한다. 이를 위해 손해평가사는 농어업재해보험법에 따라 신설되는 국가자격인 국가전문자격을 취득하여야 한다.

    손해평가사 1차 시험은 총 세 과목으로 이루어지며 각 과목별 출제경향은 다음과 같다.

제1과목 「상법」 중 보험편
    주로 법 조문과 각각의 기본 개념을 바탕으로 손해평가사 직무에 필요한 문제들로 출제된다.

제2과목 「농어업재해보험법령」
    재해보험사업과 농업재해보험손해평가요령 등 손해평가사의 직무수행에서 꼭 알아야 할 법률지식 및 전문지식을 평가하는 문제들로 출제된다.

제3과목 농학개론 중 재배학 및 원예작물학
    현장적용성이 높은 작물재배 및 원예작물에 대한 기본 지식, 재배환경 및 재해, 재배관리, 재배시설 등의 문제들로 출제된다.

    본서는 최근 시행된 손해평가사 시험의 출제경향을 꼼꼼하게 분석하여 반드시 나올만한 핵심이론만을 담았고 각 장별로 최신 기출문제를 수록하여 수험생들로 하여금 손해평가사 시험에 대비할 수 있도록 구성하였다.

    또한 손해평가사 시험의 특성상 관련 법령 및 고시, 규정 등을 적용·응용해 풀어야 하는 문제가 많으므로 가장 최근에 개정되어 시행 중인 관련 법령 및 고시, 규정 등을 꼼꼼하게 반영하여 수록하였다.

    이 책이 손해평가사를 준비하는 많은 수험생들의 합격에 조금이나마 도움이 되길 바란다.

편저자 씀

목차

목차

손해평가사

제1과목

「상법」 보험편

제1장

총론

01 | 보험제도

(1) 보험의 개념과 목적

① 보험이란 사회 경제제도 중 하나로 실생활에서 언제 닥칠지 모르는 불안을 해결하기 위해 비슷한 사고 위험을 가진 사람들이 모여 단체를 형성하고 일정 금액을 모아 기금을 만든 뒤 사고가 발생했을 때 사고 당사자가 기금에서 피해 금액이나 그 외 재산 형태의 급여를 받는 제도이다.

② 경제생활의 불안을 제거할 목적으로, 동종의 우연한 사고발생의 위험에 처한 다수인 (다수의 경제주체)이 결합하여 보험단체를 구성하고, 소액의 금전(보험료)을 갹출하여 기금(공동준비재산)을 형성한 뒤 사고를 당한 자가 이로부터 금전이나 기타 재산적 급여(보험금)을 받는 사회경제 제도이다.

③ 보험은 사고발생의 적극적 방지가 아니라 사고가 일어난 후 그 경제적 손해를 소극적으로 회복하는 데 목적이 있다.

(2) 보험의 기본 특성

보험은 크게 위험의 결합, 위험의 전가, 실제 손실에 대한 보상, 우연적 손실의 보상 등 기본 특성을 가지고 있다.

① **위험의 결합** : 각 계약자들의 손해를 모든 계약자들이 함께 함으로써 실제 손해를 평균 손해로 대체하는 것이다. 이는 손해가 일어났을 때 그 손해를 해당 보험에 가입한 모든 사람들에게 분산시키는 효과를 나타낸다. 일종의 대수의 법칙이라 할 수 있다.

② **위험의 전가** : 보험에 가입한 사람들이 평소 위험의 규모에 맞춰 책정된 보험료를 보험 회사에 내면서 언제 닥칠지 알 수 없는 손해의 위험을 보험회사에 전가하는 행위이다. 손해가 발생할 확률은 낮지만 한 번 발생했을 때 그 피해가 큰 경우 이를 보험회사에 넘김으로써 손해를 적절하게 대처할 수 있도록 한다.

③ 실제 손실에 대한 보상 : 실제로 일어난 손해에 대해 그것을 손해 전 상황으로 되돌리거나 복구할 수 있도록 금전적으로 보상하는 것에 해당하지 이러한 보상으로 이익을 보는 것은 아니다.

④ 우연적 손실의 보상 : 발생한 손해 중에서도 특히 우연히 발생한 손해에 대해 보상하는 것을 말한다. 즉 어떤 목적을 가지고 일으킨 손해에 대해서는 보상이 이루어지지 않는다.

(3) 보험의 종류

① 「상법」에서의 분류
「상법」에서는 크게 '손해보험'과 '인보험'으로 보험을 구분하고 있다.
  ㉠ 손해보험 : 사고가 일어났을 때 보험에 가입한 사람에게 일어난 재산상의 손해에 대해 보상해주는 보험이다. 「상법」에서 말하는 손해보험의 종류로는 '화재보험', '운송보험', '해상보험', '책임보험', '자동차보험', '보증보험' 등이 있다.
  ㉡ 인보험 : 인보험에서 '인'이란 사람을 의미하는 말로 말 그대로 인명과 신체에 대해 사고가 일어났을 경우 보험계약에 따라 보상하는 보험이다. 인보험의 종류로는 '생명보험', '상해보험', '질병보험' 등이 있다.

② 지급방법에 의한 분류
지급방법에 따라 크게 '정액보험'과 '부정액보험'으로 나뉜다.
  ㉠ 정액보험 : 사고가 일어났을 경우 계약 당시 체결한 금액으로 보험금을 지급하고 결정하는 보험이다. 대표적으로 생명보험이 있다.
  ㉡ 부정액보험 : 사고가 일어났을 경우 실손금액을 보험금으로 지급하고 결정하는 보험이다. 여기에는 재산보험, 손해보험 등이 있다.

③ 가입대상에 의한 분류
크게 '기업보험'과 '가계보험'으로 나눌 수 있다.
  ㉠ 기업보험 : 기업인이 안정적인 경영을 위해 가입하는 보험이다.
    예 '해상보험', '항공보험', '재보험', '물건(기계)이나 건물 등에 대한 화재보험' 등
  ㉡ 가계보험 : 개인이 안정적인 가계 생활을 위해 가입하는 보험이다.
    예 '생명보험', '화재보험', '자동차보험' 등

④ 보험 목적의 범위에 따른 구분

　㉠ 개별보험 : 개개의 물건 또는 사람을 보험의 목적으로 하는 보험이다.

　㉡ 집합보험

　　• 집합된 물건을 일괄하여 보험의 목적으로 한 때에는 피보험자의 가족과 사용인의 물건도 보험의 목적에 포함된 것으로 한다. 이 경우에는 그 보험은 그 가족 또는 사용인을 위하여서도 체결한 것으로 본다.

　　• (동전) 집합된 물건을 일괄하여 보험의 목적으로 한 때에는 그 목적에 속한 물건이 보험기간 중에 수시로 교체된 경우에도 보험사고의 발생 시에 현존한 물건은 보험의 목적에 포함된 것으로 한다.

　　• 보험계약자가 파산선고를 받거나 보험료의 지급을 지체한 때에는 그 타인이 그 권리를 포기하지 아니하는 한 그 타인도 보험료를 지급할 의무가 있다.

　㉢ 단체보험과 복합보험 : 단체보험은 단체가 규약에 따라 구성원의 전부 또는 일부를 피보험자로 하는 1개의 생명 또는 상해보험이다. 복합보험은 보험목적이 다수인데 반해, 동일한 보험목적에 대해 다수의 보험사고가 복합되어 있는 보험이다.

(4) 보험의 원리

기본적으로 크게 위험의 분담, 급부 및 반대급부 균등의 원칙, 대수의 법칙, 수지상등의 원칙 등이 있고, 손해보험에서는 따로 이득금지의 원칙이 있다.

① 위험의 분담

같은 위험에 처한 여러 경제 주체가 하나의 공동재산을 형성해 우연히 큰 손해를 입은 구성원에게 이를 보상하는 것을 말한다. 예를 들어, 2억원짜리 집을 가지고 있는 사람이 화재사고에 대비하여 2억원의 돈을 준비하려고 한다면 1년에 1천만원씩 저축해도 20년이 걸리지만, 1만명의 사람들이 1년간 보험료로 2만원씩만 분담한다면 바로 2억원의 돈이 준비된다.

② 급부 및 반대급부 균등의 원칙(Lexis의 원칙)

보험가입자들이 내는 일정 보험료는 사고가 일어났을 경우 지급받는 보험금을 사고발생률에 곱한 값과 같다는 원칙으로 수지상등의 원칙과 깊은 관련이 있다.

$$P(보험료) = Z(지급보험금) \times W(사고발생률)$$

③ 대수의 법칙

수 개의 사건(n) 중 특정 성질(A)을 가지는 사건이 r개 있으면 $\frac{r}{n}$은 A가 발생할 확률이라고 할 수 있다. 그리고 여기서 n을 크게 정할 경우 $\frac{r}{n}$은 일정한 값에 한없이 가까워지는데 이를 대수의 법칙이라 한다. 예를 들어, 동전 던지기를 3번 할 경우 앞과 뒤가 각 몇 번씩 나올지 알기 어렵지만, 이를 수백 번 반복하면 앞면과 뒷면이 나올 확률이 1/2씩으로 일정해진다.

④ 수지상등의 원칙(보험단체 자족의 원칙)

보험가입자가 낸 보험료 총액과 보험회사에서 지급하는 보험금 총액이 같아야 한다는 원칙이다.

n(보험가입자수) × P(보험료) = r(사고발생건수) × Z(지급보험금)

⑤ 이득금지의 원칙

손해보험에서 따로 적용되는 원리로 보험을 통해 어떠한 이득도 보아서는 안 됨을 말한다. 보험회사가 보험가입자에게 발생한 실손금액 이상의 손해에 대해서는 보상하지 않는 것도 이 원칙 때문이다.

(5) 손해보험 특유의 원리(이득금지의 원칙)

손해보험은 손해보상보험으로서 보험자는 보험사고로 인하여 피보험자가 입은 실손해액 이상의 손해를 보상하지 않는다.

02 | 보험계약의 기초

(1) 보험계약의 개념

상법 제638조에서 "보험계약은 당사자 일방이 약정한 보험료를 지급하고 재산 또는 생명이나 신체에 불확정한 사고가 발생할 경우에 상대방이 일정한 보험금이나 그 밖의 급여를 지급할 것을 약정함으로써 효력이 생긴다"라고 규정하여 손해보험과 인보험에 대하여 통일적인 규정을 두고 있다.

(2) 보험계약의 특성

① 낙성·불요식계약성

보험계약은 보험자와 보험계약자의 의사의 합치만으로 성립하고 그 성립요건으로서 특별한 요식행위를 요하지 않는다는 의미이다. 따라서 보험료의 지급이나, 보험증권의 작성이 없더라도 당사자의 의사의 합치만으로 보험계약은 성립하게 된다.

② 유상·쌍무계약성

보험계약자는 보험료를 지급할 것을 약정하고 이에 대해 보험자는 보험금액 기타의 급부를 지급할 것을 약정한 것으로서 유상계약이고, 보험금액과 보험료는 서로 대가관계에 있는 채무이므로 쌍무계약이다.

③ 사행계약성

보험자의 보험금지급채무는 우연한 사고(보험사고)의 발생을 조건으로 한다는 특성이 있다. 이처럼 보험계약은 우연한 사건에 의해 재산관계에 변동을 생기게 한다는 점에서 사행계약의 특성이 있다.

④ 선의계약성

보험계약이 사행계약이라는 특성 때문에 당사자의 선의에 기초를 둔 계약이라는 선의계약성이 강조되어, 보험계약의 도박화를 방지하는데 노력하고 있다.

⑤ 상행위성

상법상 보험의 인수를 영업으로 하는 경우에는 기본적 상행위(상법 제46조 17호)가 되고, 보험자는 당연상인이 된다. 따라서 보험계약은 상행위성을 갖지만 금융감독위원회의 인가를 받은 보험자만이 체결할 수 있고, 어느 정도 강제성이 수반되는 등 계약자유의 원칙이 그만큼 제한을 받는다.

⑥ 계속계약성

보험계약은 보험자가 일정기간(보험기간)안에 발생한 보험사고에 대해 보험금을 지급할 책임을 지는 것으로서 그 기간동안 계속하여 계약관계가 존재하므로 계속적 계약의 성질을 갖는다.

⑦ 단체계약성·부합계약성

보험계약은 동일한 위험에 직면한 보험단체의 개념을 전제로 다수의 보험계약자를 상대로 동일한 내용의 계약이 반복적으로 체결되는 특성 때문에 계약의 정형화가 요구되고 필연적으로 부합계약의 성질을 갖는다. 따라서 보험계약은 보통거래약관인 보통보험약관에 의해 정형적으로 체결된다.

(3) 보험계약 관계자

① 보험자

계약에 따라 지급사유가 발생했을때 보험금을 지급하여야 할 의무가 있는 사람. 즉, 보험회사를 말한다. 보험자는 사기나 계약위반 사유 등이 없다면 반드시 약정한 내용에 따라 보험금을 지급하여야 하며, 이는 국가의 건전한 경제상황 유지를 위해서도 중요한 일이라 정부에서 재정건전성을 지속적으로 확인할 필요가 있다.

〈표 1-1〉 보험자의 권리·의무

권리	의무
• 보험료 청구권 • 계약해지권 • 대위권(청구권·잔존물대위) • 보험금 반환청구권 • 보험금액 감액청구권(초과보험의 경우)	• 보험금 지급의무 • 보험료 반환의무 • 보험료적립금 반환의무(인보험) • 해약환급금 반환의무(인보험) • 보험약관 교부·명시의무 • 보험증권 교부의무 • 보험증권 대부의무(인보험) • 이익배당의무

② 피보험자

보험금 지급사유 발생을 일으키는 사람을 뜻한다. 즉, 피보험자가 사고 등으로 목숨을 잃거나 건강에 이상이 생기면 보험자는 보험금 지급사유가 발생한다. 자칫 잘못하면 보험을 들어놓고 피보험자에게 일부러 위해를 가해 건강에 이상이 생기게 하거나 생명을 잃게 만드는 상황이 생길수도 있으므로 이런 상황을 막기 위해 많은 법적인 규제가 존재하며, 생명을 담보로 하는 계약의 경우에는 반드시 피보험자의 서면 동의가 있어야 한다. 따라서 제대로 된 의사능력이 없다고 판단되는 15세미만이나 심신 상실 및 박약자는 생명을 담보로 하는 계약의 피보험자가 될 수 없다.

③ 보험계약자

보험자와 계약을 체결하는 사람으로, 실질적으로 계약과 관련된 권리와 의무를 지니고 있는 사람이라고 할 수 있다. 보험증권의 교부 권리, 계약 무효로 인한 보험료 반환청구권, 계약해지권, 보험수익자 지정 및 변경권리 등 거의 모든 권리를 가지게 된다. 의무에는 계약당시와 상황이 바뀐 경우(위험한 직업으로 바뀐 경우)에 통지의무(위험성 변경시 통지하지 않으면 계약위반이 되는데, 생명보험 회사의 경우에는 하지 않아도 괜찮으나 손해보험 회사라면 반드시 해야 한다. 군인이 되는 경우에도 손해보험회사라면 통지의무가 발생한다), 사고발생시 통지의무가 있다.

④ 보험료 납입자

보험자에게 일정한 주기마다 요금을 납입하여야 하는 사람이다. 대한민국에서는 보험계약자가 곧 납입자가 되며, 납입의무가 주어진다.

⑤ 보험수익자

피보험자에게 계약한 내역으로 사고가 발생했을 때 보험금을 지급하라고 청구하여 수령할 수 있는 사람이다. 통상적으로 특별하게 규정하지 않는 이상 보험료를 납입하는 보험계약자가 곧 수익자가 된다고 할 수 있다.

(4) 보험사고(保險事故)

① 의의

보험사고란 손해보험에서 계약상 보험자의 보상의무를 구체화한 사고를 말하며, 인보험에서는 보험자의 보험금 지급의무를 구체화한 사고로, 피보험자의 생(生)과 사(死)의 사고를 말한다. 보험자가 보험금 기타 급여를 지급할 것을 약정하는 우연하게 발생하는 일정한 사고이다.

② 요건

 ㉠ 보험사고의 우연성

  보험사고가 되기 위해서는 그 사고의 발생이 우연한 것이어야 하며 만약 이미 발생한 사고이거나 혹은 발생할 수 없는 사고를 보험금지급의 요건으로 정한 보험계약은 보험사고의 요소 가운데 우연성을 결한 것으로서 무효가 된다(제644조 본문). 다만 당사자 쌍방과 피보험자가 어떤 사고가 이미 발생하였거나 혹은 발생할 가능성이 없다는 것을 알지 못하고 그 사고를 보험사고로 하여 보험계약을 체결한 때에는 계약을 유효한 것으로 인정한다.

 ㉡ 보험사고의 특정성

  보험사고는 일정한 보험의 목적에 대하여 일어나는 일정한 사고로서 보험계약에서 특정한 것만을 의미한다. 예컨대 화재보험에 붙여진 보험의 건물이 멸실되었다 하더라도 그것이 수재(水災)로 인한 것인 때에는 보험사고로 인정되지 않는다.

 ㉢ 적법성 : 적법한 사고이어야 한다. 따라서 고의사고 등은 보험사고가 될 수 없다.

 ㉣ 보험사고의 대상 : 사고의 발생에는 대상이 있어야 한다.

(5) 보험료와 보험금

① 보험료

㉠ 보험자가 보험사고에 대하여 부담하는 책임에 대한 보수이다. 보험료는 보험금액을 기준으로 하여 위험률에 따라 결정된다. 이것은 보험계약기간을 단위로 하여 위험을 측정하고 그에 따라 보험료가 결정되므로 그 기간의 위험과 보험료와는 불가분으로 연결된다. 따라서 기간 중에 계약이 해지되면 경과기간에 대한 보험료는 반환청구할 수 없고 미경과분에 관하여서는 별도 약정이 없는 한 청구를 할 수 있다.

㉡ 보험료 중에서「제1회 보험료」란 첫 번째 지급하는 보험료를 말하고,「제2회 이후의 보험료」란 그 후에 지급하는 보험료를 말한다. 또한「최초보험료」란 보험자의 책임을 시작하게 하는 보험료이고,「계속보험료」란 일단 시작한 보험자의 책임을 계속 이어지게 하는 보험료이다. 대체로「제1회 보험료」를 지급하면 보험자의 책임이 개시되므로, 제1회 보험료는「최초보험료」가 되지만, 제1회보험료의 지급을 유예하는 경우에는 먼저 보험자의 책임이 개시되고 난 후에 제1회 보험료의 지급이 있게 되므로, 이 경우의 제1회 보험료는 최초보험료가 아니고,「계속보험료」가 된다.

㉢ 보험자가 보험사고의 발생으로 손해를 보상할 경우에 보험료의 지급을 받지 아니한 잔액이 있으면, 그 지급기일이 도래하지 아니한 때라도 보험금액(보상할 금액)에서 이를 공제할 수 있다(상법 제677조).

② 보험금

㉠ 보험금이란 보험자(보험회사)가 보험사고가 발생한 때에 피보험자(손해보험) 또는 보험수익자(인보험)에게 지급해야 할 금액을 말한다.

㉡ 보험금은 보험사고가 발생하면 보험자가 지급하기로 약정한 금액으로서 정액보험과 손해보험에 따라 그 의미에 차이가 있다. 즉 보험자(보험회사)는 생명보험과 같은 정액보험의 경우에는 보험계약에서 정한 보험금액을 보험사고 발생시에 지급할 의무를 지나(상법 제730조), 손해보험의 경우에는 보험사고로 인한 실손해액을 보상하는 것이므로(동법 제665조), 보험계약에서 예정한 보험금액과 보험사고의 발생시에 보험자가 지급하는 보험금액이 일치하지 않는 경우가 있다.

(6) 보험기간(保險期間)

① 보험기간이란「보험자의 책임이 시작되어 종료될 때까지의 기간」을 말하며, 이를 책임기간(責任期間) 또는 위험기간(危險期間)이라고도 한다.

② 보험기간과 구별되는 개념으로 보험계약기간(保險契約期間)이라는 것이 있는데, 보험계약기간이란 '보험계약이 성립하여 존속하는 기간' 즉 보험계약의 성립 시부터 그 종료 시까지의 기간을 말한다.

③ 대부분의 경우 보험기간은 보험계약기간과 일치하지만, 양자가 반드시 일치하는 것은 아니다. 가령 일정한 면책기간을 설정하는 질병보험처럼 보험기간이 보험가입 후의 특정 시점부터 개시되는 경우 또는 보험에 가입하기 이전의 시점으로부터 보험기간이 개시되는 소급보험의 경우는 양자가 일치하지 않는다.

03 | 보험계약

(1) 보험계약의 성립

① 보험자가 보험계약자로부터 보험계약의 청약과 함께 보험료 상당액의 전부 또는 일부의 지급을 받은 때에는 다른 약정이 없으면 30일내에 그 상대방에 대하여 낙부의 통지를 발송하여야 한다. 그러나 인보험계약의 피보험자가 신체검사를 받아야 하는 경우에는 그 기간은 신체검사를 받은 날부터 기산한다.

② 보험자가 규정에 의한 기간내에 낙부의 통지를 해태(懈怠)한 때에는 승낙한 것으로 본다.

③ 보험자가 보험계약자로부터 보험계약의 청약과 함께 보험료 상당액의 전부 또는 일부를 받은 경우에 그 청약을 승낙하기 전에 보험계약에서 정한 보험사고가 생긴 때에는 그 청약을 거절할 사유가 없는 한 보험자는 보험계약상의 책임을 진다. 그러나 인보험계약의 피보험자가 신체검사를 받아야 하는 경우에 그 검사를 받지 아니한 때에는 그러하지 아니하다.

(2) 보험약관의 교부 및 설명 의무

① 「상법」에는 '보험자는 보험계약을 체결할 때에 보험계약자에게 보험약관을 교부하고 그 약관의 중요한 내용을 설명하여야 한다'고 하여 보험약관의 교부 및 설명 의무를 명시해 놓고 있다.

② 보험자가 약관의 교부·설명을 위반한 경우 보험계약자는 보험계약이 성립한 날부터 3개월 이내에 그 계약을 취소할 수 있다.

(3) 타인을 위한 보험

① 의의

보험계약자는 위임을 받거나 위임을 받지 아니하고 특정 또는 불특정의 타인을 위하여 보험계약을 체결할 수 있다. 그러나 손해보험계약의 경우에 그 타인의 위임이 없는 때에는 보험계약자는 이를 보험자에게 고지하여야 하고, 그 고지가 없는 때에는 타인이 그 보험계약이 체결된 사실을 알지 못하였다는 사유로 보험자에게 대항하지 못한다. 여기서 '타인'은 손해보험의 경우 피보험자를 말하고, 인보험의 경우 보험수익자를 의미한다.

② 권리

타인은 당연히 그 계약의 이익을 받는다. 그러나 손해보험계약의 경우에 보험계약자가 그 타인에게 보험사고의 발생으로 생긴 손해의 배상을 한 때에는 보험계약자는 그 타인의 권리를 해하지 아니하는 범위 안에서 보험자에게 보험금액의 지급을 청구할 수 있다.

③ 의무

보험계약자는 보험자에 대하여 보험료를 지급할 의무가 있다. 그러나 보험계약자가 파산선고를 받거나 보험료의 지급을 지체한 때에는 그 타인이 그 권리를 포기하지 아니하는 한 그 타인도 보험료를 지급할 의무가 있다. 이 외에도 타인은 보험사고 발생의 통지의무, 고지의무, 손해방지의무(손해보험의 경우), 위험유지의무 등을 해야 한다.

(4) 보험증권의 교부

① 보험증권이란 보험계약이 성립한 때 그 계약의 내용을 증명하기 위해 보험회사가 발행하는 증거증권이다.

② 보험자는 보험계약이 성립한 때에는 지체없이 보험증권을 작성하여 보험계약자에게 교부하여야 한다. 그러나 보험계약자가 보험료의 전부 또는 최초의 보험료를 지급하지 아니한 때에는 그러하지 아니하다.

③ 기존의 보험계약을 연장하거나 변경한 경우에는 보험자는 그 보험증권에 그 사실을 기재함으로써 보험증권의 교부에 갈음할 수 있다.

(5) 보험증권의 법적 성질

① 요식증권성

보험증권은 일정한 사항을 기재(상법 제666조)하고 보험자가 기명날인 또는 서명하는 요식성을 가지나 그 요식성은 어음, 수표에 있어서와 같이 엄격한 것이 아니고 법정사항의 기재를 결하거나 그 밖의 사항을 기재하여도 그 효력에는 아무런 영향이 없다. 상법상 보험증권 기재사항은 보험의 목적, 보험사고의 성질, 보험금액, 보험료와 그 지급방법, 보험기간을 정한 때에는 그 시기와 종기, 무효와 실권의 사유, 보험계약자의 주소와 성명 또는 상호, 보험계약의 연월일, 보험증권의 작성지와 그 작성 연월일 등을 기재하지 않으면 안된다. 또 법은 위의 기본적 기재사항 이외에 화재보험증권, 운송보험증권, 해상보험증권, 자동차보험증권, 인보험증권 및 상해보험증권 등 보험의 종류에 따라 특별한 기재사항을 정하고 있다.

② 면책증권성

보험자가 보험금 또는 기타의 급여를 함에 있어서 증권을 제시하는 자의 자격을 조사할 권리는 있어도 의무는 없다.

③ 증거증권성

보험증권은 보험계약의 성립과 내용을 증명하기 위하여 보험자가 발행한 것이므로 보험계약자가 이의없이 이를 받은 때에는 사실상 추정력을 가지고 있으므로 이것이 진실과 틀리는 것을 주장하는 자가 반증을 들기까지는 증거력을 가지므로 증거증권이다.

④ 유가증권성

보험증권은 원칙적으로 증거증권으로 유가증권도 유통증권도 아니라는 것이 보통이다. 그러나 보험증권은 기명식에 한하지 않고 지시식 또는 무기명식으로 발행할 것을 법은 금지하지 않고 있으므로 이것을 발행할 수 있고 또 실제에 있어 지시식 또는 부기명식 보험증권이 유가증권성을 가지는 문제가 된다.

(6) 보험증권의 이의신청

① 상법 제641조는 보험계약의 당사자는 보험증권의 교부가 있는 날로부터 1월을 내리지 않는 기간(1개월 초과해서)안에 한하여 그 증권내용의 정부에 관한 이의를 신청할 수

있음을 약정할 수 있다고 정하고 있는데 이를 "이의약관"이라한다.

② 보험증권이 증거증권으로 사실상 추정력을 가지므로 그 증권상의 기재내용이 실제 계약과 다른 때에는 이를 정정하여 당사자 사이의 불필요한 분쟁을 막을 필요가 있다. 또한 그 기간을 부당하게 짧게 정하여 계약당사자를 해할 염려가 있기 때문에 1개월 이하로는 정할수 없게 하고 있다.

(7) 보험증권의 멸실 · 훼손 · 재교부

보험증권이 멸실 또는 훼손되어도 다른 방법에 의하여 그 권리를 입증하여 보험금을 청구할 수 있으나 보험계약의 증거방법의 하나로 발행된 증서이기에 소지하면 보험계약의 내용을 추정받아 입증하기가 편리하다. 그리하여 상법은 보험증권의 멸실 또는 훼손이 현저할 때에는 보험계약자가 자기비용으로서 보험증권의 재교부를 청구할 수 있음을 정하고 있다.

(8) 소급보험(遡及保險)

보험계약은 그 계약 전의 어느 시기를 보험기간의 시기로 할 수 있는데 이러한 보험을 소급보험이라 한다. 즉, 보험기간의 시기(始期)를 보험계약의 성립시기 이전으로 소급하여 정한 보험이 소급보험이다

(9) 보험사고의 객관적 확정의 효과

보험계약 당시에 보험사고가 이미 발생하였거나 또는 발생할 수 없는 것인 때에는 그 계약은 무효로 한다. 그러나 당사자 쌍방과 피보험자가 이를 알지 못한 때에는 그러하지 아니하다.

(10) 대리인이 안 것의 효과

대리인에 의하여 보험계약을 체결한 경우에 대리인이 안 사유는 그 본인이 안 것과 동일한 것으로 한다.

(11) 보험대리상 등의 권한

① 보험대리상의 권한

ⓐ 보험계약자로부터 보험료를 수령할 수 있는 권한

ⓑ 보험자가 작성한 보험증권을 보험계약자에게 교부할 수 있는 권한

ⓒ 보험계약자로부터 청약, 고지, 통지, 해지, 취소 등 보험계약에 관한 의사표시를 수령할 수 있는 권한

ⓓ 보험계약자에게 보험계약의 체결, 변경, 해지 등 보험계약에 관한 의사표시를 할 수 있는 권한

② 보험자는 보험대리상의 권한 중 일부를 제한할 수 있다. 다만, 보험자는 그러한 권한 제한을 이유로 선의의 보험계약자에게 대항하지 못한다.

③ 보험대리상이 아니면서 특정한 보험자를 위하여 계속적으로 보험계약의 체결을 중개하는 자는 보험계약자로부터 보험료를 수령할 수 있는 권한(보험자가 작성한 영수증을 보험계약자에게 교부하는 경우만 해당한다) 및 보험자가 작성한 보험증권을 보험계약자에게 교부할 수 있는 권한이 있다.

④ 피보험자나 보험수익자가 보험료를 지급하거나 보험계약에 관한 의사표시를 할 의무가 있는 경우에는 위 ①, ②, ③규정을 그 피보험자나 보험수익자에게도 적용한다.

(12) 특별위험의 소멸로 인한 보험료의 감액청구

① 보험계약의 당사자가 특별한 위험을 예기하여 보험료의 액을 정한 경우에 보험기간중 그 예기한 위험이 소멸한 때에는 보험계약자는 그 후의 보험료의 감액을 청구할 수 있다.

② 초과보험의 경우, 보험금액이 보험계약의 목적의 가액을 현저하게 초과한 때에는 보험자 또는 보험계약자는 보험료와 보험금액의 감액을 청구할 수 있다. 그러나 보험료의 감액은 장래에 대하여서만 그 효력이 있다.

(13) 보험계약의 무효로 인한 보험료반환청구

① 보험계약의 전부 또는 일부가 무효인 경우에 보험계약자와 피보험자가 선의이며 중대한 과실이 없는 때에는 보험자에 대하여 보험료의 전부 또는 일부의 반환을 청구할 수 있다. 보험계약자와 보험수익자가 선의이며 중대한 과실이 없는 때에도 같다.

② 보험계약의 무효 사유

  ㉠ 보험계약이 취소되는 경우

  「민법」에서는 '취소된 법률행위는 처음부터 무효인 것으로 본다.'고 명시되어 있고 「상법」 제638조의 3에서 '보험자는 보험계약을 체결할 때에 보험계약자에게 보험약관을 교부하고 그 약관의 중요한 내용을 설명하여야'하는데 보험자가 이를 위반한 경우 보험계약자는 보험계약이 성립한 날부터 3개월 이내에 그 계약을 취소할 수 있으므로 이 경우 보험계약은 무효가 된다.

  ㉡ 보험사고의 객관적 확정의 효과

  보험계약 당시에 보험사고가 이미 발생하였거나 또는 발생할 수 없는 것인 때에는 그 계약은 무효로 한다.

  ㉢ 보험계약자의 사기로 인하여 체결된 초과보험 및 중복보험

  보험금액이 보험계약의 목적의 가액을 현저하게 초과한 때에는 보험자 또는 보험계약자는 보험료와 보험금액의 감액을 청구할 수 있다. 그러나 보험료의 감액은 장래에 대하여서만 그 효력이 있다. 이 경우 해당 계약이 보험계약자의 사기로 인하여 체결된 때에는 그 계약은 무효로 한다. 이는 중복보험의 경우에도 준용한다.

  ㉣ 타인의 생명보험의 경우

  타인의 사망을 보험사고로 하는 보험계약에는 보험계약 체결시에 그 타인의 서면(「전자서명법」에 따른 전자서명이 있는 경우로서 대통령령으로 정하는 바에 따라 본인 확인 및 위조 · 변조 방지에 대한 신뢰성을 갖춘 전자문서를 포함한다)에 의한 동의를 얻어야 한다. 동의를 얻지 못한 보험계약은 효력이 발생되지 않으므로 당연히 무효로 해석함이 타당하다.

  ㉤ 15세 미만자 등에 대한 계약의 금지

  15세 미만자, 심신상실자 또는 심신박약자의 사망을 보험사고로 한 보험계약은 무효로 한다.

(14) 보험료적립금 반환의무

① 의의

  ㉠ 보험자는 보험사고의 발생 전에 보험계약자에 의하여 보험계약이 임의 해지된 경우에 원칙적으로 미경과보험료만 반환하면 된다(상법 제649조).

  ㉡ 하지만, 생명보험은 장기보험으로서 저축기능이 포함되어 있으므로 계약이 해지된 때는 보험자는 보험계약자에게 보험료적립금을 지급해야 한다(상법 제736조 제1

항). 생명보험 등의 인보험에서는 계약의 해지 또는 면책사고 발생 등으로 보험계약이 종료되는 때 보험금 등을 지급하기 위하여 보험료의 일부를 적립해두는 것이 보통인데, 이를 보험료적립금이라고 한다. 이와 관련하여 보험자는 결산기마다 보험계약의 종류에 따라 책임준비금과 비상위험준비금을 계상할 의무가 있다(보험업법 제120조 제1항). 이때의 책임준비금(보험료적립금 포함)은 장래에 지급할 보험금, 환급금 및 계약자배당금의 지급에 충당하기 위한 것이다.

② 보험료적립금 반환의무를 부담하는 경우

　　㉠ 상법 제736조는 일정한 경우 보험금액의 지급 책임이 면제된 때 보험자는 보험수익자를 위하여 적립한 금액을 보험계약자에게 반환해야 한다고 규정하고 있다. 보험료적립금을 반환하지 않는다면 보험자가 부당이득을 하는 결과가 되므로 상법은 이를 반환하게 한 것이다.

　　㉡ 보험료적립금을 반환해야 하는 경우는 보험사고 발생 전에 보험계약자에 의한 임의해지의 경우(상법 제649조), 보험료 부지급으로 인한 계약해지(상법 제650조 제2항), 고지의무 위반으로 인한 계약해지(상법 제651조), 위험변경·증가로 인한 보험자의 계약해지(상법 제652조 제1항), 보험계약자 등의 고의 또는 중과실로 인한 위험증가의 경우에 보험자의 계약해지(상법 제653조), 보험자의 파산선고로 인한 보험계약자의 임의 해지(상법 제654조), 보험자가 면책되는 경우(상법 제736조 제1항) 등이다.

(15) 보험료의 지급과 지체의 효과

① 보험계약자는 계약체결후 지체없이 보험료의 전부 또는 제1회 보험료를 지급하여야 하며, 보험계약자가 이를 지급하지 아니하는 경우에는 다른 약정이 없는 한 계약성립 후 2월이 경과하면 그 계약은 해제된 것으로 본다.

② 계속보험료가 약정한 시기에 지급되지 아니한 때에는 보험자는 상당한 기간을 정하여 보험계약자에게 최고하고 그 기간내에 지급되지 아니한 때에는 그 계약을 해지할 수 있다.

③ 특정한 타인을 위한 보험의 경우에 보험계약자가 보험료의 지급을 지체한 때에는 보험자는 그 타인에게도 상당한 기간을 정하여 보험료의 지급을 최고한 후가 아니면 그 계약을 해제 또는 해지하지 못한다.

(16) 계약해지

① 고지의무

보험계약자와 피보험자가 보험계약 당시에 보험자에 대하여 중요한 사실을 고지하고 불고지, 부실고지를 아니할 의무를 지는 것을 말한다.

② 해지권 발생

보험계약자 등에게 고지의무위반이 있으면 당연 무효가 아닌 보험자가 계약을 해지할 수 있을 뿐이다. 해지권은 형성권의 일종으로 보험자가 고지의무위반 사실을 입증하고, 고지의무자에게 일방적 통고로 행사한다.

③ 해지권 행사

보험계약당시에 보험계약자 또는 피보험자가 고의 또는 중대한 과실로 인하여 중요한 사항을 고지하지 아니하거나 부실의 고지를 한 때에는 보험자는 그 사실을 안 날로부터 1월내에, 계약을 체결한 날로부터 3년내에 한하여 계약을 해지할 수 있다. 그러나 보험자가 계약당시에 그 사실을 알았거나 중대한 과실로 인하여 알지 못한 때에는 그러하지 아니하다.

④ 사고발생전의 임의해지(상법 제649조)

㉠ 보험사고가 발생하기 전에는 보험계약자는 언제든지 계약의 전부 또는 일부를 해지할 수 있다. 그러나 제639조의 보험계약의 경우에는 보험계약자는 그 타인의 동의를 얻지 아니하거나 보험증권을 소지하지 아니하면 그 계약을 해지하지 못한다.

㉡ 보험사고의 발생으로 보험자가 보험금액을 지급한 때에도 보험금액이 감액되지 아니하는 보험의 경우에는 보험계약자는 그 사고발생 후에도 보험계약을 해지할 수 있다.

㉢ 위 ㉠의 경우에는 보험계약자는 당사자간에 다른 약정이 없으면 미경과보험료의 반환을 청구할 수 있다. 미경과보험료란 보험계약이 해지될 때의 보험료기간 이후의 해당 기간의 보험료를 말한다.

⑤ 보험사고 발생후 해지(상법 제655조)

보험사고가 발생한 후라도 보험자가 계약을 해지하였을 때에는 보험금을 지급할 책임이 없고 이미 지급한 보험금의 반환을 청구할 수 있다. 다만, 고지의무(告知義務)를 위반한 사실 또는 위험이 현저하게 변경되거나 증가된 사실이 보험사고 발생에 영향을 미치지 아니하였음이 증명된 경우에는 보험금을 지급할 책임이 있다.

⑥ 위험변경증가의 통지와 계약해지(상법 제652조)

    ㉠ 보험기간 중에 보험계약자 또는 피보험자가 사고발생의 위험이 현저하게 변경 또는 증가된 사실을 안 때에는 지체없이 보험자에게 통지하여야 한다. 이를 해태한 때에는 보험자는 그 사실을 안 날로부터 1월 내에 한하여 계약을 해지할 수 있다.

    ㉡ 보험자가 ㉠의 위험변경증가의 통지를 받은 때에는 1월 내에 보험료의 증액을 청구하거나 계약을 해지할 수 있다.

⑦ 보험계약자 등의 고의나 중과실로 인한 위험증가와 계약해지(상법 제653조)

    보험기간 중에 보험계약자, 피보험자 또는 보험수익자의 고의 또는 중대한 과실로 인하여 사고발생의 위험이 현저하게 변경 또는 증가된 때에는 보험자는 그 사실을 안 날부터 1월 내에 보험료의 증액을 청구하거나 계약을 해지할 수 있다.

⑧ 보험자의 파산선고와 계약해지(상법 제654조)

    ㉠ 보험자가 파산의 선고를 받은 때에는 보험계약자는 계약을 해지할 수 있다.

    ㉡ ㉠의 규정에 의하여 해지하지 아니한 보험계약은 파산선고 후 3월을 경과한 때에는 그 효력을 잃는다.

⑨ 선박미확정의 적하예정보험 통지의무 해태에 의한 계약해지(상법 제704조)

    보험계약의 체결 당시에 하물을 적재할 선박을 지정하지 아니한 경우에 보험계약자 또는 피보험자가 그 하물이 선적되었음을 안 때에는 지체없이 보험자에 대하여 그 선박의 명칭, 국적과 하물의 종류, 수량과 가액의 통지를 발송하여야 한다. 통지를 해태한 때에는 보험자는 그 사실을 안 날부터 1월 내에 계약을 해지할 수 있다.

(17) 보험계약의 부활

① 계속보험료가 지급되지 않는 경우 보험자의 계약해지에 의하여 보험계약이 해지되고 해약환급금이 지급되지 아니한 경우에 보험계약자는 일정한 기간내에 연체보험료에 약정이자를 붙여 보험자에게 지급하고 그 계약의 부활을 청구할 수 있다.

② 이는 계약해지를 보험계약이 종료되었다 하더라도 보험계약자가 보험의 계속을 청약할 때에는 그 계약의 부활을 승낙함으로써 계약자의 피해를 방지하려는 것이다.

(18) 보험료의 지급과 보험자의 책임개시

보험자의 책임은 당사자 간에 다른 약정이 없으면 최초의 보험료의 지급을 받은 때로부터 개시한다.

(19) 보험사고발생의 통지의무

① 통지의무란 보험계약의 효과로 발생된 의무로서 보험기간 중에 일정한 사실의 발생을 보험자에게 알리는 보험계약자 측의 의무를 말한다. 여기에는 위험의 변경·증가 통지의무와 보험사고 발생의 통지의무 그리고 기타 재보험의 특수한 통지의무가 있다.

② 보험계약자 또는 피보험자나 보험수익자는 보험사고의 발생을 안 때에는 지체없이 보험자에게 그 통지를 발송하여야 한다.

③ 보험계약자 또는 피보험자나 보험수익자가 ②의 통지의무를 해태함으로 인하여 손해가 증가된 때에는 보험자는 그 증가된 손해를 보상할 책임이 없다.

(20) 보험금액의 지급

① 보험금 청구권자
보험사고 발생시 보험자에게 보험금을 청구할 수 있는 자는 손해보험에서는 피보험자이고, 인보험에서는 보험수익자이다.

② 지급시기와 방법
보험자는 보험금액의 지급에 관하여 약정기간이 있는 경우에는 그 기간내에 약정기간이 없는 경우에는 제657조(보험사고발생의 통지의무)의 통지를 받은 후 지체없이 지급할 보험금액을 정하고 그 정하여진 날부터 10일내에 피보험자 또는 보험수익자에게 보험금액을 지급하여야 한다.

(21) 보험자의 면책사유

① 면책사유의 의의
보험계약이 체결된 경우 보험자에게 있어 많은 의무가 생기는데 그 중 가장 중요한 의무가 보험계약에서 정한 사고의 발생 시 일정 보험금액이나 기타의 급부를 지급하는 보험금 지급의무라 할 수 있다. 하지만 보험사고가 보험계약자 또는 피보험자나 보험수익자의 고의 또는 중대한 과실로 인하여 생긴 때에는 보험자는 보험금액을 지급할 책임이 없는데 이러한 사유를 면책사유라고 한다.

② 종류

보험자의 면책사유는 크게 법정 면책사유와 약관상 면책사유로 나누며 법정 면책사유
는 다시 일반적 면책사유와 특수한 면책사유로 구분한다.

③ 보험자는 보험계약에 의해 보험계약자가 불의의 사고를 당했을 때 일정의 보험금액이
나 기타 급부를 지급해야 한다. 하지만 보험계약자가 이를 악용하여 인위적으로 사고
를 유발하거나 비정상적인 상태(전쟁 등)에서 보험사고가 일어나면 보험자는 합리적
으로 보험기업을 운영하기 어려워진다. 따라서 이러한 보험계약자의 도덕적 위험을
사전에 차단하고 보험자를 지켜 보험단체의 합리적 운영을 유지하기 위해 면책을 인
정한다.

(22) 법정 면책사유

① 일반적 면책사유

㉠ 일반적 면책사유는 크게 보험계약자 등의 의무위반으로 인한 보험자의 계약해지,
보험계약자 등의 고의 · 중과실로 인한 보험사고, 전쟁위험 등으로 인한 면책 등으
로 나눌 수 있다.

㉡ 보험계약자 등의 의무위반으로 인한 보험자의 계약해지

보험사고가 발생한 후라도 보험자가 제650조(보험료의 지급과 지체의 효과), 제651
조(고지의무위반으로 인한 계약해지), 제652조(위험변경증가의 통지와 계약해지)
및 제653조(보험계약자 등의 고의나 중과실로 인한 위험증가와 계약해지)에 따라
계약을 해지하였을 때에는 보험금을 지급할 책임이 없고 이미 지급한 보험금의 반
환을 청구할 수 있다. 다만, 고지의무(告知義務)를 위반한 사실 또는 위험이 현저하
게 변경되거나 증가된 사실이 보험사고 발생에 영향을 미치지 아니하였음이 증명
된 경우에는 보험금을 지급할 책임이 있다.

㉢ 보험계약자 등의 고의 · 중과실로 인한 보험사고

ⓐ 책임보험

책임보험의 기능상 주로 중과실로 인한 손해에 대해 담보하는데 이는 중과실의
경우 우연성을 결여한 고의와 다르고 보험사고의 대부분이 중과실에 의한 것으
로 이를 면책할 경우 보험사고가 존재하기 어렵고, 중과실과 경과실의 구분 또
한 어렵기 때문이다.

ⓑ 일반보험

제659조(보험자의 면책사유)에는 보험사고가 보험계약자 또는 피보험자나 보험

수익자의 고의 또는 중대한 과실로 인하여 생긴 때에는 보험자는 보험금액을 지급할 책임이 없다고 규정하고 있는데 이는 보험사고의 우연성 뿐만 아니라 신의성실의 원칙, 선량한 풍속 등에도 위배되기 때문에 이러한 경우까지 보험계약자 등을 보호할 필요가 없다고 판단한 것이다.

ⓒ 생명보험

제732조의 2(중과실로 인한 보험사고 등) 제1항에는 사망을 보험사고로 한 보험계약에서는 사고가 보험계약자 또는 피보험자나 보험수익자의 중대한 과실로 인하여 발생한 경우에도 보험자는 보험금을 지급할 책임을 면하지 못한다고 규정한다. 또한 상해보험에서도 중과실로 인한 경우 이에 준용한다고 규정하고 있다.

ⓔ 전쟁위험 등으로 인한 면책

보험사고가 전쟁 기타의 변란으로 인하여 생긴 때에는 당사자 간에 다른 약정이 없으면 보험자는 보험금액을 지급할 책임이 없다.

② **특수한 면책사유**

㉠ 일반손해보험

제678조(보험자의 면책사유)에 의거해 보험의 목적의 성질, 하자 또는 자연소모로 인한 손해는 보험자가 이를 보상할 책임이 없는데 이는 우연한 보험사고로 볼 수 없기 때문이다.

㉡ 운송보험

제692조(운송보조자의 고의, 중과실과 보험자의 면책)에 따라 보험사고가 송하인 또는 수하인의 고의 또는 중대한 과실로 인하여 발생한 때에는 보험자는 이로 인하여 생긴 손해를 보상할 책임이 없다. 여기서 송하인 또는 수하인은 운송보조자로 보험계약상 일정한 권리 및 의무를 가지기 때문이다.

㉢ 해상보험

ⓐ 선박이 보험계약에서 정하여진 발항항이 아닌 다른 항에서 출항한 때에는 보험자는 책임을 지지 아니한다.

ⓑ 선박이 보험계약에서 정하여진 도착항이 아닌 다른 항을 향하여 출항한 때에도 ⓐ의 경우와 같다.

ⓒ 보험자의 책임이 개시된 후에 보험계약에서 정하여진 도착항이 변경된 경우에는 보험자는 그 항해의 변경이 결정된 때부터 책임을 지지 아니한다.

ⓓ 선박이 정당한 사유 없이 보험계약에서 정하여진 항로를 이탈한 경우에는 보험자는 그때부터 책임을 지지 아니한다. 선박이 손해발생 전에 원항로로 돌아온

경우에도 같다.

ⓔ 피보험자가 정당한 사유 없이 발항 또는 항해를 지연한 때에는 보험자는 발항 또는 항해를 지체한 이후의 사고에 대하여 책임을 지지 아니한다.

ⓕ 적하를 보험에 붙인 경우에 보험계약자 또는 피보험자의 책임 있는 사유로 인하여 선박을 변경한 때에는 그 변경후의 사고에 대하여 책임을 지지 아니한다.

ⓖ 보험자는 선박 또는 운임을 보험에 붙인 경우에는 발항 당시 안전하게 항해를 하기에 필요한 준비를 하지 아니하거나 필요한 서류를 비치하지 아니함으로 인하여 생긴 손해에 대해 보상할 책임이 없다.

ⓗ 적하보험에서 용선자, 송하인 또는 수하인의 고의 또는 중대한 과실로 인하여 생긴 손해에 대해 보상할 책임이 없다.

ⓘ 도선료, 입항료, 등대료, 검역료, 기타 선박 또는 적하에 관한 항해 중의 통상비용에 대해 보상할 책임이 없다.

(23) 약관상 면책사유

면책약관이란 각종 보험약관에서 보험종목에 따라 받아들이기 어려운 위험에 대해 보험자의 면책사유를 규정한 것이다. 이는 보험제도의 본질에 위배되지 않고 신의성실의 원칙과 공서양속 및 보험계약자 등의 불이익변경금지에 위배되지 않는 범위에서 유효하다.

(24) 타인을 위한 보험

① 보험계약자는 위임을 받거나 위임을 받지 아니하고 특정 또는 불특정의 타인을 위하여 보험계약을 체결할 수 있다. 그러나 손해보험계약의 경우에 그 타인의 위임이 없는 때에는 보험계약자는 이를 보험자에게 고지하여야 하고, 그 고지가 없는 때에는 타인이 그 보험계약이 체결된 사실을 알지 못하였다는 사유로 보험자에게 대항하지 못한다.

② ①의 경우에는 그 타인은 당연히 그 계약의 이익을 받는다. 그러나 손해보험계약의 경우에 보험계약자가 그 타인에게 보험사고의 발생으로 생긴 손해의 배상을 한 때에는 보험계약자는 그 타인의 권리를 해하지 아니하는 범위안에서 보험자에게 보험금액의 지급을 청구할 수 있다.

③ ①의 경우에는 보험계약자는 보험자에 대하여 보험료를 지급할 의무가 있다. 그러나 보험계약자가 파산선고를 받거나 보험료의 지급을 지체한 때에는 그 타인이 그 권리를 포기하지 아니하는 한 그 타인도 보험료를 지급할 의무가 있다.

(25) 재보험

보험자는 보험사고로 인하여 부담할 책임에 대하여 다른 보험자와 재보험계약을 체결할 수 있다. 이 재보험계약은 원보험계약의 효력에 영향을 미치지 아니한다.

(26) 보험계약 청구권의 소멸시효

보험금청구권은 3년간, 보험료 또는 적립금의 반환청구권은 3년간, 보험료청구권은 2년간 행사하지 아니하면 시효의 완성으로 소멸한다.

(27) 보험계약자 등의 불이익변경금지

이 편(編)의 규정은 당사자 간의 특약으로 보험계약자 또는 피보험자나 보험수익자의 불이익으로 변경하지 못한다. 그러나 재보험 및 해상보험 기타 이와 유사한 보험의 경우에는 그러하지 아니하다.

(28) 상호보험, 공제 등에의 준용

이 편의 규정은 그 성질에 반하지 아니하는 범위에서 상호보험(相互保險), 공제(共濟), 그 밖에 이에 준하는 계약에 준용한다.

(29) 상실이익 등의 불산입

보험사고로 인하여 상실된 피보험자가 얻을 이익이나 보수는 당사자간에 다른 약정이 없으면 보험자가 보상할 손해액에 산입하지 아니한다(상법 제667조).

제1장

핵심기출문제

1. 보험계약에 관한 설명으로 옳지 않은 것은?

① 보험계약은 유상·쌍무계약이다.

② 보험계약은 보험자의 청약에 대하여 보험계약자가 승낙함으로써 성립한다.

③ 보험계약은 보험자의 보험금 지급책임이 우연한 사고의 발생에 달려 있으므로 사행계약의 성질을 갖는다.

④ 보험계약은 부합계약이다.

> **해설 ▌** 낙성·불요식계약성 : 보험계약은 보험자와 보험계약자의 의사의 합치만으로 성립하고 그 성립요건으로서 특별한 요식행위를 요하지 않는다는 의미이다. 보험자가 보험계약자로부터 보험계약의 청약과 함께 보험료 상당액의 전부 또는 일부의 지급을 받은 때에는 다른 약정이 없으면 30일내에 그 상대방에 대하여 낙부의 통지를 발송하여야 한다.
>
> **정답 ▌** ②

2. 타인을 위한 보험에 관한 설명으로 옳은 것은?

① 보험계약자는 위임을 받지 아니하면 특정의 타인을 위하여 보험계약을 체결할 수 없다.

② 타인을 위한 보험계약의 경우에 그 타인은 수익의 의사표시를 하여야 그 계약의 이익을 받을 수 있다.

③ 보험계약자가 불특정의 타인을 위한 보험을 그 타인의 위임 없이 체결할 경우에는 이를 보험자에게 고지할 필요가 없다.

④ 타인을 위한 보험계약의 경우 보험계약자가 보험료의 지급을 지체한 때에는 그 타인이 그 권리를 포기하지 아니하는 한 그 타인도 보험료를 지급할 의무가 있다.

3. 상법상 보험에 관한 설명으로 옳은 것은?

① 보험증권의 멸실로 보험계약자가 증권의 재교부를 청구한 경우 증권의 작성비용은
보험자의 부담으로 한다.

② 보험기간의 시기는 보험계약 이후로만 하여야 한다.

③ 보험계약당시에 보험사고가 이미 발생하였을 경우 당사자 쌍방과 피보험자가 이를
알지 못하였어도 그 계약은 무효이다.

④ 보험계약의 당사자는 보험증권의 교부가 있은 날로부터 일정한 기간내에 한하여 그
증권내용의 정부(正否)에 관한 이의를 할 수 있음을 약정할 수 있다.

4. 보험대리상 등의 권한에 관한 설명으로 옳지 않은 것은?

① 보험대리상은 보험계약자로부터 보험계약에 관한 청약의 의사표시를 수령할 수 있다.

② 보험자는 보험계약자로부터 보험료를 수령할 수 있는 보험대리상의 권한을 제한할 수 있다.

③ 보험대리상은 보험계약자에게 보험계약에 관한 해지의 의사표시를 할 수 없다.

④ 보험대리상이 아니면서 특정한 보험자를 위하여 계속적으로 보험계약의 체결을 중개하는 자는 보험계약자로부터 보험계약에 관한 취소의 의사표시를 수령할 수 없다.

> **해설 ┃** 상법 제646조의 2 제1항(보험대리상 등의 권한) 보험대리상은 다음의 권한이 있다.
> 1. 보험계약자로부터 보험료를 수령할 수 있는 권한
> 2. 보험자가 작성한 보험증권을 보험계약자에게 교부할 수 있는 권한
> 3. 보험계약자로부터 청약, 고지, 통지, 해지, 취소 등 보험계약에 관한 의사표시를 수령할 수 있는 권한
> 4. 보험계약자에게 보험계약의 체결, 변경, 해지 등 보험계약에 관한 의사표시를 할 수 있는 권한
>
> **정답 ┃** ③

5. 보험계약의 해지에 관한 설명으로 옳지 않은 것은?

① 보험계약자가 보험계약을 전부 해지했을 때에는 언제든지 미경과보험료의 반환을 청구할 수 있다.

② 타인을 위한 보험의 경우를 제외하고, 보험사고가 발생하기 전에는 보험계약자는 언제든지 보험계약의 전부를 해지할 수 있다.

③ 타인을 위한 보험계약의 경우 보험사고가 발생하기 전에는 그 타인의 동의를 얻으면 그 계약을 해지할 수 있다.

④ 보험금액이 지급된 때에도 보험금액이 감액되지 아니하는 보험의 경우에는 보험계약자는 그 사고 발생 후에도 보험계약을 해지할 수 있다.

> **해설 ┃** 상법 제649조(사고발생전의 임의해지)
> ① 보험사고가 발생하기 전에는 보험계약자는 언제든지 계약의 전부 또는 일부를 해지할 수 있다. 이 경우 보험계약자는 당사자간에 다른 약정이 없으면 미경과보험료의 반환을 청구할 수 있다.
>
> **정답 ┃** ①

6. 보험료의 지급과 지체의 효과에 관한 설명으로 옳은 것은?

① 보험계약자는 계약체결후 지체없이 보험료의 전부 또는 제1회 보험료를 지급하여야 한다.

② 계속보험료가 약정한 시기에 지급되지 아니한 때에는 보험자는 상당한 기간을 정하여 보험계약자에게 최고하고 그 기간내에 지급되지 아니한 때에는 그 계약은 해지된 것으로 본다.

③ 특정한 타인을 위한 보험의 경우에 보험계약자가 보험료의 지급을 지체한 때에는 보험자는 그 계약을 해제 또는 해지할 수 있다.

④ 보험계약자가 최초보험료를 지급하지 아니한 경우에는 다른 약정이 없는 한 계약성립후 1월이 경과하면 그 계약은 해제된 것으로 본다.

> 해설 ┃ 상법 제650조 (보험료의 지급과 지체의 효과)
> ①, ④ 보험계약자는 계약체결후 지체없이 보험료의 전부 또는 제1회 보험료를 지급하여야 하며, 보험계약자가 이를 지급하지 아니하는 경우에는 다른 약정이 없는 한 계약성립후 2월이 경과하면 그 계약은 해제된 것으로 본다.
> ② 계속보험료가 약정한 시기에 지급되지 아니한 때에는 보험자는 상당한 기간을 정하여 보험계약자에게 최고하고 그 기간내에 지급되지 아니한 때에는 그 계약을 해지할 수 있다.
> ③ 특정한 타인을 위한 보험의 경우에 보험계약자가 보험료의 지급을 지체한 때에는 보험자는 그 타인에게도 상당한 기간을 정하여 보험료의 지급을 최고한 후가 아니면 그 계약을 해제 또는 해지하지 못한다.
>
> 정답 ┃ ①

7. 고지의무에 관한 설명으로 옳지 않은 것은?

① 고지의무를 부담하는 자는 보험계약상의 보험계약자 또는 보험수익자이다.

② 보험계약자가 고의로 중요한 사항을 고지하지 아니한 경우, 보험자는 그 사실을 안 날로부터 1월이 된 시점에는 계약을 해지할 수 있다.

③ 보험자가 계약당시에 보험계약자의 고지의무위반 사실을 알았을 때에는 계약을 해지할 수 없다.

④ 보험계약자가 중대한 과실로 중요한 사항을 고지하지 아니한 경우, 보험자는 계약체결일로부터 3년이 경과한 시점에는 계약을 해지할 수 없다.

> 해설 ┃ 고지의무는 보험계약자나 피보험자가 보험계약 체결 당시에 사고발생률을 측정하기 위하여 필요한 중요사항에 관하여 고지해야 할 의무 또는 부실고지를 해서는 안 될 의무를 말한다(상법 제651조). 고지의무를 부담하는 자는 <u>보험계약자와 피보험자</u>이다.
>
> 정답 ┃ ①

8. 보험약관에 관한 설명으로 옳은 것을 모두 고른 것은? (다툼이 있으면 판례에 따름)

> ㄱ. 보통보험약관이 계약당사자에 대하여 구속력을 가지는 것은 보험계약 당사자 사이에서
>   계약내용에 포함시키기로 합의하였기 때문이다.
> ㄴ. 보험자가 약관의 교부·설명 의무를 위반한 경우에 보험계약이 성립한 날부터 3개월
>   이내에는 피보험자 또는 보험수익자도 그 계약을 해지할 수 있다.
> ㄷ. 약관의 내용이 이미 법령에 의하여 정하여진 것을 되풀이 하는 정도에 불과한 경우,
>   보험자는 고객에게 이를 따로 설명하지 않아도 된다.

① ㄱ, ㄴ

② ㄱ, ㄷ

③ ㄴ, ㄷ

④ ㄱ, ㄴ, ㄷ

해설 ▎ 상법 제638조의3(보험약관의 교부·설명 의무)
① 「상법」에는 '보험자는 보험계약을 체결할 때에 보험계약자에게 보험약관을 교부하고 그 약관의 중
   요한 내용을 설명하여야 한다'고 하여 보험약관의 교부 및 설명 의무를 명시해 놓고 있다.
② 보험자가 약관의 교부·설명을 위반한 경우 <u>보험계약자는</u> 보험계약이 성립한 날부터 3개월 이내에
   그 계약을 취소할 수 있다.

정답 ▎ ②

9. 위험변경증가의 통지와 계약해지에 관한 설명으로 옳은 것은?

① 보험기간 중에 피보험자가 사고발생의 위험이 현저하게 변경 또는 증가된 사실을
   안 때에는 지체없이 보험자에게 통지하여야 한다.

② 보험계약체결 직전에 보험계약자가 사고발생의 위험이 변경 또는 증가된 사실을 안
   때에는 지체없이 보험자에게 통지하여야 한다.

③ 보험기간 중에 위험변경증가의 통지를 받은 때에는 보험자는 3개월 내에 보험료의
   증액을 청구할 수 있다.

④ 보험기간 중에 위험변경증가의 통지를 받은 때에는 보험자는 3개월 내에 계약을 해
   지할 수 있다.

해설 ▎ 상법 제652조 (위험변경증가의 통지와 계약해지)
① 보험기간 중에 보험계약자 또는 피보험자가 사고발생의 위험이 현저하게 변경 또는 증가된 사실을
   안 때에는 지체없이 보험자에게 통지하여야 한다. 이를 해태한 때에는 보험자는 그 사실을 안 날로
   부터 1월 내에 한하여 계약을 해지할 수 있다.
② 보험자가 보험기간 중에 위험변경증가의 통지를 받은 때에는 1월 내에 보험료의 증액을 청구하거나
   계약을 해지할 수 있다.

정답 ▎ ①

10. 보험계약자 등의 고의나 중과실로 인한 위험증가와 계약해지에 관한 설명으로 옳지 않은 것은? (다툼이 있으면 판례에 따름)

① 보험기간 중에 보험계약자의 중대한 과실로 인하여 사고발생의 위험이 현저하게 증가된 때에는 보험자는 그 사실을 안 날부터 1월내에 보험료의 증액을 청구할 수 있다.

② 위험의 현저한 변경이나 증가된 사실과 보험사고 발생과의 사이에 인과관계가 부존재 한다는 점에 관한 주장·입증책임은 보험자 측에 있다.

③ 보험기간 중에 피보험자의 고의로 인하여 사고발생의 위험이 현저하게 증가된 때에는 보험자는 그 사실을 안 날부터 1월내에 계약을 해지할 수 있다.

④ 사고 발생의 위험이 현저하게 변경 또는 증가된 사실이라 함은 그 변경 또는 증가된 위험이 보험계약의 체결 당시에 존재하고 있었다면 보험자가 보험계약을 체결하지 않았거나 적어도 그 보험료로는 보험을 인수하지 않았을 것으로 인정되는 정도의 것을 말한다.

해설 ┃ ② 상법 제655조 단서에 의하여 보험자는 위 각 의무위반을 이유로 보험계약을 해지할 수 없으나, 위와 같은 고지의무에 위반한 사실 또는 위험의 현저한 변경이나 증가된 사실과 보험사고 발생과의 사이에 인과관계가 부존재 한다는 점에 관한 <u>주장·입증책임은 보험계약자 측에 있다.</u>

정답 ┃ ②

11. 보험자의 계약해지와 보험금청구권에 관한 설명으로 옳은 것을 모두 고른 것은?

> ㄱ. 보험사고 발생 후라도 보험계약자의 계속보험료 지급지체를 이유로 보험자가 계약을 해지하였을 때에는 보험금을 지급할 책임이 있다.
> ㄴ. 보험사고 발생 후에 보험계약자가 고지의무를 위반한 사실이 보험사고 발생에 영향을 미치지 아니하였음이 증명된 경우에는 보험자는 보험금을 지급할 책임이 있다.
> ㄷ. 보험수익자의 중과실로 인하여 사고발생의 위험이 현저하게 변경되거나 증가된 사실이 보험사고 발생에 영향을 미치지 아니하였음이 증명된 경우에는 보험자는 보험금을 지급할 책임이 있다.

① ㄷ

② ㄱ, ㄴ

③ ㄴ, ㄷ

④ ㄱ, ㄴ, ㄷ

해설 ┃ ㄱ. 보험사고 발생 후라도 보험계약자의 계속보험료 지급지체를 이유로 보험자가 계약을 해지하였을 때에는 보험금을 지급할 책임이 없고 이미 지급한 보험금의 반환을 청구할 수 있다.

정답 ┃ ③

12. 보험사고발생의 통지의무에 관한 설명으로 옳은 것은?

① 상법은 보험사고발생의 통지의무위반 시 보험자의 계약해지권을 규정하고 있다.

② 보험계약자는 보험사고의 발생을 안 때에는 상당한 기간 내에 보험자에게 그 통지를 발송하여야 한다.

③ 피보험자가 보험사고발생의 통지의무를 해태함으로 인하여 손해가 증가된 때에는 보험자는 그 증가된 손해를 보상할 책임이 없다.

④ 보험수익자는 보험사고발생의 통지의무자에 포함되지 않는다.

> **해설 ▮** 상법 제657조 (보험사고발생의 통지의무)
> ① 통지의무란 보험계약의 효과로 발생된 의무로서 보험기간 중에 일정한 사실의 발생을 보험자에게 알리는 보험계약자 측의 의무를 말한다. 여기에는 위험의 변경·증가 통지의무와 보험사고 발생의 통지의무 그리고 기타 재보험의 특수한 통지의무가 있다.
> ② 보험계약자 또는 피보험자나 보험수익자는 보험사고의 발생을 안 때에는 지체없이 보험자에게 그 통지를 발송하여야 한다.
> ③ 보험계약자 또는 피보험자나 보험수익자가 ②항의 통지의무를 해태함으로 인하여 손해가 증가된 때에는 보험자는 그 증가된 손해를 보상할 책임이 없다.
>
> **정답 ▮** ③

제2장
손해보험

01 손해보험 총설

(1) 손해보험계약의 개념

① 보험계약자 등(피보험자)이 계약한 일정의 보험료를 지급하고 보험자가 피보험자의 재산에 대해 보험사고로 인하여 생길 피보험자의 재산상의 손해를 보상할 책임이 있다고 규정함으로써 효력이 발생하는 보험계약이다. 손해보험은 우연한 사고로 피보험자의 재산이나 물건에 손해가 생길 경우 이에 대해 보상하는 것으로 사람의 생명이나 신체에 생길 손해에 대해 보상하는 인보험계약과는 구별된다.

② 손실보상과 손해배상
손해란 사고발생 전의 이익상태와 사고발생 후의 이익상태의 차이를 말하며 손실보상이나 손해배상은 그 손해를 사고 전의 상태로 원상복구하는 기능을 가지고 있다.

ⓐ 손실보상 : 공법상 국가나 지방자치단체 또는 공공기관의 합법적 권리행사로 인해 발생한 손실을 전보하거나, 사법상으로 적법한 행위임에도 발생한 손실을 보상해 주는 것이다.

ⓑ 손해배상 : 위법한 행위로 다른 사람에게 손해를 입힌 사람이 그 손해를 회복시켜 주는 것이다. 본인이 한 일에 대해 책임을 지는 것이기 때문에 고의나 과실이 있어야 한다.

ⓒ 손실보상과 손해배상의 차이점
고의나 과실 측면에서 봤을 때 손실보상은 가해자가 없거나 가해자의 위법이나 과실이 없는 경우에도 그 손실을 보상해야 하지만 손해배상은 가해자의 위법이나 잘못이 입증되어야만 한다. 따라서 손실보상은 과실의 크고 작음, 과실의 유무를 문제 삼지 않는 사회보장의 성격이 크므로 무과실책임주의인 반면, 손해배상은 과실책임주의라 할 수 있다.

(2) 손해보험의 보상의 원칙(Priciple of Indemnity, 실손보상의 원칙 = 이득금지의 원칙)

① 의의

손해보험에서 보험사고가 생겼을 때 보험자는 피보험자에게 실제 손해액 이상의 보험금을 지급할 수 없다는 원칙이다. 보험사고가 생겼을 경우 보험자의 보상책임 범위는 보험가액과 보험금액의 한도 내에서 피보험물의 실제 손해액에 따라 보험금이 지급되는데 이는 피보험자가 보험으로 인해 경제적 이득을 취할 수 없다는 손해보험 특유의 원리인 이득금지의 원칙 때문이다. 이러한 원칙이 인정되는 이유는 피보험자 등이 보험으로 인해 경제적 이득을 취할 경우 도덕적 위험이 뒤따르고 보험의 도박화 및 인위적 사고를 발생시켜 보험제도가 사회에 공헌하기보다 암적 요소로 전락할 수 있기 때문이다.

② 원칙의 내용

손해보험은 이 원칙에 따라 복구, 대체, 수리 등을 통해 손해를 원상회복시킨다. 이때 대체비용(재축비, 재조달비 등)에서 피해물의 감가분을 빼고 복구, 대체, 수리 등으로 그 가치가 증가되었다면 신구교환공제를 해 이득을 금지한다.

③ 이득금지 원칙의 적용예외

- ㉠ 신가보험 : 제676조 제1항에 따라 신품가액에 의해 손해를 보상하는 계약이다. 이는 피보험자가 신구교환차익을 얻어 이득금지의 원칙에 위배되지만 공서양속과 보험의 목적에 어긋나지 않으므로 예외로 인정한다.
- ㉡ 전손 시 협정보험가액 : 제670조에 따라 보험계약 당사자 간에 미리 보험가액을 협정한 기평가보험의 경우 그 보험가액이 실제 손해액보다 많은 경우에도 그 차액이 적으면 협정보험가액으로 보상한다.
- ㉢ 손해방지비용 : 손해 방지 및 경감을 위해 필요하거나 유익했던 비용을 말한다. 제680조에 따라 실제 손해액과 비용의 합계액이 보험금을 초과하더라도 보험자가 이를 부담하는 것인데 이는 보험자가 단지 비용으로 보상액과 합산하여 지급하는 것일 뿐이다.
- ㉣ 생명보험 : 생명보험에서는 이득금지의 원칙이 적용되지 않는다. 단, 상해나 질병보험에서는 치료에 들어가는 의료실비가 부정액보험으로 손해보험의 성격을 가져 당사자 특약으로 이득금지의 원칙이 적용될 수 있다.

(3) 손해보험의 종류

① 상법에서는 손해보험을 크게 화재보험, 운송보험, 해상보험, 책임보험, 자동차보험, 보증보험 등으로 나누고 있다. 이 중 화재보험과 운송보험, 해상보험은 전통적 손해보험에 속하며 책임보험은 기계문명의 발달 및 도로교통의 증대로 급속히 발전하는 새로운 보험이고 자동차보험은 자동차의 증대 및 교통사고의 위험으로 오늘날 가장 중요한 보험분야 중 하나이다. 그리고 보증보험은 보험과 보증의 성격을 규정하는 전형계약이라 할 수 있다.

② 손해보험은 해상보험에서 시작됐으며 경제 발전과 함께 사회생활이 복잡해지면서 새로운 분야의 보험이 계속 생기고 있다. 그리고 그 구분의 표준에 따라 여러 가지로 나뉜다.

③ 이 법의 규정 외에도 생산물배상책임보험, 도난보험, 근로자재해보상보험, 동물보험, 유리보험, 조립보험, 항공보험, 건설공사보험, 원자력보험 등의 여러 손해보험이 있다.

(4) 피보험이익(=보험계약의 목적)

① 상법 제668조(보험계약의 목적)에서는 '보험계약은 금전으로 산정할 수 있는 이익에 한하여 보험계약의 목적으로 할 수 있다'라고 규정하고 있는데 피보험이익은 여기서 말하는 '보험계약의 목적'이라고 할 수 있으며 금전적으로 산정할 수 있는 이익으로 한정한다.

② 피보험이익은 상법 제666조 제1호(보험의 목적), 제675조(사고발생 후의 목적멸실과 보상책임), 제678조(보험자의 면책사유), 제679조(보험목적의 양도) 등에서 말하는 보험의 목적과 구별된다. 상법의 위 해당 조항에서 말하는 보험의 목적은 보험계약의 대상인 재화를 말하며 피보험이익은 보험의 목적에 대해 가지고 있는 경제적 이해관계를 말한다. 따라서 같은 목적에 대해 경제적 이해관계가 다름에 따라 여러 개의 피보험이익이 있을 수 있고 이러한 피보험이익이 다르면 같은 목적물에 대한 보험계약도 각각의 다른 보험계약이 된다.

③ 피보험이익의 요건
   ㉠ 피보험이익은 크게 경제적 이익, 확정적 이익, 적법한 이익 등의 요건을 충족해야 한다.
   ㉡ 경제적 이익 : 피보험이익은 금전적으로 산정할 수 있는 이익으로 여기서 말하는 '금전적으로 산정할 수 있는 이익'이란 객관적 평가가 가능한 이익을 의미한다. 즉

금전적으로 산정할 수 없는 손해는 사실상 불가능하다는 것인데 이는 피보험자가 보험을 남용해 실제 손해액 이상의 손해보상을 받을 염려가 있기 때문이다. 따라서 감정적 이익이나 기호이익 등은 피보험이익이 될 수 없다.

ⓒ 확정적 이익 : 피보험이익은 보험계약을 체결할 당시 존재나 소속이 확정되어 있거나 적어도 사고가 발생했을 때까지 확정할 수 있는 것이어야 한다. 따라서 피보험이익은 확정할 수만 있으면 현재의 이익 외 장래의 이익이나 조건부 이익 등도 보험계약의 목적으로 할 수 있다. 여기에는 제687조의 포괄보험이나 제689조 제2항과 제698조의 희망이익보험 등을 그 예로 들 수 있다.

ⓔ 적법한 이익 : 피보험이익은 법의 보호를 받을 수 있어야 하므로 선량한 풍속 기타 사회질서에 위반한 사항을 내용으로 하는 법률행위는 무효로 한다. 즉 탈세나 절도 및 도박 등으로 인해 얻을 이익 등은 피보험이익으로 인정되지 않는다. 여기서 말하는 피보험이익의 적법성은 당사자의 선의나 악의와는 상관없이 객관적인 기준에 의해 결정되어야 하고 피보험자의 인적상태와도 관계가 없다.

④ 피보험이익의 기능

ⓐ 피보험이익의 기능으로는 크게 일부보험의 보상액 결정, 도박화 및 인위적 위험의 방지, 보험자의 책임범위 결정, 보험계약의 동일성을 구별하는 기준, 초과 및 중복보험의 규제 등으로 나눌 수 있다.

ⓑ 일부보험의 보상액 결정 : 제674조(일부보험)에 따라 보험가액의 일부를 보험에 붙인 경우에는 보험자는 보험금액의 보험가액에 대한 비율에 따라 보상할 책임을 진다. 그러나 당사자 간에 다른 약정이 있는 때에는 보험자는 보험금액의 한도 내에서 그 손해를 보상할 책임을 진다.

ⓒ 도박화 및 인위적 위험의 방지 : 보험계약과 도박은 모두 사행성을 지녔다는 점에서 비슷하지만 보험의 경우 피보험이익을 지녔다는 부분에서 도박화를 방지한다고 볼 수 있다. 그리고 피보험이익은 보험자의 책임범위를 한정하므로 피보험자 등으로 하여금 인위적인 보험사고를 야기하지 못하게 한다.

ⓓ 보험자의 책임범위 결정 : 보험자는 보험사고 발생 시 피보험이익을 금전적으로 산정한 보험가액을 한도로 보험금을 지급하는데 여기서 보험자의 책임범위는 법정 최고 한도로 한다.

ⓔ 보험계약의 동일성을 구별하는 기준 : 피보험이익이 다르면 같은 보험의 목적에 여러 개의 보험계약을 맺을 수 있다.

ⓑ 초과 및 중복보험의 규제 : 손해보험계약은 이익이나 불로소득을 주려는 제도가 아니기 때문에 초과보험이나 중복보험에 대해 따로 규정을 두고 규제하고 있다. 결과적으로 도박보험이나 초과 및 중복보험 등을 방지해 보험계약의 사행성을 막는다.

(5) 보험가액과 보험금액의 관계

① **보험가액** : 피보험이익을 금전으로 평가한 가액이다. 원칙적으로 언제나 일정하지 않고 경기의 변동에 따라 변하는 피보험이익의 가액으로 물건보험에서만 존재한다.

② **보험가액의 평가**

㉠ 보험가액은 보험기간 중에 변동할 수 있으므로 계약 당사자 간의 다툼을 막기 위해 상법에서는 보험가액의 평가에 대해 아래와 같이 규정한다.

㉡ 기평가보험(Valued Policy) 일 때

ⓐ 기평가보험은 보험계약을 맺는 데 있어 계약 당사자 간에 미리 피보험이익의 가액에 대해 합의가 이루어진 보험으로 제670조(기평가보험)에는 '당사자 간에 보험가액을 정한 때에는 그 가액은 사고발생 시의 가액으로 정한 것으로 추정한다. 그러나 그 가액이 사고발생 시의 가액을 현저하게 초과할 때에는 사고발생 시의 가액을 보험가액으로 한다.'라고 규정하고 있다. 이 때 계약이 보험계약자의 사기로 인하여 체결된 때에는 그 계약은 무효이다.

ⓑ 상법에서 이러한 기평가보험제도를 인정하고 있는 이유는 보험사고가 일어났을 때 피보험이익의 평가를 두고 계약 당사자 사이에 발생할 분쟁을 막기 위해서이다.

ⓒ 기평가보험에 있어 보험가액에 대한 합의는 제685조(화재보험증권), 제690조(운송보험증권), 제695조(해상보험증권)에서 규정하는 것처럼 각각의 손해보험증권에 기재해야 하고 명시적이어야 한다. 이렇게 보험가액의 기재가 있는 보험증권을 기평가보험증권이라 부르고 보험가액의 기재가 없는 보험증권을 미평가보험증권이라 부른다.

㉢ 미평가보험일 때

ⓐ 미평가보험은 보험계약을 맺을 때 계약 당사자들이 피보험이익의 가액에 대해 아무런 평가를 하지 않은 보험으로 제671조(미평가보험)에는 '당사자 간에 보험가액을 정하지 아니한 때에는 사고발생 시의 가액을 보험가액으로 한다.'라고 규정하고 있다.

ⓑ 보험가액의 불변경주의
- 보험가액의 불변경주의란 보험가액 산정의 특칙으로 보통 보험기간이 짧고 시간적으로 보험가액 변동이 적으며 손해발생의 때와 장소를 결정하기 어려운 해상보험 및 운송보험 등에서 평가가 용이한 시점의 가액을 기준으로 전보험기간을 통해 보험가액으로 정하는 것을 말한다.
- 해상보험 및 운송보험은 운송물이나 선박 그리고 적하물이 자주 변경되어 손해가 발생한 때와 장소를 정하기 어렵고 특히 미평가보험의 경우 그 보험가액의 평가가 더욱 어렵기 때문에 특정 시점의 가액을 보험가액으로 정한 것이다.
- 효과 : 언제나 평가가 용이한 특정 시점의 가액을 표준으로 삼기 때문에 계약 당사자 간의 분쟁의 여지가 적고 보험료 산정이 용이하다.
- 상법에서는 보험가액을 다음과 같이 규정하고 있다.
  - 초과보험 : 초과보험에서의 보험가액은 계약 당시의 가액에 의하여 정한다 (제669조 제2항).
  - 운송보험 : 운송물의 보험에 있어서는 발송한 때와 곳의 가액과 도착지까지의 운임 기타의 비용을 보험가액으로 한다(제689조 제1항).
  - 선박보험 : 선박의 보험에 있어서는 보험자의 책임이 개시될 때의 선박가액을 보험가액으로 한다(제696조 제1항).
  - 적하보험 : 적하의 보험에 있어서는 선적한 때와 곳의 적하의 가액과 선적 및 보험에 관한 비용을 보험가액으로 한다(제697조).
  - 희망이익보험 : 적하의 도착으로 인하여 얻을 이익 또는 보수의 보험에 있어서는 계약으로 보험가액을 정하지 아니한 때에는 보험금액을 보험가액으로 한 것으로 추정한다(제698조).

③ **보험금액** : 보험사고 발생 시 손해를 보상하기 위해 보험자가 지급하기로 한 최고한도의 금액으로 보험계약을 맺을 당시 계약 당사자 사이의 약정에 의해 정한다. 보험금액은 약정보험금액이라고도 하는데 이는 손해가 발생했을 경우 실제로 지급하는 금액과 구별하기 위함이다.

④ **보험가액과 보험금액의 관계**
㉠ 손해보험은 일종의 손해보상계약으로 보험자가 지급할 손해액은 보험가액에 의해 최고한도가 결정되고 보험금액에 의해 그 범위가 정해진다. 보험가액은 '법률상의 최고 한도액'으로 피보험이익을 금전평가한 가액이고, 보험금액은 보험사고가 생겼을 경우 보험자가 지급할 금액의 '계약상의 최고 한도액'이다. 또한 보험가액은 손

해보험에만 있는 개념이고 보험금액은 손해보험과 인보험 모두에 있는 공통된 개념으로 보험가액과 보험금액의 관계는 손해보험에서만 문제된다.

보험가액과 보험금액은 서로 개념이 다르고 보험가액의 경우 항상 가변성을 띠고 있어서 계약을 맺은 당시 각 당사자가 정한 보험금액과 일치하지 않을 때가 있는데 이렇게 일치하지 않는 경우를 중복보험, 초과보험, 일부보험 등으로 나누고 일치하는 경우를 전부보험이라고 한다.

ⓛ 중복보험

ⓐ 같은 피보험이익(보험계약의 목적)과 같은 보험사고에 대해 여러 개의 보험계약이 맺어질 수 있다. 보험금액의 총액이 보험가액을 초과해 여러 명의 보험자와 개별적으로 보험계약을 맺는 중복보험, 여러 명의 보험자가 보험계약자의 위험을 나누고 공동으로 보험을 인수하는 공동보험, 보험자 사이에 서로 연결 없이 보험가액 한도 내에서 보험을 인수하는 병존보험 등이 그것이다.

ⓑ 의의와 형태

• 의의

동일한 보험계약의 목적과 동일한 사고에 관하여 수개의 보험계약이 동시에 또는 순차로 체결된 경우에 그 보험금액의 총액이 보험가액을 초과한 때에는 보험자는 각자의 보험금액의 한도에서 연대책임을 진다. 이 경우에는 각 보험자의 보상책임은 각자의 보험금액의 비율에 따른다(제672조 제1항).

• 형태

- 보험금의 사취목적
- 보험계약자나 피보험자가 중복을 모르고 다른 보험자와 계약을 체결하는 경우
- 보험계약자가 자기를 위한 보험계약을 체결하였을 때 제3자가 그 보험계약자를 위한 즉 타인을 위한 보험계약을 체결한 경우
- 고가품 및 기타 보험계약의 목적이 고액인 경우의 보험에 있어서 보험계약자가 단일 보험자와의 보험계약으로는 보험자의 자력면에서 불안할 때

ⓒ 요건

• 보험가액의 초과 : 여러 개의 보험계약의 합계액이 보험가액을 초과해야 한다.
• 보험계약 요소의 중복 : 같은 보험의 목적에 피보험자와 보험계약의 목적(피보험이익) 및 보험사고가 동일하고 보험기간 또한 중복되거나 동일해야 한다.
• 여러 개의 보험계약 : 같은 피보험이익에 대해 여러 개의 보험계약이 여러 명의 보험자와 맺어져야 한다.

ⓓ 효과
- 보험계약자의 사기로 인한 경우 : 제669조 제4조와 제672조 제3항에서는 '계약이 보험계약자의 사기로 인하여 체결된 때에는 그 계약은 무효로 한다. 그러나 보험자는 그 사실을 안 때까지의 보험료를 청구할 수 있다.'라고 규정한다.
- 보험자의 보상책임 : 제672조 제1항에서는 '동일한 보험계약의 목적과 동일한 사고에 관하여 수개의 보험계약이 동시에 또는 순차로 체결된 경우에 그 보험금액의 총액이 보험가액을 초과한 때에는 보험자는 각자의 보험금액의 한도에서 연대책임을 진다. 이 경우에는 각 보험자의 보상책임은 각자의 보험금액의 비율에 따른다.'라고 규정하고 있다.
- 보험계약자의 통지의무 : 제672조 제2항에서는 '동일한 보험계약의 목적과 동일한 사고에 관하여 수개의 보험계약을 체결하는 경우에는 보험계약자는 각 보험자에 대하여 각 보험계약의 내용을 통지하여야 한다.'라고 규정하고 있는데 만약 이러한 통지의무를 지키지 않으면 그 계약은 모두 무효로 봐야 한다. 통지 방법은 구두 및 서면 제한이 없으나 반드시 각 보험자의 명칭과 보험금액을 알려야 한다.
- 보험자 1인에 대한 권리 포기 : 제673조에는 '제672조(중복보험)의 규정에 의한 수개의 보험계약을 체결한 경우에 보험자 1인에 대한 권리의 포기는 다른 보험자의 권리의무에 영향을 미치지 아니한다.'라고 되어 있다. 이것은 보험계약자가 어느 한 보험자와 통모해서 다른 보험자를 해치는 것을 막기 위함이다. 따라서 보험계약자가 특정 보험자 1인에 대해 보험청구권을 포기했을 때 그 보험자의 부담부분에 대해서 다른 보험자들도 책임을 면하고 만약 다른 보험자가 이미 보험계약자에게 보상을 지급했을 경우에는 그 보험자의 부담부분에 대한 구상권을 행사할 수 있다.
- 보험료와 보험금액의 감액청구 : 중복보험으로 인해 보험금액이 보험가액을 월등히 초과할 경우 보험계약자 및 보험자는 보험료와 보험금액의 감액을 청구할 수 있고 이때 보험료 감액은 미래에 대해서만 효력이 생기므로 초과보험과 같다.
- 입법주의
  - 중복보험의 경우 보험자의 손해보상방법에 관해 정할 필요가 있고 그 입법주의는 다음과 같다.
  - 연대주의 : 보험계약 시기(동시 또는 이시)와 관계없이 각 보험자가 보험금액을 한도로 연대해 책임을 지는 것.

- 비례주의 : 보험계약 시기(동시 또는 이시)와 관계없이 각 보험자가 자신의 보험금액의 비율에 따라 보상의 책임을 지는 것.
- 우선주의 : 보험계약 시기(동시 또는 이시)를 구별해서 동시 중복보험일 때 각 보험자의 부담은 각 보험금액의 총 보험금액에 대한 비율로 부담하고, 이시 중복보험일 때에는 먼저 계약한 것을 우선 부담하고 나중에 계약한 것이 부족 부분에 대해 부담하는 것.

ⓔ 중복보험의 법리 확장

원칙적으로 중복보험의 법리는 보험가액의 개념이 있는 물건보험에서만 인정되는데 상법에서는 책임보험에 대해서도 중복보험의 법리에 따르도록 하고 있다. 즉 제725조의 2(수개의 책임보험)에 따르면 '피보험자가 동일한 사고로 제3자에게 배상책임을 짐으로써 입은 손해를 보상하는 수개의 책임보험계약이 동시 또는 순차로 체결된 경우에 그 보험금액의 총액이 피보험자의 제3자에 대한 손해배상액을 초과하는 때에는 제672조(중복보험)와 제673조(중복보험과 보험자 1인에 대한 권리포기)의 규정을 준용한다.'라고 되어 있다.

ⓒ 초과보험(Over Insurance)

ⓐ 제669조에 규정된 바와 같이 초과보험이란 보험금액이 보험계약 목적의 가액을 현저하게 초과한 보험이다. 초과보험은 보험계약을 맺을 당시 각 당사자에 의해 보험가액 이상으로 정해져 생기거나 보험기간 중 물가가 하락하여 보험가액이 현저하게 감소한 경우에 생긴다.

ⓑ 성립조건
• 보험금액이 보험계약의 목적의 가액을 현저하게 초과한 때에는 보험자 또는 보험계약자는 보험료와 보험금액의 감액을 청구할 수 있다. 그러나 보험료의 감액은 장래에 대하여서만 그 효력이 있다(제669조 제1항).
• 초과보험의 가액은 계약 당시의 가액에 의하여 정한다(제669조 제2항).
• 보험가액이 보험기간 중에 현저하게 감소된 때에도 보험자 또는 보험계약자는 보험료와 보험금액의 감액을 청구할 수 있다(제669조 제3항).
• 보험계약이 보험계약자의 사기로 인하여 체결된 때에는 그 계약은 무효로 한다. 그러나 보험자는 그 사실을 안 때까지의 보험료를 청구할 수 있다(제669조 제4항).

ⓒ 효과
• 각 나라에서는 초과보험이 보험의 도박화 또는 인위적인 사고를 발생시킬 수 있어 이를 제한하고 있다.

- 입법주의는 크게 주관주의와 객관주의로 나뉘는데 주관주의입법은 우리나라에서 따르고 있는 것으로 보험금액이 보험가액을 초과하는 경우 사기적인 것이나 단순한 것 등에 따라 그 효력을 달리하는 것이다. 사기적인 것일 경우 그 계약은 무효가 되고 단순한 것일 경우 당사자에게 보험금액과 보험료의 감액청구권을 인정한다. 객관주의입법은 일본에서 따르는 것으로 초과부분에 대해 당연히 무효로 하는 것이다.

ⓔ 일부보험(Under Insurance)

  ⓐ 보험가액의 일부를 보험에 붙인 물건보험으로 전부보험의 반대 개념이다. 일부보험은 계약이 성립된 후 물가가 오름으로써 보험가액이 높아져 자연적으로 발생하는 경우와 보험료 절감 및 피보험자의 주의력 해이를 방지하기 위해 의식적으로 맺는 경우가 있다.

  ⓑ 조건

    보험가액의 일부를 보험에 붙인 경우에는 보험자는 보험금액의 보험가액에 대한 비율에 따라 보상할 책임을 진다. 그러나 당사자 간에 다른 약정이 있는 때에는 보험자는 보험금액의 한도 내에서 그 손해를 보상할 책임을 진다(제674조).

  ⓒ 효과

    - 제674조에 따르면 일부보험은 비례부담의 원칙(보험자는 보험금액의 보험가액에 대한 비율에 따라 보상할 책임을 진다)과 제1차 위험보험 또는 실손보상계약(당사자 간에 다른 약정이 있는 때에는 보험자는 보험금액의 한도 내에서 그 손해를 보상할 책임을 진다)의 효과를 갖고 있다.

    - 비례부담의 원칙은 보험의 목적이 전손된 경우 보험자가 보험금액 전액을 지급하고 분손된 경우에는 보험자가 손해액의 일부를 지급하고 나머지는 보험계약자가 부담하는 것을 말한다.

> 보험자의 보상액 = 보험금액/보험가액 × 100

    제1차 위험보험 또는 실손보상계약은 보험자가 비례보상 책임을 지지 않고 보험금액에 달할 때까지는 분손의 경우라도 전부 보상하는 것인데 이는 보험 본래의 취지에 부응하기도 하고 피보험자에게 피보험이익을 초과하여 부당이득을 줄 염려가 없기 때문이다.

    - 부보비율 조건부 실손보상 : 보험계약자가 보험금액을 보험자가 원하는 일정 비율에 맞는 금액으로 정했을 때 실손보상을 하는 것으로 이는 보험자의 보험료 확보와 보험계약자 사이의 형평성을 유지하기 위해서이다.

ㅁ 전부보험

보험금액과 보험가액이 일치하는 보험을 말하는데 실제로 보험가액이 수시로 변하고 그 산정이 어려워 현실적으로 존재하기는 어렵다. 전부보험에서는 특약이 없는 한 보험자는 실손해액 전액을 보상한다.

02 손해보험계약의 효과, 소멸, 변경

(1) 보험계약자 및 피보험자의 손해방지와 경감의 의무

① 보험계약자와 피보험자는 손해의 방지와 경감을 위하여 노력하여야 한다. 그러나 이를 위하여 필요 또는 유익하였던 비용과 보상액이 보험금액을 초과한 경우라도 보험자가 이를 부담한다(제680조).

② 내용

손해방지와 경감의 의무를 진 자는 보험계약자, 피보험자, 이들을 위해 대리권이 있는 대리인 및 지배인, 선장 등이다. 손해방지와 경감의 의무가 발생하는 시기는 그 보험사고가 발생한 때부터이고 범위는 보험자가 담보하고 있는 보험사고가 발생한 경우로 한정한다. 즉 전손만 담보했을 때 분손의 위험이 발생하면 이 의무는 발생하지 않는다. 손해방지와 경감의 의무를 진 보험계약자 및 피보험자 등은 사정이 허락할 경우 보험자의 지시를 받아 그에 따라야 한다.

③ 손해방지와 경감 비용의 부담

손해방지와 경감 비용은 제680조 제1항에 규정된 바와 같이 보험계약자와 피보험자가 손해의 방지와 경감의 노력하기 위해 필요 또는 유익하였던 비용이다. 해당 항목에서는 이 비용과 보상액이 보험금액을 초과한 경우라도 보험자가 이를 부담한다고 규정되어 있다.

(2) 보험자의 손해보상의 의무

① 손해보험에서 가장 중요한 것은 보험자의 손해보상의 의무이다. 이것은 보험자가 보험계약자의 보험료 지급에 대한 대가로 보험기간 중 보험사고가 생겼을 경우 보험계약자의 재산상 손해를 보상해야 하는 것을 말한다. 보험자의 보상의무는 제656조(보험료

의 지급과 보험자의 책임개시)의 규정처럼 당사자 간에 다른 약정이 없으면 최초의 보험료의 지급을 받은 때로부터 개시하거나 제643조(소급보험)처럼 각 당사자가 정한 계약 전의 어느 시기부터로 할 수 있다.

② **손해보상 책임의 발생 조건**

   ㉠ 상당인과관계

     손해보험사고와 피보험자가 실제로 입은 재산상의 손해는 상당한 부분 인과관계가 있어야 한다.

   ㉡ 피보험자의 재산상 손해 발생

     여기서 말하는 손해는 경제상의 불이익으로 재산상의 손해를 말한다. 따라서 정신적 손해는 포함되지 않으며 보험사고로 생긴 재산상의 손해라도 소손해면책조항이나 면책사유와 같이 보험자가 담보하지 않는 손해에 대해서는 포함하지 않는다.

   ㉢ 보험기간 중의 보험사고 발생

     보험자는 보험사고가 보험기간 중에 발생하였지만 그 손해가 보험기간 후에 생긴 경우, 보험계약 당시에 보험사고가 이미 발생하였지만 당사자 쌍방과 피보험자가 이를 알지 못한 경우에도 책임을 진다.

③ **손해액의 산정과 보상**

   ㉠ 손해액 산정

     제676조(손해액의 산정기준)에 따르면 '보험자가 보상할 손해액은 그 손해가 발생한 때와 곳의 가액에 의하여 산정한다. 그러나 당사자 간에 다른 약정이 있는 때에는 그 신품가액에 의하여 손해액을 산정할 수 있다'라고 규정하고 있다. 다만 제670조(기평가보험)나 해상 및 운송보험의 경우에는 일정 시점의 가액이나 협정보험가액을 기준으로 손해액을 산정한다. 제676조 제2항에 따라 손해액의 산정에 관한 비용은 보험자의 부담으로 한다.

   ㉡ 손해보상의 범위

     ⓐ 당연히 개별적인 보험계약에서 정한 보험금액 한도 내에서 피보험자가 실제로 입은 손해액으로 한다. 다만 제676조 제1항의 단서에 따라 당사자 간에 다른 약정이 있는 때에는 그 신품가액에 의하여 손해액을 산정할 수 있고 이 외에도 손해방지비용을 부담하는데 그 비용과 보상액의 합계가 보험금액을 초과할 경우에도 보상한다.

     ⓑ 물건보험의 경우 그 범위는 보험금액에 의해 정해지고 보험가액에 의해 최고한도가 결정된다.

- 공동보험 : 보험증권상 확인된 자기인수분을 한도로 비례보상한다.
- 중복보험 : 각 보험자의 보험금액의 비율에 따라 보험가액 한도 내에서 보상한다.
- 초과보험 : 보험가액을 한도로 실손해액의 전액을 보상한다.
- 일부보험 : 비례보상을 하지만 실손보상제를 채택한 제1차 위험보험인 경우 보험금액의 한도 내 즉 보험금액의 보험가액에 대한 비율로 실제 손해액을 보상한다.
- 전부보험 : 실제 손해액 즉 피보험자가 실제로 입은 손해를 보상한다.

ⓒ 손해보상의 방법

금전급여를 원칙으로 하고 약관을 따로 정한 경우 현물로 손해의 전부나 일부를 보상할 수 있다.

④ 보험자의 면책사유

㉠ 법정 면책사유

ⓐ 보험계약을 맺은 당시 보험사고가 이미 발생한 것을 보험계약자나 피보험자만 알고 있는 경우 보험금을 청구할 수 없으므로 보험자는 책임을 면한다.

ⓑ 보험계약자 및 피보험자 등의 의무위반으로 계약이 해지 또는 해지될 사유가 있는 경우 그 효과로써 보험자는 책임을 면한다.

ⓒ 제659조(보험자의 면책사유)에 따라 보험사고가 보험계약자 또는 피보험자나 보험수익자의 고의 또는 중대한 과실로 인하여 생긴 때에는 보험자는 보험금액을 지급할 책임이 없다.

ⓓ 제660조(전쟁위험 등으로 인한 면책)에 따라 보험사고가 전쟁 기타의 변란으로 인하여 생긴 때에는 당사자 간에 다른 약정이 없으면 보험자는 보험금액을 지급할 책임이 없다.

ⓔ 제678조(보험자의 면책사유)에 따라 보험의 목적의 성질, 하자 또는 자연소모로 인한 손해는 보험자가 이를 보상할 책임이 없다.

㉡ 약정 면책사유

약관상으로 정한 면책사유이다.

⑤ 손해보상 의무의 이행

제658조(보험금액의 지급)에 따라 보험자는 보험금액의 지급에 관하여 약정기간이 있는 경우에는 그 기간 내에, 약정기간이 없는 경우에는 제657조(보험사고 발생의 통지의무) 제1항의 통지를 받은 후 지체 없이 지급할 보험금액을 정하고 그 정하여진 날부

터 10일 내에 피보험자 또는 보험수익자에게 보험금액을 지급하여야 한다. 보험자의 손해보상금 지급의무는 3년의 단기시효로 소멸한다.

(3) 보험자대위

① 보험자대위는 보험자가 보험금을 지급한 경우 그 보험계약자나 피보험자가 보험의 목적이나 제3자에 대해 가지는 권리를 법률상 당연히 취득하는 것을 말한다. 보험계약자나 피보험자가 보험의 목적에 대해 가지는 권리를 '잔존물대위'라 하고 제3자에 대해 가지는 권리를 '청구권대위'라 한다. 제729조(제3자에 대한 보험대위의 금지)에는 '보험자는 보험사고로 인하여 생긴 보험계약자 또는 보험수익자의 제3자에 대한 권리를 대위하여 행사하지 못한다. 그러나 상해보험계약의 경우에 당사자 간에 다른 약정이 있는 때에는 보험자는 피보험자의 권리를 해하지 아니하는 범위 안에서 그 권리를 대위하여 행사할 수 있다.'라고 규정하고 있다.

② 보험자대위의 소멸시효는 제662조(소멸시효)가 적용되지 않고 불법행위로 인한 것일 경우 그 사실을 안 날로부터 3년, 발생일로부터 10년이며 물건운송계약의 경우 단기시효 1년이다.

③ 잔존물대위(보험목적에 관한 보험대위)

    ㉠ 제681조에는 '보험의 목적의 전부가 멸실한 경우에 보험금액의 전부를 지급한 보험자는 그 목적에 대한 피보험자의 권리를 취득한다. 그러나 보험가액의 일부를 보험에 붙인 경우에는 보험자가 취득할 권리는 보험금액의 보험가액에 대한 비율에 따라 이를 정한다.'라고 규정되어 있는데 이를 보험목적에 관한 보험대위라 한다.

    ㉡ 보험목적에 관한 보험대위의 조건

        ⓐ 보험의 목적의 전부가 멸실

        보험사고로 인해 보험의 목적의 전부가 멸실되어야 하는데 이는 보험계약을 맺을 당시 보험의 목적이 지닌 형태의 멸실뿐만 아니라 일부 잔존물이 있다고 해도 경제적 가치가 전부 멸실하면 전손으로 본다. 그리고 각 계약 당사지 간의 특약에 의해 전손에 가까운 손해를 전손으로 보는 것도 유효하다.

        ⓑ 보험금액의 전부를 지급

        보험의 목적이 입은 피해액 외에 보험자가 부담하는 손해방지 비용이나 기타의 비용까지 지급한 것을 말한다.

ⓒ 대위의 효과

    ⓐ 피보험자의 협조의무

        보험의 목적을 일반적으로 피보험자가 가지고 있고 그 내용을 잘 알고 있기 때문에 손해감소를 위한 조치 또는 필요한 통지 등 보험자의 권리행사에 협력해야 한다는 것이다.

    ⓑ 일부보험의 경우

        제674조(일부보험) 전단에 의하면 '보험가액의 일부를 보험에 붙인 경우에는 보험자는 보험금액의 보험가액에 대한 비율에 따라 보상할 책임을 진다.'라고 규정되어 있고 따라서 제681조(보험목적에 관한 보험대위) 단서에 규정된 '보험가액의 일부를 보험에 붙인 경우에는 보험자가 취득할 권리는 보험금액의 보험가액에 대한 비율에 따라 이를 정한다.'에 의해 그 권리를 가진다.

    ⓒ 보험목적에 관한 권리의 이전

      • 권리이전의 시기

        보험자가 보험금을 전부 지급한 때부터 권리가 이전되므로 피보험자가 보험금을 받기 전에 해당 목적물을 마음대로 처분할 경우 보험자가 지급하는 보험금에서 해당 목적물의 부분만큼 공제할 수 있고 피보험자가 보험금을 받은 후 해당 목적물을 처분했을 경우 보험자는 피보험자에게 해당 목적물 부분에 대한 손해배상을 청구할 수 있다.

      • 이전되는 권리 내용

        보험자는 피보험자가 가지고 있던 해당 목적물에 대한 모든 권리를 취득한다. 즉 보험자는 피보험자에게 해당 목적물에 대한 권리를 주장할 수 있고 결국 피보험자는 특약이 없는 한 해당 목적물에 대해 아무런 권리가 없으므로 임의로 처분할 수도 없다.

      • 이전되는 권리 범위

       - 보험목적의 소유권뿐만 아니라 채권 등도 포함된다.

    ⓓ 목적물에 대한 부담과 대위권의 포기

        보험자는 대위권으로 인해 보험목적에 관한 소유권을 얻음으로써 해당 목적물에 부수하는 여러 의무를 부담해야 한다. 따라서 대위권에 의한 권리취득이 오히려 보험자에게 불리할 때에 보험자는 대위권을 포기하고 보험목적에 따른 사법 및 공법상의 부담을 피보험자에게 귀속시킬 수 있다.

④ 청구권대위(제3자에 대한 보험대위)

ⓐ 제682조에서는 제3자에 대한 보험대위에 대해 '손해가 제3자의 행위로 인하여 발생한 경우에 보험금을 지급한 보험자는 그 지급한 금액의 한도에서 그 제3자에 대한 보험계약자 또는 피보험자의 권리를 취득한다. 다만, 보험자가 보상할 보험금의 일부를 지급한 경우에는 피보험자의 권리를 침해하지 아니하는 범위에서 그 권리를 행사할 수 있다. 보험계약자나 피보험자의 권리가 그와 생계를 같이 하는 가족에 대한 것인 경우 보험자는 그 권리를 취득하지 못한다. 다만, 손해가 그 가족의 고의로 인하여 발생한 경우에는 그러하지 아니하다.'라고 규정하고 있다.

ⓑ 제3자에 대한 보험대위의 조건

ⓐ 손해가 제3자의 행위로 인하여 발생

제3자란 보험계약자 및 피보험자 이외의 자로 1인이든 수인이든 인원수는 상관없고 손해를 발생시킨 자와 채무를 부담하는 자가 반드시 동일인이어야 하는 것은 아니다. 또한 제3자의 행위는 불법행위 외 채무불이행으로 인한 손해배상의무를 부담하는 경우, 그 밖의 적법행위로 인한 경우 등을 모두 포함한다.

ⓑ 보험금을 지급한 보험자

목적물대위와 다른 점은 보험자가 보험금을 일부지급해도 지급한 범위 내에서 대위권을 행사할 수 있다는 점이다.

ⓒ 제3자에 대한 보험계약자 또는 피보험자의 권리

보험자는 보험계약자나 피보험자의 제3자에 대한 권리가 있음을 전제로 하여 지급한 보험금의 한도에 따라 보험대위를 취득한다. 따라서 피보험자가 보험금을 받기 전 제3자에 대한 권리를 처분하거나 행사한 경우 그리고 제3자의 권리가 시효로 소멸된 경우 피보험자는 보험자에 대한 청구권을 상실하게 되고 보험자의 대위권도 존재하지 않게 된다.

⑤ 청구권대위의 효과

ⓐ 피보험자에 의한 권리처분

보험자가 보험금을 지급하여 보험자대위의 효력이 생기면 피보험자 및 보험계약자는 보험금을 받은 범위 내에서 그 권리를 상실하게 되므로 제3자에 대한 권리를 행사하거나 처분할 수 없고 오직 보험자만이 그러한 권한을 갖게 된다. 따라서 피보험자 등이 보험금을 받기 전에 제3자에 대한 권리를 타인에게 양도하거나 포기한 경우 보험자는 해당 부분을 지급할 보험금에서 공제할 수 있고 피보험자 등이 보험금을 받은 후 제3자에 대한 권리를 타인에게 양도하거나 포기한 경우 보험자는 피보험자에게 해당 부분에 대한 손해배상을 청구할 수 있다.

ⓒ 피보험자의 협조의무

피보험자는 제3자에 대한 권리내용이나 보전방법 등을 가장 잘 알고 있으므로 보험금을 받은 후 보험자가 제3자에 대한 권리를 행사할 수 있도록 협조해야 한다. 만약 정당한 사유 없이 피보험자가 협조를 하지 않아 보험자가 대위권 행사로 얻을 수 있는 금액 중 얻지 못한 금액이 발생한다면 피보험자는 해당 금액에 대한 손해배상책임이 있다.

ⓒ 권리행사의 범위

보험자의 보험대위의 범위는 그가 지급한 보험금액의 한도 내에서 피보험자 및 보험계약자가 제3자에 대해 가지는 권리로 지급한 보험금액을 벗어나지 못한다.

ⓔ 피보험자 권리의 이전

제682조(제3자에 대한 보험대위)에 따라 손해가 제3자의 행위로 인하여 발생한 경우에 보험금을 지급한 보험자는 그 지급한 금액의 한도에서 그 제3자에 대한 보험계약자 또는 피보험자의 권리를 취득한다.

(4) 손해보험계약의 변경 및 소멸

① 손해보험계약의 변경 및 소멸

㉠ 손해보험계약의 소멸에는 상태의 종료, 보험계약의 해지, 보험계약의 실효, 보험기간의 만료, 보험사고의 발생 등을 들 수 있고 손해보험계약의 변경에는 당사자의 파산, 위험의 변경 및 증가, 특별위험의 소멸 등을 들 수 있다.

㉡ 보험목적의 양도

제679조(보험목적의 양도) 제1항에는 '피보험자가 보험의 목적을 양도한 때에는 양수인은 보험계약상의 권리와 의무를 승계한 것으로 추정한다'라고 규정되어 있으므로 본인을 위한 보험계약은 타인을 위한 보험계약으로 변경되고 양도에 대해 양수인의 반증이 있을 경우 그 계약은 실효된다.

㉢ 보험가액의 변동

보험가액이 보험기간 중에 현저하게 감소해 보험금액이 보험계약의 목적의 가액을 현저하게 초과한 때에는 보험자 또는 보험계약자는 보험료와 보험금액의 감액을 청구할 수 있다. 그러나 보험료의 감액은 장래에 대하여서만 그 효력이 있다. 그리고 반대로 보험기간 중 보험가액이 현저하게 증가해 일부보험이 된 때에 보험자는 각 당사자 간의 약정에 의해 손해를 보상하거나 비례보상을 할 수 있다.

ⓔ 보험금청구권의 양도

ⓐ 보험금청구권의 양도는 보험계약에 의해 생긴 피보험자의 권리만을 양도하는 것이다. 따라서 피보험자와 보험금청구권자가 별도로 존재한다.

ⓑ 효과 : 보험금청구권의 양도는 보험금의 채권만 양도하고 피보험자는 변하지 않기 때문에 피보험자는 보험금청구권의 양도 이후에도 계속 손해방지의 의무, 통지의 의무 등을 가진다.

ⓜ 손해보험계약의 소멸

손해보험에서는 보험계약의 목적(피보험이익)이 없으면 보험이 존재하지 않으므로 보험계약은 실효되고 계약관계는 종료된다. 하지만 보험자의 책임이 발생하기 전에 제648조(보험계약의 무효로 인한 보험료반환청구)에 따라 '보험계약의 전부 또는 일부가 무효인 경우에 보험계약자와 피보험자(보험수익자)가 선의이며 중대한 과실이 없는 때', 제649조(사고발생 전의 임의해지)에 따라 '보험사고가 발생하기 전 보험계약자가 언제든지 계약의 전부 또는 일부를 해지'하여 보험계약의 목적이 소멸할 경우 보험자는 보험료를 보험계약자에게 반환해야 한다. 전자는 보험자가 수수료를 제한 나머지 보험료를 반환하는 것이고 후자는 각 계약 당사자 간에 특별한 약정이 없는 경우 미경과보험료를 반환청구할 수 있다. 그리고 보험자의 책임이 발생한 후 보험계약의 목적이 소멸한 때에는 그 계약은 실효되지만 보험자는 보험료불가분 원칙에 의해 이미 지난 보험료 및 보험료기간의 보험료에 대해 반환할 필요가 없다.

② 보험목적의 양도

㉠ 보험목적의 양도는 피보험자가 보험계약의 대상인 목적물을 타인에게 양도하는 것으로 보통 증여 및 매매의 형태로 나타난다. 보험목적의 양도를 인정하는 이유는 손해보험계약에서 피보험자와 피보험이익의 동일성은 곧 보험계약의 동일성을 나타내는데 피보험자가 바뀌면 보험계약의 효력도 바뀌게 된다. 따라서 보험목적을 양도하면 피보험이익은 사라지고 양수인은 보험자와 아무 관계가 아니므로 보험관계가 종료되는데 이럴 경우 양도인이 지급한 보험료는 그 의미를 잃고 새로운 보험계약을 맺을 때까지 피보험이익은 무보험상태가 된다. 결국 이러한 불이익을 피하기 위해 양수인에게 보험계약의 승계를 인정하는 것이다.

㉡ 양도 및 권리·의무승계추정의 조건

ⓐ 양수인의 반대의사의 부존재

양수인이 양도에 대해 확실한 반대의사가 없어야 한다.

ⓑ 보험의 목적이 물건일 것

보험의 목적이 물건이어야 하는데 여기서 말하는 물건이란 부동산과 동산만이 아니라 유가증권과 같은 무체재산도 포함한다.

ⓒ 보험의 목적이 물권적 양도일 것

소유권이 양수인에게 이전되었을 때 보험관계가 이전되는 것이지 양도의 채권계약만으로 보험관계가 이전되는 것은 아니다.

ⓓ 양도 당시 유효한 보험계약관계

유효한 보험계약이 존속하는 한 면책사유와 해지사유가 있어도 양수인에게 보험계약이 이전되고 보험자는 양수인에 대해 보험계약의 면책과 해지를 주장할 수 있다.

ⓒ 효과

ⓐ 보험계약상 권리·의무의 이전

제679조(보험목적의 양도) 제1항에 의거해 피보험자가 보험의 목적을 양도한 때에는 양수인은 보험계약상의 권리와 의무를 승계한 것으로 추정하는데 이때 자기를 위한 보험계약의 경우 양수인은 피보험자의 지위뿐 아니라 보험계약자의 지위를 승계하며 그 밖에 보험료 반환청구권, 계약해지권, 보험료 지급의무 등을 가진다. 하지만 타인을 위한 보험계약의 경우 그 계약의 특성상 양수인은 피보험자의 지위를 이어받아 보험금청구권 및 위험변경증가의 통지의무, 위험유지의무, 사고발생의 통지의무, 손해방지의무 등을 가진다.

ⓑ 양도의 통지의무

- 의무위반의 효과

제652조(위험변경증가의 통지와 계약해지) 제1항의 규정에 따라 보험기간 중에 보험계약자 또는 피보험자는 사고발생의 위험이 현저하게 변경 또는 증가된 사실을 안 때에 지체 없이 보험자에게 통지하여야 한다. 이를 해태한 때에 보험자는 그 사실을 안 날로부터 1월 내에 한하여 계약을 해지할 수 있다.

- 의무이행 시 계약관계

제652조(위험변경증가의 통지와 계약해지) 제2항에 따라 보험자가 위험변경증가의 통지를 받은 때에는 1월 내에 보험료의 증액을 청구하거나 계약을 해지할 수 있다.

- 통지의무

제679조(보험목적의 양도)에 따라 피보험자가 보험의 목적을 양도한 때 양도인 또는 양수인은 보험자에 대하여 지체 없이 그 사실을 통지하여야 한다.

ⓒ 권리 · 의무승계추정과 보험계약관계

양수인의 명백한 반대의사가 있을 경우 보험목적의 양도 효과가 발생하지 않고 계약은 실효된다.

ⓡ 자동차보험의 보험목적의 양도

자동차보험의 경우 피보험자가 보험기간 중 양수인에게 자동차를 양도했을 때 양수인은 보험자의 승낙을 받은 경우에 한해 보험계약으로 생긴 권리와 의무를 이어받는다. 이 경우 보험자는 양수인의 양수 사실을 통지받은 때 지체 없이 승낙 여부를 통지해야 하고 통지받은 날로부터 10일 이내 통지가 없을 시에는 승낙한 것으로 본다.

03 화재보험, 책임보험, 보증보험

(1) 화재보험의 개념 및 의의

① 광의의 개념

담보 위험으로 폭발 · 파열 · 낙뢰(번개 및 벼락) 등을 포함하고 나아가 비용손해도 보상한다. 또한 특약으로 담보범위가 확대되고 종합화한 것도 화재보험으로 본다.

② 협의의 개념

건물 및 해당 건물의 수용물에 일어난 화재로 생긴 피해를 보상하는 보험이다.

③ 의의

상법 제683조(화재보험자의 책임)의 규정에 따라 화재로 인하여 생긴 손해를 보상할 목적으로 하는 손해보험계약이다.

(2) 화재보험계약의 구성요소

① 화재보험증권

㉠ 화재보험증권의 작성 및 교부

제640조(보험증권의 교부) 제1항의 규정에 따라 보험자는 보험계약이 성립한 때에는 지체 없이 보험증권을 작성하여 보험계약자에게 교부하여야 한다. 그러나 보험계약자가 보험료의 전부 또는 최초의 보험료를 지급하지 아니한 때에는 그러하지 아니하다.

ⓛ 화재보험증권의 기재사항

화재보험증권의 기재사항은 다음과 같다.

    ⓐ 제666조(손해보험증권)의 기재사항

- 보험의 목적
- 보험사고의 성질
- 보험금액
- 보험료와 그 지급방법
- 보험기간을 정한 때에는 그 시기와 종기
- 무효와 실권의 사유
- 보험계약자의 주소와 성명 또는 상호
- 피보험자의 주소, 성명 또는 상호
- 보험계약의 연월일
- 보험증권의 작성지와 그 작성년월일

    ⓑ 제685조(화재보험증권)의 기재사항

- 건물을 보험의 목적으로 한 때에는 그 소재지, 구조와 용도
- 동산을 보험의 목적으로 한 때에는 그 존치한 장소의 상태와 용도
- 보험가액을 정한 때에는 그 가액

② 보험의 목적

상법 제685조에서 건물과 동산을 예상하였지만 그 대상을 한정한 것이 아니므로 계약에 의하여 보험의 목적 범위를 정할 수 있다. 따라서 화재보험의 목적은 보험사고의 객체로 동산뿐 아니라 부동산도 포함할 수 있다.

③ 피보험이익(보험계약의 목적)

목적물이 동일해도 피보험자의 지위에 따라 담보권자이익, 임차인이익, 소유자이익이 될 수 있으며 피보험이익이 명확하지 않을 경우 소유자의 피보험이익으로 본다.

④ 계약당사자

화재보험계약의 당사자는 당연히 보험자와 보험계약자이다. 이때 타인을 위한 보험일 경우에는 보험계약자와 피보험자가 구분되지만 자기를 위한 보험일 경우에는 보험계약자와 피보험자가 동일하다.

⑤ 보험기간

화재보험표준약관에 따르면 보험계약은 계약자의 청약과 회사의 승낙으로 이루어진다. 회사는 계약의 청약을 받고 보험료 전액 또는 제1회 보험료 등을 받은 경우에는

청약일부터 30일 이내에 승낙 또는 거절의 통지를 하며 통지가 없으면 승낙한 것으로 본다.

⑥ 보험사고

화재보험에서 말하는 보험사고는 화재를 의미한다. 여기서 화재는 사회통념에 따라 화재라고 인정할 수 있는 성질과 같은 규모를 지닌 화력의 연소작용으로 인해 생긴 재해라고 볼 수 있다. 즉 스스로 연소할 수 없는 불에 의한 피해는 화재보험의 대상이 아니다.

(3) 총괄보험과 집합보험

① 총괄보험

제687조(동전) 규정에 따라 집합된 물건을 일괄하여 보험의 목적으로 한 때에는 그 목적에 속한 물건이 보험기간 중에 수시로 교체된 경우에도 보험사고의 발생 시에 현존한 물건은 보험의 목적에 포함된 것으로 한다. 즉 총괄보험의 경우 수시로 바뀌는 보험의 목적물은 보험계약에서 정한 범위 내에 들어야 하며 보험사고가 발생할 경우 보험자는 해당 물건에 대한 손해를 보상해야 한다.

② 집합보험

㉠ 집합보험은 집합된 물건을 일괄하여 보험의 목적으로 담보하는 보험을 말한다. 이러한 집합보험은 화재보험 외에 적하해상보험, 운송보험 등 다른 물건보험이나 인보험의 단체보험에서도 있을 수 있지만 동산화재보험에서 가장 많이 이용된다.

㉡ 제686조(집합보험의 목적)에 따라 집합된 물건을 일괄하여 보험의 목적으로 한 때에는 피보험자의 가족과 사용인의 물건도 보험의 목적에 포함된 것으로 한다. 이 경우에는 그 보험은 그 가족 또는 사용인을 위하여서도 체결한 것으로 본다.

(4) 화재보험자의 손해보상책임

① 화재보험자의 손해보상범위

제684조(소방 등의 조치로 인한 손해의 보상) 규정에 따라 보험자는 화재의 소방 또는 손해의 감소에 필요한 조치로 인하여 생긴 손해를 보상할 책임이 있다.

② 위험보편의 원칙

제683조(화재보험자의 책임) 규정에 따라 화재보험계약의 보험자는 화재로 인하여 생긴 손해를 보상할 책임이 있다.

③ 화재보험자의 면책사유

    ㉠ 보험계약자 또는 피보험자나 보험수익자의 고의 또는 중대한 과실로 인하여 생긴 때(제659조 제1항)

    ㉡ 전쟁 기타의 변란으로 인하여 생긴 때(제660조)

    ㉢ 보험 목적의 성질, 하자 또는 자연소모로 인한 손해인 때(제678조)

(5) 책임보험의 개념

책임보험은 피보험자가 보험기간 중의 사고로 인하여 제3자에게 배상할 책임을 진 경우에 이를 보상할 목적으로 하는 손해보험으로 배상책임보험이라고도 한다.

(6) 책임보험의 가입대상

① 체육시설의 설치 · 이용에 관한 법률, 도시가스사업법, 고압가스 안전관리법, 항공법, 수상레저안전법 등은 피해자에 대한 보상을 위해 책임보험에 의무적으로 가입해야 한다.

② 체육시설의 설치·이용에 관한 법률

소규모 체육시설업자를 제외한 체육시설업자는 체육시설의 설치 · 운영과 관련되거나 그 체육시설 안에서 발생한 피해를 보상하기 위해 보험에 가입해야 한다.

③ 도시가스사업법

사용 · 공급하는 도시가스의 사고 또는 가스시설의 시공에 따른 사고로 인해 발생한 타인의 신체 · 생명 또는 재산상의 피해를 보상하기 위해 보험에 가입해야 한다.

④ 고압가스 안전관리법

특정고압가스 사용신고자, 사업자 및 용기 등을 수입하는 자는 고압가스의 사고로 인한 타인의 신체 · 생명이나 재산상의 피해를 보상하기 위해 보험에 가입해야 한다.

⑤ 항공법

경량항공기를 사용하거나 소유할 수 있는 권리가 있는 자는 해당 경량항공기의 비행으로 타인이 부상하거나 사망한 경우 그 피해자에 대한 보상을 위해 공제 및 보험에 가입해야 한다.

⑥ 수상레저안전법

등록 대상 수상레저기구의 소유자는 수상레저기구의 운항으로 타인이 부상하거나 사

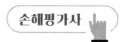
망한 경우 그 피해자에 대한 보상을 위해 공제 및 보험에 가입해야 한다.

(7) 보상책임

① 제719조(책임보험자의 책임)에 따라 책임보험계약의 보험자는 피보험자가 보험기간 중의 사고로 인하여 제3자에게 배상할 책임을 진 경우에 이를 보상할 책임이 있다.

② 제720조(피보험자가 지출한 방어비용의 부담)에 따라 피보험자가 제3자의 청구를 방어하기 위하여 지출한 재판상 또는 재판 외의 필요비용은 보험의 목적에 포함된 것으로 하고 피보험자는 보험자에 대하여 그 비용의 선급을 청구할 수 있다. 또한 피보험자가 담보의 제공 또는 공탁으로써 재판의 집행을 면할 수 있는 경우에는 보험자에 대하여 보험금액의 한도 내에서 그 담보의 제공 또는 공탁을 청구할 수 있으며 만약 이러한 행위가 보험자의 지시에 의한 것인 경우에는 그 금액에 손해액을 가산한 금액이 보험금액을 초과하는 때에도 보험자가 이를 부담하여야 한다.

③ 제723조(피보험자의 변제 등의 통지와 보험금액의 지급) 제3항에 따라 피보험자가 보험자의 동의없이 제3자에 대하여 변제, 승인 또는 화해를 한 경우에는 보험자가 그 책임을 면하게 되는 합의가 있는 때에도 그 행위가 현저하게 부당한 것이 아니면 보험자는 보상할 책임을 면하지 못한다.

(8) 보증보험의 개념

① 보험계약자가 피보험자에게 계약상의 채무불이행 또는 법령상의 의무불이행으로 입힌 손해를 보상할 목적으로 하는 보험으로 이는 보증적 기능을 보험의 방식으로 인수해 채무자에게 신용을 공여함으로써 개인이나 기업의 경제활동에 필요한 물적·인적 담보에 대신해 사용할 수 있다는 장점이 있다.

② 여기서 보증이란 금전거래에서 돈을 빌린 사람(채무자)이 돈을 빌려준 사람(채권자)에게 빌린 돈을 갚지 않을 경우 제3자인 보증인의 재산으로 채권자의 채권을 갚는 것이다.

(9) 보증보험의 종류

① 신용보험
계약상의 채무불이행으로 채권자 자신이 입을 피해를 보장하는 재무성 및 상업성 보험이다.

② 채무이행보증보험

　채무이행보증보험은 다시 계약상 채무불이행과 법률상 채무불이행의 경우에 따라 나눈다.

　　㉠ 계약상 채무불이행

　　　계약상의 채무불이행으로 채권자가 입을 피해를 위해 채무자가 가입하는 보험이다.

　　㉡ 법률상 채무불이행

　　　법령상의 채무불이행으로 채권자가 입을 피해를 위해 채무자가 가입하는 보험이다.

③ 신원보증보험

　피용인이 불성실한 행위를 함으로써 고용주가 입은 피해를 보장하는 보험이다.

(10) 보증보험자의 책임

　제726조의 5(보증보험자의 책임)에 따라 보증보험계약의 보험자는 보험계약자가 피보험자에게 계약상의 채무불이행 또는 법령상의 의무불이행으로 입힌 손해를 보상할 책임이 있다.

(11) 보증보험의 활용

　보증보험은 형사 보석금 납부가 필요한 경우, 신원보증이 필요한 경우, 공탁금을 내야 하는 경우, 가처분 신청 시, 가압류 등의 경우 이용할 수 있다.

(12) 적용 제외

① 보증보험계약에 관하여는 제639조제2항 단서(타인을 위한 보험계약)를 적용하지 아니한다.

② 보증보험계약에 관하여는 보험계약자의 사기, 고의 또는 중대한 과실이 있는 경우에도 이에 대하여 피보험자에게 책임이 있는 사유가 없으면 제651조(고지의무위반으로 인한 계약해지), 제652조(위험변경증가의 통지와 계약해지), 제653조(보험계약자 등의 고의나 중과실로 인한 위험증가와 계약해지) 및 제659조제1항(보험자의 면책사유)을 적용하지 아니한다.

04 운송보험, 해상보험

(1) 운송보험의 개념과 보험기간

① 개념

운송보험은 국내에서 차량이나 철도 등을 이용해 운송하는 화물에 따르는 위험을 담보하며 운송 중 발생하는 위험을 보장하기 위한 손해보험이다. 제698조(희망이익보험의 보험가액)에 의해 적하의 도착으로 인하여 얻을 이익 또는 보수의 보험에 있어서는 계약으로 보험가액을 정하지 아니한 때에는 보험금액을 보험가액으로 한 것으로 추정한다고 규정하고 있다.

② 보험기간

특별한 약정이 없으면 보험기간은 운송인이 화물을 수령한 때부터 수하인에게 인도할 때까지로 한다.

(2) 운송보험의 목적물

① 운송보험의 목적물은 화물(운송물)이며 운송보험에서의 보험사고는 운송과정에서 발생할 수 있는 모든 사고로 단순히 전복이나 충돌로 인한 화물의 훼손 및 멸실과 같은 운송의 특유한 위험에 한정되지 않고 운송 중에 생길 수 있는 파손·수해·도난·화재 등 기타 모든 위험을 포함한다.

② 운송과정에서 발생한 사고라도 여객의 신체 및 생명에 생긴 사고를 보험사고로 하는 보험계약은 인보험계약으로 운송보험계약에 속하지 않는다.

③ 자동차 및 기차 등 운송에 이용되는 용구를 보험의 목적으로 한 것은 차체보험으로 손해보험에 속한다.

(3) 운송보험의 보험가액

제689조(운송보험의 보험가액)에 따라 운송물의 보험에 있어서는 발송한 때와 곳의 가액과 도착지까지의 운임 기타의 비용을 보험가액으로 하며 운송물의 도착으로 인하여 얻을 이익은 약정이 있는 때에 한하여 보험가액 중에 산입한다. 또한 제670조(기평가보험)에 따라 당사자 간에 보험가액을 정한 때에는 그 가액은 사고발생 시의 가액으로 정한 것으로 추정한다.

(4) 운송의 중지나 변경과 계약효력

제691조(운송의 중지나 변경과 계약효력)에 따라 보험계약은 다른 약정이 없으면 운송의 필요에 의하여 일시운송을 중지하거나 운송의 노순 또는 방법을 변경한 경우에도 그 효력을 잃지 아니한다.

(5) 운송보조자의 고의 및 중과실과 보험자의 면책

제692조(운송보조자의 고의, 중과실과 보험자의 면책)에 따라 보험사고가 송하인 또는 수하인의 고의 또는 중대한 과실로 인하여 발생한 때에는 보험자는 이로 인하여 생긴 손해를 보상할 책임이 없다.

(6) 해상보험의 개념

해상보험은 제693조(해상보험자의 책임)에 따라 해상사업에 관한 사고로 인하여 생길 손해보상을 목적으로 하는 손해보험으로 여기서 손해는 보험의 목적인 적하 또는 선박 등에 보험사고가 생겨 보험목적이 손상 및 멸실되거나 점유를 상실해 생기는 피보험자의 재산상의 불이익을 말한다.

(7) 해상보험의종류

① 선박보험

선박보험으로는 선비보험, 선박건조보험, 선박불가동손실보험 등이 있다. 선박보험은 선박이 운행 중 발생하는 사고에 대해 가입하는 보험으로 해상운송사업자가 선박의 해상운송과 관련해 일어나는 수익상실손해, 손해배상책임손해, 비용손해, 선박의 물적손해 등의 위험으로부터 경제적 부담을 덜고자 이용하는 보험이다.

② 적하보험

적하보험으로는 컨테이너보험, 수입세보험, 희망이익보험 등이 있다. 적하보험은 해상운송의 대상인 화물을 보험의 목적으로 해 해당 운송물에 대한 가치를 보호하는 보험으로 해상운송에 부수해서 일어나는 선박화재, 충돌, 침목 등 여러 위험에 의해 운송화물의 재산이 피해를 입은 경우에 보험자가 해당 피해를 보상할 것을 약속하고 보험계약자가 그 대가로 보험료를 지불하는 의무를 부담하는 보험이다.

(8) 해상보험의 위험담보 방식

① 해상보험의 위험담보 방식으로는 크게 열거책임주의와 포괄책임주의로 나눌 수 있다.

② 열거책임주의

약관에 열거되어 있는 위험만을 담보위험으로 하는 주의로 선박보험은 열거책임주의를 채택하고 있다.

③ 포괄책임주의

약관에 면책위험만 열거하고 있는 것으로 면책위험 이외 일체의 해상위험을 담보위험으로 하는 주의이다.

(9) 보험자의 보상 범위

① 공동해손분담액의 보상

제694조(공동해손분담액의 보상)에 따라 보험자는 피보험자가 지급할 공동해손의 분담액을 보상할 책임이 있다. 그러나 보험의 목적의 공동해손분담가액이 보험가액을 초과할 때에는 그 초과액에 대한 분담액은 보상하지 아니한다. 여기서 공동해손이란 공동해손행위에 기인되거나 또는 직접적인 결과 발생한 피해를 말한다.

② 구조료의 보상

제694조의 2(구조료의 보상)에 따라 보험자는 피보험자가 보험사고로 인하여 발생하는 손해를 방지하기 위하여 지급할 구조료를 보상할 책임이 있다. 그러나 보험의 목적물의 구조료분담가액이 보험가액을 초과할 때에는 그 초과액에 대한 분담액은 보상하지 아니한다.

③ 특별비용의 보상

제694조의 3(특별비용의 보상)에 따라 보험자는 보험의 목적의 안전이나 보존을 위하여 지급할 특별비용을 보험금액의 한도 내에서 보상할 책임이 있다.

(10) 해상보험증권의 기재사항

① 보험의 목적
② 보험사고의 성질
③ 보험금액
④ 보험료와 그 지급방법

⑤ 보험기간을 정한 때에는 그 시기와 종기

⑥ 무효와 실권의 사유

⑦ 보험계약자의 주소와 성명 또는 상호

⑧ 피보험자의 주소, 성명 또는 상호

⑨ 보험계약의 연월일

⑩ 보험증권의 작성지와 그 작성년월일

⑪ 선박을 보험에 붙인 경우에는 그 선박의 명칭, 국적과 종류 및 항해의 범위

⑫ 적하를 보험에 붙인 경우에는 선박의 명칭, 국적과 종류, 선적항, 양륙항 및 출하지와 도착지를 정한 때에는 그 지명

⑬ 보험가액을 정한 때에는 그 가액

(11) 선박보험의 보험가액과 보험목적

① 제696조(선박보험의 보험가액과 보험목적)에 따라 선박의 보험에 있어서는 보험자의 책임이 개시될 때의 선박가액을 보험가액으로 하며 이때 선박의 속구, 연료, 양식 기타 항해에 필요한 모든 물건은 보험의 목적에 포함된 것으로 한다.

② 제697조(적하보험의 보험가액)에 따라 적하의 보험에 있어서는 선적한 때와 곳의 적하의 가액과 선적 및 보험에 관한 비용을 보험가액으로 한다.

③ 제698조(희망이익보험의 보험가액)에 따라 적하의 도착으로 인하여 얻을 이익 또는 보수의 보험에 있어서는 계약으로 보험가액을 정하지 아니한 때에는 보험금액을 보험가액으로 한 것으로 추정한다.

(12) 해상보험의 보험기간의 개시

제699조(해상보험의 보험기간의 개시)에 따라 항해 단위로 선박을 보험에 붙인 경우 보험기간은 하물 또는 저하의 선적에 착수한 때에 개시하며 적하를 보험에 붙인 경우 보험기간은 하물의 선적에 착수한 때에 개시한다. 그러나 출하지를 정한 경우에는 그 곳에서 운송에 착수한 때에 개시한다.

(13) 해상보험의 보험기간의 종료

제700조(해상보험의 보험기간의 종료)에 따라 보험기간은 항해 단위로 선박을 보험에 붙

인 경우 도착항에서 하물 또는 저하를 양륙한 때에, 적하를 보험에 붙인 경우 양륙항 또는
도착지에서 하물을 인도한 때에 종료한다. 그러나 불가항력으로 인하지 아니하고 양륙이
지연된 때에는 그 양륙이 보통 종료될 때에 종료된 것으로 한다.

(14) 항해변경의 효과

제701조(항해변경의 효과)에 따라 선박이 보험계약에서 정하여진 발항항이 아닌 다른 항
에서 출항한 때에는 보험자는 책임을 지지 아니하며 선박이 보험계약에서 정하여진 도착
항이 아닌 다른 항을 향하여 출항한 때에도 이와 같다. 보험자의 책임이 개시된 후에 보험
계약에서 정하여진 도착항이 변경된 경우에는 보험자는 그 항해의 변경이 결정된 때부터
책임을 지지 아니한다.

(15) 해상보험자의 면책사유

제706조(해상보험자의 면책사유) 보험자는 다음의 손해와 비용을 보상할 책임이 없다.

① 선박 또는 운임을 보험에 붙인 경우에는 발항 당시 안전하게 항해를 하기에 필요한
   준비를 하지 아니하거나 필요한 서류를 비치하지 아니함으로 인하여 생긴 손해

② 적하를 보험에 붙인 경우에는 용선자, 송하인 또는 수하인의 고의 또는 중대한 과실로
   인하여 생긴 손해

③ 도선료, 입항료, 등대료, 검역료, 기타 선박 또는 적하에 관한 항해 중의 통상 비용

(16) 선박의 일부손해의 보상

제707조의 2(선박의 일부손해의 보상)에 따라 선박의 일부가 훼손되어 그 훼손된 부분의
전부를 수선한 경우에는 보험자는 수선에 따른 비용을 1회의 사고에 대하여 보험금액을
한도로 보상할 책임이 있고 선박의 일부가 훼손되어 그 훼손된 부분의 일부를 수선한 경
우에는 보험자는 수선에 따른 비용과 수선을 하지 아니함으로써 생긴 감가액을 보상할
책임이 있다. 만약 선박의 일부가 훼손되었으나 이를 수선하지 아니한 경우에는 보험자는
그로 인한 감가액을 보상할 책임이 있다.

(17) 적하의 일부손해의 보상

제708조(적하의 일부손해의 보상)에 따라 보험의 목적인 적하가 훼손되어 양륙항에 도착

한 때에는 보험자는 그 훼손된 상태의 가액과 훼손되지 아니한 상태의 가액과의 비율에 따라 보험가액의 일부에 대한 손해를 보상할 책임이 있다.

(18) 적하매각으로 인한 손해의 보상

① 제709조(적하매각으로 인한 손해의 보상)에 따라 항해 도중에 불가항력으로 보험의 목적인 적하를 매각한 때에는 보험자는 그 대금에서 운임 기타 필요한 비용을 공제한 금액과 보험가액과의 차액을 보상하여야 한다.

② 이 경우에 매수인이 대금을 지급하지 아니한 때에는 보험자는 그 금액을 지급하여야 한다. 보험자가 그 금액을 지급한 때에는 피보험자의 매수인에 대한 권리를 취득한다.

(19) 보험위부의 원인

제710조(보험위부의 원인)에 따라 다음의 경우에는 피보험자는 보험의 목적을 보험자에게 위부하고 보험금액의 전부를 청구할 수 있다.

① 피보험자가 보험사고로 인하여 자기의 선박 또는 적하의 점유를 상실하여 이를 회복할 가능성이 없거나 회복하기 위한 비용이 회복하였을 때의 가액을 초과하리라고 예상될 경우

② 선박이 보험사고로 인하여 심하게 훼손되어 이를 수선하기 위한 비용이 수선하였을 때의 가액을 초과하리라고 예상될 경우

③ 적하가 보험사고로 인하여 심하게 훼손되어서 이를 수선하기 위한 비용과 그 적하를 목적지까지 운송하기 위한 비용과의 합계액이 도착하는 때의 적하의 가액을 초과하리라고 예상될 경우

(20) 선박의 행방불명

제711조(선박의 행방불명)에 따라 선박의 존부가 2월간 분명하지 아니한 때에는 그 선박의 행방이 불명한 것으로 하며 이 경우 전손으로 추정한다.

(21) 위부의 통지

제713조(위부의 통지)에 따라 피보험자가 위부를 하고자 할 때에는 상당한 기간 내에 보

험자에 대하여 그 통지를 발송하여야 한다.

(22) 위부권 행사의 요건

제714조(위부권행사의 요건)에 따라 위부는 무조건이어야 하며 위부는 보험의 목적의 전부에 대하여 이를 하여야 한다. 그러나 위부의 원인이 그 일부에 대하여 생긴 때에는 그 부분에 대하여서만 이를 할 수 있다. 또한 보험가액의 일부를 보험에 붙인 경우 위부는 보험금액의 보험가액에 대한 비율에 따라서만 이를 할 수 있다.

(23) 다른 보험계약 등에 관한 통지

① 제715조(다른 보험계약 등에 관한 통지)에 따라 피보험자가 위부를 함에 있어서는 보험자에 대하여 보험의 목적에 관한 다른 보험계약과 그 부담에 속한 채무의 유무와 그 종류 및 내용을 통지하여야 한다.

② 이때 보험자는 통지를 받을 때까지 보험금액의 지급을 거부할 수 있으며 보험금액의 지급에 관한 기간의 약정이 있는 때 그 기간은 통지를 받은 날로부터 기산한다.

(24) 위부의 승인

제716조(위부의 승인)에 따라 보험자가 위부를 승인한 후에는 그 위부에 대하여 이의를 하지 못한다.

(25) 위부의 불승인

제717조(위부의 불승인)에 따라 보험자가 위부를 승인하지 아니한 때에는 피보험자는 위부의 원인을 증명하지 아니하면 보험금액의 지급을 청구하지 못한다.

(26) 위부의 효과

제718조(위부의 효과)에 따라 보험자는 위부로 인하여 그 보험의 목적에 관한 피보험자의 모든 권리를 취득하며 피보험자가 위부를 한 때에는 보험의 목적에 관한 모든 서류를 보험자에게 교부하여야 한다.

제2장

핵심기출문제

1. 손해보험에 관한 설명으로 옳지 않은 것은? (단, 다른 약정이 없음을 전제로 함)

① 보험사고로 인하여 상실된 피보험자가 얻을 보수는 보험자가 보상할 손해액에 산입하여야 한다.

② 보험계약은 금전으로 산정할 수 있는 이익에 한하여 보험계약의 목적으로 할 수 있다.

③ 무효와 실권의 사유는 손해보험증권의 기재사항이다.

④ 당사자간에 보험가액을 정하지 아니한 때에는 사고발생시의 가액을 보험가액으로 한다.

> 해설 ┃ 상법 제667조(상실이익 등의 불산입) 보험사고로 인하여 상실된 피보험자가 얻을 이익이나 보수는 당사자간에 다른 약정이 없으면 보험자가 보상할 손해액에 산입하지 아니한다.
>
> 정답 ┃ ①

2. 보험금액의 지급에 관한 설명으로 옳지 않은 것은? (다툼이 있으면 판례에 따름)

① 보험금액의 지급에 관하여 약정기간이 있는 경우, 보험자는 그 기간 내에 보험금액을 지급하여야 한다.

② 보험금액의 지급에 관하여 약정기간이 없는 경우, 보험자는 보험사고발생의 통지를 받은 후 지체없이 지급할 보험금액을 정하여야 한다.

③ 보험금액의 지급에 관하여 약정기간이 없는 경우, 보험금액이 정하여진 날부터 1월 내에 보험수익자에게 보험금액을 지급하여야 한다.

④ 보험계약자의 동의없이 보험자와 피보험자 사이에 한 보험금 지급기한 유예의 합의는 유효하다.

> 해설 ┃ 상법 제658조 (보험금액의 지급)
> 보험자는 보험금액의 지급에 관하여 약정기간이 있는 경우에는 그 기간내에 약정기간이 없는 경우에는 제657조제1항의 통지를 받은 후 지체없이 지급할 보험금액을 정하고 그 정하여진 날부터 <u>10일내에</u> 피보험자 또는 보험수익자에게 보험금액을 지급하여야 한다.
>
> 정답 ┃ ③

3. 상법 제662조(소멸시효)에 관한 설명으로 옳은 것은?

① 보험금청구권은 2년간 행사하지 아니하면 시효의 완성으로 소멸한다.

② 보험료의 반환청구권은 3년간 행사하지 아니하면 시효의 완성으로 소멸한다.

③ 보험료청구권은 1년간 행사하지 아니하면 시효의 완성으로 소멸한다.

④ 적립금의 반환청구권은 2년간 행사하지 아니하면 시효의 완성으로 소멸한다.

> **해설** ▎ 상법 제662조(소멸시효)
> 보험금청구권은 <u>3년간</u>, 보험료 또는 적립금의 반환청구권은 <u>3년간</u>, 보험료청구권은 <u>2년간</u> 행사하지 아니하면 시효의 완성으로 소멸한다.
>
> **정답** ▎ ②

4. 보험계약자 등의 불이익변경금지에 관한 설명으로 옳지 않은 것은?

① 상법 보험편의 규정은 당사자간의 특약으로 피보험자의 이익으로 변경하지 못한다.

② 상법 보험편의 규정은 당사자간의 특약으로 보험수익자의 불이익으로 변경하지 못한다.

③ 해상보험의 경우 보험계약자 등의 불이익변경금지 규정은 적용되지 아니한다.

④ 재보험의 경우 보험계약자 등의 불이익변경금지 규정은 적용되지 아니한다.

> **해설** ▎ 상법 제663조 (보험계약자 등의 불이익변경금지)
> 이 편의 규정은 당사자간의 특약으로 보험계약자 또는 피보험자나 보험수익자의 불이익으로 변경하지 못한다. <u>그러나 재보험 및 해상보험 기타 이와 유사한 보험의 경우에는 그러하지 아니하다.</u>
>
> **정답** ▎ ①

5. 중복보험에 관한 설명으로 옳은 것을 모두 고른 것은?

> ㄱ. 중복보험의 경우 보험자 1인에 대한 권리의 포기는 다른 보험자의 권리의무에 영향을
>   미치지 않는다.
> ㄴ. 중복보험계약을 체결하는 경우에는 보험계약자는 각 보험자에 대하여 각 보험계약의
>   내용을 통지하여야 한다.
> ㄷ. 중복보험에서 보험금액의 총액이 보험가액을 초과한 때에는 보험자는 각자의 보험금액
>   의 한도에서 연대책임을 진다.

① ㄱ   ② ㄱ, ㄴ
③ ㄴ, ㄷ   ④ ㄱ, ㄴ, ㄷ

> **해설 ┃** 상법 제672조(중복보험), 상법 제673조 (중복보험과 보험자 1인에 대한 권리포기)
> ① 동일한 보험계약의 목적과 동일한 사고에 관하여 수개의 보험계약이 동시에 또는 순차로 체결된
>   경우에 그 보험금액의 총액이 보험가액을 초과한 때에는 보험자는 각자의 보험금액의 한도에서 연
>   대책임을 진다. 이 경우에는 각 보험자의 보상책임은 각자의 보험금액의 비율에 따른다
> ② 동일한 보험계약의 목적과 동일한 사고에 관하여 수개의 보험계약을 체결하는 경우에는 보험계약자
>   는 각 보험자에 대하여 각 보험계약의 내용을 통지하여야 한다.
> ③ 제672조의 규정에 의한 수개의 보험계약을 체결한 경우에 보험자 1인에 대한 권리의 포기는 다른
>   보험자의 권리의무에 영향을 미치지 아니한다.
>
> **정답 ┃** ④

6. 甲은 보험가액이 2억원인 건물에 대하여 보험금액을 1억원으로 하는 손해보험에 가입
하였다. 이에 관한 설명으로 옳지 않은 것은? (단, 다른 약정이 없음을 전제로 함)

① 일부보험에 해당한다.
② 전손(全損)인 경우에는 보험자는 1억원을 지급한다.
③ 1억원의 손해가 발생한 경우에는 보험자는 1억원을 지급한다.
④ 8천만원의 손해가 발생한 경우에는 보험자는 4천만원을 지급한다.

> **해설 ┃** ③ 전손사고 시라도 손해액에 대해 50%만 보상받을 수 있기 때문에 5천만원을 지급한다.(비례보상)
> 일부보험(보험가액)보험가입금액)이란 보험가입금액이 보험가액에 미달한 경우의 보험을 말한다. 보험
> 회사는 보험가액에 대한 보험가입금액의 비율에 따라 보상(=비례보상) 한다.
> ※ 보상액 = 손해액 × (보험가입금액/보험가액)
>
> **정답 ┃** ③

7. 일부보험에 관한 설명으로 옳은 것은?

① 계약체결의 시점에 의도적으로 보험가액보다 낮게 보험금액을 약정하는 것은 허용되지 않는다.

② 일부보험에 관한 상법의 규정은 강행규정이다.

③ 일부보험의 경우에는 잔존물 대위가 인정되지 않는다.

④ 일부보험에 있어서 일부손해가 발생하여 비례보상원칙을 적용하면 손해액은 보상액보다 크다.

> **해설 ┃** 상법 제674조 (일부보험)보험가액의 일부를 보험에 붙인 경우에는 보험자는 보험금액의 보험가액에 대한 비율에 따라 보상할 책임을 진다. 그러나, 당사자간에 다른 약정이 있는 때에는 보험자는 보험금액의 한도내에서 그 손해를 보상할 책임을 진다.
>
> **정답 ┃** ④

8. 손해액 산정에 관한 설명으로 옳지 않은 것은?

① 보험사고로 인하여 상실된 피보험자가 얻을 이익은 당사자간에 다른 약정이 없으면 보험자가 보상할 손해액에 산입하지 아니한다.

② 당사자간에 다른 약정이 있는 때에는 신품가액에 의하여 보험자가 보상할 손해액을 산정할 수 있다.

③ 손해액 산정에 필요한 비용은 보험자와 보험계약자 및 보험수익자가 공동으로 부담한다.

④ 손해보상은 원칙적으로 금전으로 하지만 당사자의 합의로 손해의 전부 또는 일부를 현물로 보상할 수 있다.

> **해설 ┃** 상법 제676조 (손해액의 산정기준)
> ① 보험자가 보상할 손해액은 그 손해가 발생한 때와 곳의 가액에 의하여 산정한다. 그러나, 당사자간에 다른 약정이 있는 때에는 그 신품가액에 의하여 손해액을 산정할 수 있다.
> ② 제1항의 손해액의 산정에 관한 비용은 보험자의 부담으로 한다.
>
> **정답 ┃** ③

9. 손해보험에 관한 설명으로 옳지 않은 것은?

① 보험자가 손해를 보상할 경우에 보험료의 지급을 받지 아니한 잔액이 있으면 그 지급기일이 도래하지 아니한 때라도 보상할 금액에서 이를 공제할 수 있다.

② 보험계약자가 손해의 방지와 경감을 위하여 필요 또는 유익하였던 비용과 보상액이 보험금액을 초과한 경우에는 보험자는 보험금액의 한도내에서 이를 부담한다.

③ 보험의 목적에 관하여 보험자가 부담할 손해가 생긴 경우에는 그 후 그 목적이 보험자가 부담하지 아니하는 보험사고의 발생으로 인하여 멸실된 때에도 보험자는 이미 생긴 손해를 보상할 책임을 면하지 못한다.

④ 보험의 목적의 자연소모로 인한 손해는 보험자가 이를 보상할 책임이 없다.

> **해설 |** 상법 제680조(손해방지의무)
> 보험계약자와 피보험자는 손해의 방지와 경감을 위하여 노력하여야 한다. 그러나 이를 위하여 필요 또는 유익하였던 비용과 보상액이 <u>보험금액을 초과한 경우라도 보험자가 이를 부담한다.</u>
>
> **정답 |** ②

10. 보험대위에 관한 설명으로 옳은 것은? (다툼이 있으면 판례에 따름)

① 손해가 제3자의 행위로 인하여 발생한 경우에 보험금을 지급하기 전이라도 보험자는 그 제3자에 대한 보험계약자의 권리를 취득한다.

② 잔존물대위가 성립하기 위해서는 보험목적의 전부가 멸실하여야 한다.

③ 잔존물에 대한 권리가 보험자에게 이전되는 시점은 보험자가 보험금액을 전부 지급하고, 물권변동 절차를 마무리한 때이다.

④ 재보험에 대하여는 제3자에 대한 보험자대위가 적용되지 않는다.

> **해설 |** 상법 682조(제3자에 대한 보험대위)
> ① 손해가 제3자의 행위로 인하여 발생한 경우에 보험금을 지급한 보험자는 그 지급한 금액의 한도에서 그 제3자에 대한 보험계약자 또는 피보험자의 권리를 취득한다. 다만, 보험자가 보상할 보험금의 일부를 지급한 경우에는 피보험자의 권리를 침해하지 아니하는 범위에서 그 권리를 행사할 수 있다.
> ② 보험계약자나 피보험자의 제1항에 따른 권리가 그와 생계를 같이 하는 가족에 대한 것인 경우 보험자는 그 권리를 취득하지 못한다. 다만, 손해가 그 가족의 고의로 인하여 발생한 경우에는 그러하지 아니하다.
>
> **정답 |** ②

11. 화재보험에 관한 설명으로 옳은 것은? (다툼이 있으면 판례에 따름)

① 화재가 발생한 건물을 수리하면서 지출한 철거비와 폐기물처리비는 화재와 상당인 과 관계가 있는 건물수리비에는 포함되지 않는다.

② 피보험자가 화재 진화를 위해 살포한 물로 보험목적이 훼손된 손해는 보상하지 않 는다.

③ 불에 탈 수 있는 목조교량은 화재보험의 목적이 될 수 없다.

④ 보험자가 손해를 보상함에 있어서 화재와 손해 간에 상당인과관계가 필요하다.

> 해설 ┃ 상법 제683조에는 '화재보험계약의 보험자는 화재로 인하여 생긴 손해를 보상할 책임이 있다.' 라고 규정한다. 이를 통해 화재보험에서는 일반적으로 위험보편의 원칙이 적용됨을 알 수 있다. 손해보험사고 와 피보험자가 실제로 입은 재산상의 손해는 상당한 부분 인과관계가 있어야 한다.
>
> 정답 ┃ ④

12. 건물을 화재보험의 목적으로 한 경우 화재보험증권의 법정기재사항이 아닌 것은?

① 건물의 소재지, 구조와 용도

② 보험가액을 정한 때에는 그 가액

③ 보험기간을 정한 때에는 그 시기와 종기

④ 설계감리법인의 주소와 성명 또는 상호

> 해설 ┃ 상법 제685조 (화재보험증권)의 기재사항
> 1. 건물을 보험의 목적으로 한 때에는 그 소재지, 구조와 용도
> 2. 동산을 보험의 목적으로 한 때에는 그 존치한 장소의 상태와 용도
> 3. 보험가액을 정한 때에는 그 가액
>
> 정답 ┃ ④

13. 집합보험에 관한 설명으로 옳은 것은?

① 피보험자의 가족의 물건은 보험의 목적에 포함되지 않는 것으로 한다.

② 피보험자의 사용인의 물건은 보험의 목적에 포함되지 않는 것으로 한다.

③ 보험의 목적에 속한 물건이 보험기간중에 수시로 교체된 경우에는 보험사고의 발생 시에 현존한 물건이라도 보험의 목적에 포함되지 않는 것으로 한다.

④ 집합보험이란 경제적으로 독립한 여러 물건의 집합물을 보험의 목적으로 한 보험을 말한다.

해설 ▎ 집합보험은 집합된 물건을 일괄하여 보험의 목적으로 담보하는 보험을 말한다. 상법 제686조 (집합보험의 목적)에 따라 집합된 물건을 일괄하여 보험의 목적으로 한 때에는 피보험자의 가족과 사용인의 물건도 보험의 목적에 포함된 것으로 한다. 이 경우에는 그 보험은 그 가족 또는 사용인을 위하여서도 체결한 것으로 본다.

정답 ▎ ④

제2과목

농어업재해보험법령 및 농업재해보험 손해평가요령

제1장
농어업재해보험법

01 농어업재해보험 개요

(1) 목적(제1조)

농어업재해보험법은 농어업재해로 인하여 발생하는 농작물, 임산물, 양식수산물, 가축과 농어업용 시설물의 피해에 따른 손해를 보상하기 위한 농어업재해보험에 관한 사항을 규정함으로써 농어업 경영의 안정과 생산성 향상에 이바지하고 국민경제의 균형 있는 발전에 기여함을 목적으로 한다.

(2) 정의(제2조)

농어업재해보험법에서 사용하는 용어의 뜻은 다음과 같다.

① "농어업재해"란 농작물·임산물·가축 및 농업용 시설물에 발생하는 자연재해·병충해·조수해(鳥獸害)·질병 또는 화재(이하 "농업재해"라 한다)와 양식수산물 및 어업용 시설물에 발생하는 자연재해·질병 또는 화재(이하 "어업재해"라 한다)를 말한다.

② "농어업재해보험"이란 농어업재해로 발생하는 재산 피해에 따른 손해를 보상하기 위한 보험을 말한다.

③ "보험가입금액"이란 보험가입자의 재산 피해에 따른 손해가 발생한 경우 보험에서 최대로 보상할 수 있는 한도액으로서 보험가입자와 보험사업자 간에 약정한 금액을 말한다.

④ "보험료"란 보험가입자와 보험사업자 간의 약정에 따라 보험가입자가 보험사업자에게 내야 하는 금액을 말한다.

⑤ "보험금"이란 보험가입자에게 재해로 인한 재산 피해에 따른 손해가 발생한 경우 보험가입자와 보험사업자 간의 약정에 따라 보험사업자가 보험가입자에게 지급하는 금액을 말한다.

⑥ "시범사업"이란 농어업재해보험사업(이하 "재해보험사업"이라 한다)을 전국적으로 실시하기 전에 보험의 효용성 및 보험 실시 가능성 등을 검증하기 위하여 일정 기간 제한된 지역에서 실시하는 보험사업을 말한다.

(3) 기본계획 및 시행계획의 수립·시행(제2조의 2)

① 농림축산식품부장관과 해양수산부장관은 농어업재해보험(이하 "재해보험"이라 한다)의 활성화를 위하여 농업재해보험심의회 또는 어업재해보험심의회의 심의를 거쳐 재해보험 발전 기본계획(이하 "기본계획"이라 한다)을 5년마다 수립·시행하여야 한다.

② 기본계획에는 다음 각 호의 사항이 포함되어야 한다.
  ㉠ 재해보험사업의 발전 방향 및 목표
  ㉡ 재해보험의 종류별 가입률 제고 방안에 관한 사항
  ㉢ 재해보험의 대상 품목 및 대상 지역에 관한 사항
  ㉣ 재해보험사업에 대한 지원 및 평가에 관한 사항
  ㉤ 그 밖에 재해보험 활성화를 위하여 농림축산식품부장관 또는 해양수산부장관이 필요하다고 인정하는 사항

③ 농림축산식품부장관과 해양수산부장관은 기본계획에 따라 매년 재해보험 발전 시행계획(이하 "시행계획"이라 한다)을 수립·시행하여야 한다.

④ 농림축산식품부장관과 해양수산부장관은 기본계획 및 시행계획을 수립하고자 할 경우 제26조(통계의 수집·관리 등)에 따른 통계자료를 반영하여야 한다.

⑤ 농림축산식품부장관 또는 해양수산부장관은 기본계획 및 시행계획의 수립·시행을 위하여 필요한 경우에는 관계 중앙행정기관의 장, 지방자치단체의 장, 관련 기관·단체의 장에게 관련 자료 및 정보의 제공을 요청할 수 있다. 이 경우 자료 및 정보의 제공을 요청받은 자는 특별한 사유가 없으면 그 요청에 따라야 한다.

⑥ 그 밖에 기본계획 및 시행계획의 수립·시행에 필요한 사항은 대통령령으로 정한다.

(4) 심의회(제3조)

① 이 법에 따른 농어업재해보험(이하 "재해보험"이라 한다) 및 농어업재해재보험(이하 "재보험"이라 한다)에 관한 다음의 사항을 심의하기 위하여 농림축산식품부장관 소속으로 농업재해보험심의회를 두고, 해양수산부장관 소속으로 어업재해보험심의회를 둔다.

㉠ 재해보험 목적물의 선정에 관한 사항

　　㉡ 재해보험에서 보상하는 재해의 범위에 관한 사항

　　㉢ 재해보험사업에 대한 재정지원에 관한 사항

　　㉣ 손해평가의 방법과 절차에 관한 사항

　　㉤ 농어업재해재보험사업(이하 "재보험사업"이라 한다)에 대한 정부의 책임범위에 관한 사항

　　㉥ 재보험사업 관련 자금의 수입과 지출의 적정성에 관한 사항

　　㉦ 기본계획의 수립ㆍ시행에 관한 사항

　　㉧ 다른 법률에서 농업재해보험심의회 또는 어업재해보험심의회(이하 "심의회"라 한다)의 심의 사항으로 정하고 있는 사항

　　㉨ 그 밖에 농림축산식품부장관 또는 해양수산부장관이 필요하다고 인정하는 사항

② 심의회는 위원장 및 부위원장 각 1명을 포함한 21명 이내의 위원으로 구성한다.

③ 심의회의 위원장은 각각 농림축산식품부차관 및 해양수산부차관으로 하고, 부위원장은 위원 중에서 호선(互選)한다.

④ 심의회의 위원은 다음의 어느 하나에 해당하는 사람 중에서 각각 농림축산식품부장관 또는 해양수산부장관이 임명하거나 위촉하는 사람으로 한다. 이 경우 다음에 해당하는 사람이 각각 1명 이상 포함되어야 한다.

　　㉠ 농림축산식품부장관 또는 해양수산부장관이 재해보험이나 농어업에 관한 학식과 경험이 풍부하다고 인정하는 사람

　　㉡ 농림축산식품부 또는 해양수산부의 재해보험을 담당하는 3급 공무원 또는 고위공무원단에 속하는 공무원

　　㉢ 자연재해 또는 보험 관련 업무를 담당하는 기획재정부ㆍ행정안전부ㆍ금융위원회ㆍ산림청의 3급 공무원 또는 고위공무원단에 속하는 공무원

⑤ 위원의 임기는 3년으로 한다.

⑥ 심의회는 그 심의 사항을 검토ㆍ조정하고, 심의회의 심의를 보조하게 하기 위하여 심의회에 분과위원회를 둘 수 있다.

⑦ 심의회는 제1항의 사항을 심의하기 위하여 필요한 경우에는 농어업재해보험에 관하여 전문지식이 있는 자, 농어업인 또는 이해관계자의 의견을 들을 수 있다.

⑧ 제1항부터 제7항까지에서 규정한 사항 외에 심의회 및 분과위원회의 구성과 운영 등에 필요한 사항은 대통령령으로 정한다.

(5) 위원장의 직무(영 제2조)

① 「농어업재해보험법」에 따른 농업재해보험심의회 또는 어업재해보험심의회(이하 "심의회"라 한다)의 위원장(이하 "위원장"이라 한다)은 심의회를 대표하며, 심의회의 업무를 총괄한다.

② 심의회의 부위원장은 위원장을 보좌하며, 위원장이 부득이한 사유로 직무를 수행할 수 없을 때에는 그 직무를 대행한다.

(6) 회의(영 제3조)

① 위원장은 심의회의 회의를 소집하며, 그 의장이 된다.

② 심의회의 회의는 재적위원 3분의 1 이상의 요구가 있을 때 또는 위원장이 필요하다고 인정할 때에 소집한다.

③ 심의회의 회의는 재적위원 과반수의 출석으로 개의(開議)하고, 출석위원 과반수의 찬성으로 의결한다.

(7) 위원의 해촉(영 제3조의2)

농림축산식품부장관 또는 해양수산부장관은 위원이 다음의 어느 하나에 해당하는 경우에는 해당 위원을 해촉(解囑)할 수 있다.

① 심신장애로 인하여 직무를 수행할 수 없게 된 경우

② 직무와 관련된 비위사실이 있는 경우

③ 직무태만, 품위손상이나 그 밖의 사유로 인하여 위원으로 적합하지 아니하다고 인정되는 경우

④ 위원 스스로 직무를 수행하는 것이 곤란하다고 의사를 밝히는 경우

(8) 분과위원회(영 제4조)

① 법 제3조 제6항에 따라 심의회에 다음의 구분에 따른 분과위원회를 둔다.
  ㉠ 법 제3조에 따른 농업재해보험심의회(이하 "농업재해보험심의회"라 한다)의 경우 : 농업인안전보험 분과위원회

ⓛ 법 제3조에 따른 어업재해보험심의회(이하 "어업재해보험심의회"라 한다)의 경우에
는 다음의 분과위원회

ⓐ 어업인안전보험 분과위원회

ⓑ 어선원 및 어선 재해보상보험 분과위원회

② 제1항에 따른 농업인안전보험 분과위원회, 어업인안전보험 분과위원회 또는 어선원 및
어선 재해보상보험 분과위원회(이하 "분과위원회"라 한다)는 다음의 구분에 따른 사항
을 검토·조정하여 농업재해보험심의회 또는 어업재해보험심의회에 보고한다.

㉠ 농업인안전보험 분과위원회 : 「농어업인의 안전보험 및 안전재해예방에 관한 법률」
제5조에 따른 심의사항 중 농업인안전보험에 관한 사항

ⓛ 어업인안전보험 분과위원회 : 「농어업인의 안전보험 및 안전재해예방에 관한 법률」
제5조에 따른 심의사항 중 어업인안전보험에 관한 사항

ⓒ 어선원 및 어선 재해보상보험 분과위원회 : 「어선원 및 어선 재해보상보험법」 제7
조에 따른 심의사항

③ 분과위원회는 분과위원장 1명을 포함한 9명 이내의 분과위원으로 성별을 고려하여 구
성한다.

④ 분과위원장 및 분과위원은 심의회의 위원 중에서 전문적인 지식과 경험 등을 고려하여
위원장이 지명한다.

⑤ 분과위원회의 회의는 위원장 또는 분과위원장이 필요하다고 인정할 때에 소집한다.

⑥ 제1항부터 제5항까지에서 규정한 사항 외에 분과위원장의 직무 및 분과위원회의 회의
에 관해서는 제2조 제1항 및 제3조 제1항·제3항을 준용한다.

(9) 수당 등(영 제5조)

심의회 또는 분과위원회에 출석한 위원 또는 분과위원에게는 예산의 범위에서 수당, 여
비 또는 그 밖에 필요한 경비를 지급할 수 있다. 다만, 공무원인 위원 또는 분과위원이
그 소관 업무와 직접 관련하여 심의회 또는 분과위원회에 출석한 경우에는 그러하지 아
니하다.

(10) 운영세칙(영 제6조)

그 밖의 심의회 또는 분과위원회의 운영에 필요한 사항은 심의회의 의결을 거쳐 위원장이
정한다.

02 | 재해보험사업

(1) 재해보험의 종류 등(제4조)

재해보험의 종류는 농작물재해보험, 임산물재해보험, 가축재해보험 및 양식수산물재해보험으로 한다. 이 중 농작물재해보험, 임산물재해보험 및 가축재해보험과 관련된 사항은 농림축산식품부장관이, 양식수산물재해보험과 관련된 사항은 해양수산부장관이 각각 관장한다.

(2) 보험목적물(제5조)

보험목적물은 다음의 구분에 따르되, 그 구체적인 범위는 보험의 효용성 및 보험 실시 가능성 등을 종합적으로 고려하여 농업재해보험심의회 또는 어업재해보험심의회를 거쳐 농림축산식품부장관 또는 해양수산부장관이 고시한다.

① **농작물재해보험** : 농작물 및 농업용 시설물
② **임산물재해보험** : 임산물 및 임업용 시설물
③ **가축재해보험** : 가축 및 축산시설물
④ **양식수산물재해보험** : 양식수산물 및 양식시설물

(3) 보상의 범위 등(제6조)

① 재해보험에서 보상하는 재해의 범위는 해당 재해의 발생 빈도, 피해 정도 및 객관적인 손해평가방법 등을 고려하여 재해보험의 종류별로 대통령령으로 정한다.
② 정부는 재해보험에서 보상하는 재해의 범위를 확대하기 위하여 노력하여야 한다.

(4) 재해보험에서 보상하는 재해의 범위(영 제8조 관련)

재해보험에서 보상하는 재해의 범위는 아래 표와 같다.

재해보험의 종류	보상하는 재해의 범위
농작물·임산물 재해보험	자연재해, 조수해(鳥獸害), 화재 및 보험목적물별로 농림축산식품부장관이 정하여 고시하는 병충해
가축 재해보험	자연재해, 화재 및 보험목적물별로 농림축산식품부장관이 정하여 고시하는 질병
양식수산물 재해보험	자연재해, 화재 및 보험목적물별로 해양수산부장관이 정하여 고시하는 수산질병

* 비고 : 재해보험사업자는 보험의 효용성 및 보험 실시 가능성 등을 종합적으로 고려하여 위의 대상 재해의 범위에서 다양한 보험상품을 운용할 수 있다.

(5) 보험가입자(제7조, 영 제9조)

재해보험에 가입할 수 있는 자는 농림업, 축산업, 양식수산업에 종사하는 개인 또는 법인으로 하고, 구체적인 보험가입자의 기준은 대통령령으로 정한다. 보험가입자의 기준은 다음의 구분에 따른다.

재해보험의 종류	보험가입자의 기준
농작물 재해보험	농업재해보험심의회를 거쳐 농림축산식품부장관이 고시하는 농작물을 재배하는 자
임산물 재해보험	농업재해보험심의회를 거쳐 농림축산식품부장관이 고시하는 임산물을 재배하는 자
가축 재해보험	농업재해보험심의회를 거쳐 농림축산식품부장관이 고시하는 가축을 사육하는 자
양식수산물 재해보험	어업재해보험심의회를 거쳐 해양수산부장관이 고시하는 양식수산물을 양식하는 자

(6) 재해보험사업자(제8조)

① 「수산업협동조합법」에 따른 수산업협동조합중앙회(이하 "수협중앙회"라 한다)
② 「산림조합법」에 따른 산림조합중앙회
③ 「보험업법」에 따른 보험회사

(7) 재해보험사업의 약정체결(제8조 제2항, 영 제10조)

① 재해보험사업을 하려는 자는 농림축산식품부장관 또는 해양수산부장관과 재해보험사업의 약정을 체결하여야 한다.

② 약정을 체결하려는 자는 다음의 서류를 농림축산식품부장관 또는 해양수산부장관에게 제출하여야 한다.
    ㉠ 사업방법서, 보험약관, 보험료 및 책임준비금산출방법서
    ㉡ 그 밖에 대통령령으로 정하는 서류

③ 재해보험사업의 약정을 체결하는 데 필요한 사항은 대통령령으로 정한다.

④ 법 제8조 제2항에 따라 재해보험 사업의 약정을 체결하려는 자는 농림축산식품부장관 또는 해양수산부장관이 정하는 바에 따라 재해보험사업 약정체결신청서에 관련 서류를 첨부하여 농림축산식품부장관 또는 해양수산부장관에게 제출하여야 한다.

⑤ 농림축산식품부장관 또는 해양수산부장관은 재해보험사업을 하려는 자와 재해보험사업의 약정을 체결할 때에는 다음의 사항이 포함된 약정서를 작성하여야 한다.
    ㉠ 약정기간에 관한 사항
    ㉡ 재해보험사업의 약정을 체결한 자(이하 "재해보험사업자"라 한다)가 준수하여야 할 사항
    ㉢ 재해보험사업자에 대한 재정지원에 관한 사항
    ㉣ 약정의 변경·해지 등에 관한 사항
    ㉤ 그 밖에 재해보험사업의 운영에 관한 사항

⑥ 법 제8조 제3항 제2호에서 "대통령령으로 정하는 서류"란 정관을 말한다.

⑦ 농림축산식품부장관 또는 해양수산부장관은 행정정보의 공동이용을 통하여 법인 등기사항증명서를 확인하여야 한다.

(8) 보험료율의 산정(제9조, 영 제11조)

농림축산식품부장관 또는 해양수산부장관과 재해보험사업의 약정을 체결한 자(이하 "재해보험사업자"라 한다)는 재해보험의 보험료율을 객관적이고 합리적인 통계자료를 기초로 하여 보험목적물별 또는 보상방식별로 산정하되, 대통령령으로 정하는 행정구역 단위 또는 권역 단위로 산정하여야 한다.

행정구역 단위	특별시 · 광역시 · 도 · 특별자치도 또는 시(특별자치시와 「제주특별자치도 설치 및 국제자유도시 조성을 위한 특별법」에 따라 설치된 행정시를 포함한다) · 군 · 자치구. 다만, 「보험업법」에 따른 보험료율 산출의 원칙에 부합하는 경우에는 자치구가 아닌 구 · 읍 · 면 · 동 단위로도 보험료율을 산정할 수 있다.
권역 단위	농림축산식품부장관 또는 해양수산부장관이 행정구역 단위와는 따로 구분하여 고시하는 지역 단위

(9) 보험모집(제10조)

① 재해보험 모집자

  ㉠ 산림조합중앙회와 그 회원조합의 임직원, 수협중앙회와 그 회원조합 및 「수산업협동조합법」에 따라 설립된 수협은행의 임직원

  ㉡ 「수산업협동조합법」에 따라 준용되는 경우를 포함한다)의 공제규약에 따른 공제모집인으로서 수협중앙회장 또는 그 회원조합장이 인정하는 자

  ㉢ 「산림조합법」의 공제규정에 따른 공제모집인으로서 산림조합중앙회장이나 그 회원조합장이 인정하는 자

  ㉣ 「보험업법」에 따라 보험을 모집할 수 있는 자

② 준용규정

  재해보험의 모집 업무에 종사하는 자가 사용하는 재해보험 안내자료 및 금지행위에 관하여는 「보험업법」 및 「금융소비자 보호에 관한 법률」을 준용한다. 다만, 재해보험사업자가 수협중앙회, 산림조합중앙회인 경우에는 「보험업법」을 준용하지 아니하며, 「농업협동조합법」, 「수산업협동조합법」, 「산림조합법」에 따른 조합이 그 조합원에게 이 법에 따른 보험상품의 보험료 일부를 지원하는 경우에는 「보험업법」에도 불구하고 해당 보험계약의 체결 또는 모집과 관련한 특별이익의 제공으로 보지 아니한다.

(10) 사고예방의무 등(제10조의 2)

① 보험가입자는 재해로 인한 사고의 예방을 위하여 노력하여야 한다.

② 재해보험사업자는 사고 예방을 위하여 보험가입자가 납입한 보험료의 일부를 되돌려 줄 수 있다.

03 손해평가 및 제반규정

(1) 손해평가 등(제11조)

① **손해평가의 담당**

재해보험사업자는 보험목적물에 관한 지식과 경험을 갖춘 사람 또는 그 밖의 관계 전문가를 손해평가인으로 위촉하여 손해평가를 담당하게 하거나 제11조의 2에 따른 손해평가사(이하 "손해평가사"라 한다) 또는 「보험업법」에 따른 손해사정사에게 손해평가를 담당하게 할 수 있다.

② **손해평가 요령**

손해평가인과 손해평가사 및 「보험업법」에 따른 손해사정사는 농림축산식품부장관 또는 해양수산부장관이 정하여 고시하는 손해평가 요령에 따라 손해평가를 하여야 한다. 이 경우 공정하고 객관적으로 손해평가를 하여야 하며, 고의로 진실을 숨기거나 거짓으로 손해평가를 하여서는 아니 된다.

③ **교차손해평가**

재해보험사업자는 공정하고 객관적인 손해평가를 위하여 동일 시·군·구(자치구를 말한다) 내에서 교차손해평가(손해평가인 상호간에 담당지역을 교차하여 평가하는 것을 말한다. 이하 같다)를 수행할 수 있다. 이 경우 교차손해평가의 절차·방법 등에 필요한 사항은 농림축산식품부장관 또는 해양수산부장관이 정한다.

④ **협의**

농림축산식품부장관 또는 해양수산부장관은 제2항에 따른 손해평가 요령을 고시하려면 미리 금융위원회와 협의하여야 한다.

⑤ **정기교육**

농림축산식품부장관 또는 해양수산부장관은 제1항에 따른 손해평가인이 공정하고 객관적인 손해평가를 수행할 수 있도록 연 1회 이상 정기교육을 실시하여야 한다.

⑥ **기술·정보의 교환**

농림축산식품부장관 또는 해양수산부장관은 손해평가인 간의 손해평가에 관한 기술·정보의 교환을 지원할 수 있다.

⑦ **손해평가인 자격요건 등**

손해평가인으로 위촉될 수 있는 사람의 자격 요건, 정기교육, 기술·정보의 교환 지원 및 손해평가 실무교육 등에 필요한 사항은 대통령령으로 성한다.

(2) 손해평가인의 자격요건 등(영 제12조)

① 법 제11조에 따른 손해평가인으로 위촉될 수 있는 사람의 자격요건은 아래 표와 같다.

재해보험의 종류	손해평가인의 자격요건
농작물 재해보험	1. 재해보험 대상 농작물을 5년 이상 경작한 경력이 있는 농업인 2. 공무원으로 농림축산식품부, 농촌진흥청, 통계청 또는 지방자치단체나 그 소속기관에서 농작물재배 분야에 관한 연구·지도, 농산물 품질관리 또는 농업 통계조사 업무를 3년 이상 담당한 경력이 있는 사람 3. 교원으로 고등학교에서 농작물재배 분야 관련 과목을 5년 이상 교육한 경력이 있는 사람 4. 조교수 이상으로 「고등교육법」에 따른 학교에서 농작물재배 관련학을 3년 이상 교육한 경력이 있는 사람 5. 「보험업법」에 따른 보험회사의 임직원이나 「농업협동조합법」에 따른 중앙회와 조합의 임직원으로 영농 지원 또는 보험·공제 관련 업무를 3년 이상 담당하였거나 손해평가 업무를 2년 이상 담당한 경력이 있는 사람 6. 「고등교육법」에 따른 학교에서 농작물재배 관련학을 전공하고 농업전문 연구기관 또는 연구소에서 5년 이상 근무한 학사학위 이상 소지자 7. 「고등교육법」에 따른 전문대학에서 보험 관련 학과를 졸업한 사람 8. 「학점인정 등에 관한 법률」에 따라 전문대학의 보험 관련 학과 졸업자와 같은 수준 이상의 학력이 있다고 인정받은 사람이나 「고등교육법」에 따른 학교에서 80학점(보험 관련 과목 학점이 45학점 이상이어야 한다) 이상을 이수한 사람 등 제7호에 해당하는 사람과 같은 수준 이상의 학력이 있다고 인정되는 사람 9. 「농수산물 품질관리법」에 따른 농산물품질관리사 10. 재해보험 대상 농작물 분야에서 「국가기술자격법」에 따른 기사 이상의 자격을 소지한 사람
임산물 재해보험	1. 재해보험 대상 임산물을 5년 이상 경작한 경력이 있는 임업인 2. 공무원으로 농림축산식품부, 농촌진흥청, 산림청, 통계청 또는 지방자치단체나 그 소속기관에서 임산물재배 분야에 관한 연구·지도 또는 임업 통계조사 업무를 3년 이상 담당한 경력이 있는 사람 3. 교원으로 고등학교에서 임산물재배 분야 관련 과목을 5년 이상 교육한 경력이 있는 사람 4. 조교수 이상으로 「고등교육법」에 따른 학교에서 임산물재배 관련학을 3년 이상 교육한 경력이 있는 사람 5. 「보험업법」에 따른 보험회사의 임직원이나 「산림조합법」에 따른 중앙회와 조합의 임직원으로 산림경영 지원 또는 보험·공제 관련 업무를 3년 이상 담당하였거나 손해평가 업무를 2년 이상 담당한 경력이 있는 사람 6. 「고등교육법」에 따른 학교에서 임산물재배 관련학을 전공하고 임업전문 연구기관 또는 연구소에서 5년 이상 근무한 학사학위 이상 소지자

	7. 「고등교육법」에 따른 전문대학에서 보험 관련 학과를 졸업한 사람 8. 「학점인정 등에 관한 법률」에 따라 전문대학의 보험 관련 학과 졸업자와 같은 수준 이상의 학력이 있다고 인정받은 사람이나 「고등교육법」에 따른 학교에서 80학점(보험 관련 과목 학점이 45학점 이상이어야 한다) 이상을 이수한 사람 등 제7호에 해당하는 사람과 같은 수준 이상의 학력이 있다고 인정되는 사람 9. 재해보험 대상 임산물 분야에서 「국가기술자격법」에 따른 기사 이상의 자격을 소지한 사람
가축 재해보험	1. 재해보험 대상 가축을 5년 이상 사육한 경력이 있는 농업인 2. 공무원으로 농림축산식품부, 농촌진흥청, 통계청 또는 지방자치단체나 그 소속기관에서 가축사육 분야에 관한 연구·지도 또는 가축 통계조사 업무를 3년 이상 담당한 경력이 있는 사람 3. 교원으로 고등학교에서 가축사육 분야 관련 과목을 5년 이상 교육한 경력이 있는 사람 4. 조교수 이상으로 「고등교육법」에 따른 학교에서 가축사육 관련학을 3년 이상 교육한 경력이 있는 사람 5. 「보험업법」에 따른 보험회사의 임직원이나 「농업협동조합법」에 따른 중앙회와 조합의 임직원으로 영농 지원 또는 보험·공제 관련 업무를 3년 이상 담당하였거나 손해평가 업무를 2년 이상 담당한 경력이 있는 사람 6. 「고등교육법」에 따른 학교에서 가축사육 관련학을 전공하고 축산전문 연구기관 또는 연구소에서 5년 이상 근무한 학사학위 이상 소지자 7. 「고등교육법」에 따른 전문대학에서 보험 관련 학과를 졸업한 사람 8. 「학점인정 등에 관한 법률」에 따라 전문대학의 보험 관련 학과 졸업자와 같은 수준 이상의 학력이 있다고 인정받은 사람이나 「고등교육법」에 따른 학교에서 80학점(보험 관련 과목 학점이 45학점 이상이어야 한다) 이상을 이수한 사람 등 제7호에 해당하는 사람과 같은 수준 이상의 학력이 있다고 인정되는 사람 9. 「수의사법」에 따른 수의사 10. 「국가기술자격법」에 따른 축산기사 이상의 자격을 소지한 사람
양식 수산물 재해보험	1. 재해보험 대상 양식수산물을 5년 이상 양식한 경력이 있는 어업인 2. 공무원으로 해양수산부, 국립수산과학원, 국립수산물품질관리원 또는 지방자치단체에서 수산물양식 분야 또는 수산생명의학 분야에 관한 연구 또는 지도업무를 3년 이상 담당한 경력이 있는 사람 3. 교원으로 수산계 고등학교에서 수산물양식 분야 또는 수산생명의학 분야의 관련 과목을 5년 이상 교육한 경력이 있는 사람 4. 조교수 이상으로 「고등교육법」에 따른 학교에서 수산물양식 관련학 또는 수산생명의학 관련학을 3년 이상 교육한 경력이 있는 사람 5. 「보험업법」에 따른 보험회사의 임직원이나 「수산업협동조합법」에 따른 수산업협동조합중앙회, 수협은행 및 조합의 임직원으로 수산업지원 또는 보험·공제 관련 업무를 3년 이상 담당하였거나 손해평가 업무를 2년 이상 담당한 경력이 있는 사람

6. 「고등교육법」에 따른 학교에서 수산물양식 관련학 또는 수산생명의학 관련학을 전공하고 수산전문 연구기관 또는 연구소에서 5년 이상 근무한 학사학위 소지자
7. 「고등교육법」에 따른 전문대학에서 보험 관련 학과를 졸업한 사람
8. 「학점인정 등에 관한 법률」에 따라 전문대학의 보험 관련 학과 졸업자와 같은 수준 이상의 학력이 있다고 인정받은 사람이나 「고등교육법」에 따른 학교에서 80학점(보험 관련 과목 학점이 45학점 이상이어야 한다) 이상을 이수한 사람 등 제7호에 해당하는 사람과 같은 수준 이상의 학력이 있다고 인정되는 사람
9. 「수산생물질병 관리법」에 따른 수산질병관리사
10. 재해보험 대상 양식수산물 분야에서 「국가기술자격법」에 따른 기사 이상의 자격을 소지한 사람
11. 「농수산물 품질관리법」에 따른 수산물품질관리사

② 재해보험사업자는 손해평가인으로 위촉된 사람에 대하여 보험에 관한 기초지식, 보험약관 및 손해평가요령 등에 관한 실무교육을 하여야 한다.

③ 정기교육에는 다음의 사항이 포함되어야 하며, 교육시간은 4시간 이상으로 한다.
  ㉠ 농어업재해보험에 관한 기초지식
  ㉡ 농어업재해보험의 종류별 약관
  ㉢ 손해평가의 절차 및 방법
  ㉣ 그 밖에 손해평가에 필요한 사항으로서 농림축산식품부장관 또는 해양수산부장관이 정하는 사항

④ ③에서 규정한 사항 외에 정기교육의 운영에 필요한 사항은 농림축산식품부장관 또는 해양수산부장관이 정하여 고시한다.

(3) 손해평가사

① 농림축산식품부장관은 공정하고 객관적인 손해평가를 촉진하기 위하여 손해평가사 제도를 운영한다.

② 손해평가사는 농작물재해보험 및 가축재해보험에 관하여 다음의 업무를 수행한다.
  ㉠ 피해사실의 확인
  ㉡ 보험가액 및 손해액의 평가
  ㉢ 그 밖의 손해평가에 필요한 사항

③ 손해평가사의 시험 등

　㉠ 손해평가사가 되려는 사람은 농림축산식품부장관이 실시하는 손해평가사 자격시험에 합격하여야 한다.

　㉡ 보험목적물 또는 관련 분야에 관한 전문 지식과 경험을 갖추었다고 인정되는 대통령령으로 정하는 기준에 해당하는 사람에게는 손해평가사 자격시험 과목의 일부를 면제할 수 있다.

　㉢ 농림축산식품부장관은 다음의 어느 하나에 해당하는 사람에 대하여는 그 시험을 정지시키거나 무효로 하고 그 처분 사실을 지체 없이 알려야 한다.

　　ⓐ 부정한 방법으로 시험에 응시한 사람

　　ⓑ 시험에서 부정한 행위를 한 사람

④ 다음에 해당하는 사람은 그 처분이 있은 날부터 2년이 지나지 아니한 경우 손해평가사 자격시험에 응시하지 못한다.

　㉠ 정지·무효 처분을 받은 사람

　㉡ 손해평가사 자격이 취소된 사람

⑤ 손해평가사 자격시험의 실시, 응시수수료, 시험과목, 시험과목의 면제, 시험방법, 합격 기준 및 자격증 발급 등에 필요한 사항은 대통령령으로 정한다.

⑥ 손해평가사는 다른 사람에게 그 명의를 사용하게 하거나 다른 사람에게 그 자격증을 대여해서는 아니 된다.

⑦ 누구든지 손해평가사의 자격을 취득하지 아니하고 그 명의를 사용하거나 자격증을 대여 받아서는 아니 되며, 명의의 사용이나 자격증의 대여를 알선해서도 아니 된다.

(4) 손해평가사 자격시험의 실시 등(영 제12조의 2)

① 법 제11조의 4 제1항에 따른 손해평가사 자격시험(이하 "손해평가사 자격시험"이라 한다)은 매년 1회 실시한다. 다만, 농림축산식품부장관이 손해평가사의 수급(需給)상 필요하다고 인정하는 경우에는 2년마다 실시할 수 있다.

② 농림축산식품부장관은 손해평가사 자격시험을 실시하려면 다음의 사항을 시험 실시 90일 전까지 인터넷 홈페이지 등에 공고해야 한다.

　㉠ 시험의 일시 및 장소

　㉡ 시험방법 및 시험과목

　㉢ 응시원서의 제출방법 및 응시수수료

　　ⓔ 합격자 발표의 일시 및 방법

　　ⓜ 선발예정인원(농림축산식품부장관이 수급상 필요하다고 인정하여 선발예정인원을
　　　정한 경우만 해당한다)

　　ⓗ 그 밖에 시험의 실시에 필요한 사항

③ 손해평가사 자격시험에 응시하려는 사람은 농림축산식품부장관이 정하여 고시하는 응
　시원서를 농림축산식품부장관에게 제출하여야 한다.

④ 손해평가사 자격시험에 응시하려는 사람은 농림축산식품부장관이 정하여 고시하는 응
　시수수료를 내야 한다.

⑤ 농림축산식품부장관은 다음의 어느 하나에 해당하는 경우에는 제4항에 따라 받은 수
　수료를 다음의 구분에 따라 반환하여야 한다.

　　㉠ 수수료를 과오납한 경우 : 과오납한 금액 전부

　　㉡ 시험일 20일 전까지 접수를 취소하는 경우 : 납부한 수수료 전부

　　㉢ 시험관리기관의 귀책사유로 시험에 응시하지 못하는 경우 : 납부한 수수료 전부

　　㉣ 시험일 10일 전까지 접수를 취소하는 경우 : 납부한 수수료의 100분의 60

(5) 손해평가사 자격시험의 방법(영 제12조의 3, 4)

① 손해평가사 자격시험은 제1차 시험과 제2차 시험으로 구분하여 실시한다. 이 경우 제2
　차 시험은 제1차 시험에 합격한 사람과 제12조의 5에 따라 제1차 시험을 면제받은 사
　람을 대상으로 시행한다.

② 제1차 시험은 선택형으로 출제하는 것을 원칙으로 하되, 단답형 또는 기입형을 병행할
　수 있다.

③ 제2차 시험은 서술형으로 출제하는 것을 원칙으로 하되, 단답형 또는 기입형을 병행할
　수 있다.

④ 손해평가사 자격시험의 제1차 시험 과목 및 제2차 시험 과목은 아래 표와 같다.

구분	과목
제1차 시험	• 「상법」 보험편 • 농어업재해보험법령(「농어업재해보험법」, 「농어업재해보험법 시행령」, 「농어업재해보험법 시행규칙」 및 농림축산식품부장관이 고시하는 손해평가 요령을 말한다) • 농학개론 중 재배학 및 원예작물학
제2차 시험	• 농작물재해보험 및 가축재해보험의 이론과 실무 • 농작물재해보험 및 가축재해보험 손해평가의 이론과 실무

(6) 손해평가사 자격시험의 일부 면제(영 제12조의 5)

① 법 제11조의 4 제2항에서 "대통령령으로 정하는 기준에 해당하는 사람"이란 다음의 어느 하나에 해당하는 사람을 말한다.

　　㉠ 법 제11조 제1항에 따른 손해평가인으로 위촉된 기간이 3년 이상인 사람으로서 손해평가 업무를 수행한 경력이 있는 사람

　　㉡ 「보험업법」에 따른 손해사정사

　　㉢ 다음의 기관 또는 법인에서 손해사정 관련 업무에 3년 이상 종사한 경력이 있는 사람

　　　　ⓐ 「금융위원회의 설치 등에 관한 법률」에 따라 설립된 금융감독원

　　　　ⓑ 「농업협동조합법」에 따른 농업협동조합중앙회. 이 경우 농업협동조합법 일부 개정 법률에 따라 농협손해보험이 설립되기 전까지의 농업협동조합중앙회에 한정한다.

　　　　ⓒ 「보험업법」에 따른 허가를 받은 손해보험회사

　　　　ⓓ 「보험업법」에 따라 설립된 손해보험협회

　　　　ⓔ 「보험업법」에 따른 손해사정을 업(業)으로 하는 법인

　　　　ⓕ 「화재로 인한 재해보상과 보험가입에 관한 법률」에 따라 설립된 한국화재보험협회

② 제①항의 어느 하나에 해당하는 사람에 대해서는 손해평가사 자격시험 중 제1차 시험을 면제한다.

③ 제②에 따라 제1차 시험을 면제받으려는 사람은 농림축산식품부장관이 정하여 고시하는 면제신청서에 제1항의 어느 하나에 해당하는 사실을 증명하는 서류를 첨부하여 농림축산식품부장관에게 신청해야 한다.

④ 제③항에 따른 면제 신청을 받은 농림축산식품부장관은 「전자정부법」에 따른 행정정보의 공동이용을 통하여 신청인의 고용보험 피보험자격 이력내역서, 국민연금가입자 가입증명 또는 건강보험 자격득실확인서를 확인해야 한다. 다만, 신청인이 확인에 동의하지 않는 경우에는 그 서류를 첨부하도록 해야 한다.

⑤ 제1차 시험에 합격한 사람에 대해서는 다음 회에 한정하여 제1차 시험을 면제한다.

(7) 손해평가사 자격시험의 합격기준 등(영 제12조의 6)

① 손해평가사 자격시험의 제1차 시험 합격자를 결정할 때에는 매 과목 100점을 만점으로 하여 매 과목 40점 이상과 전 과목 평균 60점 이상을 득점한 사람을 합격자로 한다.

② 손해평가사 자격시험의 제2차 시험 합격자를 결정할 때에는 매 과목 100점을 만점으로 하여 매 과목 40점 이상과 전 과목 평균 60점 이상을 득점한 사람을 합격자로 한다.

③ 농림축산식품부장관이 손해평가사의 수급상 필요하다고 인정하여 선발예정인원을 공고한 경우에는 매 과목 40점 이상을 득점한 사람 중에서 전(全) 과목 총득점이 높은 사람부터 차례로 선발예정인원에 달할 때까지에 해당하는 사람을 합격자로 한다.

④ 합격자를 결정할 때 동점자가 있어 선발예정인원을 초과하는 경우에는 해당 동점자 모두를 합격자로 한다. 이 경우 동점자의 점수는 소수점 이하 둘째자리(셋째자리 이하 버림)까지 계산한다.

⑤ 농림축산식품부장관은 손해평가사 자격시험의 최종 합격자가 결정되었을 때에는 이를 인터넷 홈페이지에 공고하여야 한다.

(8) 감독 및 교육

① 손해평가사의 감독
㉠ 농림축산식품부장관은 손해평가사가 그 직무를 게을리하거나 직무를 수행하면서 부적절한 행위를 하였다고 인정하면 1년 이내의 기간을 정하여 업무의 정지를 명할 수 있다.
㉡ 업무 정지 처분의 세부기준은 대통령령으로 정한다.

② 손해평가 등의 교육
농림축산식품부장관은 손해평가사의 손해평가 능력 및 자질 향상을 위하여 교육을 실시할 수 있다.

③ 손해평가사의 자격 취소
㉠ 농림축산식품부장관은 다음의 어느 하나에 해당하는 사람에 대하여 손해평가사 자격을 취소할 수 있다. 다만, 제1호 및 제5호에 해당하는 경우에는 자격을 취소하여야 한다.
ⓐ 손해평가사의 자격을 거짓 또는 부정한 방법으로 취득한 사람
ⓑ 거짓으로 손해평가를 한 사람

ⓒ 다른 사람에게 손해평가사의 명의를 사용하게 하거나 그 자격증을 대여한 사람

ⓓ 손해평가사 명의의 사용이나 자격증의 대여를 알선한 사람

ⓔ 업무정지 기간 중에 손해평가 업무를 수행한 사람

ⓛ 손해평가사 자격 취소 처분의 세부기준(영 제12조의9, 별표 2의3)

위반행위	근거 법조문	처분기준	
		1회 위반	2회 이상 위반
손해평가사의 자격을 거짓 또는 부정한 방법으로 취득한 경우	법 제11조의 5 제1항 제1호	자격 취소	
거짓으로 손해평가를 한 경우	법 제11조의 5 제1항 제2호	시정명령	자격 취소
다른 사람에게 손해평가사의 명의를 사용하게 하거나 그 자격증을 대여한 경우	법 제11조의 5 제1항 제3호	자격 취소	
손해평가사 명의의 사용이나 자격증의 대여를 알선한 경우	법 제11조의 5 제1항 제4호	자격 취소	
업무정지 기간 중에 손해평가 업무를 수행한 경우	법 제11조의 5 제1항 제5호	자격 취소	

(9) 손해평가사 업무 정지 처분의 세부기준(영 제12조의 10, 별표 2의4)

위반행위	근거 법조문	처분기준		
		1회 위반	2회 위반	3회 이상 위반
업무 수행과 관련하여 「개인정보 보호법」, 「신용정보의 이용 및 보호에 관한 법률」 등 정보 보호와 관련된 법령을 위반한 경우	법 제11조의 6 제1항	업무 정지 6개월	업무 정지 1년	업무 정지 1년
업무 수행과 관련하여 보험계약자 또는 보험사업자로부터 금품 또는 향응을 제공받은 경우	법 제11조의 6 제1항	업무 정지 6개월	업무 정지 1년	업무 정지 1년
자기 또는 자기와 생계를 같이 하는 4촌 이내의 친족(이하 "이해관계자"라 한다)이 가입한 보험계약에 관한 손해평가를 한 경우	법 제11조의 6 제1항	업무 정지 3개월	업무 정지 6개월	업무 정지 6개월
자기 또는 이해관계자가 모집한 보험계약에 대해 손해평가를 한 경우	법 제11조의 6 제1항	업무 정지 3개월	업무 정지 6개월	업무 정지 6개월
법 제11조제2항 전단에 따른 손해평가 요령을 준수하지 않고 손해평가를 한 경우	법 제11조의 6 제1항	경고	업무 정지 1개월	업무 정지 3개월

그 밖에 손해평가사가 그 직무를 게을리하거나 직무를 수행하면서 부적절한 행위를 했다고 인정되는 경우	법 제11조의 6 제1항	경고	업무 정지 1개월	업무 정지 3개월

(10) 보험금수급전용계좌(제11조의 7)

① 재해보험사업자는 수급권자의 신청이 있는 경우에는 보험금을 수급권자 명의의 지정된 계좌(이하 "보험금수급전용계좌"라 한다)로 입금하여야 한다. 다만, 정보통신장애나 그 밖에 대통령령으로 정하는 불가피한 사유로 보험금을 보험금수급계좌로 이체할 수 없을 때에는 현금 지급 등 대통령령으로 정하는 바에 따라 보험금을 지급할 수 있다.

② 보험금수급전용계좌의 해당 금융기관은 이 법에 따른 보험금만이 보험금수급전용계좌에 입금되도록 관리하여야 한다.

③ 제1항에 따른 신청의 방법·절차와 제2항에 따른 보험금수급전용계좌의 관리에 필요한 사항은 대통령령으로 정한다.

(11) 수급권의 보호(제12조)

① 재해보험의 보험금을 지급받을 권리는 압류할 수 없다. 다만, 보험목적물이 담보로 제공된 경우에는 그러하지 아니하다.

② 지정된 보험금수급전용계좌의 예금 중 대통령령으로 정하는 액수 이하의 금액에 관한 채권은 압류할 수 없다.

(12) 보험금수급전용계좌의 신청 방법·절차 등(영 제12조의11)

① 보험금을 수급권자 명의의 지정된 계좌(이하 "보험금수급전용계좌"라 한다)로 받으려는 사람은 재해보험사업자가 정하는 보험금 지급청구서에 수급권자 명의의 보험금수급전용계좌를 기재하고, 통장의 사본(계좌번호가 기재된 면을 말한다)을 첨부하여 재해보험사업자에게 제출해야 한다. 보험금수급전용계좌를 변경하는 경우에도 또한 같다.

② "대통령령으로 정하는 불가피한 사유"란 보험금수급전용계좌가 개설된 금융기관의 폐업·업무 정지 등으로 정상영업이 불가능한 경우를 말한다.

③ 재해보험사업자는 법 제11조의7제1항 단서에 따른 사유로 보험금을 이체할 수 없을

때에는 수급권자의 신청에 따라 다른 금융기관에 개설된 보험금수급전용계좌로 이체해야 한다. 다만, 다른 보험금수급전용계좌로도 이체할 수 없는 경우에는 수급권자 본인의 주민등록증 등 신분증명서의 확인을 거쳐 보험금을 직접 현금으로 지급할 수 있다.

(13) 보험금의 압류 금지(영 제12조의 12)

"대통령령으로 정하는 액수"란 다음의 구분에 따른 보험금 액수를 말한다.

① 농작물·임산물·가축 및 양식수산물의 재생산에 직접적으로 소요되는 비용의 보장을 목적으로 법 제11조의 7 제1항 본문에 따라 보험금수급전용계좌로 입금된 보험금 : 입금된 보험금 전액

② 제1호 외의 목적으로 법 제11조의 7 제1항 본문에 따라 보험금수급전용계좌로 입금된 보험금 : 입금된 보험금의 2분의 1에 해당하는 액수

(14) 보험목적물의 양도에 따른 권리 및 의무의 승계(제13조)

재해보험가입자가 재해보험에 가입된 보험목적물을 양도하는 경우 그 양수인은 재해보험계약에 관한 양도인의 권리 및 의무를 승계한 것으로 추정한다.

(15) 업무 위탁(제14조, 영 제13조)

① 재해보험사업자는 재해보험사업을 원활히 수행하기 위하여 필요한 경우에는 보험모집 및 손해평가 등 재해보험 업무의 일부를 대통령령으로 정하는 자에게 위탁할 수 있다.

② "대통령령으로 정하는 자"란 다음의 자를 말한다.
　　㉠ 「농업협동조합법」에 따라 설립된 지역농업협동조합·지역축산업협동조합 및 품목별·업종별협동조합
　　㉡ 「산림조합법」에 따라 설립된 지역산림조합 및 품목별·업종별산림조합
　　㉢ 「수산업협동조합법」에 따라 설립된 지구별 수산업협동조합, 업종별 수산업협동조합, 수산물가공 수산업협동조합 및 수협은행
　　㉣ 「보험업법」에 따라 손해사정을 업으로 하는 자
　　㉤ 농어업재해보험 관련 업무를 수행할 목적으로 「민법」에 따라 농림축산식품부장관 또는 해양수산부장관의 허가를 받아 설립된 비영리법인(손해평가 관련 업무를 위탁하는 경우만 해당한다)

(16) 회계 구분(제15조)

재해보험사업자는 재해보험사업의 회계를 다른 회계와 구분하여 회계 처리함으로써 손익 관계를 명확히 하여야 한다.

(17) 분쟁조정(제17조)

재해보험과 관련된 분쟁의 조정(調停)은 「금융소비자 보호에 관한 법률」의 규정에 따른다.

(18) 재정지원(제19조)

① 정부는 예산의 범위에서 재해보험가입자가 부담하는 보험료의 일부와 재해보험사업자의 재해보험의 운영 및 관리에 필요한 비용(이하 "운영비"라 한다)의 전부 또는 일부를 지원할 수 있다. 이 경우 지방자치단체는 예산의 범위에서 재해보험가입자가 부담하는 보험료의 일부를 추가로 지원할 수 있다.

② 농림축산식품부장관·해양수산부장관 및 지방자치단체의 장은 제1항에 따른 지원 금액을 재해보험사업자에게 지급하여야 한다.

③ 「풍수해보험법」에 따른 풍수해보험에 가입한 자가 동일한 보험목적물을 대상으로 재해보험에 가입할 경우에는 제1항에도 불구하고 정부가 재정지원을 하지 아니한다.

④ 제1항에 따른 보험료와 운영비의 지원 방법 및 지원 절차 등에 필요한 사항은 대통령령으로 정한다.

(19) 보험료 및 운영비의 지원(영 제15조)

① 보험료 또는 운영비의 지원 금액을 지급받으려는 재해보험사업자는 농림축산식품부장관 또는 해양수산부장관이 정하는 바에 따라 재해보험 가입현황서나 운영비 사용계획서를 농림축산식품부장관 또는 해양수산부장관에게 제출하여야 한다.

② 재해보험 가입현황서나 운영비 사용계획서를 제출받은 농림축산식품부장관 또는 해양수산부장관은 보험가입자의 기준 및 재해보험사업자에 대한 재정지원에 관한 사항 등을 확인하여 보험료 또는 운영비의 지원금액을 결정·지급한다.

③ 지방자치단체의 장은 보험료의 일부를 추가 지원하려는 경우 재해보험 가입현황서와 보험가입자의 기준 등을 확인하여 보험료의 지원금액을 결정·지급한다.

04 재보험사업 및 농어업재해재보험기금

(1) 재보험사업(제20조)

① 정부는 재해보험에 관한 재보험사업을 할 수 있다.

② 농림축산식품부장관 또는 해양수산부장관은 재보험에 가입하려는 재해보험사업자와 다음의 사항이 포함된 재보험 약정을 체결하여야 한다.
  ㉠ 재해보험사업자가 정부에 내야 할 보험료에 관한 사항
  ㉡ 정부가 지급하여야 할 보험금에 관한 사항
  ㉢ 그 밖에 재보험수수료 등 재보험 약정에 관한 것으로서 대통령령으로 정하는 사항

③ 농림축산식품부장관은 해양수산부장관과 협의를 거쳐 재보험사업에 관한 업무의 일부를 「농업·농촌 및 식품산업 기본법」에 따라 설립된 농업정책보험금융원에 위탁할 수 있다.

④ 재보험 약정서(영 제16조) : "대통령령으로 정하는 사항"이란 다음의 사항을 말한다.
  ㉠ 재보험수수료에 관한 사항
  ㉡ 재보험 약정기간에 관한 사항
  ㉢ 재보험 책임범위에 관한 사항
  ㉣ 재보험 약정의 변경·해지 등에 관한 사항
  ㉤ 재보험금 지급 및 분쟁에 관한 사항
  ㉥ 그 밖에 재보험의 운영·관리에 관한 사항

(2) 농어업재해보험기금

① 기금의 설치(제21조)
  농림축산식품부장관은 해양수산부장관과 협의하여 공동으로 재보험사업에 필요한 재원에 충당하기 위하여 농어업재해재보험기금(이하 "기금"이라 한다)을 설치한다.

② 기금계정의 설치(영 제17조)
  농림축산식품부장관은 해양수산부장관과 협의하여 농어업재해재보험기금(이하 "기금"이라 한다)의 수입과 지출을 명확히 하기 위하여 한국은행에 기금계정을 설치하여야 한다.

104 | 제2과목 농어업재해보험법령 및 농업재해보험 손해평가요령

③ 기금의 조성(제22조)

  ㉠ 기금은 다음의 재원으로 조성한다.

    ⓐ 재보험료

    ⓑ 정부, 정부 외의 자 및 다른 기금으로부터 받은 출연금

    ⓒ 재보험금의 회수 자금

    ⓓ 기금의 운용수익금과 그 밖의 수입금

    ⓔ 제2항에 따른 차입금

    ⓕ 「농어촌구조개선 특별회계법」에 따라 농어촌구조개선 특별회계의 농어촌특별
      세사업계정으로부터 받은 전입금

  ㉡ 농림축산식품부장관은 기금의 운용에 필요하다고 인정되는 경우에는 해양수산부장
    관과 협의하여 기금의 부담으로 금융기관, 다른 기금 또는 다른 회계로부터 자금을
    차입할 수 있다.

(3) 기금의 용도 · 관리 · 운용(제23조, 제24조)

① 기금의 용도

  ㉠ 재보험금의 지급

  ㉡ 차입금의 원리금 상환

  ㉢ 기금의 관리 · 운용에 필요한 경비(위탁경비를 포함한다)의 지출

  ㉣ 그 밖에 농림축산식품부장관이 해양수산부장관과 협의하여 재보험사업을 유지 · 개
    선하는 데에 필요하다고 인정하는 경비의 지출

② 기금의 관리·운용

  ㉠ 기금은 농림축산식품부장관이 해양수산부장관과 협의하여 관리 · 운용한다.

  ㉡ 농림축산식품부장관은 해양수산부장관과 협의를 거쳐 기금의 관리 · 운용에 관한
    사무의 일부를 농업정책보험금융원에 위탁할 수 있다.

  ㉢ 기금의 관리 · 운용에 필요한 사항은 대통령령으로 정한다.

③ 기금의 관리·운용에 관한 사무의 위탁(영 제18조)

  ㉠ 농림축산식품부장관은 해양수산부장관과 협의하여 기금의 관리 · 운용에 관한 다음
    의 사무를 「농업 · 농촌 및 식품산업 기본법」 따라 설립된 농업정책보험금융원에
    위탁한다.

    ⓐ 기금의 관리 · 운용에 관한 회계업무

    ⓑ 재보험료를 납입받는 업무

ⓒ 재보험금을 지급하는 업무

ⓓ 여유자금의 운용업무

ⓔ 그 밖에 기금의 관리·운용에 관하여 농림축산식품부장관이 해양수산부장관과 협의를 거쳐 지정하여 고시하는 업무

ⓛ 기금의 관리·운용을 위탁받은 농업정책보험금융원(이하 "기금수탁관리자"라 한다)은 기금의 관리 및 운용을 명확히 하기 위하여 기금을 다른 회계와 구분하여 회계처리하여야 한다.

ⓒ 사무처리에 드는 경비는 기금의 부담으로 한다.

(4) 기금의 결산(영 제19조)

① 기금수탁관리자는 회계연도마다 기금결산보고서를 작성하여 다음 회계연도 2월 15일까지 농림축산식품부장관 및 해양수산부장관에게 제출하여야 한다.

② 농림축산식품부장관은 해양수산부장관과 협의하여 기금수탁관리자로부터 제출받은 기금결산보고서를 검토한 후 심의회의 심의를 거쳐 다음 회계연도 2월 말일까지 기획재정부장관에게 제출하여야 한다.

③ 기금결산보고서에는 다음의 서류를 첨부하여야 한다.
ㄱ 결산 개요
ㄴ 수입지출결산
ㄷ 재무제표
ㄹ 성과보고서
ㅁ 그 밖에 결산의 내용을 명확하게 하기 위하여 필요한 서류

(5) 여유자금의 운용(영 제20조)

농림축산식품부장관은 해양수산부장관과 협의하여 기금의 여유자금을 다음의 방법으로 운용할 수 있다.

① 「은행법」에 따른 은행에의 예치

② 「국채, 공채 또는 그 밖에 자본시장과 금융투자업에 관한 법률」 제4조에 따른 증권의 매입

(6) 기금의 회계기관(제25조)

① 농림축산식품부장관은 해양수산부장관과 협의하여 기금의 수입과 지출에 관한 사무를 수행하게 하기 위하여 소속 공무원 중에서 기금수입징수관, 기금재무관, 기금지출관 및 기금출납공무원을 임명한다.

② 농림축산식품부장관은 제24조 제2항에 따라 기금의 관리 · 운용에 관한 사무를 위탁한 경우에는 해양수산부장관과 협의하여 농업정책보험금융원의 임원 중에서 기금수입담당임원과 기금지출원인행위담당임원을, 그 직원 중에서 기금지출원과 기금출납원을 각각 임명하여야 한다. 이 경우 기금수입담당임원은 기금수입징수관의 업무를, 기금지출원인행위담당임원은 기금재무관의 업무를, 기금지출원은 기금지출관의 업무를, 기금출납원은 기금출납공무원의 업무를 수행한다.

05 재해보험사업의 관리

(1) 농어업재해보험사업의 관리(제25조의 2)

① 농림축산식품부장관 또는 해양수산부장관은 재해보험사업을 효율적으로 추진하기 위하여 다음의 업무를 수행한다.
  ㉠ 재해보험사업의 관리 · 감독
  ㉡ 재해보험 상품의 연구 및 보급
  ㉢ 재해 관련 통계 생산 및 데이터베이스 구축 · 분석
  ㉣ 손해평가인력의 육성
  ㉤ 손해평가기법의 연구 · 개발 및 보급

② 농림축산식품부장관 또는 해양수산부장관은 다음의 업무를 농업정책보험금융원에 위탁할 수 있다.
  ㉠ 위 ①항의 ㉠~㉤까지의 업무
  ㉡ 재해보험사업의 약정 체결 관련 업무
  ㉢ 손해평가사 제도 운용 관련 업무
  ㉣ 그 밖에 재해보험사업과 관련하여 농림축산식품부장관 또는 해양수산부장관이 위탁하는 업무

③ 농림축산식품부장관은 손해평가사 자격시험의 실시 및 관리에 관한 업무를 「한국산업인력공단법」에 따른 한국산업인력공단에 위탁할 수 있다.

(2) 고유식별정보의 처리(영 제22조의 3)

① 재해보험사업자는 재해보험가입자 자격 확인에 관한 사무를 수행하기 위하여 불가피한 경우 「개인정보 보호법 시행령」에 따른 주민등록번호가 포함된 자료를 처리할 수 있다.

② 재해보험사업자는 타인을 위한 보험계약의 체결, 유지·관리, 보험금의 지급 등에 관한 사무를 수행하기 위하여 불가피한 경우 「개인정보 보호법」에 따른 주민등록번호가 포함된 자료를 처리할 수 있다.

③ 농림축산식품부장관은 다음의 사무를 수행하기 위하여 불가피한 경우 「개인정보 보호법」에 따른 주민등록번호가 포함된 자료를 처리할 수 있다.
ㄱ 손해평가사 자격시험에 관한 사무
ㄴ 손해평가사의 자격 취소에 관한 사무
ㄷ 손해평가사의 감독에 관한 사무
ㄹ 재해보험사업의 관리·감독에 관한 사무

(3) 통계의 수집·관리 등(제26조, 영 제21조)

① 농림축산식품부장관 또는 해양수산부장관은 보험대상의 현황, 보험확대 예비품목의 현황, 피해 규모, 피해 원인 등 보험상품의 운영 및 개발에 필요한 통계자료를 수집·관리하여야 하며, 이를 위하여 관계 중앙행정기관 및 지방자치단체의 장에게 필요한 자료를 요청할 수 있다.

② 자료를 요청받은 경우 관계 중앙행정기관 및 지방자치단체의 장은 특별한 사유가 없으면 요청에 따라야 한다.

③ 농림축산식품부장관 또는 해양수산부장관은 재해보험사업의 건전한 운영을 위하여 재해보험 제도 및 상품 개발 등을 위한 조사·연구, 관련 기술의 개발 및 전문인력 양성 등의 진흥 시책을 마련하여야 한다.

④ 농림축산식품부장관 및 해양수산부장관은 통계의 수집·관리, 조사·연구 등에 관한 업무를 대통령령으로 정하는 자에게 위탁할 수 있다.

⑤ 농림축산식품부장관 또는 해양수산부장관은 통계의 수집·관리, 조사·연구 등에 관한 업무를 다음의 어느 하나에 해당하는 자에게 위탁할 수 있다.

    ㉠ 「농업협동조합법」에 따른 농업협동조합중앙회

    ㉡ 「산림조합법」에 따른 산림조합중앙회

    ㉢ 「수산업협동조합법」에 따른 수산업협동조합중앙회 및 수협은행

    ㉣ 「정부출연연구기관 등의 설립·운영 및 육성에 관한 법률」에 따라 설립된 연구기관

    ㉤ 「보험업법」에 따른 보험회사, 보험요율산출기관 또는 보험계리를 업으로 하는 자

    ㉥ 「민법」에 따라 농림축산식품부장관 또는 해양수산부장관의 허가를 받아 설립된 비영리법인

    ㉦ 「공익법인의 설립·운영에 관한 법률」에 따라 농림축산식품부장관 또는 해양수산부장관의 허가를 받아 설립된 공익법인

    ㉧ 농업정책보험금융원

⑥ 농림축산식품부장관 또는 해양수산부장관은 업무를 위탁한 때에는 위탁받은 자 및 위탁업무의 내용 등을 고시하여야 한다.

(4) 시범사업(제27조)

① 재해보험사업자는 신규 보험상품을 도입하려는 경우 등 필요한 경우에는 농림축산식품부장관 또는 해양수산부장관과 협의하여 시범사업을 할 수 있다.

② 정부는 시범사업의 원활한 운영을 위하여 필요한 지원을 할 수 있다.

③ 시범사업 실시에 관한 구체적인 사항은 대통령령으로 정한다.

(5) 시범사업 실시(영 제22조)

① 재해보험사업자는 시범사업을 하려면 다음의 사항이 포함된 사업계획서를 농림축산식품부장관 또는 해양수산부장관에게 제출하고 협의하여야 한다.

    ㉠ 대상목적물, 사업지역 및 사업기간에 관한 사항

    ㉡ 보험상품에 관한 사항

    ㉢ 정부의 재정지원에 관한 사항

    ㉣ 그 밖에 농림축산식품부장관 또는 해양수산부장관이 필요하다고 인정하는 사항

② 재해보험사업자는 시범사업이 끝나면 지체 없이 다음의 사항이 포함된 사업결과보고서를 작성하여 농림축산식품부장관 또는 해양수산부장관에게 제출하여야 한다.

㉠ 보험계약사항, 보험금 지급 등 전반적인 사업운영 실적에 관한 사항

　　㉡ 사업 운영과정에서 나타난 문제점 및 제도개선에 관한 사항

　　㉢ 사업의 중단·연장 및 확대 등에 관한 사항

③ 농림축산식품부장관 또는 해양수산부장관은 사업결과보고서를 받으면 그 사업결과를 바탕으로 신규 보험상품의 도입 가능성 등을 검토·평가하여야 한다.

(6) 보험가입의 촉진 등(제28조)

정부는 농어업인의 재해대비의식을 고양하고 재해보험의 가입을 촉진하기 위하여 교육·홍보 및 보험가입자에 대한 정책자금 지원, 신용보증 지원 등을 할 수 있다.

(7) 보험가입촉진계획의 수립(제28조의 2, 영 제22조의 2)

① 재해보험사업자는 농어업재해보험 가입 촉진을 위하여 보험가입촉진계획을 매년 수립하여 농림축산식품부장관 또는 해양수산부장관에게 제출하여야 한다.

② 보험가입촉진계획의 내용 및 그 밖에 필요한 사항은 대통령령으로 정한다.

③ 보험가입촉진계획의 제출 등(영 제22조의2) : 보험가입촉진계획에는 다음의 사항이 포함되어야 한다.

　　㉠ 전년도의 성과분석 및 해당 연도의 사업계획

　　㉡ 해당 연도의 보험상품 운영계획

　　㉢ 농어업재해보험 교육 및 홍보계획

　　㉣ 보험상품의 개선·개발계획

　　㉤ 그 밖에 농어업재해보험 가입 촉진을 위하여 필요한 사항

④ 재해보험사업자는 수립한 보험가입촉진계획을 해당 연도 1월 31일까지 농림축산식품부장관 또는 해양수산부장관에게 제출하여야 한다.

(8) 보고 등(제29조)

농림축산식품부장관 또는 해양수산부장관은 재해보험의 건전한 운영과 재해보험가입자의 보호를 위하여 필요하다고 인정되는 경우에는 재해보험사업자에게 재해보험사업에 관한 업무 처리 상황을 보고하게 하거나 관계 서류의 제출을 요구할 수 있다.

(9) 청문(제29조의 2)

농림축산식품부장관은 다음의 어느 하나에 해당하는 처분을 하려면 청문을 하여야 한다.

① 손해평가사의 자격 취소

② 손해평가사의 업무 정지

(10) 규제의 재검토(영 제22조의4)

농림축산식품부장관 또는 해양수산부장관은 손해평가인의 자격요건에 대하여 2018년 1월 1일을 기준으로 3년마다(매 3년이 되는 해의 1월 1일 전까지를 말한다) 그 타당성을 검토하여 개선 등의 조치를 하여야 한다.

06 벌칙

(1) 벌칙(제30조)

① 금품 등을 제공(같은 조 제3호의 경우에는 보험금 지급의 약속을 말한다)한 자 또는 이를 요구하여 받은 보험가입자는 3년 이하의 징역 또는 3천만 원 이하의 벌금에 처한다.

② 다음의 어느 하나에 해당하는 자는 1년 이하의 징역 또는 1천만 원 이하의 벌금에 처한다.
  ㉠ 보험모집 규정을 위반하여 모집을 한 자
  ㉡ 손해평가요령을 위반하여 고의로 진실을 숨기거나 거짓으로 손해평가를 한 자
  ㉢ 다른 사람에게 손해평가사의 명의를 사용하게 하거나 그 자격증을 대여한 자
  ㉣ 손해평가사의 명의를 사용하거나 그 자격증을 대여받은 자 또는 명의의 사용이나 자격증의 대여를 알선한 자

③ 재해보험사업자는 재해보험사업의 회계를 다른 회계와 구분하여 회계처리함으로써 손익관계를 명확히 하여야 한다. 이 규정을 위반하여 회계를 처리한 자는 500만 원 이하의 벌금에 처한다.

(2) 양벌규정(제31조)

법인의 대표자나 법인 또는 개인의 대리인, 사용인, 그 밖의 종업원이 그 법인 또는 개인의 업무에 관하여 위 (1) 벌칙 제30조의 위반행위를 하면 그 행위자를 벌하는 외에 그 법인 또는 개인에게도 해당 조문의 벌금형을 과(科)한다. 다만, 법인 또는 개인이 그 위반행위를 방지하기 위하여 해당 업무에 관하여 상당한 주의와 감독을 게을리하지 아니한 경우에는 그러하지 아니하다.

(3) 과태료(제32조)

① 재해보험사업자가 보험업법 제95조를 위반하여 보험안내를 한 경우에는 1천만 원 이하의 과태료를 부과한다. ▶ 농림축산식품부장관 또는 해양수산부장관이 부과·징수

② 재해보험사업자의 발기인, 설립위원, 임원, 집행간부, 일반간부직원, 파산관재인 및 청산인이 다음의 어느 하나에 해당하면 500만 원 이하의 과태료를 부과한다.

　㉠「보험업법」제120조에 따른 책임준비금과 비상위험준비금을 계상하지 아니하거나 이를 따로 작성한 장부에 각각 기재하지 아니한 경우 ▶ 농림축산식품부장관 또는 해양수산부장관이 부과·징수

　㉡「보험업법」제131조 제1항·제2항 및 제4항에 따른 명령을 위반한 경우 ▶ 금융위원회가 부과·징수

　㉢「보험업법」제133조에 따른 검사를 거부·방해 또는 기피한 경우 ▶ 금융위원회가 부과·징수

③ 다음의 어느 하나에 해당하는 자에게는 500만 원 이하의 과태료를 부과한다. ▶ 농림축산식품부장관 또는 해양수산부장관이 부과·징수

　㉠「보험업법」제95조를 위반하여 보험안내를 한 자로서 재해보험사업자가 아닌 자

　㉡「보험업법」제97조 제1항 또는 금융소비자 보호에 관한 법률 제21조를 위반하여 보험계약의 체결 또는 모집에 관한 금지행위를 한 자

　㉢ 보고 또는 관계 서류 제출을 하지 아니하거나 보고 또는 관계 서류 제출을 거짓으로 한 자

(4) 과태료의 부과기준(영 제23조, 영 별표 3)

① 일반기준

농림축산식품부장관, 해양수산부장관 또는 금융위원회는 위반행위의 정도, 위반횟수, 위반행위의 동기와 그 결과 등을 고려하여 개별기준에 따른 해당 과태료 금액을 2분의 1의 범위에서 줄이거나 늘릴 수 있다. 다만, 늘리는 경우에도 과태료 금액의 상한을 초과할 수 없다.

② 개별기준

위반행위	해당 법 조문	과태료
재해보험사업자가 보험업법 제95조를 위반하여 보험안내를 한 경우	법 제32조 제1항	1,000만 원
법 제10조 제2항에서 준용하는 보험업법 제95조를 위반하여 보험안내를 한 자로서 재해보험사업자가 아닌 경우	법 제32조 제3항 제1호	500만 원
법 제10조 제2항에서 준용하는 보험업법 제97조 제1항을 위반하여 보험계약의 체결 또는 모집에 관한 금지행위를 한 경우	법 제32조 제3항 제2호	300만 원
재해보험사업자의 발기인, 설립위원, 임원, 집행간부, 일반간부직원, 파산관재인 및 청산인이 법 제18조에서 적용하는 보험업법 제120조에 따른 책임준비금 또는 비상위험준비금을 계상하지 아니하거나 이를 따로 작성한 장부에 각각 기재하지 아니한 경우	법 제32조 제2항 제1호	500만 원
재해보험사업자의 발기인, 설립위원, 임원, 집행간부, 일반간부직원, 파산관재인 및 청산인이 법 제18조에서 적용하는 보험업법 제131조 제1항·제2항 및 제4항에 따른 명령을 위반한 경우	법 제32조 제2항 제2호	300만 원
재해보험사업자의 발기인, 설립위원, 임원, 집행간부, 일반간부직원, 파산관재인 및 청산인이 법 제18조에서 적용하는 보험업법 제133조에 따른 검사를 거부·방해 또는 기피한 경우	법 제32조 제2항 제3호	200만 원
법 제29조에 따른 보고 또는 관계 서류 제출을 하지 아니하거나 보고 또는 관계 서류 제출을 거짓으로 한 경우	법 제32조 제3항 제3호	300만 원

제1장

핵심기출문제

1. 농어업재해보험법령상 농림축산식품부장관 또는 해양수산부장관이 재해보험사업을 하려는 자와 재해보험사업의 약정을 체결할 때에 포함되어야 하는 사항이 <u>아닌</u> 것은?

① 약정기간에 관한 사항

② 재해보험사업의 약정을 체결한 자가 준수하여야 할 사항

③ 국가에 대한 재정지원에 관한 사항

④ 약정의 변경 · 해지 등에 관한 사항

> 해설 ┃ ※ 재해보험사업의 약정체결(농어업재해보험법 시행령 제10조 제2항)
> 농림축산식품부장관 또는 해양수산부장관은 법에 따라 재해보험사업을 하려는 자와 재해보험사업의 약정을 체결할 때에는 다음의 사항이 포함된 약정서를 작성하여야 한다.
> 1. 약정기간에 관한 사항
> 2. 재해보험사업의 약정을 체결한 자(이하 "재해보험사업자"라 한다)가 준수하여야 할 사항
> 3. 재해보험사업자에 대한 재정지원에 관한 사항
> 4. 약정의 변경 · 해지 등에 관한 사항
> 5. 그 밖에 재해보험사업의 운영에 관한 사항
>
> 정답 ┃ ③

2. 농어업재해보험법상 농어업재해에 관한 설명이다. ( )에 들어갈 내용을 순서대로 옳게 나열한 것은?

> "농어업재해"란 농작물·임산물·가축 및 농업용 시설물에 발생하는 자연재해·병충해·(ㄱ)·질병 또는 화재와 양식수산물 및 어업용 시설물에 발생하는 자연재해·질병 또는 (ㄴ)를 말한다.

① ㄱ : 지진, ㄴ : 조수해(鳥獸害)

② ㄱ : 조수해(鳥獸害), ㄴ : 풍수해

③ ㄱ : 조수해(鳥獸害), ㄴ : 화재

④ ㄱ : 지진, ㄴ : 풍수해

해설 ▮ "농어업재해"란 농작물·임산물·가축 및 농업용 시설물에 발생하는 자연재해·병충해·(조수해(鳥獸害))·질병 또는 화재(이하 "농업재해"라 한다)와 양식수산물 및 어업용 시설물에 발생하는 자연재해·질병 또는 (화재(이하 "어업재해"라 한다))를 말한다(농어업재해보험법 제2조 제1호).

정답 ▮ ③

3. 농어업재해보험법령상 농업재해보험심의회 또는 어업재해보험심의회에 관한 설명으로 옳지 않은 것은?

① 심의회는 위원장 및 부위원장 각 1명을 포함한 21명 이내의 위원으로 구성한다.
② 심의회의 위원장은 각각 농림축산식품부장관 및 해양수산부장관으로 하고, 부위원장은 위원 중에서 호선(互選)한다.
③ 심의회의 회의는 재적위원 3분의 1 이상의 요구가 있을 때 또는 위원장이 필요하다고 인정할 때에 소집한다.
④ 심의회의 회의는 재적위원 과반수의 출석으로 개의(開議)하고, 출석위원 과반수의 찬성으로 의결한다.

해설 ▮ ② 심의회의 위원장은 각각 농림축산식품부차관 및 해양수산부차관으로 하고, 부위원장은 위원 중에서 호선(互選)한다(농어업재해보험법 제3조 제3항).

정답 ▮ ②

4. 농어업재해보험법령상 보험료율의 산정에 있어서 기준이 되는 행정구역 단위가 아닌 것은?

① 특별시   ② 광역시
③ 자치구   ④ 읍·면

해설 ▮ ※ 행정구역 단위 또는 권역 단위(농어업재해보험법 시행령 제11조)
법에서 "대통령령으로 정하는 행정구역 단위 또는 권역 단위"란 다음의 구분에 따른 단위를 말한다.
1. 행정구역 단위 : 특별시·광역시·도·특별자치도 또는 시·군·자치구
2. 권역 단위 : 농림축산식품부장관 또는 해양수산부장관이 행정구역 단위와는 따로 구분하여 고시하는 지역 단위

정답 ▮ ④

5. 농어업재해보험법령상 양식수산물재해보험의 손해평가인으로 위촉될 수 있는 자격요건을 갖추지 **않은** 자는?

① 재해보험 대상 양식수산물을 3년 동안 양식한 경력이 있는 어업인
② 고등교육법 제2조에 따른 전문대학에서 보험 관련 학과를 졸업한 사람
③ 수산생물질병 관리법에 따른 수산질병관리사
④ 농수산물 품질관리법에 따른 수산물품질관리사

> **해설 |** ① 재해보험 대상 양식수산물을 5년 이상 양식한 경력이 있는 어업인(농어업재해보험법 시행령 별표2)
>
> **정답 |** ①

6. 농어업재해보험법령상 재해보험사업에 관한 내용으로 옳지 **않은** 것은?

① 재해보험의 종류는 농작물재해보험, 임산물재해보험, 가축재해보험 및 양식수산물재해보험으로 한다.
② 재해보험에서 보상하는 재해의 범위는 해당 재해의 발생 범위, 피해 정도 및 주관적인 손해평가방법 등을 고려하여 재해보험의 종류별로 대통령령으로 정한다.
③ 정부는 재해보험에서 보상하는 재해의 범위를 확대하기 위하여 노력하여야 한다.
④ 가축재해보험에서 보상하는 재해의 범위는 자연재해, 화재 및 보험목적물별로 농림축산식품부장관이 정하여 고시하는 질병이다.

> **해설 |** ② 재해보험에서 보상하는 재해의 범위는 해당 재해의 발생 빈도, 피해 정도 및 객관적인 손해평가방법 등을 고려하여 재해보험의 종류별로 대통령령으로 정한다(농어업재해보험법 제6조 제1항).
>
> **정답 |** ②

7. 농어업재해보험법상 손해평가사의 감독에 관한 내용이다. ( )에 들어갈 숫자는?

> 농림축산식품부장관은 손해평가사가 그 직무를 게을리하거나 직무를 수행하면서 부적절한 행위를 하였다고 인정하면 ( )년 이내의 기간을 정하여 업무의 정지를 명할 수 있다.

① 1   ② 2
③ 3   ④ 5

8. 농어업재해보험법상 손해평가사의 자격 취소사유로 명시되지 <u>않은</u> 것은?

① 손해평가사의 자격을 거짓 또는 부정한 방법으로 취득한 사람
② 업무정지 기간 중에 손해평가업무를 수행한 사람
③ 거짓으로 손해평가를 한 사람
④ 다른 사람에게 손해평가사의 업무를 수행하게 하거나 자격증을 빌려준 사람

9. 농어업재해보험법령상 재정지원에 관한 설명으로 옳은 것은?

① 정부는 예산의 범위에서 재해보험사업자가 지급하는 보험금의 일부를 지원할 수
있다.
② 풍수해보험법에 따른 풍수해보험에 가입한 자가 동일한 보험목적물을 대상으로 재
해보험에 가입할 경우에는 정부가 재정지원을 하여야 한다.
③ 재해보험의 운영에 필요한 지원 금액을 지급받으려는 재해보험사업자는 농림축산식
품부장관 또는 해양수산부장관이 정하는 바에 따라 재해보험 가입현황서나 운영비
사용계획서를 농림축산식품부장관 또는 해양수산부장관에게 제출하여야 한다.
④ 농림축산식품부장관·해양수산부장관이 예산의 범위에서 지원하는 재정지원의 경우
그 지원 금액을 재해보험가입자에게 지급하여야 한다.

10. 농어업재해보험법상 분쟁조정에 관한 내용이다. (   )에 들어갈 법률로 옳은 것은?

> 재해보험과 관련된 분쟁의 조정(調停)은 (   ) 제51조부터 제57조까지의 규정에 따른다.

① 보험업법
② 풍수해보험법
③ 금융소비자 보호에 관한 법률
④ 화재로 인한 재해보상과 보험가입에 관한 법률

11. 농어업재해보험법령상 농어업재해보험기금을 조성하기 위한 재원으로 옳지 않은 것은?

① 재해보험사업자가 정부에 낸 보험료
② 재보험금의 회수 자금
③ 기금의 운용수익금과 그 밖의 수입금
④ 재해보험가입자가 약정에 따라 재해보험사업자에게 내야 하는 금액

12. 농어업재해보험법령상 시범사업의 실시에 관한 설명으로 옳은 것은?

① 기획재정부장관이 신규 보험상품을 도입하려는 경우 재해보험사업자와의 협의를 거치지 않고 시범사업을 할 수 있다.

② 재해보험사업자가 시범사업을 하려면 사업계획서를 농림축산식품부장관에게 제출하고 기획재정부장관과 협의하여야 한다.

③ 재해보험사업자는 시범사업이 끝나면 정부의 재정지원에 관한 사항이 포함된 사업결과보고서를 제출하여야 한다.

④ 농림축산식품부장관 또는 해양수산부장관은 시범사업의 사업결과보고서를 받으면 그 사업 결과를 바탕으로 신규 보험상품의 도입 가능성 등을 검토·평가하여야 한다.

> 해설 ┃ ① 재해보험사업자는 신규 보험상품을 도입하려는 경우 등 필요한 경우에는 농림축산식품부장관 또는 해양수산부장관과 협의하여 시범사업을 할 수 있다(농어업재해보험법 제27조 제1항).
> ② 재해보험사업자는 법에 따른 시범사업을 하려면 다음의 사항(대상목적물·사업지역 및 사업기간에 관한 사항, 보험상품에 관한 사항, 정부의 재정지원에 관한 사항, 그 밖에 농림축산식품부장관 또는 해양수산부장관이 필요하다고 인정하는 사항)이 포함된 사업계획서를 농림축산식품부장관 또는 해양수산부장관에게 제출하고 협의하여야 한다(농어업재해보험법 시행령 제22조 제1항).
> ③ 재해보험사업자는 시범사업이 끝나면 지체 없이 다음의 사항(보험계약사항·보험금 지급 등 전반적인 사업운영 실적에 관한 사항, 사업 운영과정에서 나타난 문제점 및 제도개선에 관한 사항, 사업의 중단·연장 및 확대 등에 관한 사항)이 포함된 사업결과보고서를 작성하여 농림축산식품부장관 또는 는 해양수산부장관에게 제출하여야 한다.
>
> 정답 ┃ ④

13. 농어업재해보험법령상 농림축산식품부장관이 해양수산부장관과 협의하여 농어업재해재보험기금의 수입과 지출에 관한 사무를 수행하게 하기 위하여 소속 공무원 중에서 임명하는 자에 해당하지 않는 것은?

① 기금수입징수관　　　　　　② 기금출납원
③ 기금지출관　　　　　　　　④ 기금재무관

> 해설 ┃ ② 농림축산식품부장관은 해양수산부장관과 협의하여 기금의 수입과 지출에 관한 사무를 수행하게 하기 위하여 소속 공무원 중에서 기금수입징수관, 기금재무관, 기금지출관 및 기금출납공무원을 임명한다(농어업재해보험법 제25조 제1항).
>
> 정답 ┃ ②

14. 농어업재해보험법령상 농림축산식품부장관 또는 해양수산부장관으로부터 보험상품의 운영 및 개발에 필요한 통계자료의 수집·관리업무를 위탁받아 수행할 수 있는 자를 모두 고른 것은?

> ㄱ. 「수산업협동조합법」에 따른 수협은행
> ㄴ. 「보험업법」에 따른 보험회사
> ㄷ. 농업정책보험금융원
> ㄹ. 지방자치단체의 장

① ㄱ, ㄴ   ② ㄴ, ㄷ

③ ㄷ, ㄹ   ④ ㄱ, ㄴ, ㄷ

해설 ┃ ※ 통계의 수집 · 관리 등에 관한 업무의 위탁(농어업재해보험법 시행령 제21조 제1항)
농림축산식품부장관 또는 해양수산부장관은 법에 따른 통계의 수집 · 관리, 조사 · 연구 등에 관한 업무를 다음의 어느 하나에 해당하는 자에게 위탁할 수 있다.
1. 「농업협동조합법」에 따른 농업협동조합중앙회
1의 2. 「산림조합법」에 따른 산림조합중앙회
2. 「수산업협동조합법」에 따른 수산업협동조합중앙회 및 수협은행
3. 정부출연연구기관 등의 설립 · 운영 및 육성에 관한 법률 제8조에 따라 설립된 연구기관
4. 「보험업법」에 따른 보험회사, 보험요율산출기관 또는 보험계리를 업으로 하는 자
5. 「민법」에 따라 농림축산식품부장관 또는 해양수산부장관의 허가를 받아 설립된 비영리법인
6. 「공익법인의 설립 · 운영에 관한 법률」에 따라 농림축산식품부장관 또는 해양수산부장관의 허가를 받아 설립된 공익법인
7. 농업정책보험금융원

정답 ┃ ④

15. 농어업재해보험법상 재해보험사업을 할 수 없는 자는?

① 「농업협동조합법」에 따른 농업협동조합중앙회
② 「수산업협동조합법」에 따른 수산업협동조합중앙회
③ 「보험업법」에 따른 보험회사
④ 「산림조합법」에 따른 산림조합중앙회

해설 ┃ 농어업재해보험법 제8조(보험사업자)
재해보험사업을 할 수 있는 자는 다음 각 호와 같다.
1. 「수산업협동조합법」에 따른 수산업협동조합중앙회(이하 "수협중앙회"라 한다)
2. 「산림조합법」에 따른 산림조합중앙회
3. 「보험업법」에 따른 보험회사

정답 ┃ ①

16. 농어업재해보험법상 재해보험에 관한 설명으로 옳지 않은 것은?

① 재해보험에 가입할 수 있는 자는 농림업, 축산업, 양식수산업에 종사하는 개인 또는 법인으로 하고, 구체적인 보험가입자의 기준은 대통령령으로 정한다.

② 「산림조합법」의 공제규정에 따른 공제모집인으로서 산림조합중앙회장이나 그 회원 조합장이 인정하는 자는 재해보험을 모집할 수 있다.

③ 재해보험사업자는 사고 예방을 위하여 보험가입자가 납입한 보험료의 일부를 되돌려 줄 수 있다.

④ 「수산업협동조합법」에 따른 조합이 그 조합원에게 재해보험의 보험료 일부를 지원하는 경우에는 「보험업법」상 해당 보험계약의 체결 또는 모집과 관련한 특별이익의 제공으로 특별이익의 제공으로 보지 아니한다.

> 해설 ┃ 농어업재해보험법 제10조(보험모집)
> 「수산업협동조합법」에 따른 조합이 그 조합원에게 재해보험의 보험료 일부를 지원하는 경우에는 보험업법 상 해당 보험계약의 체결 또는 모집과 관련한 <u>특별이익의 제공으로 보지 아니한다.</u>
>
> 정답 ┃ ④

17. 농어업재해보험법령상 손해평가에 관한 설명으로 옳은 것은?

① 재해보험사업자는 「보험업법」에 따른 손해평가인에게 손해평가를 담당하게 할 수 있다.

② 「고등교육법」에 따른 전문대학에서 임산물재배 관련 학과를 졸업한 사람은 손해평가인으로 위촉될 자격이 인정된다.

③ 농림축산식품부장관은 손해평가사가 공정하고 객관적인 손해평가를 수행할 수 있도록 연 1회 이상 정기교육을 실시하여야 한다.

④ 농림축산식품부장관 또는 해양수산부장관은 손해평가 요령을 고시하려면 미리 금융위원회와 협의하여야 한다.

> 해설 ┃ 농어업재해보험법 제11조 (손해평가 등)
> 농림축산식품부장관 또는 해양수산부장관은 손해평가 요령을 고시하려면 미리 금융위원회와 협의하여야 한다.
> ① 손해평가인 → 손해사정사
> ② 임산물재배 관련 학과 → 보험 관련 학과
> ③ 손해평가사 → 손해평가인
>
> 정답 ┃ ④

18. 농어업재해보험법상 손해평가사에 관한 설명으로 옳은 것은?

① 농림축산식품부장관과 해양수산부장관은 공정하고 객관적인 손해평가를 촉진하기 위하여 손해평가사 제도를 운영한다.

② 임산물재해보험에 관한 피해사실의 확인은 손해평가사가 수행하는 업무에 해당하지 않는다.

③ 손해평가사 자격이 취소된 사람은 그 처분이 있은 날부터 3년이 지나지 아니한 경우 손해평가사 자격시험에 응시하지 못한다.

④ 손해평가사는 다른 사람에게 그 자격증을 대여해서는 아니 되나, 손해평가사 자격증의 대여를 알선하는 것은 허용된다.

> **해설 ┃** 농어업재해보험법 제11조의3(손해평가사의 업무) 손해평가사는 농작물재해보험 및 가축재해보험에 관하여 다음 각 호의 업무를 수행한다.
> 1. 피해사실의 확인
> 2. 보험가액 및 손해액의 평가
> 3. 그 밖의 손해평가에 필요한 사항
>
> **정답 ┃** ②

19. 농어업재해보험법상 농림축산식품부장관이 손해평가사 자격을 취소하여야 하는 대상을 모두 고른 것은?

> ㄱ. 업무정지 기간 중에 손해평가 업무를 수행한 사람
> ㄴ. 업무 수행과 관련하여 향응을 제공받은 사람
> ㄷ. 손해평가사의 자격을 부정한 방법으로 취득한 사람
> ㄹ. 손해평가 요령을 준수하지 않고 손해평가를 한 사람

① ㄱ, ㄴ　　　　　　　　　　② ㄱ, ㄷ

③ ㄴ, ㄹ　　　　　　　　　　④ ㄷ, ㄹ

> **해설 ┃** 농어업재해보험법 제11조의5(손해평가사의 자격 취소) 농림축산식품부장관은 다음 각 호의 어느 하나에 해당하는 사람에 대하여 손해평가사 자격을 취소할 수 있다. 다만, 제1호 및 제5호에 해당하는 경우에는 자격을 취소하여야 한다.
> 1. 손해평가사의 자격을 거짓 또는 부정한 방법으로 취득한 사람
> 2. 거짓으로 손해평가를 한 사람
> 3. 다른 사람에게 손해평가사의 명의를 사용하게 하거나 그 자격증을 대여한 사람
> 4. 손해평가사 명의의 사용이나 자격증의 대여를 알선한 사람
> 5. 업무정지 기간 중에 손해평가 업무를 수행한 사람
>
> **정답 ┃** ②

20. 농어업재해보험법령상 보험금 수급권에 관한 설명으로 옳은 것은?

① 재해보험사업자는 보험금을 현금으로 지급하여야 하나, 불가피한 사유가 있을 때에는 수급권자의 신청이 없더라도 수급권자 명의의 계좌로 입금할 수 있다.

② 재해보험가입자가 재해보험에 가입된 보험목적물을 양도하는 경우 그 양수인은 재해보험계약에 관한 양도인의 권리 및 의무를 승계한다.

③ 재해보험의 보험목적물이 담보로 제공된 경우에는 보험금을 지급받을 권리를 압류할 수 있다.

④ 농작물의 재생산에 직접적으로 소요되는 비용의 보장을 목적으로 보험금수급전용계좌로입금된 보험금의 경우 그 2분의 1에 해당하는 액수 이하의 금액에 관하여는 채권을 압류할 수 있다.

> **해설 ┃ 농어업재해보험법 제12조(수급권의 보호)**
> 재해보험의 보험금을 지급받을 권리는 압류할 수 없다. 다만, 보험목적물이 담보로 제공된 경우에는 그러하지 아니하다.
>
> **정답 ┃ ③**

21. 농어업재해보험법령상 재해보험사업자가 재해보험 업무의 일부를 위탁할 수 있는 자가 아닌 것은?

① 「농업협동조합법」에 따라 설립된 지역축산업협동조합

② 「농업·농촌 및 식품산업 기본법」에 따라 설립된 농업정책보험금융원

③ 「산림조합법」에 따라 설립된 품목별·업종별산림조합

④ 「보험업법」에 따라 손해사정을 업으로 하는 자

> **해설 ┃** 농어업재해보험법 시행령 제13조 (업무 위탁) 법 제14조에서 "대통령령으로 정하는 자"란 다음 각호의 자를 말한다.
> 1. 「농업협동조합법」에 따라 설립된 지역농업협동조합·지역축산업협동조합 및 품목별·업종별협동조합
> 2. 「산림조합법」에 따라 설립된 지역산림조합 및 품목별·업종별산림조합
> 3. 「수산업협동조합법」에 따라 설립된 지구별 수산업협동조합, 업종별 수산업협동조합, 수산물가공 수산업협동조합 및 수협은행
> 4. 「보험업법」에 따라 손해사정을 업으로 하는 자
> 5. 농어업재해보험 관련 업무를 수행할 목적으로 「민법」에 따라 농림축산식품부장관 또는 해양수산부장관의 허가를 받아 설립된 비영리법인(손해평가 관련 업무를 위탁하는 경우만 해당한다)
>
> **정답 ┃ ②**

22. 농어업재해보험법상 재정지원에 관한 설명으로 옳은 것은?

① 정부는 예산의 범위에서 재해보험가입자가 부담하는 보험료의 전부 또는 일부를 지원 할 수 있다.
② 지방자치단체는 예산의 범위에서 재해보험사업자의 재해보험의 운영 및 관리에 필요한 비용의 전부 또는 일부를 지원할 수 있다.
③ 농림축산식품부장관은 정부의 보험료 지원 금액을 재해보험가입자에게 지급하여야 한다.
④ 풍수해보험법 에 따른 풍수해보험에 가입한 자가 동일한 보험목적물을 대상으로 재해보험에 가입할 경우에는 정부가 재정지원을 하지 아니한다.

> **해설 ▎ 농어업재해보험법 제19조 (재정지원)**
> ① 정부는 예산의 범위에서 재해보험가입자가 부담하는 보험료의 일부와 재해보험사업자의 재해보험의 운영 및 관리에 필요한 비용(이하 "운영비"라 한다)의 전부 또는 일부를 지원할 수 있다.
> ② 이 경우 지방자치단체는 예산의 범위에서 재해보험가입자가 부담하는 보험료의 일부를 추가로 지원할 수 있다.
> ③ 농림축산식품부장관 · 해양수산부장관 및 지방자치단체의 장은 보험료 지원 금액을 재해보험사업자에게 지급하여야 한다.
>
> **정답 ▎ ④**

23. 농어업재해보험법령상 재보험사업 및 농어업재해재보험기금(이하 "기금"이라 함)에 관한 설명으로 옳지 않은 것은?

① 기금은 기금의 관리 · 운용에 필요한 경비의 지출에 사용할 수 없다.
② 농림축산식품부장관은 해양수산부장관과 협의하여 기금의 수입과 지출을 명확히 하기 위하여 한국은행에 기금계정을 설치하여야 한다.
③ 재보험금의 회수 자금은 기금 조성의 재원에 포함된다.
④ 정부는 재해보험에 관한 재보험사업을 할 수 있다.

> **해설 ▎ 농어업재해보험업법 제23조 (기금의 용도)**
> • 재보험금의 지급
> • 차입금의 원리금 상환
> • 기금의 관리 · 운용에 필요한 경비(위탁경비를 포함한다)의 지출
> • 그 밖에 농림축산식품부장관이 해양수산부장관과 협의하여 재보험사업을 유지 · 개선하는 데에 필요하다고 인정하는 경비의 지출
>
> **정답 ▎ ①**

24. 농어업재해보험법상 농어업재해재보험기금(이하 "기금"이라 함)에 관한 설명으로 옳지 않은 것은?

① 기금은 농림축산식품부장관이 해양수산부장관과 협의하여 관리·운용한다.

② 농림축산식품부장관은 해양수산부장관과 협의를 거쳐 기금의 관리·운용에 관한 사무의일부를 농업정책보험금융원에 위탁할 수 있다.

③ 농림축산식품부장관은 해양수산부장관과 협의하여 기금의 수입과 지출에 관한 사무를 수행하게 하기 위하여 소속 공무원 중에서 기금수입징수관 등을 임명한다.

④ 농림축산식품부장관이 농업정책보험금융원의 임원 중에서 임명한 기금지출원인행위담당임원은 기금지출관의 업무를 수행한다.

> **해설 ▎ 농어업재해보험법 제25조 (기금의 회계기관)**
> 농림축산식품부장관은 기금의 관리·운용에 관한 사무를 위탁한 경우에는 해양수산부장관과 협의하여 농업정책보험금융원의 임원 중에서 기금수입담당임원과 기금지출원인행위담당임원을, 그 직원 중에서 기금지출원과 기금출납원을 각각 임명하여야 한다. 이 경우 기금수입담당임원은 기금수입징수관의 업무를, 기금지출원인행위담당임원은 기금재무관의 업무를, 기금지출원은 기금지출관의 업무를, 기금출납원은 기금출납공무원의 업무를 수행한다.
>
> **정답 ▎ ④**

25. 농어업재해보험법령상 보험가입촉진계획에 포함되어야 하는 사항을 모두 고른 것은?

> ㄱ. 전년도의 성과분석 및 해당 연도의 사업계획
> ㄴ. 해당 연도의 보험상품 운영계획
> ㄷ. 농어업재해보험 교육 및 홍보계획

① ㄱ, ㄴ   ② ㄱ, ㄷ
③ ㄴ, ㄷ   ④ ㄱ, ㄴ, ㄷ

> **해설 ▎** 농어업재해보험법 시행령 제22조의2 (보험가입촉진계획의 제출 등) 보험가입촉진계획에는 다음 각 호의 사항이 포함되어야 한다.
> 1. 전년도의 성과분석 및 해당 연도의 사업계획
> 2. 해당 연도의 보험상품 운영계획
> 3. 농어업재해보험 교육 및 홍보계획
> 4. 보험상품의 개선·개발계획
> 5. 그 밖에 농어업재해보험 가입 촉진을 위하여 필요한 사항
>
> **정답 ▎ ④**

26. 농어업재해보험법상 벌칙에 관한 설명이다. (   )에 들어갈 내용은?

> 보험업법 제98조에 따른 금품 등을 제공(같은 조 제3호의 경우에는 보험금 지급의 약속을 말한다)한 자 또는 이를 요구하여 받은 보험가입자는 (ㄱ)년 이하의 징역 또는 (ㄴ)천만원 이하의 벌금에 처한다.

① ㄱ: 1, ㄴ: 1   ② ㄱ: 1, ㄴ: 3
③ ㄱ: 3, ㄴ: 3   ④ ㄱ: 3, ㄴ: 5

해설 ┃ 농어업재해보험법 제30조 「보험업법」 제98조에 따른 금품 등을 제공(같은 조 제3호의 경우에는 보험금 지급의 약속을 말한다)한 자 또는 이를 요구하여 받은 보험가입자는 3년 이하의 징역 또는 3천만원 이하의 벌금에 처한다.

정답 ┃ ③

제2장 농업재해보험 손해평가요령

01 개요 및 손해평가인의 업무, 위촉, 교육

(1) 목적(제1조)

농업재해보험 손해평가요령은 「농어업재해보험법」에 따른 손해평가에 필요한 세부사항을 규정함을 목적으로 한다.

(2) 용어의 정의(제2조)

① "손해평가"라 함은 「농어업재해보험법」(이하 "법"이라 한다) 제2조제1호에 따른 피해가 발생한 경우 법 제11조 및 제11조의3에 따라 손해평가인, 손해평가사 또는 손해사정사가 그 피해사실을 확인하고 평가하는 일련의 과정을 말한다.

② "손해평가인"이라 함은 법 제11조제1항과 「농어업재해보험법 시행령」(이하 "시행령"이라 한다) 제12조제1항에서 정한 자 중에서 재해보험사업자가 위촉하여 손해평가업무를 담당하는 자를 말한다.

③ "손해평가사"라 함은 법 제11조의4제1항에 따른 자격시험에 합격한 자를 말한다.

④ "손해평가보조인"이라 함은 제1호에서 정한 손해평가 업무를 보조하는 자를 말한다.

⑤ "농업재해보험"이란 법 제4조에 따른 농작물재해보험, 임산물재해보험 및 가축재해보험을 말한다.

(3) 손해평가인의 업무(제3조)

① 손해평가인은 다음의 업무를 수행한다.
  ㉠ 피해사실 확인
  ㉡ 보험가액 및 손해액 평가

ⓒ 그 밖에 손해평가에 관하여 필요한 사항

② 손해평가인은 제1항의 임무를 수행하기 전에 보험가입자("피보험자"를 포함한다. 이하 동일)에게 손해평가인증을 제시하여야 한다.

(4) 손해평가인 위촉(제4조)

① 재해보험사업자는 손해평가인을 위촉한 경우에는 그 자격을 표시할 수 있는 손해평가 인증을 발급하여야 한다.

② 재해보험사업자는 피해 발생 시 원활한 손해평가가 이루어지도록 농업재해보험이 실시되는 시·군·자치구별 보험가입자의 수 등을 고려하여 적정 규모의 손해평가인을 위촉하여야 한다.

③ 재해보험사업자 및 손해평가 업무를 위탁받은 자는 손해평가 업무를 원활히 수행하기 위하여 손해평가보조인을 운용할 수 있다.

(5) 손해평가인 실무교육(제5조)

① 실무교육의 실시
재해보험사업자는 위촉된 손해평가인을 대상으로 농업재해보험에 관한 기초지식, 보험상품 및 약관, 손해평가의 방법 및 절차 등 손해평가에 필요한 실무교육을 실시하여야 한다.

② 교육비 지급
손해평가인에 대하여 재해보험사업자는 소정의 교육비를 지급할 수 있다.

(6) 손해평가인 정기교육(제5조의 2)

① 손해평가인 정기교육 세부내용
㉠ 농업재해보험에 관한 기초지식 : 농어업재해보험법 제정 배경·구성 및 조문별 주요내용, 농업재해보험 사업현황
㉡ 농업재해보험의 종류별 약관 : 농업재해보험 상품 주요내용 및 약관 일반 사항
㉢ 손해평가의 절차 및 방법 : 농업재해보험 손해평가 개요, 보험목적물별 손해평가 기준 및 피해유형별 보상사례
㉣ 피해유형별 현지조사표 작성 실습

② 재해보험사업자는 정기교육 대상자에게 소정의 교육비를 지급할 수 있다.

(7) 손해평가인 위촉의 취소 및 해지 등(제6조)

① 재해보험사업자는 손해평가인이 다음의 어느 하나에 해당하게 되거나 위촉 당시에 해당하는 자이었음이 판명된 때에는 그 위촉을 취소하여야 한다.

    ㉠ 피성년후견인 또는 피한정후견인

    ㉡ 파산선고를 받은 자로서 복권되지 아니한 자

    ㉢ 법 제30조에 의하여 벌금 이상의 형을 선고받고 그 집행이 종료(집행이 종료된 것으로 보는 경우를 포함한다)되거나 집행이 면제된 날로부터 2년이 경과되지 아니한 자

    ㉣ 동 조에 따라 위촉이 취소된 후 2년이 경과하지 아니한 자

    ㉤ 거짓 그 밖의 부정한 방법으로 제4조에 따라 손해평가인으로 위촉된 자

    ㉥ 업무정지 기간 중에 손해평가업무를 수행한 자

② 재해보험사업자는 손해평가인이 다음의 어느 하나에 해당하는 때에는 6개월 이내의 기간을 정하여 그 업무의 정지를 명하거나 위촉 해지 등을 할 수 있다.

    ㉠ 법 제11조 제2항 및 이 요령의 규정을 위반 한 때

    ㉡ 농어업재해보험법 및 농업재해보험 손해평가요령에 의한 명령이나 처분을 위반한 때

    ㉢ 업무수행과 관련하여 「개인정보보호법」, 「신용정보의 이용 및 보호에 관한 법률」 등 정보보호와 관련된 법령을 위반한 때

③ 재해보험사업자는 위촉을 취소하거나 업무의 정지를 명하고자 하는 때에는 손해평가인에게 청문을 실시하여야 한다. 다만, 손해평가인이 청문에 응하지 아니할 경우에는 서면으로 위촉을 취소하거나 업무의 정지를 통보할 수 있다.

④ 재해보험사업자는 손해평가인을 해촉하거나 손해평가인에게 업무의 정지를 명한 때에는 지체 없이 이유를 기재한 문서로 그 뜻을 손해평가인에게 통지하여야 한다.

⑤ 재해보험사업자는 보험업법에 따른 손해사정사가 농어업재해보험법 등 관련 규정을 위반한 경우 적정한 제재가 가능하도록 각 제재의 구체적 적용기준을 마련하여 시행하여야 한다.

(8) 업무정지·위촉해지 등 제재조치의 세부기준(별표 3)

① 일반기준

ㄱ 위반행위가 둘 이상인 경우로서 각각의 처분기준이 다른 경우에는 그 중 무거운 처분기준을 적용한다. 다만, 각각의 처분기준이 업무정지인 경우에는 무거운 처분기준의 2분의 1까지 가중할 수 있으며, 이 경우 업무정지 기간은 6개월을 초과할 수 없다.

ㄴ 위반행위의 횟수에 따른 제재조치의 기준은 최근 1년간 같은 위반행위로 제재조치를 받는 경우에 적용한다. 이 경우 제재조치 기준의 적용은 같은 위반행위에 대하여 최초로 제재조치를 한 날과 다시 같은 위반행위로 적발한 날을 기준으로 한다.

ㄷ 위반행위의 내용으로 보아 고의성이 없거나 특별한 사유가 인정되는 경우에는 그 처분을 업무정지의 경우에는 2분의 1의 범위에서 경감할 수 있고, 위촉해지인 경우에는 업무정지 6개월로, 경고인 경우에는 주의 처분으로 경감할 수 있다.

② 개별기준

위반행위	근거조문	처분기준		
		1차	2차	3차
1. 법 제11조 제2항 및 이 요령의 규정을 위반한 때	제6조 제2항 제1호			
1) 고의 또는 중대한 과실로 손해평가의 신뢰성을 크게 악화 시킨 경우		위촉해지		
2) 고의로 진실을 숨기거나 거짓으로 손해평가를 한 경우		위촉해지		
3) 정당한 사유없이 손해평가반 구성을 거부하는 경우		위촉해지		
4) 현장조사 없이 보험금 산정을 위해 손해평가행위를 한 경우		위촉해지		
5) 현지조사서를 허위로 작성한 경우		위촉해지		
6) 검증조사 결과 부당·부실 손해평가로 확인된 경우		경고	업무정지 3개월	위촉해지
7) 기타 업무수행상 과실로 손해평가의 신뢰성을 약화시킨 경우		주의	경고	업무정지 3개월
2. 법 및 이 요령에 의한 명령이나 처분을 위반한 때	제6조 제2항 제2호	업무정지 6개월	위촉해지	
3. 업무수행과 관련하여 개인정보보호법, 신용정보의 이용 및 보호에 관한 법률 등 정보보호와 관련된 법령을 위반한 때	제6조 제2항 제3호	위촉해지		

(9) 손해평가반 구성 등(제8조)

① 평가일정계획의 수립

재해보험사업자는 손해평가를 하는 경우에는 손해평가반을 구성하고 손해평가반별로 평가일정계획을 수립하여야 한다.

② 손해평가반의 구성

손해평가반은 다음의 어느 하나에 해당하는 자를 1인 이상 포함하여 5인 이내로 구성한다.

ㄱ 손해평가인
ㄴ 손해평가사
ㄷ 손해사정사

③ 손해평가반의 구성에서 배제되는 자

다음의 어느 하나에 해당하는 손해평가에 대하여는 해당자를 손해평가반 구성에서 배제하여야 한다.

ㄱ 자기 또는 자기와 생계를 같이 하는 친족(이하 "이해관계자"라 한다)이 가입한 보험계약에 관한 손해평가
ㄴ 자기 또는 이해관계자가 모집한 보험계약에 관한 손해평가
ㄷ 직전 손해평가일로부터 30일 이내의 보험가입자 간 상호 손해평가
ㄹ 자기가 실시한 손해평가에 대한 검증조사 및 재조사

(10) 교차손해평가(제8조의 2)

① 교차손해평가 대상의 선정

재해보험사업자는 공정하고 객관적인 손해평가를 위하여 교차손해평가가 필요한 경우 재해보험 가입규모, 가입분포 등을 고려하여 교차손해평가 대상 시·군·구(자치구)를 선정하여야 한다.

② 지역손해평가인의 선발

재해보험사업자는 선정한 시·군·구 내에서 손해평가 경력, 타 지역 조사 가능여부 등을 고려하여 교차손해평가를 담당할 지역손해평가인을 선발하여야 한다.

③ 손해평가반의 구성

교차손해평가를 위해 손해평가반을 구성할 경우에는 선발된 지역손해평가인 1인 이상이 포함되어야 한다. 다만, 거대재해 발생, 평가인력 부족 등으로 신속한 손해평가가

불가피하다고 판단되는 경우 그러하지 아니할 수 있다.

02 농업재해보험 손해평가요령

(1) 피해사실 확인(제9조)

① 보험가입자가 보험책임기간 중에 피해발생 통지를 한 때에는 재해보험사업자는 손해평가반으로 하여금 지체 없이 보험목적물의 피해사실을 확인하고 손해평가를 실시하게 하여야 한다.

② 손해평가반이 손해평가를 실시할 때에는 재해보험사업자가 해당 보험가입자의 보험계약사항 중 손해평가와 관련된 사항을 손해평가반에게 통보하여야 한다.

(2) 손해평가준비 및 평가결과 제출(제10조)

① 현지조사서 마련
재해보험사업자는 손해평가반이 실시한 손해평가결과를 기록할 수 있도록 현지조사서를 마련하여야 한다.

② 현지조사서 배부
재해보험사업자는 손해평가를 실시하기 전에 현지조사서를 손해평가반에 배부하고 손해평가시의 주의사항을 숙지시킨 후 손해평가에 임하도록 하여야 한다.

③ 평가결과의 제출
손해평가반은 현지조사서에 손해평가 결과를 정확하게 작성하여 보험가입자에게 이를 설명한 후 서명을 받아 재해보험사업자에게 제출하여야 한다. 다만, 보험가입자가 정당한 사유 없이 서명을 거부하는 경우 손해평가반은 보험가입자에게 손해평가 결과를 통지한 후 서명없이 현지조사서를 재해보험사업자에게 제출하여야 한다.

④ 평가사실의 통지 및 현지조사서의 제출
손해평가반은 보험가입자가 정당한 사유없이 손해평가를 거부하여 손해평가를 실시하지 못한 경우에는 그 피해를 인정할 수 없는 것으로 평가한다는 사실을 보험가입자에게 통지한 후 현지조사서를 재해보험사업자에게 제출하여야 한다.

⑤ 재조사의 실시

재해보험사업자는 보험가입자가 손해평가반의 손해평가결과에 대하여 설명 또는 통지를 받은 날로부터 7일 이내에 손해평가가 잘못되었음을 증빙하는 서류 또는 사진 등을 제출하는 경우 재해보험사업자는 다른 손해평가반으로 하여금 재조사를 실시하게 할 수 있다.

(3) 손해평가결과 검증(제11조)

① 재해보험사업자 및 재해보험사업의 재보험사업자는 손해평가반이 실시한 손해평가결과를 확인하기 위하여 손해평가를 실시한 보험목적물 중에서 일정수를 임의 추출하여 검증조사를 할 수 있다.

② 농림축산식품부장관은 재해보험사업자로 하여금 제1항의 검증조사를 하게 할 수 있으며, 재해보험사업자는 특별한 사유가 없는 한 이에 응하여야 한다.

③ 검증조사결과 현저한 차이가 발생되어 재조사가 불가피하다고 판단될 경우에는 해당 손해평가반이 조사한 전체 보험목적물에 대하여 재조사를 할 수 있다.

④ 보험가입자가 정당한 사유없이 검증조사를 거부하는 경우 검증조사반은 검증조사가 불가능하여 손해평가 결과를 확인할 수 없다는 사실을 보험가입자에게 통지한 후 검증조사결과를 작성하여 재해보험사업자에게 제출하여야 한다.

(4) 손해평가 단위(제12조)

① 보험목적물별 손해평가 단위는 다음과 같다.
  ㉠ 농작물 : 농지별
  ㉡ 가축 : 개별가축별(단, 벌은 벌통 단위)
  ㉢ 농업시설물 : 보험가입 목적물별

② 농지

농지라 함은 하나의 보험가입금액에 해당하는 토지로 필지(지번) 등과 관계없이 농작물을 재배하는 하나의 경작지를 말하며, 방풍림, 돌담, 도로(농로 제외) 등에 의해 구획된 것 또는 동일한 울타리, 시설 등에 의해 구획된 것을 하나의 농지로 한다. 다만, 경사지에서 보이는 돌담 등으로 구획되어 있는 면적이 극히 작은 것은 동일 작업 단위 등으로 정리하여 하나의 농지에 포함할 수 있다.

(5) 농작물의 보험가액 및 보험금 산정(제13조)

① 농작물에 대한 보험가액 산정은 다음과 같다.

 ㉠ 특정위험방식 보험가액은 적과 후 착과 수 조사를 통해 산정한 기준수확량에 보험 가입 당시의 단위당 가입가격을 곱하여 산정한다. 다만, 인삼은 가입면적에 보험가 입 당시의 단위당 가입가격을 곱하여 산정하되, 보험가액에 영향을 미치는 가입면 적, 연근 등이 가입 당시와 다를 경우 변경할 수 있다.

 ㉡ 적과 전 종합위험방식의 보험가액은 적과 후 착과 수 조사를 통해 산정한 기준수확 량에 보험가입 당시의 단위 당 가입가격을 곱하여 산정한다.

 ㉢ 종합위험방식 보험가액은 보험증권에 기재된 보험목적물의 평년수확량에 보험가입 당시의 단위 당 가입가격을 곱하여 산정한다. 다만, 보험가액에 영향을 미치는 가 입면적, 주수, 수령, 품종 등이 가입 당시와 다를 경우 변경할 수 있다.

 ㉣ 생산비 보장의 보험가액은 작물별로 보험가입 당시 정한 보험가액을 기준으로 산정 한다. 다만, 보험가액에 영향을 미치는 가입면적 등이 가입 당시와 다를 경우 변경 할 수 있다.

 ㉤ 나무손해보장의 보험가액은 기재된 보험목적물이 나무인 경우로 최초 보험사고 발 생 시의 해당 농지 내에 심어져 있는 과실생산이 가능한 나무 수(피해 나무 수 포 함)에 보험가입 당시의 나무 당 가입가격을 곱하여 산정한다.

② 재해보험사업자는 손해평가반으로 하여금 재해발생 전부터 보험품목에 대한 평가를 위해 생육상황을 조사하게 할 수 있다. 이때 손해평가반은 조사결과 1부를 재해보험사 업자에게 제출하여야 한다.

(6) 농작물에 대한 보험금 산정

농작물에 대한 보험금 산정은 다음과 같다(별표 1).

구분	보장 범위	산정내용	비고
특정 위험방식	인삼	보험가입금액 × (피해율 − 자기부담비율) ※ 피해율 = $(1 - \dfrac{수확량}{연근별\ 기준\ 수확량} \times \dfrac{피해면적}{재배면적})$	인삼
적과전 종합 위험방식	착과감소	(착과감소량 − 미보상감수량 − 자기부담감수량) × 가입가격 × 80%	
	과실손해	(적과종료 이후 누적감수량 − 미보상감수량 − 자기부담감수량) × 가입가격	
	나무 손해보장	보험가입금액 × (피해율 − 자기부담비율) ※ 피해율 = 피해주수(고사된 나무) ÷ 실제결과주수	
종합 위험방식	해가림시설	-보험가입금액이 보험가액과 같거나 클 때 : 보험가입금액을 한도로 손해액에서 자기부담금을 차감한 금액 -보험가입금액이 보험가액보다 작을 때 : (손해액 − 자기부담금) × (보험가입금액 ÷ 보험가액)	인삼
	비가림시설	MIN(손해액 − 자기부담금, 보험가입금액)	
	수확감소	보험가입금액 × (피해율 - 자기부담비율) ※ 피해율(벼·감자·복숭아 제외) 　　= (평년수확량 - 수확량 − 미보상감수량) ÷ 평년수확량 ※ 피해율(벼) 　　= (보장수확량 - 수확량 − 미보상감수량) ÷ 보장수확량 ※ 피해율(감자·복숭아) 　　= {(평년수확량 - 수확량 − 미보상감수량) + 병충해감수량} 　　　÷ 평년수확량	옥수수 외
	수확감소	MIN(보험가입금액, 손해액) - 자기부담금 ※ 손해액 = 피해수확량 × 가입가격 ※ 자기부담금 = 보험가입금액 × 자기부담비율	옥수수
	수확량감소 추가보장	보험가입금액 × (피해율 × 10%) 단, 피해율이 자기부담비율을 초과하는 경우에 한함 ※ 피해율 　　= (평년수확량 - 수확량 − 미보상감수량) ÷ 평년수확량	
	나무손해	보험가입금액 × (피해율 − 자기부담비율) ※ 피해율 = 피해주수(고사된 나무) ÷ 실제결과주수	
	이앙·직파 불능	보험가입금액 × 10%	벼
	재이앙· 재직파	보험가입금액 × 25% × 면적피해율 단, 면적피해율이 10%를 초과하고 재이앙(재직파) 한 경우 ※ 면적피해율 = 피해면적 ÷ 보험가입면적	벼

재파종	보험가입금액 × 35% × 표준출현피해율 단, 10a당 출현주수가 30,000주보다 작고, 10a당 30,000주 이상으로 재파종한 경우에 한함 ※ 표준출현피해율(10a 기준) 　= (30,000 − 출현주수) ÷ 30,000	마늘
재정식	보험가입금액 × 20% × 면적피해율 단, 면적피해율이 자기부담비율을 초과하는 경우에 한함 ※ 면적피해율 = 피해면적 ÷ 보험가입면적	양배추
경작불능	보험가입금액 × 일정비율 (자기부담비율에 따라 비율상이)	
수확불능	보험가입금액 × 일정비율 (자기부담비율에 따라 비율상이)	벼
생산비보장	(잔존보험가입금액 × 경과비율 × 피해율) - 자기부담금 ※ 잔존보험가입금액 　= 보험가입금액 − 보상액(기 발생 생산비보장보험금 합계액) ※ 자기부담금 = 잔존보험가입금액 × 계약 시 선택한 비율	브로콜리
	- 병충해가 없는 경우 　(잔존보험가입금액 × 경과비율 × 피해율) - 자기부담금 - 병충해가 있는 경우 　(잔존보험가입금액 × 경과비율 × 피해율 × 병충해 등급별 인정비율) - 자기부담금 ※ 피해율 = 피해비율 × 손해정도비율 × (1 − 미보상비율) ※ 자기부담금 = 잔존보험가입금액 × 계약 시 선택한 비율	고추 (시설 고추 제외)
	보험가입금액 × (피해율 − 자기부담비율) ※ 피해율 = 피해비율 × 손해정도비율	배추, 파, 무, 단호박, 당근 (시설 무 제외)
	보험가입금액 × (피해율 − 자기부담비율) ※ 피해율 = 피해면적(㎡) ÷ 재배면적(㎡) 　- 피해면적 : 　(도복으로 인한 피해면적 × 70%) + (도복 이외 피해면적 × 손해정도비율)	메밀
	보험가입면적 × 피해작물 단위면적당 보장생산비 × 경과비율 × 피해율 ※ 피해율 = 재배비율 × 피해비율 × 손해정도비율 ※단, 장미, 부추, 버섯은 별도로 구분하여 산출	시설작물

농업시설물 · 버섯재배사 · 부대시설	1사고마다 재조달가액 기준으로 계산한 손해액에서 자기부담금을 차감한 금액에 보험증권에 기재된 보상비율(50% ~ 100%, 10%단위) 만큼을 보험가입금액 내에서 보상 ※ Min(손해액 − 자기부담금, 보험가입금액) × 보상비율 다만, 보험의 목적이 손해를 입은 장소에서 실제로 수리 또는 복구를 하지 않은 때에는 재조달가액에 의한 보상을 하지 않고 시가(감가상각된 금액)로 보상	
과실 손해보장	보험가입금액 × (피해율 - 자기부담비율) ※ 피해율(7월 31일 이전에 사고가 발생한 경우) 　(평년수확량 − 수확량 − 미보상감수량) ÷ 평년수확량 ※ 피해율(8월 1일 이후에 사고가 발생한 경우) 　(1 − 수확전사고 피해율) × 경과비율 × 결과지 피해율	무화과
	보험가입금액 × (피해율 - 자기부담비율) ※ 피해율 = 고사결과모지수 ÷ 평년결과모지수	복분자
	보험가입금액 × (피해율 - 자기부담비율) ※ 피해율 = (평년결실수 − 조사결실수 − 미보상감수결실수) ÷ 평년결실수	오디
	과실손해보험금 = 손해액 − 자기부담금 ※ 손해액 = 보험가입금액 × 피해율 ※ 자기부담금 = 보험가입금액 × 자기부담비율 ※ 피해율 　= (등급내 피해과실수 + 등급외 피해과실수 × 70%) 　　÷ 기준과실수	감귤
	동상해손해보험금 = 손해액 − 자기부담금 ※ 손해액 = {보험가입금액 - (보험가입금액 × 기사고 피해율)} 　× 수확기 잔존비율 × 동상해피해율 ※ 자기부담금 = |보험가입금액 × min(주계약피해율 − 자기부담비율, 0) | ※ 동상해 피해율 　= 수확기 동상해 피해 과실수 ÷ 기준과실수	
과실손해 추가보장	보험가입금액 × (피해율 × 10%) 단, 손해액이 자기부담금을 초과하는 경우에 한함 ※ 피해율 　= (등급 내 피해 과실수 + 등급 외 피해 과실수 × 70%) 　　÷ 기준과실수	감귤
농업수입 감소	보험가입금액 × (피해율 − 자기부담비율) ※ 피해율 = (기준수입 − 실제수입) ÷ 기준수입	

* 다만, 보험가액이 보험가입금액보다 적을 경우에는 보험가액에 의하며, 기타 세부적인 내용은 재해보험사업자가 작성한 손해평가 업무방법서에 따름

(7) 농작물 손해수량에 대한 조사방법

농작물의 손해수량에 대한 품목별·재해별·시기별 조사방법은 다음과 같다(별표2).

① 특정위험방식 상품(인삼)

생육시기	재해	조사내용	조사시기	조사방법	비고
보험기간	태풍(강풍)폭설·집중호우·침수·화재·우박·냉해·폭염	수확량 조사	피해 확인이 가능한 시기	보상하는 재해로 인하여 감소된 수확량 조사 ·조사방법 : 전수조사 또는 표본조사	

② 적과전종합위험방식 상품(사과, 배, 단감, 떫은감)

생육시기	재해	조사내용	조사시기	조사방법	비고
보험계약체결일~적과 전	보상하는 재해 전부	피해사실 확인 조사	사고접수 후 지체 없이	보상하는 재해로 인한 피해발생여부 조사	피해사실이 명백한 경우 생략 가능
	우박		사고접수 후 지체 없이	우박으로 인한 유과(어린과실) 및 꽃(눈)등의 타박비율 조사 • 조사방법 : 표본조사	적과종료 이전 특정위험 5종 한정 보장 특약 가입건에 한함
6월1일~적과 전	태풍(강풍), 우박, 집중호우, 화재, 지진		사고접수 후 지체 없이	보상하는 재해로 발생한 낙엽피해 정도 조사 - 단감·떫은감에 대해서만 실시 • 조사방법 : 표본조사	
적과 후	-	적과 후 착과 수 조사	적과 종료 후	보험가입금액의 결정 등을 위하여 해당 농지의 적과종료 후 총 착과 수를 조사 • 조사방법 : 표본조사	피해와 관계없이 전 과수원 조사
적과 후~수확기 종료	보상하는 재해	낙과피해 조사	사고접수 후 지체 없이	재해로 인하여 떨어진 피해과실수 조사 - 낙과피해조사는 보험약관에서 정한 과실피해분류기준에 따라 구분하여 조사 • 조사방법 : 전수조사 또는 표본조사	
				낙엽률 조사(우박 및 일소 제외) - 낙엽피해정도 조사 • 조사방법 : 표본조사	단감·떫은감
	우박, 일소, 가을동상해	착과피해 조사	수확 직전	재해로 인하여 달려있는 과실의 피해과실 수 조사 - 착과피해조사는 보험약관에서 정한 과실피해분류기준에 따라 구분 하여 조사 • 조사방법 : 표본조사	

수확완료 후 ~ 보험종기	보상하는 재해 전부	고사나무 조사	수확완료 후 보험 종기 전	보상하는 재해로 고사되거나 또는 회생이 불가능한 나무 수를 조사 - 특약 가입 농지만 해당 • 조사방법 : 전수조사	수확완료 후 추가 고사나무가 없는 경우 생략 가능

* 전수조사는 조사대상 목적물을 전부 조사하는 것을 말하며, 표본조사는 손해평가의 효율성 제고를 위해 재해보험사업자가 통계이론을 기초로 산정한 조사표본에 대해 조사를 실시하는 것을 말함.

③ 종합위험방식 상품(농업수입보장 포함)

㉠ 해가림시설·비가림시설 및 원예시설

생육시기	재해	조사내용	조사시기	조사방법	비고
보험 기간 내	보상하는 재해 전부	해가림시설 조사	사고접수 후 지체 없이	보상하는 재해로 인하여 손해를 입은 시설 조사 • 조사방법 : 전수조사	인삼
		비가림시설 조사			
		시설 조사			원예시설, 버섯재배사

㉡ 수확감소보장·과실손해보장 및 농업수입보장

생육시기	재해	조사내용	조사시기	조사방법	비고
수확 전	보상하는 재해 전부	피해사실 확인 조사	사고접수 후 지체 없이	보상하는 재해로 인한 피해발생 여부 조사 (피해사실이 명백한 경우 생략 가능)	
		이앙(직파) 불능피해 조사	이앙 한계일 (7.31)이후	이앙(직파)불능 상태 및 통상적인영 농활동 실시여부조사 • 조사방법 : 전수조사 또는 표본조사	벼만 해당
		재이앙 (재직파) 조사	사고접수 후 지체 없이	해당농지에 보상하는 손해로 인하여 재이앙(재직파)이 필요한 면적 또는 면적비율 조사 • 조사방법 : 전수조사 또는 표본조사	벼만 해당
		재파종 조사	사고접수 후 지체 없이	해당농지에 보상하는 손해로 인하여 재파종이 필요한 면적 또는 면적비율 조사 • 조사방법 : 전수조사 또는 표본조사	마늘만 해당
		재정식 조사	사고접수 후 지체 없이	해당농지에 보상하는 손해로 인하여 재정식이 필요한 면적 또는 면적비율 조사 • 조사방법 : 전수조사 또는 표본조사	양배추만 해당

		경작불능 조사	사고접수 후 지체 없이	해당 농지의 피해면적비율 또는 보험목적인 식물체 피해율 조사 • 조사방법 : 전수조사 또는 표본조사	벼·밀, 밭작물(차(茶)제외),복분자만 해당
		과실손해 조사	수정완료 후	살아있는 결과모지수 조사 및 수정불량(송이)피해율 조사 • 조사방법 : 표본조사	복분자만 해당
			결실완료 후	결실수 조사 ·조사방법 : 표본조사	오디만 해당
		수확 전 사고조사	사고접수 후 지체 없이	표본주의 과실 구분 • 조사방법 : 표본조사	감귤만 해당
수확 직전	-	착과 수 조사	수확직전	해당농지의 최초 품종 수확 직전 총 착과 수를 조사 -피해와 관계없이 전 과수원 조사 • 조사방법 : 표본조사	포도, 복숭아, 자두만 해당
	보상 하는 재해 전부	수확량 조사	수확직전	사고발생 농지의 수확량 조사 • 조사방법 : 전수조사 또는 표본조사	
		과실손해 조사	수확직전	사고발생 농지의 과실피해조사 • 조사방법 : 표본조사	무화과, 감귤만 해당
수확 시작 후 ~ 수확종료	보상 하는 재해 전부	수확량조사	조사 가능일	사고발생농지의 수확량조사 • 조사방법 : 표본조사	차(茶)만 해당
			사고접수 후 지체 없이	사고발생 농지의 수확 중의 수확량 및 감수량의 확인을 통한 수확량조사 • 조사방법 : 전수조사 또는 표본조사	
		동상해 과실손해 조사	사고접수 후 지체 없이	표본주의 착과피해 조사 12월1일~익년 2월말일 사고 건에 한함 • 조사방법 : 표본조사	감귤만 해당
		수확불능 확인 조사	조사 가능일	사고발생 농지의 제현율 및 정상 출하불가 확인 조사 • 조사방법 : 전수조사 또는 표본조사	벼만 해당
	태풍 (강풍), 우박	과실손해 조사	사고접수 후 지체 없이	전체 열매수(전체 개화수) 및 수확 가능 열매수 조사 6월1일~6월20일 사고 건에 한함 • 조사방법 : 표본조사	복분자만 해당
				표본주의 고사 및 정상 결과지수 조사 • 조사방법 : 표본조사	무화과만 해당

수확완료 후 ~ 보험종기	보상하는 재해 전부	고사나무 조사	수확완료 후 보험 종기 전	보상하는 재해로 고사되거나 또는 회생이 불가능한 나무 수를 조사 - 특약 가입 농지만 해당 • 조사방법 : 전수조사	수확완료 후 추가 고사나무가 없는 경우 생략 가능

ⓒ 생산비 보장

생육시기	재해	조사내용	조사시기	조사방법	비고
정식 (파종) ~ 수확 종료	보상하는 재해 전부	생산비 피해조사	사고 발생시 마다	① 재배일정 확인 ② 경과비율 산출 ③ 피해율 산정 ④ 병충해 등급별 인정비율 확인(노지 고추만 해당)	
수확 전	보상하는 재해 전부	피해사실 확인 조사	사고접수 후 지체 없이	보상하는 재해로 인한 피해발생 여부 조사(피해사실이 명백한 경우 생략 가능)	메밀, 단호박, 노지 배추, 노지 당근, 노지 파, 노지 무만 해당
		경작불능 조사	사고접수 후 지체 없이	해당 농지의 피해면적비율 또는 보험목적인 식물체 피해율 조사 • 조사방법 : 전수조사 또는 표본조사	
수확 직전		생산비 피해조사	수확직전	사고발생 농지의 피해비율 및 손해정도 비율 확인을 통한 피해율 조사 • 조사방법 : 표본조사	

(8) 농업재해보험의 보험목적물별 보상하는 병충해 및 질병

① 이 고시는 「농어업재해보험법」 제6조 및 「농어업재해보험법 시행령」 제8조에 따라 재해보험의 보험목적물별로 보상하는 병충해 및 질병을 규정함을 목적으로 한다.

② 보험목적물별로 "농림축산식품부장관이 고시하는 병충해 및 질병"이란 다음과 같다.

보험 종류	보험 목적물	구분	보상하는 재해의 범위	비고
농작물 재해 보험	벼	병해	흰잎마름병, 줄무늬 잎마름병, 도열병, 깨씨무늬병	
		충해	벼멸구, 먹노린재	
	감자	병·해충	감자에 관하여 발생하는 모든 병·해충	
	고추	병·해충	고추에 관하여 발생하는 모든 병·해충	
	복숭아	병해	세균구멍병	
가축 재해 보험	소· 사슴·양 및 말	질병	가축전염병예방법 제2조제2호에서 정한 가축전염병을 제외한 모든 질병	폐사하는 경우에 한함 (다만, 질병에는 부상(사지골절, 경추골절, 탈골 등)·난산·산욕마비(말의 경우 산통 포함), 씨수말 번식 첫해 선천성불임, 정액생산용수소의 정액생산 능력저하로 인하여 폐사 또는 즉시 도살하는 경우 등도 포함)
	돼지	질병	TGE, PED, Rota	폐사하는 경우에 한함
	꿀벌	질병	가축전염병예방법 제2조제2호에서 정한 가축전염병을 제외한 모든 질병 (다만, 부저병 및 낭충봉아부패병은 보상하는 재해에 포함)	폐사하는 경우에 한함

※ 재해보험사업자는 보험료율의 적정성, 손해평가 가능성 등을 고려하여 위 병충해 및 질병 중 일부 또는 전부가 포함된 보험상품을 운영할 수 있으며, 기본계약으로 보상하기 어려운 경우에는 개별 특약으로 보험상품을 구성할 수 있음.

(9) 가축의 보험가액 및 손해액 산정(제14조)

① 가축에 대한 보험가액은 보험사고가 발생한 때와 곳에서 평가한 보험목적물의 수량에 적용가격을 곱하여 산정한다.

② 가축에 대한 손해액은 보험사고가 발생한 때와 곳에서 폐사 등 피해를 입은 보험목적물의 수량에 적용가격을 곱하여 산정한다.

③ 적용가격은 보험사고가 발생한 때와 곳에서의 시장가격 등을 감안하여 보험약관에서 정한 방법에 따라 산정한다. 다만, 보험가입당시 보험가입자와 재해보험사업자가 보험가액 및 손해액 산정 방식을 별도로 정한 경우에는 그 방법에 따른다.

(10) 농업시설물의 보험가액 및 손해액 산정(제15조)

① 농업시설물에 대한 보험가액은 보험사고가 발생한 때와 곳에서 평가한 피해목적물의 재조달가액에서 내용연수에 따른 감가상각률을 적용하여 계산한 감가상각액을 차감하여 산정한다.

② 농업시설물에 대한 손해액은 보험사고가 발생한 때와 곳에서 산정한 피해목적물의 원상복구비용을 말한다.

③ 보험가입당시 보험가입자와 재해보험사업자가 보험가액 및 손해액 산정 방식을 별도로 정한 경우에는 그 방법에 따른다.

(11) 손해평가업무방법서(제16조)

재해보험사업자는 이 요령의 효율적인 운용 및 시행을 위하여 필요한 세부적인 사항을 규정한 손해평가업무방법서를 작성하여야 한다.

(12) 재검토기한(제17조)

농림축산식품부장관은 이 고시에 대하여 2020년 1월 1일 기준으로 매 3년이 되는 시점(매 3년째의 12월 31일까지를 말한다)마다 그 타당성을 검토하여 개선 등의 조치를 하여야 한다.

제2장

핵심기출문제

1. 농업재해보험 손해평가요령상 손해평가인 위촉에 관한 규정이다. ( )에 들어갈 내용은?

> 재해보험사업자는 피해 발생 시 원활한 손해평가가 이루어지도록 농업재해보험이 실시되는
> (   )별 보험가입자의 수 등을 고려하여 적정 규모의 손해평가인을 위촉하여야 한다.

① 시 · 도
② 읍 · 면 · 동
③ 시 · 군 · 자치구
④ 특별자치도 · 특별자치시

해설 ┃ 농업재해보험 손해평가요령 제4조(손해평가인 위촉)
① 재해보험사업자는 손해평가인을 위촉한 경우에는 그 자격을 표시할 수 있는 손해평가인증을 발급하여야 한다.
② 재해보험사업자는 피해 발생 시 원활한 손해평가가 이루어지도록 농업재해보험이 실시되는 시 · 군 · 자치구별 보험가입자의 수 등을 고려하여 적정 규모의 손해평가인을 위촉하여야 한다.
③ 재해보험사업자 및 손해평가 업무를 위탁받은 자는 손해평가 업무를 원활히 수행하기 위하여 손해평가보조인을 운용할 수 있다.

정답 ┃ ③

2. 농업재해보험 손해평가요령상 손해평가인 정기교육의 세부내용에 명시적으로 포함되어 있지 않은 것은?

① 농어업재해보험법 제정 배경
② 손해평가 관련 민원사례
③ 피해유형별 보상사례
④ 농업재해보험 상품 주요내용

해설 ┃ 농업재해보험 손해평가요령 제5조의2 (손해평가인 정기교육)
법 제11조제5항에 따른 손해평가인 정기교육의 세부내용은 다음 각 호와 같다.
1. 농업재해보험에 관한 기초지식 : 농어업재해보험법 제정 배경 · 구성 및 조문별 주요내용, 농업재해보험 사업현황
2. 농업재해보험의 종류별 약관 : 농업재해보험 상품 주요내용 및 약관 일반 사항
3. 손해평가의 절차 및 방법 : 농업재해보험 손해평가 개요, 보험목적물별 손해평가 기준 및 피해유형별 보상사례
4. 피해유형별 현지조사표 작성 실습

정답 ┃ ②

3. 농업재해보험 손해평가요령상 재해보험사업자가 손해평가인에 대하여 위촉을 취소하여야 하는 경우는?

① 피한정후견인이 된 때
② 업무수행과 관련하여 개인정보보호법 등 정보보호와 관련된 법령을 위반한 때
③ 업무수행상 과실로 손해평가의 신뢰성을 약화시킨 경우
④ 현지조사서를 허위로 작성한 경우

> **해설 ┃** 농업재해보험 손해평가요령 제6조 (손해평가인 위촉의 취소 및 해지 등)
> 재해보험사업자는 손해평가인이 다음 각 호의 어느 하나에 해당하게 되거나 위촉당시에 해당하는 자이었음이 판명된 때에는 그 위촉을 취소하여야 한다.
> 1. 피성년후견인 또는 피한정후견인
> 2. 파산선고를 받은 자로서 복권되지 아니한 자
> 3. 벌금이상의 형을 선고받고 그 집행이 종료(집행이 종료된 것으로 보는 경우를 포함한다)되거나 집행이 면제된 날로부터 2년이 경과되지 아니한 자
> 4. 동 조에 따라 위촉이 취소된 후 2년이 경과하지 아니한 자
> 5. 거짓 그 밖의 부정한 방법으로 손해평가인으로 위촉된 자
> 6. 업무정지 기간 중에 손해평가업무를 수행한 자
>
> **정답 ┃** ①

4. 농업재해보험 손해평가요령상 손해평가사 甲을 손해평가반 구성에서 배제하여야 하는 경우를 모두 고른 것은?

> ㄱ. 甲의 이해관계자가 가입한 보험계약에 관한 손해평가
> ㄴ. 甲의 이해관계자가 모집한 보험계약에 관한 손해평가
> ㄷ. 甲의 이해관계자가 실시한 손해평가에 대한 검증조사

① ㄱ, ㄴ   ② ㄱ, ㄷ
③ ㄴ, ㄷ   ④ ㄱ, ㄴ, ㄷ

> **해설 ┃** 농업재해보험 제8조에 따라 손해평가반 구성에서 배제하여야 하는 경우는 다음과 같다.
> 1. 자기 또는 자기와 생계를 같이 하는 친족(이하 "이해관계자"라 한다)이 가입한 보험계약에 관한 손해평가
> 2. 자기 또는 이해관계자가 모집한 보험계약에 관한 손해평가
> 3. 직전 손해평가일로부터 30일 이내의 보험가입자간 상호 손해평가
> 4. 자기가 실시한 손해평가에 대한 검증조사 및 재조사
>
> **정답 ┃** ①

5. 농업재해보험 손해평가요령상 손해평가에 관한 설명으로 옳지 않은 것은?

① 손해평가반은 손해평가인, 손해평가사, 손해사정사 중 어느 하나에 해당하는 자를 1인 이상 포함하여 5인 이내로 구성한다.

② 교차손해평가에 있어서 거대재해 발생 등으로 신속한 손해평가가 불가피하다고 판단되는 경우에도 손해평가반 구성에 지역손해평가인을 포함하여야 한다.

③ 재해보험사업자는 손해평가반이 실시한 손해평가결과를 기록할 수 있도록 현지조사서를 마련하여야 한다.

④ 손해평가반이 손해평가를 실시할 때에는 재해보험사업자가 해당 보험가입자의 보험계약사항 중 손해평가와 관련된 사항을 손해평가반에게 통보하여야 한다.

해설 ┃ ② 교차손해평가를 위해 손해평가반을 구성할 경우에는 선발된 지역손해평가인 1인 이상이 포함되어야 한다. 다만, 거대재해 발생, 평가인력 부족 등으로 신속한 손해평가가 불가피하다고 판단되는 경우 그러하지 아니할 수 있다.

정답 ┃ ②

6. 농업재해보험 손해평가요령상 손해평가결과 검증에 관한 설명으로 옳지 않은 것은?

① 검증조사결과 현저한 차이가 발생된 경우 해당 손해평가반이 조사한 전체 보험목적물에 대하여 검증조사를 하여야 한다.

② 보험가입자가 정당한 사유 없이 검증조사를 거부하는 경우 검증조사반은 검증조사가 불가능하여 손해평가 결과를 확인할 수 없다는 사실을 보험가입자에게 통지한 후 검증조사결과를 작성하여 재해보험사업자에게 제출하여야 한다.

③ 재해보험사업자 및 재해보험사업의 재보험사업자는 손해평가반이 실시한 손해평가 결과를 확인하기 위하여 손해평가를 실시한 보험목적물 중에서 일정수를 임의 추출하여 검증조사를 할 수 있다.

④ 농림축산식품부장관은 재해보험사업자로 하여금 검증조사를 하게 할 수 있다.

해설 ┃ ① 검증조사결과 현저한 차이가 발생되어 재조사가 불가피하다고 판단될 경우에는 해당 손해평가반이 조사한 전체 보험목적물에 대하여 재조사를 할 수 있다.

정답 ┃ ①

7. 농업재해보험 손해평가요령상 보험목적물별 손해평가 단위이다. ( )에 들어갈 내용은?

○ 농작물: (ㄱ)   ○ 가축(단, 벌은 제외): (ㄴ)   ○ 농업시설물: (ㄷ)

① ㄱ: 농지별, ㄴ: 축사별, ㄷ: 보험가입 목적물별
② ㄱ: 품종별, ㄴ: 축사별, ㄷ: 보험가입자별
③ ㄱ: 농지별, ㄴ: 개별가축별, ㄷ: 보험가입 목적물별
④ ㄱ: 품종별, ㄴ: 개별가축별, ㄷ: 보험가입자별

> 해설 ▎ 보험목적물별 손해평가 단위
> • 농작물 : 농지별,
> • 가축 : 개별가축별
> • 농업시설물 : 보험가입 목적물별
>
> 정답 ▎ ③

8. 농업재해보험 손해평가요령상 종합위험방식 수확감소보장에서 "벼"의 경우, 다음의 조건으로 산정한 보험금은?

○ 보험가입금액: 100만원   ○ 자기부담비율: 20 %
○ 보장수확량: 1,000 kg   ○ 수확량: 500 kg
○ 미보상감수량: 50 kg

① 10만원   ② 20만원
③ 25만원   ④ 45만원

> 해설 ▎ 수확감소 보험금 산출방식
>
> 보험금 = 보험가입금액 × (*피해율 - 자기부담비율)
> 보험금 = 100만원 × (0.45-0.2) = 25만원
> 피해율 = (1,000 - 500 - 50) ÷ 1,000 = 0.45
> * 피해율 = (평년수확량 - 수확량 - 미보상감수량) ÷ 평년수확량
>
> 정답 ▎ ③

9. 농업재해보험 손해평가요령에 따른 종합위험방식 상품의 조사내용 중 "재정식 조사"에 해당되는 품목은?

① 벼   ② 콩   ③ 양배추   ④ 양파

10. 농업재해보험 손해평가요령상 종합위험방식 "마늘"의 재파종 보험금 산정에 관한 내용이다. (   )에 들어갈 내용은?

> 보험가입금액 × (   ) % × 표준출현피해율
> 단, 10a당 출현주수가 30,000주보다 작고, 10a당 30,000주 이상으로 재파종한 경우에 한함

① 10   ② 20   ③ 25   ④ 35

11. 농업재해보험 손해평가요령상 농작물의 품목별·재해별·시기별 손해수량 조사방법 중 적과전종합위험방식 "떫은감"에 관한 기술이다. ( )에 들어갈 내용은?

생육시기	재해	조사내용	조사시기	조사방법
적과 후 ~ 수확기 종료	가을 동상해	(ㄱ)	(ㄴ)	재해로 인하여 달려있는 과실의 피해과실 수 조사 - (ㄱ)는 보험약관에서 정한 과실피해분류기준에 따라 구분하여 조사 * 조사방법 : 표본조사

① ㄱ: 피해사실 확인 조사, ㄴ: 사고접수 후 지체 없이
② ㄱ: 피해사실 확인 조사, ㄴ: 수확 직전
③ ㄱ: 착과피해조사, ㄴ: 사고접수 후 지체 없이
④ ㄱ: 착과피해조사, ㄴ: 수확 직전

해설 |

생육시기	재해	조사내용	조사시기	조사방법
적과 후 ~ 수확기 종료	가을동상해	착과피해조사	수확 직전	재해로 인하여 달려있는 과실의 피해과실 수 조사 - 착과피해조사는 보험약관에서 정한 과실피해분류기준에 따라 구분하여 조사 * 조사방법 : 표본조사

정답 | ④

12. 농업재해보험 손해평가요령상 가축 및 농업시설물의 보험가액 및 손해액 산정에 관한 설명으로 옳은 것은?

① 가축에 대한 보험가액은 보험사고가 발생한 때와 곳에서 평가한 보험목적물의 수량에 적용가격을 곱한 후 감가상각액을 차감하여 산정한다.
② 보험가입당시 보험가입자와 재해보험사업자가 가축에 대한 보험가액 및 손해액 산정방식을 별도로 정한 경우에는 그 방법에 따른다.
③ 농업시설물에 대한 보험가액은 보험사고가 발생한 때와 곳에서 평가한 재조달가액으로 한다.
④ 농업시설물에 대한 손해액은 보험사고가 발생한 때와 곳에서 산정한 피해목적물 수량에 적용가격을 곱하여 산정한다.

재배학 및 원예작물학

제1장
재배의 기원과 현황

01 재배작물의 기원과 발달

(1) 재배의 개념

① 재배의 개념

재배란 사람이 경작지를 활용해 작물을 길러 수확하여 소득을 거두는 경제 행위로 여기서 작물이란 사람이 활용할 목적으로 기르는 식물을 말한다. 이러한 작물을 시설이나 토양에 그 씨앗을 뿌리고 관리 및 수확하는 일이 재배이다.

② 재배의 특징

㉠ 가장 중요한 특징은 유기적 생명체를 다루며 토지를 생산수단으로 하는 것으로 "수확체감의 법칙"이 적용된다.

㉡ 자연환경의 영향을 크게 받으며, 생산조절이 자유롭지 못하고, 분업적으로 생산하기가 어렵다.

㉢ 자본의 회전이 느리고 노동의 수요가 연중 불균일하다.

㉣ 재배결과 얻어지는 농산물의 변질이 쉽고, 가격변동이 심하며, 가격에 비하여 중량이나 용적이 큰 것이 많아 수송비가 많이 소요된다.

㉤ 생산이 소규모이고 분산적이기 때문에 유통과정에서 중간상인의 역할이 크다.

㉥ 소비면에서 농산물은 공산물에 비하여 수요의 탄력성이 작고 공급의 탄력성도 작다.

(2) 작물의 개념

① 작물의 개념

작물은 식물 중에서 사람이 식량이나 생활에 필요한 자재로서 이용할 가치가 있는 것, 즉 "인간이 이용할 목적으로 재배하는 식물"을 말한다.

② 작물의 특징

㉠ 작물은 이용성과 경제성이 높아서 사람의 재배 대상이 되어 있는 식물이라고 정의할 수 있다.

ⓛ 작물은 이용부위가 재배의 목적으로 특수부분만 발달한 일종의 기형식물이다.

ⓒ 작물은 야생식물에 비하여 생존경쟁에 약하므로 잘 가꾸고 보살피는 재배관리가 필요하다.

ⓔ 작물은 인간이 잘 가꾸고 보살펴 줌으로서 인간에 필요한 물료를 제공하는 상호 공생관계를 유지하고 있다.

(3) 작물을 재배하는 목적

① 작물을 재배하는 최종 목적은 되도록 많은 수량을 내어서 소득을 올리는 것이다.

ⓖ 목적을 주로 식량을 생산하는 것을 식용작물이라 하며, 인간의 생활을 풍요롭게 만드는 여러 가지 재료들을 생산하는 것을 공예작물이라 한다.

ⓛ 목적을 주로 가축사육의 먹이로 생산하는 것을 사료작물이라 하며, 푸른 상태로 베어서 토양에 공급하여 토양비옥도를 높이기 위한 것을 녹비작물이라 한다.

ⓒ 보조식품(간식, 부식 등)과 정서순화를 목적으로 생산하는 것을 원예작물이라 한다.

② 작물을 재배하는 사람은 그 생산물을 통하여 수익을 높이는 것이 주된 목적이다. 소득을 높이려면 수량과 단가를 크게 하여 수익을 높이고 생산비를 절감해야 한다.

ⓖ 일정한 토지면적에서 작물의 수량을 극대화하려면 유전성이 높은 우수한 품종을 선택하고, 최적의 환경조건을 조성해주며, 알맞은 재배기술을 적용해야 한다.

ⓛ 즉, 작물의 수량은 유전성·환경조건 및 재배기술을 3요소로 하는 삼각형의 면적으로 표시할 수 있다.

[그림] 작물수량의 삼각형

ⓒ 삼각형의 면적이 최대로 되려면 3변이 동일한 정3각형이어야 한다. 즉, 유전성·환경조건 및 재배기술을 3요소가 동등하게 적용되어야 한다.

(4) 재배의 기원과 발달

① 농경의 발상지

㉠ 큰 강 유역(De Candolle)

큰 강의 유역은 주기적으로 강이 범람해서 비옥해져 농사짓기에 유리하므로 원시 농경의 발상지로 추정하였다.

- 메소포타미아 문명(유프라테스강, 티그리스강 유역) : 귀리, 보리, 밀 등
- 이집트 문명(나일강 유역) : 벼
- 인도 문명(인더스강 유역) : 벼
- 중국 문명(황하강, 양자강 유역) : 벼

㉡ 해안지대(P. Dettweiler)

온화한 기후와 비옥한 토지로 토양수분이 넉넉한 해안지대에서 농경이 발상지로 보았다.

㉢ 산간부(N.T Vavilov)

큰 강 유역은 비옥하기는 하나 범람에 의하여 원시농업이 근본적으로 파멸될 우려가 있으므로 최초의 농경이 정착하기 힘들었던 것으로 보았다. 범람으로 농경이 발생하기 어려운 강 유역보다 상대적으로 기후가 온화한 산간부 중 관개수로가 확보된 곳에서 농경이 용이하고 안전하므로 이곳을 최초의 발상지로 추정하였다.

- 마야 문명(옥수수를 재배하여 마야문명을 일으킨 멕시코 농업은 산간부로부터 시작하여 점차 평야부로 전파 되었다)
- 잉카 문명(남아메리카 북부지역)과 원시인류의 발상지로 추정되는 (중앙아프리카의 에디오피아 지역)은 열대 고지 산간부이며 많은 작물의 기원지로 추정되는 곳이다.

② 재배의 기원

㉠ 구석기 시대

수렵 및 유목생활

㉡ 신석기 시대

- 농경의 시작과 함께 축산 등 정착생활
- 농기구 및 농자재

- 구석기 시대(약 2~3만 년 전) : 농경 초기 단계로 돌, 짐승의 뼈, 나뭇가지 등
- 신석기 시대(약 1만 년 전) : 돌낫 맷돌, 돌쟁기, 돌칼, 돌괭이 등
- 청동기 시대(약 5천 년 전) : 본격적인 농경의 시작 단계로 청동을 사용
- 철기 시대(약 3천 년 전) : 농경에 축력을 사용하였고 철제 농기구를 사용해 농업 생산력이 크게 증가하였다.
- 산업혁명 시대(18~19세기) : 동력을 활용한 농기계 등장, 근대화 단계이다.
- 현대 : 방제기, 건조기, 이앙기, 트랙터, 컴바인 등 농기구의 자동화 및 대형화 추세이다.

• 재배의 조건
- 작물 생산의 극대화를 위해 적정한 환경조건과 작물의 선천적 생산능력이 필수적이다.
- 위의 두 가지 조건을 합리적으로 조작하는 기술이 필요하다.

ⓒ 농경법의 발견
야생식물의 열매에서 싹이 트고 자라는 것으로 재배의 개념을, 산과 들에서 얻은 자연식물의 과실을 먹고 버린 종자에서 식물이 자라는 것을 보고 파종의 개념을 익힌 것으로 본다.

③ 우리나라의 재배 기원
㉠ 시대 : 구석기 및 신석기 시대로 추정
㉡ 작물재배의 역사 : 유물로 미루어 보아 약 15,000년 전으로 추정
㉢ 조 : 약 6,000년 전
㉣ 탄화미
• 고양시 일산읍 : 약 5,300년 전
• 김포군 : 약 4,500년 전
• 한반도 전역(벼농사) : 약 3,000년 전
• 청원군 옥산면 소로리 : 약 1,500년 전
㉤ 삼한 시대 : 『삼국지』「위지 동이전」에 의하면 참깨, 콩, 피, 기장, 보리, 벼 등으로 재배한 것으로 나온다.
㉥ 『삼국사기』「신라본기」와 『삼국사기』「백제본기」에 벼 재배와 관련된 기록이 있어 적어도 삼국 시대부터 농경을 본격적으로 시작했을 것으로 보았다.
㉦ 통일신라 시대 : 채소 및 과일과 각종 작물, 그리고 관상식물 등을 재배하였다.

④ 식물영양의 발달

    ㉠ 유기질설(Aristoteles-B.C. 384~322)

      • 식물은 토양의 유기물에서 영양분을 얻는다는 설로서 유기질설(有機質說) 또는 부식설(腐植說)이라 하였다.

    ㉡ 무기영양설(Liebig-B.C. 1840)

      • 식물의 필수 영양분이 무기물이라는 견지에서 무기영양설(無機營養說)을 제창하였다.

      • 무기영양설에 기초하여 인류 역사상 최초의 인조비료 중 인산질 비료인 "과인산석회"를 1843년 합성하였고, 1913년 질소질 비료인 암모니아 즉, 황산암모니아를 합성하였다.

      • 무기영양설에 기초하여 1843년 Liebig는 식물의 생육은 다른 양분이 아무리 충분해도 가장 소량으로 존재하는 양분에 의하여 지배된다는 최소율법칙(最小律法則)을 제창하였다.

      • 무기영양설에 기초하여 Sachs와 Knops은 수경재배의 필수 10원소 규명하고 1860년경 수경재배법(水耕栽培法)을 확립하였다.

    ㉢ 콩과작물 공중질소고정(空中窒素固定-1838)

      • 1886년 뿌리혹박테리아(根瘤菌)와 콩과작물 관계가 규명되었다.

      • 1888년 뿌리혹(根瘤)이 세균임을 밝혀지고 세균의 순수배양이 성공하였다.

      • 1890년 콩과작물 뿌리혹박테리아의 인공접종이 개발되었다.

      • 1893년 질소고정미생물 *Clostridium*, 1901년 *Azotobacter* 등이 발견 되었다.

⑤ 재배 형식 발달

    ㉠ 소경(疎耕) : 원시적인 약탈농업에 가까운 재배방법으로 원시적인 굴봉이나 괭이 등으로 땅을 파 파종하며 즉, 거름을 잘 뿌려 토지를 비옥하게 하여 식물을 가꾸는 비배관리를 하지 않고 재배 및 수확을 하는 형식을 말한다.

    ㉡ 원경(園耕) : 적은 면적의 농경지를 집약적으로 관리해 단위 면적 당 수확량을 늘리는 방식 즉, 도시주변의 시설원예 재배방법으로 거름주기 및 관개 등의 방법이 주로 발달해 지력 소모가 거의 없으며 연중 상업적 생산이 가능한 재배형식이다.

    ㉢ 곡경(穀耕) : 일반적으로 미국의 옥수수, 유럽의 밀, 아시아의 벼 등의 식량 위주의 곡류가 상업적으로 넓은 지역에서 기계화를 통한 대규모 곡물을 재배 및 생산되는 것을 말한다.

ⓔ 포경(圃耕) : 사료 및 식량 등을 균형 있게 생산하는 재배형식으로 가축의 분뇨나 퇴비 등에 의한 지력 저하를 방지하거나 사료로 활용되는 콩과 작물을 재배하여 유축경영형태의 농업을 말한다.

ⓜ 식경(殖耕) : 과거 유럽 및 미국 등이 아시아 및 아프리카 식민지지역에서 공예원료의 상품화를 위한 기업적인 농업의 한 방법으로 대 면적의 토지에 한 가지 작물(커피, 고무, 사탕수수, 차, 담배 등)만 재배하여 대량 생산하는 재배형식으로 가격 변동에 민감하다.

⑥ **작물 보호 발달**

ⓐ 농경을 시작한 이후 병·해충이 증가하였다.

ⓑ 수작업, 경운, 소각, 윤작 등으로 제초

ⓒ 19세기부터 무기물 등을 이용한 천연물 농약 사용하기 시작하였다.

- 1815년 감귤깍지벌레 구제를 위한 살충제로 석유유제, 1820년 비소제 농약이 개발 되었다.
- 살균제로 1848년 유황계 농약, 1880년 석유유황합제, 1885년 석회보르도액이 사용 되었다.
- 천연산물로 담배, 제충국, 데리스뿌리 등이 살충제로 이용되었다.

ⓓ 1660년 Leeuwenhoek가 현미경의 발명으로 1675년 박테리아 발견으로 미생물의 존재를 알게 되었고, 1846년 감자의 부패가 곰팡이에 의한 것도 알게 되었다.

ⓔ 1862년 파스퇴르가 미생물 발생 실험으로 생명의 자연발생설을 부정하고 병원균설을 제창. 이후 식물병의 과학적 방제가 시작되었다.

ⓕ 20세기 이후 유기합성 농약 대두

- 우리나라는 해방이후 유기수은 농약을 수입하여 사용하여 오다가 1970년대부터 국내에서 생산한 제초제, 살균제, 살충제 등 합성 농약이 본격 사용하였다.

ⓖ 1888년 해충을 최초 생물학적으로 방제

- 미국 캘리포니아 감귤지대에 깍지벌레 해충의 피해가 컸는데, 천적인 됫박벌레를 도입·방사하여 2년 만에 깍지벌레가 방제 되었다.

ⓗ 작물의 병이나 해충 저항성에 품종간의 차이가 있음이 알려지면서 내병성(耐病性)이나 내충성(耐蟲聲) 품종이 육성 및 육종의 결과 저항성 품종으로 작물보호에 적극 대처가 가장 효과적 역할을 하고 있다.

⑦ **작물 개량 발달**

ⓐ 1694년 Camerarius : 카메라리우스에 의해 식물의 암수(자웅;雌雄) 구별이 있다는

것이 처음 밝혀졌다.

ⓛ 1761년 Koelreuter : 쾰로이터는 '식물의 성(性)에 관한실험과 관찰'을 출간하고 교잡(交雜)에 의한 개체를 얻는데 성공하였다.

ⓒ 1859년 Darwin : 다윈은 작물의 개량의 발전 계기를 마련한 '종의 기원'을 발표하고, 획득형질은 유전된다는 진화론(進化論)을 주장하였으나, 1886년 Weismann은 획득형질이 유전하지 않는다고 주장하여 용불용설(用不用說)을 부정하였다.

ⓔ 1865년 Mendel : 완두의 교잡실험 결과로 "유전법칙"을 발표하여 현대 유전학의 기초를 이루었다. 그 이후 1900년 Correns, De vries, Chermark 등에 의하여 돌연변이유전, 중간(불완전)유전 등 "유전법칙의 재발견"이 이루어졌다.

ⓜ 1903년 Johansen : "순계설"을 발표하여 자식성작물(自殖性作物)의 품종개량에 이바지 하였다.

ⓗ 1901년 De vries : 달맞이꽃 연구에서 돌연변이(突然變異)를 발견하고 돌연변이설(突然變異說)을 발표하여 품종개량에 기여하였다.

ⓢ 1908년 T.H. Morgan : 초파리실험으로 반성유전(伴性遺傳)을 발견하는 등 유전학 발전에 크게 기여 하였다.

ⓞ 1927년 Muller : X선으로 돌연변이가 생기는 것을 발견한 이래 인위 돌연변이에 대한 연구가 크게 진전 되었다.

ⓩ 1907년 조직배양 : 1907년 개구리의 신경조직 배양이 최초로 성공하고 식물의 조직배양에도 성공하면서 바이러스병에 감염 되지 않은 새로운 식물체를 만들 수 있게 되었다.

ⓩ 1970년 유전공학 : 유전공학이 발달하면서 내병충 형질전환 품종의 개발이 급진전 되었다.

02 │ 작물의 분류와 재배현황

(1) 작물의 분류

① 생태적 분류

㉠ 저항성에 따른 분류

• 내충성작물(耐蟲聲作物) : 충해에 강한 작물을 말한다.

- 내병성작물(耐病性作物) : 병해에 강한 작물을 말한다.
- 내건성작물(耐乾性作物) : 가뭄[한발(旱魃)]에 강한 작물을 말한다.
- 내염성작물(耐鹽性作物) : 염분이 많은 토양에 강한 작물을 말한다.
- 내냉성작물(耐冷性作物) ; 저온에 잘 견디는 작물을 말한다.
- 내산성작물(耐酸性作物) : 산성토양에 강한 작물을 말한다.
- 내습성작물(耐濕性作物) : 과습(過濕)에 강한 작물을 말한다.

ⓒ 생육형에 따른 분류
- 포복형작물(匍匐型作物) : 고구마처럼 줄기가 땅을 기어 지표를 덮는 작물을 말하며, 목초 중 방목(放牧)에는 포복형이나 하번초(下繁草)가 알맞은데, 화이트클러버 등을 말한다.
- 주형작물(株型作物) : 벼·맥류 등과 같이 식물체가 포기[주(株)]를 형성하는 작물을 말하며, 목초 중 채초(採草)에는 직립형이나 상번초(上繁草)가 알맞은데, 오처드글래스·티머시처럼 줄기가 균일하게, 곧게 자라는 것을 직립형(直立型) 이라고 한다.

ⓒ 생육계절에 따른 분류
- 여름작물[하작물(夏作物)] : 봄에 파종하여 여름을 중심으로 생육하는 1년생작물을 말한다.
- 겨울작물[동작물(冬作物)] : 가을에 파종하여 가을, 겨울, 봄을 중심으로 생육하는 월년생 작물을 말한다.

ⓒ 생존연한에 따른 분류
- 다년생작물(多年生作物) : 호프, 아스파라거스, 영년생목초류 등과 같이 생존 및 경제적 이용연한이 여러해인 작물을 말한다.
- 2년생 작물(二年生作物) : 무, 사탕무처럼 봄에 파종하여 다음해 성숙하는 작물을 말한다.
- 1년생 작물(一年生作物) : 벼, 콩, 옥수수 등과 같이 봄에 파종하여 그해 안에 성숙하는 작물을 말한다.
- 월년생 작물(越年生作物) : 가을보리, 가을 밀처럼 가을에 파종하여 다음해 초여름에 성숙하는 작물을 말한다.

ⓒ 생육적온에 따른 분류
- 난지형 목초(暖地型 牧草) : 버뮤다그래스 등과 같이 따뜻한 지방, 고온기에 생육이 양호하고 추위에 약한 목초를 말한다.
- 한지형 목초(寒地型 牧草) : 티머시, 앨팰퍼 등과 같이 서늘한 환경에서 생육이

양호하고 여름철의 고온기에는 생육이 정지되거나 말라죽는 하고현상(夏枯現象)을 보이는 목초를 말한다.

- 열대작물(熱帶作物) : 고무나무, 카사바 등과 같이 열대환경에서 자라는 작물을 말한다.
- 고온작물(高溫作物) : 벼, 옥수수처럼 비교적 고온에서 생육이 양호한 작물을 말한다.
- 저온작물(低溫作物) : 맥류, 감자 등과 같이 비교적 저온에서 생육이 양호한 작물을 말한다.

② 용도에 의한 분류 : 가장 보편적으로 사용되는 작물의 분류법이다.
  ㉠ 원예작물
    - 채소 : 부식 및 양념 또는 간식으로 사용되는 영양공급원으로 이용하는 작물이다.
      - 잎줄기채소(경엽채류, 줄기나 잎을 이용) : 양파, 파, 쪽파, 마늘, 배추, 양배추, 갓, 상추, 셀러리, 파슬리, 미나리, 쑥갓, 머위, 시금치, 아스파라거스 등
      - 뿌리채소(근채류, 뿌리를 이용) : 당근, 무 등
        · 괴근류채소(덩이뿌리 이용) : 고구마, 감자, 토란, 마, 생강 등
        · 직근류채소(곧은뿌리 이용) : 우엉, 순무, 당근, 무 등
      - 열매채소(과채류, 과실을 이용) : 오이, 호박, 수박, 딸기, 고추, 토마토, 가지 등
      - 협채소(꼬투리를 이용) : 완두, 강낭콩, 동부 등
    - 과수 : 가공 또는 생식을 하여 먹는 과실을 얻기 위해 재배하는 나무이다.
      - 준인과류(씨방이 발달하여 과육이 되는 과실) : 귤, 감 등
      - 인과류(씨방은 과실 안쪽에 위치해 과심이 되고, 꽃받기의 피층이 발달해 과육이 되는 과실로 대표적인 품종으로는 배와 사과 등임) : 비파, 사과, 배 등
      - 견과류(각과류, 씨방의 자엽이 발달하여 과육이 된 과실) : 호두, 밤, 아몬드 등
      - 장과류(씨방의 외과피가 발달하여 과육이 된 과실) : 무화과, 딸기, 포도 등
      - 핵과류(씨방의 중과피가 발달하여 과육이 된 과실) : 앵두, 양앵두, 살구, 자두, 복숭아 등
    - 화훼(관상식물) : 소득수준의 증가로 재배면적 및 소비량 급증하였다.
      - 목본류 : 고무나무, 동백, 철쭉 등
      - 초본류 : 난초, 달리아, 코스모스, 국화, 장미 등
  ㉡ 녹비작물 : 식물체가 푸른 시기에 베어서 토양에 넣어주어 비옥도 유지시키는 작물이다.

- 화본(볏)과 : 귀리, 호밀 등
- 콩(두)과 : 콩, 자운영, 베치 등
ⓒ 사료작물 : 가축에게 공급하는 사료(농후사료 및 조사료 등)를 얻기 위해 재배하는 작물이다.
- 화본(볏)과 : 티머시, 오처드그래스, 라이그래스, 옥수수, 호밀, 귀리 등
- 콩(두)과 : 레드클로버, 앨펄퍼, 화이트클로버 등
- 기타과 : 해바라기, 순무, 비트, 돼지감자, 사료용 호박 등
ⓔ 기호작물 : 차, 담배, 커피 등
ⓜ 약용작물 : 줄기, 잎, 종실의 추출물 또는 식물체 전부가 약으로 활용되는 식물 중 경제성 및 수요가 뛰어나 인위적으로 재배되는 식물로 제충국, 박하, 호프 등이 있다.
ⓗ 공예작물(특용작물) : 생산물 자체를 직접 사용하지 않고 공업 생산물의 원료로 사용하거나 가공을 통해 식용 이외의 용도로 활용되는 작물이다.
- 특징
  - 공업생산의 원료로 사용돼 환금적 성격이 크므로 규격 및 품질 등이 통일되고 기호성이 좋아야 한다.
  - 수요와 공급 등에 따라 가격 변동이 심하므로 시세 변동에 주의해 생산 및 재배를 해야 한다.
  - 토양 및 기후 등에 큰 영향을 받으므로 지역 특산물 형태로 재배되어야 한다.
- 종류
  - 당료작물 : 사탕무, 사탕수수 등
  - 전분작물 : 감자, 옥수수, 고구마 등
  - 유료작물 : 콩, 아마, 목화, 해바라기, 아주까리, 땅콩, 유채, 참깨, 들깨 등
  - 섬유작물 : 수세미, 왕골, 아마, 모시풀, 삼, 목화, 어저귀, 닥나무, 고리버들 등
ⓢ 식용작물(보통작물, 식량작물) : 인간에게 식료를 제공
- 곡숙류
  - 화곡류
    · 미곡 : 쌀[논벼, 밭벼]
    · 맥류 : 보리, 밀, 호밀, 귀리 등
    · 잡곡 : 조, 피, 기장, 수수, 옥수수, 메밀, 율무, 염주 등
  - 두류 : 콩, 팥, 녹두, 강낭콩, 완두, 땅콩, 동부 등
  - 서류 : 고구마, 감자 등

③ 재배 및 활용 등에 의한 분류

　㉠ 사료작물 용도에 의한 분류

　　- 방목작물 : 가축을 놓아기르는데 적합한 작물이다.

　　- 사일리지작물 : 예취한 생초를 젖산 발효시켜 사일리지 제조에 적합한 작물이다.

　　- 건초작물 : 예취 후 건조하여 건초로 이용하는 작물이다.

　　- 청예작물 : 풋베기하여 생초를 이용하는 작물이다.

　㉡ 토양의 보호와 관련된 분류

　　- 토양보호작물 : 토양침식을 막아주는 작물로 내식성 작물이라고도 한다.

　　- 피복작물 : 잔디류처럼 토양을 덮는 작물이다.

　㉢ 경영면과 관련된 분류

　　- 경제작물 : 환금작물 중 수익성이 높은 작물이다.

　　- 환금작물 : 판매하기 위하여 재배하는 작물이다.

　　- 자급작물 : 농가에서 소비하기 위하여 재배하는 작물이다.

　㉣ 작부방식과 관련된 분류

　　• 대파작물 : 가뭄이 심해서 벼를 못 심고 대신 메밀 등을 파종하여 재배할 때 작물이다.

　　• 구황작물 : 기후가 불순한 흉년에도 비교적 안전한 수확을 얻을 수 있는 작물로 조, 피, 기장, 메밀, 고구마, 감자 등이 있다.

　　• 동반작물 : 서로 도움이 되는 특성을 지닌 두 가지 작물을 같이 재배할 경우 이 두 작물을 말한다.

　　• 윤작작물 : 중경작물이나 휴한작물처럼 작부체계에 필요한 작물이다.

　　• 휴한작물 : 작부체계에서 휴한하는 대신 클로버와 같이 콩과작물을 재배하면 지력이 좋아지는 작물을 말한다.

　　• 중경작물 : 옥수수, 수수 등을 재배하면 잡초가 크게 경감되는 작물을 말한다.

　　• 주작물 : 혼작이나 교호작을 할 때에 한 포장에 두 작물을 동시에 재배할 때 경제적 비중이 높은 작물을 말한다.

　　• 부작물 : 혼작이나 교호작을 할 때에 한 포장에 두 작물을 동시에 재배할 때 경제적 비중이 낮은 작물을 말한다.

　　• 전작물(앞작물) : 전후작이나, 간작을 할 때에 먼저 심어 먼저 수확하는 작물을 말한다.

　　• 후작물(뒷작물) : 전후작이나, 간작을 할 때에 나중에 심어 늦게 수확하는 작물을 말한다.

• 논작물 : 벼처럼 논에서 재배하는 작물을 말한다.

• 밭작물 : 콩, 옥수수 등과 같이 밭에서 재배 되는 작물을 말한다.

〈표 3-1〉 용도에 따른 작물의 분류

식용작물		벼, 밀, 옥수수
사료작물(녹비작물)		옥수수, 귀리
원예작물		채소, 과수, 화훼 및 관상식물
공예작물 (특용작물)	유료	참깨, 들깨, 땅콩, 옥수수, 유채 등
	섬유료	목화, 삼, 모시 등
	전분료	고구마, 감자 등
	약료	박하, 인삼 등
	기타	기호료(담배, 차), 당료(사탕무), 염료(쪽)

(2) 세계의 재배현황

① 주요 작물의 생산현황

　㉠ 세계적으로 작물 생산의 주를 이루는 것은 밀, 벼, 옥수수의 3대 식량작물과 보리, 콩 등의 곡류이다.

　㉡ 전 세계 농경지 13.8억ha 중 약 50% 정도를 이들 곡물이 차지하고 있으며, 이들 곡물 중 절반 정도는 쌀과 밀이 차지하고 있다.

　㉢ 쌀은 아시아가 주산지이며, 90% 정도가 이 지역에서 생산된다.

　㉣ 밀은 북아메리카, 유럽, 오세아니아가 주생산지이다.

　㉤ 옥수수는 미국에서 전체의 1/3 정도를 생산하며, 브라질·중국·인도 등에서 많이 생산된다.

② 작물재배현황

　㉠ 세계 3대 식량작물 : 밀, 옥수수, 벼

　㉡ 세계 3대 식량작물 생산량 순위 : 밀〉벼〉옥수수

　㉢ 세계 2대 식량작물 : 밀, 벼

　㉣ 세계 2대 사료작물 : 보리, 옥수수

(3) 우리나라의 재배현황

① 재배 현황

　㉠ 농업의 재배업 생산액이 2019년 29조 8,591억원으로 2018년 대비 1.4%(4,107억원) 감소 하였다.

　㉡ 과실·특용은 다소 증가(3.1%, 1,564억원)하였으나, 식량작물(△2.2%, △2,394억원) 및 채소작물(△3.5%, △4,023억원) 생산액 감소에 기인하였다.

② 농지의 현황

　㉠ 면적이나 단위수익성 면에서 논이 밭을 능가하고 있다.

　㉡ 수리답이 약 73%, 수리불안전답이 27% 정도이다.

　㉢ 밭은 경사진 곳이 많고, 토양보호에 불리한 작물들이 주로 재배되어 산성이 강하고 메마르게 된 곳이 많다. 또한 관개시설은 아직 크게 보급되지 못하고 있는 실정이다.

　㉣ 논의 토양산도는 pH 5.1 이하의 강산성인 논이 전체의 45%에 달하며 농사에 매우 불리하다.

③ 토지이용 현황

　㉠ '2020년 지적통계'에 따르면 작년 말 기준 전국 지적공부에 등록된 필지 수는 38,993천 필지이며, 면적은 100,401㎢로, 최초 작성된 1970년 지적통계와 비교할 때 전 국토의 면적이 2,382㎢ 증가한 것으로 나타났다.

　㉡ 국토 면적에서 농경지 면적은 약 17%를 차지한다.

　㉢ 농경지 면적 중 60% 정도가 벼농사 중심의 논이며, 약 40% 정도가 일반작물과 원예작물 중심의 밭이다.

④ 식량자급률[1]

　㉠ 한국의 식량자급률은 1980년 69.6%에서 2019년 45.8%로 40년간 23.8%포인트 감소했다. 이 가운데 양곡 식량자급률은 2010년 54.1%에서 2019년 47.7%로 10년간 6.4%포인트나 떨어졌다.

　㉡ 양곡은 쌀, 보리, 밀, 옥수수, 콩, 감자류 등 식탁에 주로 오르는 곡물을 말하는데 이 가운데 보리를 제외한 나머지 양곡은 자급률이 모두 감소했다.

　㉢ 쌀은 생산조정제와 의무수입량의 영향으로 2010년 104.5%에서 2019년 92.1%로 12.4%포인트 감소했다. 같은 기간 밀은 1.7%에서 0.7%, 콩은 32.4%에서 26.7%로 각각 자급률이 쪼그라들었다. 자급률이 90%를 넘는 쌀을 제외하면 사료용을 포함한 곡물자급률과 식량자급률은 각각 4.7%와 13%에 불과하다.

---

1) 경향비즈(http://biz.khan.co.kr), 확 쪼그라든 국내 식량자급률, 2021.05.18

제1장
핵심기출문제

1. 인과류에 해당하는 것은?

① 과피가 밀착·건조하여 껍질이 딱딱해진 과실
② 성숙하면서 씨방벽 전체가 다육질로 되는 과즙이 많은 과실
③ 과육의 내부에 단단한 핵을 형성하여 이 속에 종자가 있는 과실
④ 꽃받기의 피층이 발달하여 과육 부위가 되고 씨방은 과실 안쪽에 위치하여 과심 부위가 되는 과실

> **해설 |** ① 각과류에 해당하며 대표적으로 호두, 밤 등이 있다.
> ② 장과류에 해당하며 대표적으로 무화과, 딸기, 포도 등이 있다.
> ③ 핵과류에 해당하며 대표적으로 앵두, 살구, 자두, 복숭아 등이 있다.
>
> **정답 |** ④

2. 과수 분류 시 인과류에 속하는 것은?

① 자두　　② 포도　　③ 감귤　　④ 사과

> **해설 |** 인과류에 속하는 것은 배, 사과 등이 있다. 자두는 핵과류, 포도는 장과류, 감귤은 준인과류에 속한다.
>
> **정답 |** ④

3. 농업상 용도에 의한 작물의 분류로 옳지 않은 것은?

① 공예작물　　② 주형작물　　③ 사료작물　　④ 녹비작물

> **해설 |** 주형작물은 생태적 특성에 따른 분류로서 벼, 맥류 등과 같이 하나하나의 식물체가 각각 포기를 형성하는 작물을 말한다.
>
> **정답 |** ②

4. 과실의 구조적 특징에 따른 분류로 옳은 것은?

① 인과류 - 사과, 배   ② 핵과류 - 밤, 호두

③ 장과류 - 복숭아, 자두   ④ 각과류 - 포도, 참다래

> 해설 ┃ ② 핵과류 – 복숭아, 자두
>   ③ 장과류 – 포도, 참다래
>   ④ 각과류 – 밤, 호두
>
> 정답 ┃ ①

5. 채소의 식용부위에 따른 분류 중 화채류에 속하는 것은?

① 양배추   ② 브로콜리   ③ 우엉   ④ 고추

> 해설 ┃ 화채류 : 화방이나 꽃을 이용하는 채소
>
> | 구 분 | 품 종 |
> |---|---|
> | 엽채류 | 배추, 양배추, 시금치, 상추 |
> | **화채류** | **꽃양배추, 브로콜리** |
> | 경채류 | 아스파라거스, 토당귀, 죽순 |
> | 인경채류 | 양파, 마늘, 파, 부추 |
>
> 정답 ┃ ②

제2장

재배환경

01 토양

(1) 토양의 정의

토양은 암석의 풍화산물과 각종 동식물로부터의 유기물이 혼합되어 기후·생물 등의 작용을 받아 변화되며, 그 변화는 환경조건과 평형을 이루기 위해 항상 계속되어 특정한 토양단면의 형태를 이루는 자연체로서, 이것은 엷은 층으로 지구 표면을 덮고 있으며, 공기와 수분을 알맞게 함유하여 식물을 기계적으로 지지하고 양분의 일부분을 공급하여 식물 생육의 장소가 되는 곳이다.

(2) 토양의 구성

토양을 이루는 기본적인 3가지 상태를 토양 3상이라고 한다.

① 고상(50%)

암석의 풍화산물인 무기물과 동식물로부터 공급되어진 유기물로 구성된다. 자갈·모래·미사 및 점토로 구성되어 있다.

② 액상(25%)

토양수분으로 각종 유기 및 무기물질과 이온을 함유한다. O_2나 CO_2도 녹아 있는 상태이다.

③ 기상(25%)

토양공기로서 대기에 비해 O_2농도는 낮고 CO_2농도는 높다.

(3) 토양구조

토양을 구성하는 입자들이 모여 있는 상태를 토양구조라고 한다. 작물의 생육과 가장 관계가 깊은 경토의 토양구조는 다음과 같다.

① 입단구조

    ㉠ 석회와 유기물이 표토층에 많고, 대·소공극이 많으며 1:1비율로 비슷하여 투수, 통기 등이 좋고, 양·수분의 저장 및 공급력이 뛰어나 작물생육에 좋다.

    ㉡ 단일입자가 결합해 2차, 3차, 4차 등으로 집합한 상태이다.

    ㉢ 입단을 가볍게 누르면 쉽게 부서진다.

    ㉣ 입단구조의 형성과 관계되는 요인
- 경운
- 변화작용
- 미생물 및 그 밖의 생물이 생산하는 점질물의 영향과 유기물의 분해
- 식물뿌리와 토양생물의 물리적 작용
- 해동과 동결의 반복
- 건조와 습윤의 반복

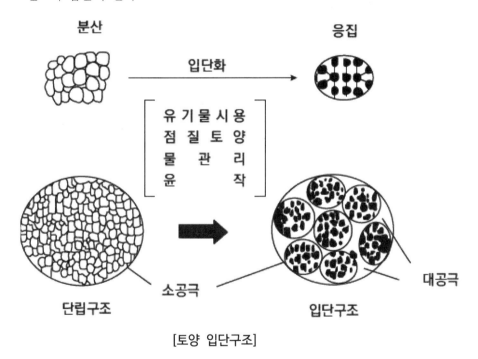

[토양 입단구조]

② 단립구조

    ㉠ 해안의 사구지에서 주로 볼 수 있으며, 소공극이 적고 대공극이 많아 수분과 비료분을 지는 힘은 약하지만 투수성 및 통기는 좋다.

    ㉡ 비교적 큰 입자가 무구조의 단일상태로 집합된 구조이다.

③ 이상구조

　　㉠ 토양 통기 불량

　　㉡ 무구조의 단일상태로 집합된 구조로서 건조하면 각 입자가 결합해 단단한 흙덩이를 이루고, 부식함량이 적으며 과습한 식질 토양에서 많이 볼 수 있다.

④ 지력

　　㉠ 토양비옥도 : 주로 토양의 물리·화학적인 지력조건을 토양의 비옥도라 하기도 한다.

　　㉡ 지력 : 토양의 생물적, 화학적, 물리적과 같은 종합적인 조건으로 작물의 생산력을 지배하는 능력을 나타낸다.

⑤ **지력 증강의 요건** : 지력을 높이려면 토양조건을 다음과 같이 유도해야 한다.

　　㉠ 토양구조 : 입단이 조성 될수록 토양의 수분과 공기상태가 좋아 진다.[입단구조(粒團構造)]

　　㉡ 토층 : 작토(作土)가 깊고 양호하며, 심토(心土)도 투수(透水)·통기(通氣)가 알맞아야 한다.

　　㉢ 유기물 : 함량이 높을수록 지력이 향상 된다. 그러나 습답(濕畓)등에서는 유기물함량이 많으면 오히려 해가 된다.

　　㉣ 무기성분 : 필요 무기성분이 풍부하고 균형 있게 포함되어 있어야 하며 일부성분의 결핍이나 과다는 작물 생육을 나쁘게 한다.

　　㉤ 토성 : 양토(壤土)를 중심으로 하여 사양토(砂壤土) ~ 식양토(埴壤土)의 범위가 토양의 수분, 공기, 비료성분 등의 종합적 조건에서 알맞다. 사토(沙土, 모래흙)는 토양수분과 비료성분이 부족하고, 식토(埴土)는 공기가 부족하다.

　　㉥ 토양공기 : 토양 중의 공기가 적거나 산소가 부족하고, 이산화 탄소가 많거나 하면, 작물 뿌리의 생장과 기능을 해친다.

　　㉦ 토양반응 : 중성 ~ 약산성이 알맞으며, 강산성이나 강알카리성이면 작물생육이 불량하다.

　　㉧ 토양수분 : 토양수분이 알맞아야 작물 생육이 좋다. 부족하면 한해(旱害), 과다하면 습해(濕害)·수해(水害)가 나타난다.

　　㉨ 토양미생물 : 유용 미생물이 번식하기 좋은 상태가 유리하다. 병충해를 유발하는 미생물의 적어야 한다.

　　㉩ 유해물질 : 유기 및 무기의 유해물질 들로 토양이 오염되지 않을 것. 그 중에서도 특히 중금속의 주요 배출원으로는 각종 폐수 및 자동차에서 나오는 배기가스, 각종 공장 및 소각장, 광산, 제련소 등이 있다.

⑥ 생육에 필요한 토양 PH

작물명	최적PH	작물명	최적PH	작물명	최적PH
가지	6.0~7.3	배	6.0~7.0	연근	5.5~6.5
감	5.5~6.5	배추	6.5~7.0	연꽃	6.8 정도
감귤나무	5.0~6.0	백합	6.0~7.0	영산백(왜철쭉)	5.2~5.8
감자	5.0~6.0	벼(논 재배용)	5.5~6.5	오미자	6.0~6.2
강낭콩	5.5~6.8	벼(논 재배용묘)	4.8~5.3	오이	6.0~7.0
고구마	5.5~6.8	벼(밭 재배용)	4.6~5.5	오처드글라스	5.5~6.5
고려인삼	5.0~5.5	보리	6.5~7.5	옥수수	5.7~7.5
고추	6.0~7.0	복숭아	5.2~6.3	완두콩	6.0~7.0
곰솔(흑솔)	4.7~5.2	브로콜리	6.0~6.5	우엉	5.5~6.5
구약감자	5.5~6.0	부추	6.0~6.5	월과	6.0~6.5
국화	6.0~7.0	비파	5.5~6.0	유채	5.0~6.2
꽃양배추	5.5~7.0	뽕나무	5.0~6.5	이탈리안그라스	6.0~6.5
난	5.2~6.0	사과	5.5~6.5	잔디(서양산)	6.2 정도
노송	5.0~6.0	사탕무	6.0~6.8	잔디(일본산)	5.6 정도
녹나무	5.4 정도	산초	5.2~6.5	잠두	6.5~7.0
느티나무	5.0~7.0	살구	6.2~7.0	장미	5.0~7.0
담배	5.5~6.5	삼나무	5.5~6.5	나팔꽃	5.5~6.5
당근	6.0~7.0	상치	6.0~7.0	차나무	4.5~6.5
대나무	5.5~6.3	생강	6.0~6.5	참죽나무	5.2~5.8
대두(大豆)	6.0~7.0	석남화(石南花)	5.0~6.0	철쭉, 개나리	5.0~5.8
딸기	5.5~6.8	선인장	6.5~7.2	카네이션	6.0~7.0
땅두릅	5.0~6.0	셀러리	6.0~6.8	큰조아재배	5.0~6.5
땅콩	5.3~6.6	소나무(적송)	4.5~5.5	클로버(白)	4.5~6.0
떡갈나무	5.0~7.0	소두(小豆)	6.0~6.5	클로버(赤)	5.2~7.0
루-산	7.3~8.1	수박	5.5~6.8	토란	5.0~7.0
마	6.2 정도	수선화	5.5~6.5	토마토	6.0~7.0
마가렛	7.0 정도	수수	5.0~6.7	튤립	6.0~7.0
마늘	6.0~6.5	순무	5.5~7.0	파	5.7~7.4
매실	6.5 정도	시금치	6.0~7.5	파슬리	6.0~6.5
머위	5.5~6.5	시클라멘	6.0~7.0	포도	6.5~7.5
메론	6.5~7.0	신국(新菊)	6.0~6.9	풋콩	5.5~7.0

메밀	5.8~6.7	아스파라거스	6.0~7.0	피	5.5~6.7
모란	6.0~6.8	안개꽃	7.0 정도	피망	5.5~6.7
무	5.8~6.8	앵두	5.5~6.5	해바라기	5.0~6.5
무화과	6.2~7.3	양귀비	5.0~7.0	호도	5.6 정도
밀	6.0~7.3	양배추	6.5~7.0	호박	5.5~6.8
밤	5.0~6.0	양파	6.0~7.0	호프	6.0~6.8

⑦ 산성 토양

㉠ 산성 토양에 대한 작물의 적응성
- 가장 약한 것 : 부추, 양파, 파, 자운영, 알팔파, 콩, 팥, 시금치, 셀러리, 사탕무 등
- 약한 것 : 상추, 고추, 겨자, 삼, 가지, 근대, 양배추, 클로버, 보리, 완두 등
- 보통(약간 강한 것) : 무, 피, 유채 등
- 강한 것 : 담배, 베치, 고구마, 조, 밀, 토마토, 딸기, 호박, 수수, 포도, 오이, 목화, 옥수수, 당근, 메밀 등
- 극히(가장) 강한 것 : 수박, 감자, 땅콩, 아마, 토란, 호밀, 기장, 귀리, 밭벼, 벼, 루핀, 봄무 등

㉡ 산성 토양의 개량과 재배대책

ⓐ 산성토양의 개량
- 산성토양에서는 석회와 유기물을 넉넉히 주어서 토양반응과 토양구조를 개선하는 것이 개량의 근본 대책이다.
- 석회만 주어도 반응은 교정 되지만, 유기물을 함께 주는 것이 석회의 지중침투성을 높여서 석회의 중화 효과를 더욱 깊은 토층까지 미치게 할 수 있다.
- 유기물 사용의 시용으로 유용미생물의 생육 및 번식 등이 활성화 되고, 토양구조 물리화학적 성질 개선이 개선되고, 부족한 미량원소들이 공급되고, 완충능이 증대 되어 알루미늄이온 등의 독성이 경감 된다.

ⓑ 산성 토양의 재배대책
- 산성에 강한 작물을 선택하여 재배하는 것이 안전하고, 산성비료의 시용을 피하는 것이 좋다.
- 용성인비(熔成燐肥)는 산성토양에서 휴효태인 구용성 인산(枸溶性燐酸)을 함유하고, 마그네슘의 함량도 많다.
- 붕소는 10a 당 0.5 ~ 1.3kg의 붕사를 주어서 보급 하도록 한다.

ⓒ 근류균 첨가 : 근류균을 손수 배양해 종자에 침지 및 분의하거나 모래 및 부식토
와 섞어 토양에 뿌려 준다.

(4) 토양공기

① 대기 및 토양공기 조성 비교

㉠ 토양의 깊이와 공기의 조성

토양의 깊이(cm)	30	60	90	120	150	180
이산화탄소(%)	2.0	3.8	5.8	9.1	11.0	12.7
산소(%)	18.4	11.3	9.7	9.7	7.7	7.7

㉡ 대기 및 토양공기의 조성 비교(단위 : 용량 %)

종류	질소	산소	이산화탄소
대기	79.01	20.93	0.03[*]
토양공기	75~80	10~21	0.1~10

* : 최근에는 0.033~0.035에 달했다고도 함

② 토양공기를 지배하는 요인

㉠ 식생 : 식물이 생육하는 토양은 뿌리가 호흡을 하기 때문에 이산화탄소의 농도가
나지(나무 또는 풀 등이 흙 없이 그대로 드러난 땅)보다 높아진다.

㉡ 유기물 : 미숙유기물을 시용하면 산소의 농도가 훨씬 낮아지고, 이산화탄소의 농도
는 현저히 증대한다. 부숙유기물을 시용하면 토양의 가스교환이 좋아지므로 이산화
탄소 농도가 증가하지 않는다.

㉢ 토양수분 : 토양함수량이 증가하면 산소의 농도는 낮아지고 용기량은 감소하며, 이
산화탄소의 농도가 높아진다.

㉣ 토양구조 : 식질토양(埴質土壤)에서 입단형성이 촉진되면 비모관공극이 증대하여
용기량이 증대한다.

㉤ 토성 : 일반적으로 사질인 토양이 비모관 공극이 많고, 토양의 용기량 증대한다. 토
양의 용기량이 증대하면 산소의 농도도 증대한다.

③ 토양산성화 원인

㉠ 화학공장이나 산성 물질 제련소에서 배출되는 아황산가스 등에 의하여 산성화된다.

㉡ 산성비료(녹비, 인분뇨, 황산칼륨, 염화칼륨, 황산암모늄 등) 연용 등에 의하여 산성
화된다.

ⓒ 질소 및 황이 산화해 질산 또는 황산이 됨에 따라 산화하고 염기를 용탈하여 산성화된다.

ⓔ 미포화 교질이 많은 경우 중성염이 들어가면 H^+가 생성되어 산성화가 진행된다.

ⓜ 유기물이 분해할 때 생기는 각종 유기산이 토양염기를 용탈해 산성화된다.

ⓗ 토양 중에 탄산 및 유기산은 그 자체가 산성화의 원인이 된다.

ⓢ 토양 중 치환성 염기가 용탈되어 미포화 교질이 늘어나는 경우 등도 산성화된다.

ⓞ 강우량이 많거나 관개를 하면 염기의 용탈로 산성화가 된다.

ⓩ 부엽토는 부식산으로 산성화가 된다.

④ 용기량(=비모관공극량)

토양 중에 공기로 차 있는 공극량으로 보통 비모관공극에는 공기가, 모관공극에는 수분이 차 있다.

(5) 토양구조의 형성

① 토양구조는 토양을 구성하는 입자들이 모여 있는 상태를 의미한다.

② 모재료의 종류와 성질이 기본적으로 중요하고 그 외 토양 생성의 생화학적 및 물리적 작용과 기후 등이 작용한다.

③ 식물의 뿌리는 자체의 분해와 그의 분기로 인한 붕괴작용에 의해 입단화를 촉진시키고 유기물은 특이한 공극성을 갖게 하고 토양 입자를 결합시키고 가볍게 한다.

④ 토양수분이 계절의 변화로 해동과 동결이 반복되면 토양의 입단을 파괴시킨다.

토양입단의 파괴 요인	토양입단의 형성 요인
• Na^+ 이온(점토 결합을 분산시킴) • 바람과 비 • 입단의 수축과 팽창의 반복 • 경운	• 토양개량제 사용 • 콩과 작물의 재배 • 토양의 피복 • 석회의 사용 • 유기물의 사용

⑤ 점토와 부식물의 전기화학적 성질은 입단의 형성과 안정화에 큰 도움을 주고 교질물 자체도 안정한 상태가 된다.

⑥ 무기교질물과 유기교질물의 입단 형성 및 안정화 효과에 미치는 영향은 미생물의 점성물질지력 유지 〉 산화철 〉 유기물 〉 점토 순이다.

(6) 토양수분

① 토양수분

토양수분은 영어로 Soil moisture 또는 Soil water로써 토양 공극 내에 존재하는 수분을 통칭하는 용어이다. 토양수분은 토양입자에 대하여 3가지 형태 즉, 흡습수, 모관수, 중력수로 존재하며 이는 각 수분이 토양입자와 맺는 장력 또는 결합력(서로 잡아당기는 인력)에 따라 구분하게 된다.

② 토양수분 함량의 표시

㉠ 토양수는 토양에 의한 물의 흡착력으로 표시하는데, 이는 토양 중에 간직 된 물을 토양입자로부터 떼어내는 데 필요한 힘을 의미한다.

㉡ 토양에 의한 물의 흡착력은 bar(mbar)나 기압과 같은 압력(atm)으로 나 타내며, 水柱높이의 대수를 취한 pF(장력)로도 나타낸다.

㉢ 토양수가 적으면 토양입자로부터 떼어내는데 많은 힘이 들며(장력이 높다), 토양수가 많으면 토양입자로부터 떼어내는데 적은 힘이 든다(장력이 낮다).

(7) 토양수분 형태와 함량

① 토양수분의 형태

㉠ 흡습수(흡착수) : pF4.5 이상. 토양입자 표면에 피막상으로 흡착된 수분으로 작물이 흡수 및 활용을 못하는 무효수분이며, 100 ~ 110℃로 가열하면 토양입자에서 분리되는 수분이다.

㉡ 중력수(자유수)

• 중력에 의해 비모관 공극에 스며들어 흘러내리는 수분으로 중력수라 하며, 작물이 직접 활용하지 못하는 무효수분이다.

• 특성

- 토양 미생물의 활동을 방해해 작물의 생육에 해를 끼치므로 배수의 대상이 되는 수분으로 잉여수 또는 배제수라고 한다.

- 토양에 수분이 과다하게 많아 뿌리의 호흡을 곤란하게 하고 통기성을 나쁘게 하는 수분이다.

- pF0 ~ 2.7에 해당하는 수분으로 물이 중력에 의해 토양의 공극 속에서 자유롭게 유하하는 수분으로 자유수라 한다.

ⓒ 지하수 : 중력수가 지하에 정체해 생성되기도 하며, 토양수분 부족 시 토양 모세관력에 의하여 공급될 수 있는 모관수의 근원이 되는 수분이다.

ⓓ 결합수(화합수) : pF7.0 이상으로 점토광물의 구성입자의 한 성분으로 존재하며 토양입자에 가장 단단하게 결합에 있어 100 ~ 110℃로 가열하여도 분리할 수 없는 수분이며, 작물에 이용되지 못하는 무효수분이다.

ⓔ 모관수 : 토양의 포장용수량 ~ 흡수계수 즉, pF2.7~4.5이며. 토양 공극 내에서 중력에 저항하여 모세관력에 의하여 유지되는 수분으로 작물이 활용 및 흡수할 수 있는 유효수분이다.

구 분	내 용
결합수(combined water)	토양의 고체분자를 구성하는 수분 pF 7.0 이상. 식물이 흡수하여 이용할 수 없다.
흡습수(hygroscopic water)	공기중의 수증기를 흡수하여 토양입자에 응축시킨 수분 pF 4.5~7.0(31 ~ 10,000 기압), 작물의 흡수압은 5 ~14기압으로 식물이 흡수하여 이용할 수 없다.
모관수(capillary water)	물분자 사이의 응집력에 의해 유지되는 수분 pF 2.7~4.5, 식물이 주로 이용하는 유효수분
중력수(gravitational water)	중력에 의하여 토양층 아래로 내려가는 수분 pF 2,5 이하. 모관수의 근원이 되는 수분

② 토양수분의 수분항수

㉠ 작물의 생육과 비교적 확실한 관계를 가진 특정한 수분함유 상태들이 있는데, 건토상태, 풍건상태, 흡습계수, 영구위조점, 초기위조점, 최소용수량(포장용수량), 최대용수량은 토양의 수분항수라고 한다.

㉡ 최소 용수량(포장용수량)

ⓐ pF 2.5~2.7

ⓑ 포장용수량 부근에 작물생육에 가장 알맞은 최적함수량 (60~80%)이 있다.

ⓒ 투수성이고 지하수위가 낮은 포장에서 관개 또는 강우 2~3일 뒤의 수분 상태 수분당량(젖은 토양에 중력의 1,000배의 원심력을 적용시킬 경우 잔류하는 즉, 표장용수량과 거의 일치. pF 2.7~3.0의 수분 상태)과 거의 일치한다.

ⓓ 수분으로 포화된 토양으로부터 증발을 방지하며 중력수를 완전 배제하고 남은 수분 상태를 말한다.

㉢ 최대 용수량(포화용수량)

ⓐ pF 0

ⓑ 최대용수량(100%)의 최적함수량은 60~80%이다.

ⓒ 토양의 전 공극(대공극과 소공극)이 관개 및 강우에 의해 포화된 상태 수분으로 모관수가 최대로 포함된 상태이다.

③ **유효수분**

㉠ 포장용수량에서 위조점(영구위조점) 사이의 수분량을 말한다.

㉡ 무효수분은 영구위조점 이상의 수분을 말한다.

㉢ 식물이 토양중에서 흡수, 이용하는 물을 유효수분이라고 한다. 토양의 함수량이 저하되면 물은 토양입자의 주의에서 점차 강한 힘에 의하여 유지되게 되는데, 이 힘을 뿌리의 흡수력으로 끌어 당겨 수분을 흡수한다는 것은 불가능해진다. 이와같이 식물이 이용할수 없는 토양수분을 우리는 토양의 무효수분이라고 한다.

㉣ 초기위조점(初期萎凋點) : 생육이 정지하고 하엽(下葉)이 위조하기 시작하는 토양수분 상태를 말하며, pF 3.9(8기압)으로 관수를 하면 회복 가능한 수분상태이다.

㉤ 영구위조점(위조계수)

ⓐ 위조한 식물을 초기위조점을 넘어 계속해서 수분이 감소되면 포화습도의 공기 중에 24시간 방치해도 회복되지 못하는 위조를 영구위조(永久萎凋)라 하고, 영구위조를 최초로 유발하는 토양의 수분 상태를 영구위조점(永久萎凋點)이라한다.

ⓑ pF 4.2(15기압)정도이다. 영구위조점에서의 토양함수율, 즉 토양 건조중에 대한 수분의 중량비를 위조계수(萎凋係數)라고한다.

ⓒ 위조점은 식물뿌리의 흡수력의 세기에 따라서도 다르며, 식물의 종류에 따라 흡착력도 다소 다르다.

㉥ 흡수계수 : 상대습도 98%(25℃)의 공기 중에서 건조 토양이 흡수하는 수분상태를 말하며, 흡습수만 남은 수분 상태를 말한다. pF 4.5(31기압)이며, 작물이 이용될 수 없는 수분상태이다.

㉦ 풍건상태(계수) : 풍건상태의 토양에서의 pF 6이다.

㉧ 건조상태(계수) : 건토상태 즉, 105 ~ 110℃에서 항력이 되도록 건조한 토양에서는 pF 7.0이다.

④ **토양수분장력**

㉠ 단위는 기압 또는 수주의 높이로 표시하는데 이를 간략하게 하기 위해 수주 높이의 대수를 취해 pF 로 표시한다.

㉡ 임의의 수분 함량의 토양에서 수분을 제거하는 데 있어 소요되는 단위 면적 당 힘을 말한다.

㉢ 토양수분장력의 순서 : 흡습수 〉 모관수 〉 중력수 순이다.

⑤ 토양의 유효수분

　　㉠ 최적 함수량

　　　• 작물이 정상 생육하는 유효수분의 범위 : pF=1.8~3.0

　　　• 작물에 이용되는 유효수분의 범위 : pF=1.8~4.0

　　　• 작물에 따라 다르지만 최대 용수량의 60~80%의 범위 즉, 포장용수량 범위에 있다.

　　㉡ 유효수분 : 포장용수량과 영구위조점 사이의 수분을 말한다.

　　㉢ 무효수분 : 영구위조점 이하의 작물이 활용할 수 없는 토양수분이다.

　　㉣ 잉여수분 : 포장용수량 이상의 과습 상태의 토양수분이다.

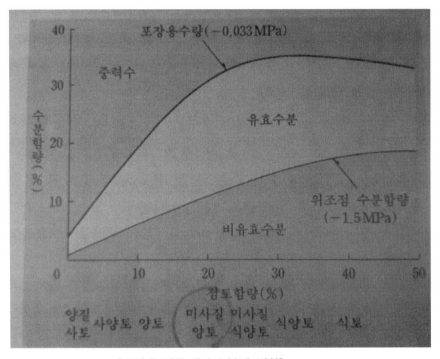

[토성에 따른 유효수분의 변화]

　　㉤ 식물이 토양중에서 흡수, 이용하는 물을 유효수분이라고 한다. 토양의 함수량이 저
　　　하되면 물은 토양입자의 주의에서 점차 강한 힘에 의하여 유지되게 되는데, 이 힘
　　　을 뿌리의 흡수력으로 끌어 당겨 수분을 흡수한다는 것은 불가능해진다. 이와같이
　　　식물이 이용할수 없는 토양수분을 우리는 토양의 무효수분이라고 한다.

(8) 토양유기물

① 토양유기물의 정의

　　㉠ 동·식물의 유체가 미생물의 작용이나 화학작용을 받아서 분해된다. 분해작용을 받아서 유기물의 원형을 잃은 암갈색 ~ 흙색의 부분을 부식 또는 토양 전체 유기물의 전체를 부식이라 부르기도 한다.

　　㉡ 토양 속에 존재하는 살아 있는 동식물 이외의 모든 유기물질. 동식물 등의 생물유체나 배설물 및 이들이 분해·부식화된 산물인 부식(腐植)으로 이루어진다.

　　㉢ 부식은 초기의 부식 물질, 중기의 부식종물질(腐植從物質), 말기의 부식산(腐植酸)의 부식화 등 3단계로 나뉜다.

　　㉣ 토양에 공급되는 선선한 유기물의 유기질원료나 부후물질(腐朽物質)의 일부는 토양 속에서 중합해 부식산이 되지만 대부분은 물과 이산화탄소로 분해되어 토양에서 소실된다.

② 토양유기물의 주 기능

　　유기물이 많은 토양은 그렇지 못한 토양보다 생산력이 높기 때문에 토양에 일정량의 유기물을 유지 또는 증가시킨다는 것은 실제 농업에 있어서 중요한 과제이다. 특히 시설 재배지의 유기물은 매년 다량이 분해되어 소모되므로 이것을 유지 또는 증가시키기 위해서는 해마다 신선 유기물을 시용하는 것이 중요하다.

　　㉠ 대기 중 이산화탄소 공급 : 유기물이 분해될 때 방출되는 이산화탄소는 작물주변 대기 중의 이산화탄소 농도를 높여서 광합성을 촉진한다.

　　㉡ 미생물의 번식 촉진 : 미생물의 영양원이 되어 유용미생물의 번식을 촉진하고, 미생물의 종의 다양성을 향상시켜 병발생을 줄인다.

　　㉢ 보수, 보비력 증대 : 부식은 양분을 흡착하는 힘이 강하고, 토양의 통기성, 보수력, 보비력을 증대시키는 역할을 한다.

　　㉣ 생장촉진물질 생성 : 유기물이 분해될 때에는 호르몬, 핵산물질 등의 생장촉진물질 등이 생성된다.

　　㉤ 완충력의 증대 : 토양반응이 쉽게 변하지 않는 완충능을 증대시키며, 알루미늄의 독성을 중화 시킨다.

　　㉥ 입단의 형성 : 유기물이 분해되어 생기는 부식과 큰 유기물은 토양입단을 형성을 조장하여 토양의 물리성을 개선한다.

　　㉦ 양분의 공급 ; 유기물이 분해되어 질소, 인, 칼륨, 칼슘, 마그네슘 등의 다량원소와 망간, 붕소, 구리, 아연, 등의 미량원소를 공급한다.

◎ 암석의 분해 촉진 : 유기물이 분해될 대 여러 가지 산(酸)을 생성하여 암석의 분해를 촉진 시킨다.

㉰ 지온의 상승 : 토양 색깔을 검게하여 지온을 높인다.

㉱ 토양 보호 ; 유기물을 피복하면 토양침식이 방지되고, 토양에 시용하면 입단이 형성되어 빗물의 지하침투를 좋게 하여 토양침식이 경감 된다.

③ 입단구조

㉠ 대소 공극이 모두 많고 양분·투기·투수 등의 저장 등이 모두 알맞으므로 작물생육에 있어 적당. 유기물 분해를 촉진함

㉡ 입단의 파괴 원인

• 나트륨 이온의 첨가

• 경운

• 입단의 팽창 및 수축의 반복

• 비와 바람

㉢ 입단 형성 방법

• 토양개량제

• 토양의 피복

• 유기물 및 석회의 사용

• 콩과 작물의 재배

(9) 토양 중 무기성분

① 필수적 원소

㉠ 비료요소

ⓐ 자연함량으로는 부족해 인공적으로 보급할 필요가 있는 무기성분이다.

ⓑ 규소, 아연, 붕소, 망간, 철, 마그네슘, 칼슘, 칼륨(비료 3요소), 인, 질소 등

㉡ 미량원소 : 염소, 몰리브덴, 붕소, 아연, 구리, 망간, 철 등

㉢ 다량원소 : 황, 마그네슘, 칼슘, 칼륨, 인, 질소(또는 여기에 수소, 산소, 탄소 등을 포함하기도 함) 등

㉣ 필수무기원소 : 작물생육에 반드시 필요한 16원소 중 수소, 산소, 탄소를 뺀 나머지 원소들이다.

㉤ 작물생육에 반드시 필요한 16원소 : 염소, 몰리브덴, 붕소, 아연, 구리, 망간, 철, 황, 마그네슘, 칼슘, 칼륨, 인, 질소, 수소, 산소, 탄소 등

② 토양의 화학조성(많은 양 순서)

O > Si > Al > Fe = C = Ca > K > Na > Mg > Ti > N > S

③ 필수원소의 생리작용

원소	생리작용
염소	• 결핍 시 전 식물체의 위조현상이 나타나고 어린 잎은 황백화가 됨 • 세포액의 pH 조절 기능을 하고 아밀로오스 활성을 증진함. 세포의 삼투압을 상승시킴 • 물의 광분해와 광합성 작용의 촉매 역할을 함
몰리브덴	• 결핍 시 모자이크병과 비슷한 증세가 나타나고 황백화 됨 • 콩과 작물의 질소 고정에 필요하고 질산 환원 효소의 구성성분
구리	• 결핍 시 황백화 현상이 나타나면서 고사하고 단백질 합성이 저해됨 • 엽록소의 생성에 영향을 줌 • 호흡작용 및 광합성 등에 영향을 줌
아연	• 결핍 시 조기 낙엽, 괴사, 황백화 등의 증상을 보임 • 탄수화물과 단백질 대사에 관여함 • 반응 조절 물질 및 촉매 물질로 작용함
붕소	• 결핍 시 분열조직에 갑자기 괴사를 보이는 현상이 많음 • 석회 결핍의 영향을 경감시킴 • 반응 조절 물질 및 촉매 물질로 작용함
망간	• 결핍 시 엽맥에서 먼 부분이 황색으로 변함 • 광합성 및 여러 효소의 활성을 높여 동화물질의 분해·합성, 호흡작용 등에 관여함
철	• 겹핍 시 어린 잎부터 황백화되어 엽맥 사이가 퇴색됨 • 엽록소 형성에 관여함 • 호흡 효소의 구성성분
황	• 결핍 시 콩과 작물에서는 뿌리혹박테리아의 질소 고정 능력이 저하되고 엽록소의 형성이 억제됨 • 엽록소의 형성에 관여함 • 효소, 아미노산, 단백질 등의 구성성분
마그네슘	• 결핍 시 뿌리나 줄기의 생정점의 발육이 저해되고 황백화 현상이 일어남 • 종자 중의 지유 집적을 돕고 인산대사 및 광합성에 관여하는 효소의 활성을 높임 • 체내 이동이 용이함 • 잎에 많으며 엽록소의 구성성분임
칼슘	• 결핍 시 눈이나 뿌리의 생장점이 붉게 변하면서 죽음 • 물질 전류 및 단백질 합성에 관여함

	• 체내에서 이동하기 힘들고 잎에 많이 존재함
	• 세포막 중간막의 주성분임
	• 각 품종별 칼슘 부족으로 인한 증상
	  - 배추 : 속썩음현상, 황화현상, 잎끝마름증상 등
	  - 벼·양파·대파 : 쓰러짐(도복)현상
	  - 참외 : 물찬참외증상(참외 속에 물이 차는 현상)
	  - 토마토·고추·수박 : 배꼽썩음병증상
	  - 마늘·대파·양파·부추·백합·상추 : 잎끝마름증상

칼륨	• 결핍 시 결실이 저해되고 잎의 둘레나 끝이 황화하며 줄기가 연약해지고 생장점이 말라 죽음 • 각종 효소 반응의 활성제로 작용하고 증산에 의한 수분 상실을 제어·세포 내 수분 공급·단백질 및 탄수화물 형성·광합성 등의 역학을 함
인	• 결핍 시 결실이 저해되고 잎이 암녹색으로 변하며 심할 경우 황화됨. 생육 초기에는 뿌리의 발육이 저해됨 • 질소 동화, 당분과 녹말의 합성 분해, 에너지 전달(호흡 작용), 광합성 등에 관여함 • 효소, 분열 조직, 세포핵 등의 구성성분
질소	• 과할 경우 병해충·기계적 상해·저온 등에 대한 저항성이 저하됨 • 결핍 시 황백화 현상이 일어남 • 효소, 단백질, 엽록소 등의 구성성분 • 암모니아태(NH_4^+)와 질산태(NO_3)로 식물체에 흡수됨 • 화학적으로 유기질과 무기질로 나눔 • 유기태 질소로는 단백태와 아미드태가 있고 무기질에는 암모니아태와 질산태가 있음 • 단백태 질소는 깻묵·어비·골분·녹비·쌀겨 등 동식물성 재료에 풍부. 토양 중 미생물에 의해 암모니아태와 질산태로 분해돼 사용됨 • 요소는 아미드태 질소의 대표적인 것으로 토양 중 우레아제 효소에 의해 분해되고 암모니아태로 변화돼 식물에 흡수됨 • 완숙퇴비·부숙인분뇨·인산암모늄·질산암모늄·염산암모늄·황산암모늄 등의 비료에 암모니아태 질소가 포함되어 있음 • 질산칼슘·질산칼륨·칠레초석·질산암모늄 등의 비료에 질산태 질소가 포함되어 있음
수소·산소· 탄소	• 광합성에 의한 각종 유기물의 구성 재료이고 엽록소의 구성 원소임 • 식물체의 약 90~98%를 차지함

(10) 토성

① 정의

식물의 생육에 있어 중요한 각종 이화학적 성질을 결정하는 기본 요인으로 점토나 미사, 모래 부분의 상대적 비율 즉, 분포를 말함. 반응이 일어날 수 있는 표면의 공간과 양의 비율차 때문에 토성에 관련된 모든 성질의 차이가 발생한다.

② 점토질 및 미사질, 사질 토양의 특징

성질＼토양	점토질 토양	미사질 토양	사질 토양
팽창/수축력	잘 일어남	잘 일어나지 않음	거의 일어나지 않음
호수나 댐의 방벽용	매우 우수함	중간	나쁨
오염 물질의 하부 이동도	거의 침출이 안 됨	중간 정도	대부분 침출됨
산성도의 변화	거의 변화가 없음	적절한 변화	쉽게 변화함
식물에 영양을 공급하는 정도	뛰어난 영양 공급원	좋은 영양 공급원	별로 도움이 안 됨
식물을 지탱하는 능력	잘 지탱해 줌	중간 정도	거의 지탱하지 못함
바람의 저항도	거의 날아가지 않음	매우 쉽게 날아감	쉽게 날아감
응집력	쉽게 응집됨	쉽게 응집됨	낮음
유기물 분해력	느림	중간	빠름
유기물 함량	높음~중간	중간~높음	낮음
배수 조건	느림	중간	빠름
함수율	높음	중간	낮음

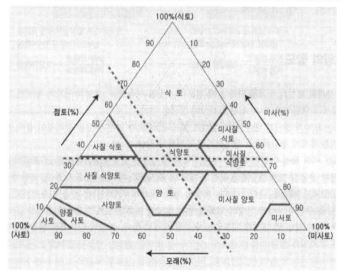

[토성구분 삼각도표]

(11) 토성과 작물생육

① 작물종류와 토성

작물의 종류에 따라 좋아하는 토성이 다름. 대체로 작물생산력은 양토가 좋다.

㉠ 벼: 점토가 많아 보비력이 좋은 식양질 토양에서 수량이 많다.

㉡ 채소와 과수류 : 물빠짐이 좋은 사양질 토양에서 생육이 좋다..

㉢ 침엽수 : 활엽수보다 사질 토양에서 생육이 좋다.

② 식토

식물생육에 대해서 다량의 양분을 함유하므로 화학적 성질은 좋지만 물리적 성질이 불량하다. 보비력은 좋으나 통기성과 배수성이 불량하다.

③ 사토

투수성과 통기성은 좋지만 가뭄을 잘 타며 양분이 결핍되기 쉽다.

④ 사토-사양토-양토까지 점토의 함량이 많아질수록 생산력은 증가하지만, 이 선을 넘어서 점토의 함량이 많아져 중점질 토양이 되면 오히려 감소하는 경향이 있다.

02 수분, 광, 온도, 공기

(1) 작물생육에 대한 수분의 역할

① 세포 내 유리수로 존재하여 세포의 팽창 상태를 유지하고 식물의 체제를 유지한다.

② 필요 물질의 분해·합성의 매개체이다.

③ 식물체 내의 물질 분포를 고르게 하는 매개체이다.

④ 필요 물질을 흡수하는 용매역할을 한다.

⑤ 세포 내 결합수로 존재하여 식물체 구성 물질의 성분이다.

⑥ 영양적 물질의 형성 재료이다.

⑦ 원형질의 생활 상태를 유지한다.

(2) 작물의 요수량, 증산계수

① 요수량

    ㉠ 작물 1g을 생산하는 데 소비되는 수분의 양을 뜻한다.

    ㉡ 요수량이 적은 작물 : 옥수수, 기장, 수수 등

    ㉢ 요수량이 많은 작물 : 명아주, 콩과 작물(클로버, 알팔파 등)

    ㉣ 옥수수 · 기장 · 수수 〈 맥류 · 목화 · 감자 〈 콩류 작물 · 호박 · 오이 〈 명아주

② 증산계수

    작물 1g을 생산하는 데 소비되는 수분의 증산량을 뜻한다.

(3) 증산작용

① 식물체가 잎의 뒷면에 존재하는 기공을 통해서 체내의 물을 밖으로 내보내는 작용을 말한다. 이를 이용해 식물체 내부의 물을 순환시킬 수 있는데, 이 증산 작용을 통한 압력과 뿌리에서 물을 흡수하는 압력을 통해 식물체 내부의 물이 순환된다.

② 광합성에 필요한 물을 지속적으로 공급받을 수 있도록 순환시키는 역할을 하며, 그 외에 주변의 습도를 생활하기 알맞은 환경으로 만들어 주는 역할도 한다. 이 작용은 기공이 열렸다 닫혔다 하며 조절된다.

③ 환경요인으로는 광, 온도, 습도 등이 증산작용에 관여한다. 광은 엽온을 높여 증산을 촉진하며, 대기가 건조하여 공중습도가 낮고 기온이 상승하면, 증산작용은 활발하다. 시설 재배 시 오전 온실 내에 햇빛이 들어와서 광합성을 할 수 있는 조건을 갖추고 있더라도 실제 광합성을 할 수 있는 엽온이 적정 온도에 도달하기 전까지 식물은 광합성이 이루어지지 않으므로 시설재배에서 오전 해뜨기 전에 조조(오전 일찍) 가온을 통해 생산성을 높이는 이유이다. 또한 가벼운 바람은 엽면과 주변의 수증기를 유동시켜 증산작용을 도와주지만, 대기가 습한 경우는 바람이 엽온을 낮춰 증산을 둔화시킨다.

(4) 관수

① 물주기를 관수 또는 관개라고 한다.

② 재배 식물에 인위적으로 물을 주는 것으로 관수방법에는 지표관수(surface irrigation), 지하관수(subirrigation), 살수관수(spray irrigation), 수적관수(trickle irrigation)가 있다.

③ 지표관수에는 전면관수(全面灌水)와 휴간관수(畦間灌水)가 있고, 지하관수에는 명거법(明渠法), 암거법(暗渠法), 압입법(壓入法)이 있고 살수관수에는 다공관관수(perforated pipe system), 스프링클러관수(sprinkler system)가 있다.

④ 관개의 효과

  ⊙ 밭 관개의 효과

    ⓐ 동상해의 방지

    ⓑ 풍식의 방제

    ⓒ 비료 성분의 활용 및 보급에 있어서의 효율화

    ⓓ 지온의 조절

    ⓔ 재배기술의 향상

    ⓕ 생리적으로 필요한 수분의 공급

  ⓛ 논에서 담수 관개의 효과

    ⓐ 벼의 생육 조절

    ⓑ 작업의 능률화

    ⓒ 병충해의 경감

    ⓓ 잡초의 억제

    ⓔ 유해물질의 제거

    ⓕ 비료 성분의 공급

    ⓖ 온도의 조절

    ⓗ 생리적으로 필요로 하는 수분의 공급

(5) 광(光, 빛)

① 작물과 광

  ⊙ 개화 및 신장

    ⓐ 일장의 장단 즉, 광이 조사되는 시간도 개화 및 화성에 큰 영향을 미치는 것을 일장의 효과 또는 광주기성이라 한다.

    ⓑ 광중단현상

    국화의 경우 단일성 식물로 장일처리로 꽃눈분화를 억제시키고 단일처리로 꽃눈분화를 촉진시킬 수 있다. 즉 국화 재배지 주변에 있는 가로등이 밤에 켜져 있으면 광중단(암기중단, 긴 암기를 조명으로 분단하는 것)현상으로 국화의 꽃눈분화가 억제돼 개화를 늦추거나 되지 않게 할 수 있다.

ⓒ 근적외광은 씨앗의 싹트기와 꽃눈의 분화를 억제하고, 적색광은 씨앗의 싹트기와 꽃눈의 분화를 촉진시킨다.

ⓓ 광의 조사가 좋을 경우 광합성의 조장으로 탄수화물의 축적이 많아져 C/N율이 높아지고 화성이 촉진된다.

ⓔ 자외선 투과가 적거나 광부족인 환경에서는 작물이 웃자라기 쉬워진다.

ⓕ 적색광은 식물의 생장을 촉진하고 파장이 상대적으로 짧은 자외선이나 청색광은 생장을 억제시키는 효과가 있다.

ⓛ 착색

ⓐ 딸기나 포도, 사과 등은 안토시안 색소가 형성되어 착색되는데 이때는 자색광이나 자외선이 효과적이다.

ⓑ 엽록소 형성에는 650nm 중심(620~670nm)의 적색광과 450nm 중심(430~470nm)의 청색광이 효과적이다.

ⓒ 광이 없으면 에티올린이라는 담황색 색소가 형성돼 황백화 현상을 일으키고 엽록소의 형성이 저해된다.

ⓒ 굴광현상

ⓐ 굴광현상에는 440~480nm의 청색광이 가장 유효하다.

ⓑ 식물의 한쪽면에 광을 조사하면 조사된 쪽의 옥신 농도는 낮아지고 반대쪽은 높아진다.

ⓒ 소엽이나 줄기에서는 광이 조사된 옥신의 농도가 낮은 쪽의 생장속도가 반대쪽보다 낮아져 광을 향해 구부러지는 향광성을 보이지만 뿌리에서는 그 반대인 배광성을 보인다.

ⓒ 호흡작용

광은 광합성에 의해 호흡기질을 생성해 호흡을 증대시킨다.

ⓞ 증산작용

ⓐ 광이 있으면 광합성에 의해 동화물질이 축적되고 공변세포의 삼투압이 높아져 흡수가 조장돼 기공을 열게 함으로 증산을 조장한다.

ⓑ 광이 조사되면 온도가 높아져 증산이 조장된다.

(6) 광합성

① 광합성 작용에는 450nm(400~500nm) 중심의 청색광과 675nm(650~700nm) 중심의 적색광이 가장 효과적이고, 주황색·황색·녹색 부분은 대부분 반사·투과돼 효과가 떨

어진다.

② 녹색 식물은 광에너지를 받아 엽록소를 형성하고 광합성을 해 유기물을 생성한다.

③ 광합성에 영향을 미치는 요인

 ㉠ 이산화탄소의 농도

  ⓐ 빛의 세기가 강할 때 : 이산화탄소 농도가 0.3%에 다다를 때까지 광합성의 속도가 증가한다.

  ⓑ 빛의 세기가 약할 때 : 대기 중 이산화탄소 농도인 0.03%에서 더 이상 광합성 속도가 증가하지 않는다.

  ⓒ 광합성의 한정요인(제한요인)

  이산화탄소 농도·온도·빛의 파장·빛의 세기 등은 모두 광합성에 영향을 주고 이것들이 모두 최적의 상태일 때 광합성이 최대로 일어난다. 이들 중 어느 하나라도 부족하면 광합성은 최대로 일어나지 않고 영향을 받는데, 이 부족한 부분을 광합성의 한정요인 또는 제한요인이라 한다.

 ㉡ 온도

  ⓐ 빛이 강할 때 : 대략 5~35℃ 범위에서는 온도가 10℃ 오를 때마다 광합성의 속도는 2배씩 빨라져 35℃에서 광합성 속도는 최대가 된다. 이후 그 이상 온도가 올라가면 광합성량은 급속히 떨어진다.

  ⓑ 빛이 약할 때 : 온도의 영향을 거의 받지 않는다.

 ㉢ 빛의 세기

  ⓐ 광포화점 : 광합성량이 더 이상 증가하지 않을 때의 빛의 세기를 말한다.

  ⓑ 보상점(광합성량=호흡량) : 식물의 광합성에 사용되는 이산화탄소의 양과 호흡으로 배출되는 이산화탄소의 양이 같을 때의 빛의 세기를 말한다.

  ⓒ 광합성량의 측정 : 산소의 방출량이나 이산화탄소의 흡수량을 통해 광합성량을 측정할 수 있다.

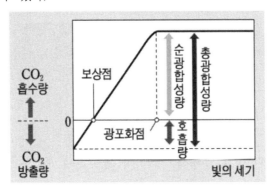

(7) 온도

① 작물의 생육적온
   ㉠ 열대지방이 원산지인 작물(옥수수, 벼 등)은 고온에서 생육이 잘 이루어진다.
   ㉡ 상추는 비교적 낮은 온도(약 10~18℃)에서 잘 자라고 고온에서는 생육이 불량해진다.
   ㉢ 보통 겨울작물의 생육적온이 여름작물보다 낮으며, 작물의 생육적온은 일반적으로 20~25℃이다.

② 적산온도
적산온도는 작물의 싹트기에서 수확할 때까지 평균 기온인 0℃ 이상인 날의 일평균기온을 합산한 것이다. 작물의 기후의존도, 특히 온도 환경에 대한 요구도를 나타내는 지표로 이용된다.

(8) 온도변화

① 계절적 변화
   ㉠ 우리나라의 기온은 8월을 최고로 하고, 1월을 최저로 하여 계절적인 변동이 크다.
   ㉡ 최고기온은 작물의 월하(여름나기)를 지배하며, 감자는 고랭지에서는 월하(여름나기)하나 평지에서는 월하(여름나기)하지 못한다.

② 온도변화(일변화)가 작물 생육에 끼치는 영향
   ㉠ 발아 : 하루의 온도변화는 발아를 촉진한다.
   ㉡ 동화물질의 축적 : 낮의 기온이 높으면 광합성과 합성물질의 전류가 촉진된다. 밤의 기온은 비교적 낮아야 호흡소모가 적다. 하루의 온도변화 즉, 낮과 밤의 온도가 일정 부분 변온이 크면 동화물질의 축적이 많아지지만, 온도가 너무 내려가도 장해가 생긴다.
   ㉢ 생장 : 밤의 기온이 어느 정도 높아서 하루의 온도변화가 즉, 변온이 작으면 보통 생장이 빠른데 이는 무기성분의 흡수와 동화양분의 소모가 왕성하기 때문이다.
   ㉣ 덩이뿌리 · 덩이줄기의 발달 : 감자는 밤의 온도가 10~14℃로 낮아지는 변온환경에서 덩이줄기가 발달하고, 고구마는 29℃ 항온 보다 20~29℃의 변온환경에서 덩이뿌리 발달이 왕성해지는데 이는 동화물질의 축적이 좋기 때문이다.
   ㉤ 개화 : 맥류의 경우 밤의 기온이 높아서 변온이 작은 것이 출수 · 개화를 촉진한다고 하지만, 일반적으로 작물은 변온이 커서 밤의 기온이 비교적 낮은 것이 즉, 변온조건으로 하루의 온도변화가 크면 동화물질의 전류와 축적이 활발하여 화기도 커지

고 개화도 촉진된다.

ⓑ 결실 : 가을에 결실하는 작물은 대체로 변온의 일변화에 의해서 결실이 조장된다.

③ 저온 장해 (칠링 인저리 : Chilling injury)

저온에 민감한 과실이 0℃ 이상의 얼지 않는 온도에서도 한계 온도 이하의 저온에 노출될 때 조직이 물러지거나 표피색깔이 변하는 증상을 말한다.

(9) 공기

① 토양의 구성성분 중 기상, 즉 공기로 차 있는 공극의 일부분이다. 토양에서는 식물의 뿌리, 미생물, 기타 토양생물이 살아가면서 호흡을 하고 있으며 호흡을 위해 산소를 필요로 한다. 따라서 식물이 건전하게 생육하기 위해서는 대기와 토양공기의 교환이 충분히 일어나 공기가 잘 갱신되어야 한다.

② 공기의 교환은 토양공극의 양과 크기, 온도, 토양수분 등 여러 가지 물리적 성질의 영향을 받는다.

③ 토양공기의 특징

㉠ 식물뿌리의 호흡·미생물의 활동 등으로 산소가 소모되고, 이산화탄소가 발생 및 증가한다.

㉡ 토양중의 이산화탄소 농도는 대기의 10~100배까지 증가하기도 한다.

㉢ 토양공기는 표층의 상층부를 제외하면 거의 수증기로 포화되어 있다.

㉣ 작물이 정상적으로 생육하려면 토양공기 중에는 10% 이상의 산소가 필요하다.

㉤ 토양수분 과다 : 공극이 줄어 통기성이 불량해 진다.

㉥ 산소 부족으로 인한 무기호흡은 식물뿌리의 호흡 장해로 산소가 충분한 상태의 유기호흡보다 양분이나 수분을 흡수하는데 필요한 충분한 에너지를 얻을 수 없기 때문에 식물생육이 지장을 받는다.

㉦ 벼와 같은 수생식물 : 통기조직이 발달되어 있어 뿌리가 호흡에 필요한 산소를 지상으로부터 공급받을 수 있기 때문에 토양 중 산소가 부족하여도 잘 생육할 수 있다.

03 상적 발육과 환경

(1) 상적발육(相的發育)

① 작물의 아생(牙生),화성(花成),개화(開花),성숙(成熟)등과 같은 작물의 단계적 양상을 발육상이라 하고,이 같은 여러가지 발육상을 거쳐서 발육이 완성됨을 상적발육이라 한다.

② 상적발육설 : 러시아의 리센코(Lysenko)가 주장하였다.

(2) 화성(Flowering)의 유도 요인

① 내적요인 : C/N율, 오옥신, 지베렐린 등

② 외적요인 : 일장관계, 감온(감광)성, 버널리제이션 등

(3) 탄질비(C/N율)

① 식물체내에 탄소와 질소의 비율에 따라 개화조건이 달라진다.

② 탄소의 생성이 풍부하고 질소가 풍부하면 생육은 완성하지만 화성과 결실은 불량해진다.

(4) 춘화처리(春花處理, 버널리제이션)

① 식물이 생육의 초기 단계에 낮은 온도에 의해 발육의 촉진 및 유도, 화아의 분화를 하는 것을 춘화처리라 한다.

② 농업적 이용
   ㉠ 재배법의 개선
   ㉡ 품종의 감정
   ㉢ 육종상의 이용
   ㉣ 채종
   ㉤ 촉성재배
   ㉥ 대파
   ㉦ 수량 증대

③ 방법
   ㉠ 작물에 따라 춘화처리에 필요한 수분의 흡수율은 서로 다르며 처리 종자는 균에

약하므로 소독하는 것이 중요함. 적정 수온은 12℃이하이다.

작물명	흡수율(%)	작물명	흡수율(%)
가을밀	35~55	옥수수	30
봄 밀	30~50	호밀	30
귀리	30	보리	25

ⓛ 처리기간과 처리온도

ⓐ 보통 여름작물은 고온에서, 겨울작물은 저온이 좋다.

ⓑ 꽃

- 글라디올러스 : 28℃에서 60일 또는 10℃에서 보관 처리한다.
- 아이리스 : 30℃에서 14일 보관 후 7~8℃에서 40~45일 보관 처리한다.
- 나팔수선 : 8℃에서 35~40일, 많게는 60일 정도 보관 처리한다.

ⓒ 채소

- 시금치 : 1±1℃에서 32일 보관 처리한다.
- 봄무 : 0℃에서 15일 이상 또는 5℃에서 13일 보관 처리한다.
- 배추 : -2~1℃에서 33일 보관

ⓓ 일반 작물

- 콩 : 20~25℃에서 10~15일 보관 처리한다.
- 수수 : 20~30℃에서 10~15일 보관 처리한다.
- 옥수수 : 20~30℃에서 10~15일 보관 처리한다.
- 벼 : 37℃에서 10~20일 보관 처리한다.
- 추파맥류 : 0~3℃에서 30~60일 보관 처리한다.

ⓒ 그 외 조건

- 탄수화물 : 생장점에 탄수화물(당)이 공급 안 될 경우 춘화처리의 효과가 없거나 떨어진다.
- 건조 : 처리 중이나 처리 후 파종 전까지 종자가 건조해지면 춘화처리의 효과가 없거나 감소한다.
- 광(빛) : 고온처리를 할 경우 빛에 의한 암흑이 필요하다. 보통 건조를 방지하고 온도를 유지하기 위해 암중 보관을 한다.
- 산소 : 처리 중이나 처리 후 파종 전까지 산소는 반드시 충분한 공급이 필요하며, 산소부족하면 춘화처리의 효과가 없거나 감소한다.

④ 구분

    ㉠ 처리시기에 따른 구분

        ⓐ 녹체 춘화처리 : 녹체기(식물이 일정 크기가 됐을 시기)에 춘화처리를 하는 것으로 가장 효과가 큰 식물은 히요스, 양배추 등이고 이들 식물을 '녹체춘화형식물'이라 한다.

        ⓑ 종자 춘화처리 : 최아종자 시기에 춘화처리를 하는 것으로 가장 효과가 큰 식물은 봄올무, 잠두, 완두, 추파맥류 등이고 이들 식물을 '종자춘화형식물'이라 한다.

    ㉡ 처리온도에 따른 구분

        ⓐ 고온 춘화처리 : 단일식물의 경우 보통 고온인 10~30℃에서 처리한다.

        ⓑ 저온 춘화처리 : 보통 월년생의 장일식물의 경우 저온인 0~10℃에서 처리한다.

(5) 시비

① 전층시비(全層施肥)

논을 갈기 전 암모니아태 질소를 논 전체에 뿌린 후 작토의 전층에 섞이도록 시비하는 방법으로 심층시비의 실제적인 방법이다.

② 심층시비(深層施肥)

암모니아태 질소를 논 토양의 심부(환원)층에 시용하여 비효를 증진시키려는 목적의 시비를 말하며 이때 암모니아태 질소를 심부(환원)층에 주면 토양에 잘 흡착되고 절대적 호기균인 질화균의 작용을 받지 않게 되어 비효가 오래도록 지속된다.

③ 에틸렌

    ㉠ 정의

    • 에테폰이 분해될 때 발생하며 상온에서 휘발성이 있고, 알칼리성의 무색무취의 기체이다.

    • 호흡 촉진으로 열매의 성숙을 촉진시키고, 숙성되지 않은 과일은 숙성시키며, 안토시안 형성을 촉진시켜 착색을 빠르고 고르게 할 수 있다.

    ㉡ 작용

    에틸렌은 식물 호르몬의 일종으로 식물조직 모든 부분에서 가스 상태로 존재하며 식물의 노화를 촉진, 과실의 경우 저장성을 약화시키지만 성숙 촉진 작용을 일으키므로 유리하게 이용된다.

    ㉢ 에틸렌 발생제 제조에 필요한 물질

    • 고체의 지지체 : 톱밥, 알루미나, 제올라이트, 활성탄, 질석, 흡수지 등

- 알카리성 물질(수산화칼륨, 수산화나트륨 등)
- 에테폰

④ 엽면시비(葉面施肥)

　㉠ 개요

　　ⓐ 비료 또는 액체 비료를 물에 타 잎에 뿌리는 방법으로 이식한 후 활착이 좋지 못할 때, 침수 또는 병충해 피해 등을 당했을 때, 작물의 뿌리가 정상적인 흡수 능력을 발휘하지 못할 때 등 응급한 경우에 사용하는 토양 시비의 보조 시비방법이다.

　　ⓑ 엽면시비의 농도가 높을 경우 잎이 탈 수 있으므로 정해진 농도를 잘 지켜야 한다. 비료의 농도는 계절이나 비료의 종류에 따라 다르지만 보통 질소는 요소(尿素) 0.5~1.0% 이다.

　　ⓒ 토양시비보다 비료 성분의 흡수가 빠르고 쉬운 장점이 있다.

　㉡ 효과

　　ⓐ 토양시비가 곤란한 경우

　　ⓑ 노력 절약

　　ⓒ 비료분의 유실 방지

　　ⓓ 품질 향상

　　ⓔ 급속한 영양 회복

　　ⓕ 뿌리의 흡수력이 약해졌을 때

　　ⓖ 미량 요소의 공급

(6) 일장효과(日長效果)

① 일장효과의 의미

일장이 식물의 화성 및 그 밖의 여러 면에 영향을 끼치는 현상을 일장효과 [광주율(光週律), 주광규율(週光規律), 광기성(光基性), 광주반응(光週反應)]이라한다.

　㉠ 일장효과는 1920년 카메, 앨레드(Gamer, Allard)에 의해 발견되었다. 밝을때(明期)가 어두울때(暗期)보다 길 때 개화 결실되는 것을 장일성(長日性)이라 하고, 암기가 길 때 개화 결실하는 것을 단일(短日性)성이라 한다.

　㉡ 한계(限界) 또는 임계(臨界)일장 : 12~14시간정도가 기준이 된다.

② 장일식물(長日植物)

  ㉠ 장일조건(보통 16~18시간) 즉, 한계(경계, 기준)일장 12~14시간이상에서 개화유도 촉진되며, 단일상태에서는 저해 된다. 최적일장과 유도일장의 주체가 장일측에 있고, 한계일장은 단일측에 있는 식물이다.

  ㉡ 추파맥류(가을밀, 가을보리), 양귀비, 시금치, 양파, 상추, 티머시, 아주까리, 아마, 감자 등

③ 단일식물(短日植物)

  ㉠ 단일조건(보통8~10시간) 즉, 한계(경계, 기준)일장 12~14시간이하에서 개화유도 촉진 되며, 장일 상태는 이를 저해한다. 즉, 암기(어둠)상태가 일정시간 지속되어야 한다. 최적일장과 유도일장이 단일측에 있으며, 한계일장은 보통 장일측에 있는 식물이다.

  ㉡ 국화, 콩, 벼(중·만생종), 담배, 들깨, 샐비어, 도꼬마리, 코스모스, 목화, 조, 옥수수, 나팔꽃 등

④ 중성식물(中性植物)

  ㉠ 개화에 일정한 한계일장이 기준이 없고, 대단히 넓은 범위의 일장에서 화성이 유도되며, 화성이 일장의 영향을 받지 않는다고 할 수 있다.

  ㉡ 셀러리, 가지, 토마토, 강낭콩, 당근, 고추 등

제2장 핵심기출문제

1. 산성 토양에 관한 설명으로 옳은 것은?

① 토양 용액에 녹아 있는 수소 이온은 치환 산성 이온이다.

② 석회를 시용하면 산성 토양을 교정할 수 있다.

③ 토양 입자로부터 치환성 염기의 용탈이 억제되면 토양이 산성화된다.

④ 콩은 벼에 비해 산성 토양에 강한 편이다.

> 해설 ┃ ① 토양 용액에 녹아 있는 수소 이온은 활산성이다.
> ③ 토양 입자로부터 수소 이온이 흡착되고 치환성 염기의 용탈이 많을 때 토양이 산성화 된다.
> ④ 콩은 벼에 비해 산성 토양에 약한 편이다.
>
> 정답 ┃ ②

2. 작물 생육에 영향을 미치는 토양 환경에 관한 설명으로 옳지 않은 것은?

① 유기물을 투입하면 지력이 증진된다.

② 사양토는 점토에 비해 통기성이 낮다.

③ 토양이 입단화 되면 보수성과 통기성이 개선된다.

④ 깊이갈이를 하면 토양의 물리성이 개선된다.

> 해설 ┃ ② 점토, 미사, 모래 등이 골고루 섞인 사양토는 점토보다 입경이 크기 때문에 통기성이 높다.
>
> 정답 ┃ ②

3. A농가가 요소 엽면시비를 하고자 하는 이유가 <u>아닌</u> 것은? (기출 66번)

① 신속하게 영양을 공급하여 작물 생육을 회복시키고자 할 때
② 토양 해충의 피해를 받아 뿌리의 기능이 크게 저하되었을 때
③ 강우 등으로 토양의 비료 성분이 유실되었을 때
④ 작물의 생식 생장을 촉진하고자 할 때

> **해설** ※ **요소 엽면 시비를 하고자 하는 이유**
> • 토양 시비가 곤란하기 때문
> • 시비의 노력을 절약하기 위해서
> • 비료 성분의 유실을 방지하기 위해서
> • 품질을 향상시키기 위해서
> • 급속한 영양 회복을 위해서
> • 뿌리의 흡수력이 약해졌기 때문
> • 미량 요소를 공급하기 위해서
>
> **정답** ④

4. 토양 재배에 비해 무토양 재배의 장점이 <u>아닌</u> 것은?

① 배지의 완충능이 높다.   ② 연작 재배가 가능하다.
③ 자동화가 용이하다.   ④ 청정 재배가 가능하다.

> **해설** ※ **양액 재배(무토양 재배)의 장 · 단점**
> • 장점
> – 토양을 사용하지 않으므로 연작 재배 가능
> – 자동화에 용이함
> – 청정 재배 가능
> – 적은 농약 사용량
> – 좋은 수량성과 품질
> • 단점
> – 폐자재 활용의 어려움
> – 작물이 병해를 입을 경우 치명적 손실을 입을 수 있음
> – 재배 가능 작물의 종류가 적음
> – 배지의 완충능이 없음
> – 전문적 기술과 지식 및 초기 자본이 필요함
>
> **정답** ①

제3장

재배 기술

01 작부체계

(1) 작부체계란

① 작부체계(作付體系, Cropping System)는 일정한 토지에 작물을 조합하여 일정한 순서에 따라 재배하는 방식을 의미한다.

② 협의(狹義)의 작부체계는 전·후작물의 조합과 동시에 간작, 혼작 등의 공간적인 조합을 의미하며, 광의(廣義)의 작부체계는 작물의 조합뿐만 아니라 생산에 필요한 자원관리, 자재투입, 재배기술 등을 포함하는 것을 의미한다.

③ 일반적인 작부체계로는 한 포장에서 몇 가지 작물을 특정한 순서로 규칙적으로 반복하여 재배하는 윤작(輪作, 돌려짓기)과 지력증진을 위하여 논을 논(작물, 벼)상태와 밭(작물)상태로 몇 해씩 돌려가면서 재배하는 답전윤환(畓田輪換)방식이 있다.

④ 한 땅에 동시에 두 가지 이상의 작물을 섞어 재배하는 혼작(混作, 섞어짓기)과 주가되는 작물 사이에 다른 종류의 작물을 재배하는 간작(間作, 사이짓기), 그리고 포장의 주위에 포장내의 작물과 다른 작물을 재배하는 주위작(周圍作) 등 여러 가지의 종류가 있다.

(2) 윤작(輪作, 돌려짓기)

① 예부터 유럽에서 발달하였으나 우리나라에서는 경지의 여건 등 여러 가지 요인에 의하여 크게 발달하지 못하였다.

② 동일한 땅에서 일정한 순서에 의해 종류가 서로 다른 작물을 재배하는 경작방식으로 형태에 따라 윤재식·개량삼포식·삼포식·곡초식 등으로 구분하기도 한다.

③ 통상적으로 도입되는 작물로는 지력의 소모가 크고, 토양 성분의 흡수력이 강한 수수·조·옥수수·보리 등 화곡류와, 공중 질소를 고정 활용해 지력을 증진하는 작물인 콩과 클로버작물을 윤작(돌려짓기) 작부체계에 도입한다.

④ 윤작의 효과

　　㉠ 기지 현상에 대한 회피

　　㉡ 병충해의 방지 및 잡초의 경감

　　㉢ 토양의 침식 방지

　　㉣ 경영에 있어서의 안정화

　　㉤ 노력 분배에 있어서의 합리화

　　㉥ 지력의 유지 및 증진

　　㉦ 작물에 있어서의 생산량의 증가

(3) 윤답(輪畓)

① 논농사와 밭농사를 몇 년씩 걸러서 교체해 재배하는 것으로 윤답하는 논을 '변경답' 또는 '환답'이라고 한다.

② 윤답에 있어서 교호작 순위의 대표적인 것으로 4년식 및 5년식 등이 있다.

③ 4년식은 2년은 밭작물인 콩이나 봄보리, 조 등을 재배하고 그 후 2년은 수도를 재배하는 방법이고 5년식은 3년은 밭작물인 수수, 콩, 봄보리, 조 등을 재배하고 그 후 2년은 계속 수도를 재배하는 방식이다.

④ 예전에는 직파(直播) 재배가 보통이었지만 점점 이앙 재배를 하는 모내기(이앙법)으로 발전하게 되었다.

(4) 연작(連作, 이어짓기)

① 동일한 포장에 동일한 작물을 계속 재배하는 방식으로 통상 연작을 지속적으로 하게 되면 인위적으로 지력을 유지시키기 위해 양분을 보충시키지 않는 이상 지력이 저하되고 여러 가지 장해가 발생되어 수량과 품질이 불량해지는 기지(忌地, sick soil)현상 발생되는 등 단점이 있다.

② 시설 원예에 있어 비닐하우스 내 연작장해의 주된 원인은 토양 중 염류의 집적 때문이다.

③ 연작 시 작물의 생육이 뚜렷하게 나빠지는 것을 기지현상이라 한다.

④ 기지(忌地, sick soil)현상의 발생원인

기지란 어떤 작물을 재배한 토양에 같은 종류의 작물을 반복하여 재배할 경우 생육과 수량이 감소하고 품질이 떨어지는 현상을 말하며, 연작장해라고도 한다.

ⓐ 토양 비료분의 소모

ⓑ 토양 물리성의 약화

ⓒ 토양 중 염류 집적

ⓓ 유독물질의 집적

ⓔ 토양선충에 의한 피해

ⓕ 토양 전염병

ⓖ 잡초의 번성

(5) 그 밖의 작부체계

① 혼작(混作, 섞어짓기)

ⓐ 대다수가 여름작물로 생장기간이 거의 동일한 2가지 이상의 작물을 동시에 같은 땅에서 재배하는 것으로 합계수량 및 수익성 등을 높일 수 있도록 작물을 선택해 농사를 짓는 작부체계 방법이다.

ⓑ 주로 혼작되는 작물은 중요도가 낮고 수요 또한 비교적 적은 특용작물이나 식용작물 등이 된다.

ⓒ 혼작법은 농업기술의 발달과 더불어 점점 방식이 단순화되었고 그 면적 또한 감소되고 있는 추세이다.

② 혼파(混播)

ⓐ 품질 및 생산성 등을 높이기 위해 여러 종류의 목초를 혼합 파종해 재배하는 방법을 말한다.

ⓑ 혼파의 이점

- 목초 생산의 평준화
- 건초 및 사일리지 제조용이
- 잡초의 경감
- 생산에 있어서의 안정성 증대
- 비료 성분의 합리적인 활용
- 영양상의 이점
- 입지 공간에 있어서의 합리적인 활용

③ 간작(間作, 사이짓기)

ⓐ 같은 농경지에서 동시에 2가지 이상의 작물을 재배하는 것으로 주로 생육시기가 다른 겨울작물(맥류)이 먼저 재배되고 이것에 여름작물(콩, 목화, 고구마 등)이 사

이짓기로 재배된다.

     ⓛ 토지의 활용면에서 매우 필요한 방법이고 이로 인해 1년 2작법 및 2년 3작법이 가능하게 된다.

     ⓒ 간작의 종류

- 릴레이식 간작 : 첫 번째 작물의 성숙기의 일부와 두 번째 작물의 생육 초기 일부 기간이 겹쳐 릴레이식으로 이어 재배하는 것을 말한다.
- 교호작(交互作, 엇갈이짓기) : 1가지 작물을 몇 이랑씩 두둑 또는 띠를 만들어 다른 작물과 번갈아 재배하는 것이다.
- 혼작(混作, 섞어짓기) : 별도의 이랑 또는 뿌림골의 배치가 없이 질서없이 재배하는 것이다.
- 조간작(줄 사이짓기) : 2가지 이상의 작물을 동시에 재배하되 각 작물별로 뿌림골을 일정하게 배치해서 재배하는 것이다.

     ⓡ 콩 및 맥류의 1년 2작식 작부방식을 가능하도록 한 것으로 간작의 작물인 콩이 먼저 충분한 생육기간을 거친 후 보다 더 많은 수량을 기대하면서 가을작물인 보리파종에 충분한 시간적 여유를 부여하는 방법이다.

     ⓜ 간작(間作, 사이짓기)의 이점

- 녹비에 의해 지력을 높을 수 있다.
- 상·하작의 적절한 조합으로 비료의 경제적 활용이 가능하다.
- 노력에 따라 분배 조절이 용이하다.

02 종자와 육묘

(1) 종자(種子)와 종묘(種苗)의 개념

① 종자(種子)란 생물의 번식에 필요한 기본물질인 씨앗을 말한다.

② 생물 가운데 식물을 중심으로 보면 작물을 재배할 때 번식의 기본단위로 사용되는 것에는 종자와 그 밖에 뿌리·줄기·잎 등의 영양기관도 있는데 이들을 총칭하여 종묘(種苗)라고 한다.

③ 종묘(種苗)는 씨앗과 묘(苗)로 구분하는데 종자란 식물학상 엄격한 뜻으로는 유성생식(有性生殖)의 결과 수정(受精)에 의해서 배주(胚珠)가 발육한 것을 말한다.

④ 종자는 보통 씨껍질에 둘러싸여 있으며 표면에는 배꼽[臍]이 있고, 또 종자 표면의 빛깔과는 다른 빛깔의 배꼽줄[臍條] 또는 봉선(縫線)이라고 하는 것이 있다.

⑤ 종자는 배(胚)와 씨젖[胚乳]이 있는데, 배는 극히 작은 식물체이고 씨젖은 주로 녹말이지만 때로는 사탕·지방·단백질 등을 많이 함유하는 경우도 있으며 그 속에는 또 이들 저장양분에 작용하는 각종 효소를 가지고 있고 배의 발육 및 생장에 필요한 생장호르몬도 함유하고 있다.

(2) 종묘(種苗)

① 개요 : 통상 모 및 종물을 총칭하는 것으로 수상생물 또는 농작물 등의 생육이나 번식에 있어 근원이 되는 재배의 시발점이 되는 모든 것을 말한다.

② 식물학상 과실을 이용하는 것 : 제충국, 옥수수, 쌀보리, 밀, 벼, 보리, 호밀, 귀리 등

③ 식물학상 종자를 이용하는 것 : 담배, 유채, 녹두, 완두, 팥, 콩, 아마, 참깨, 배추, 무, 토마토, 수박, 오이, 고추, 양파 등

④ 종자의 수명에 영향을 끼치는 조건
종자가 저장 중 발아력을 보유하고 있는 기간을 종자의 수명이라고 한다. 그러나 저장성이 전혀 없는 난저장성 종자(難貯藏性種子 ; recalcitrant seeds)로 구분한다.
　㉠ 종자의 수명은 작물의 종류 및 품종에 따라서 다르지만 절대적인 것은 아니어서 채종지의 환경, 종자의 숙도, 수분 함량, 수확 및 조제방법, 저장조건 등에 따라서 달라지며, 저장 중의 수명에 영향을 미치는 주요 요인으로 종자의 수분 함량, 저장 습도의 영향이 가장 크고, 저장 중의 온도와 통기(산소)조건도 관련되어 있다.
　㉡ 수분 함량이 높은 종자를 고온·고습한 환경에서 저장하면 수명이 극히 짧아지고, 반대로 건조한 종자를 저온·저습·밀폐된 환경에서 저장하면 수명이 극히 오래 유지된다.

⑤ 단명종자(1~2년) : 종자는 실온에 저장하였을 때 2년 이내에 발아력을 잃는 종자로 강낭콩, 상추, 파, 양파, 당근, 참당귀, 고추, 해바라기, 기장, 메밀, 목화, 옥수수, 땅콩, 콩, 베고니아, 팬지, 스타티스, 일일초, 콜레옵시스 등이 있다.

⑥ 상명종자(3~5년) : 3~5년간 활력을 유지할 수 있는 양배추, 배추, 멜론, 시금치, 무, 호박, 우엉, 완두, 밀, 쌀보리, 벼, 페스큐, 귀리, 유체, 켄터키블루글래스, 목화, 알리섬, 카네이션, 시클라멘, 색비름, 피튜니어, 공작초 등이 있다.

⑦ 장명종자(4~6년 이상) : 5년 이상 활력을 가질 수 있는 토마토, 비트, 수박, 가지, 베치, 사탕무, 알팔파, 클로버, 접시꽃, 나팔꽃, 스토크, 백일홍, 데이지 등이 있다.

⑧ 형태에 따른 종자의 분류

  ㉠ 무배유종자(無胚乳種子)는 콩, 팥, 완두 등의 콩과종자와, 상추, 오이 등의 종자에서는 배유가 없거나 퇴화되어 위축(흡수당해) 자엽(떡잎)에 양분이 저장되는 종자를 말한다.

  ㉡ 유배유종자(有胚乳種子)는 벼, 보리, 옥수수 등의 볏과 종자와 피마자, 양파 등의 종자에서는 배유가 발달하여 뚜렷이 배유에 양분을 저장하는 종자를 말한다.

⑨ 종자의 활용

  ㉠ 기호품 : 콜라, 코코아, 커피 등

  ㉡ 주식원 : 옥수수 · 밀 · 보리 등은 주식원이 되고 콩 · 강낭콩 · 기장 · 피 · 조 등도 주요 식량자원이 된다.

  ㉢ 유지류 : 해바라기, 동백나무, 아주까리, 참깨, 땅콩, 콩 등

  ㉣ 향신료 : 후추, 육두구, 겨자 등

⑩ 겉씨식물의 종자 형성의 과정

  ㉠ 중앙세포 내의 난핵이 수정한 후에 유리핵이 분열해서 다수의 핵을 형성한다.

  ㉡ 세포막이 형성돼 전배가 나타난다.

  ㉢ 전배가 분화해 배가 형성됨

  ㉣ 배가 분화해 떡잎, 배축, 어린뿌리 및 어린 눈 등이 형성된다.

  ㉤ 배가 분화할 때에 종피 및 배젖 등도 발달해 종자 완성된다.

⑪ 속씨식물의 종자 형성의 과정

  ㉠ 중복수정을 하는데 수정한 난핵이 분열해 배를 형성된다.

  ㉡ 1개의 웅성생식핵 및 2개의 극핵이 타가수분 양식으로 수정한 후 배젖으로 발달한다.

  ㉢ 배가 자라 배축, 떡잎 등을 형성한다.

  ㉣ 배축에서 어린뿌리 및 어린 줄기의 발생하여 구분이 된다.

  ㉤ 주피가 발달해 종피가 되고 종피가 배젖 및 배를 둘러싸인 종자가 형성된다.

⑫ 종자의 휴면

  ㉠ 휴면의 원인

    ⓐ 경실(hard seed)

      • 종피가 수분의 투과를 저해하기 때문에 장기간(수개월 ~ 수개년) 발아하지 않

는 종자를 경실(硬實, seed)이라고 한다.

- 소립종자인 콩과작물(화이트클러버, 레드클러버, 알사이크클로버, 앨펄퍼, 자운영 등)에 경실이 많다.
- 볏과목초인 달이그래스, 바이하그래스, 자운영, 고구마, 연(蓮), 오크라 등은 경실이다.
- 목야지에서는 자연낙하한 경실이 휴면상태를 오래 지속하면서 서서히 발아하여 초생(草生)을 보완하는 효과가 있다.
- 경실 휴면의 주된 원인은 종피의 불투수성 때문이라고 알려져 있다. 큐티클층과 울타리세포가 잘발달하여 수분 투과가 저해되고, 같은 작물의 품종이라도 성숙이 진전된 소립종자와, 급격히 건조시킨 종자에 경실이 많다.

ⓑ 종피의 불투기성

보리, 귀리 등에서는 종피의 불투기성(不透氣性) 때문에 산소흡수 저해되고, 또 이산화탄소가 축적되어 발아하지 못하고 휴면(休眠)한다.

ⓒ 종피의 기계적 저항

잡초, 나팔꽃, 땅콩, 체리 등의 종자에서는 종자는 흡수하더라도 종피가 딱딱하여 배의 팽대를 기계적으로 억제하므로 배가 함수상태로 휴면하는 일이 있다. 이러한 종자를 건조시키거나 30℃ 의 고온처리로 기계적 저항력을 약화시킬 수 있다.

ⓓ 배의 미숙

미나리아재비과 식물, 장미과 식물, 인삼, 은행 등은 종자가 어미식물[모주(母株)]를 이탈할 때 배가 미숙상태여서 발아하지 못한다. 수주일 또는 수개월 경과하면 배가 완전히 발육하고 생리적 변화를 완성하여 발아할 수 있게 되는데, 이 과정을 후숙(後熟, after ripening)이라 한다.

ⓔ 발아억제물질의 존재

- 벼 종자의 휴면 원인은 영(穎)에, 순무종자 과피에 있는 발아억제물질이 존재하기 때문인데, 종자를 물에 잘 씻거나 과피를 제거하면 발아한다.
- 토마토, 오이, 호박 등의 성숙종자가 장과(漿果) 중에 있을 때에는 발아하지 않으나, 종자를 분리해서 물에 씻어 이 물질을 제거하면 발아하게 된다.
- 옥신(auxin)은 곁눈의 발육을 억제하고, ABA(아브시스산)는 자두, 사과, 단풍나무의 겨울눈의 휴면을 유도하고, 또한 종자가 휴면에 들어가면서 많아지는 식물호르몬으로 알려져 있다.

- 발아억제물질의 총칭을 블라스토콜린(blastokolin)이라고 하며, 발아억제물질
로는 ABA(abscissic acid), 시안화수소(HCN), 암모니아 등이 있다.

ⓕ 배휴면(胚休眠)

배휴면이란 종자가 형태적으로 완전히 발달해 있지만 발아에 필요한 외적조건
을 주어도 발아하지 않는 경우로서 배(胚) 자체의 생리적 원인에 의하여 일어나
는 휴면이며, 생리적 휴면(生理的 休眠)이라고도 한다. 배휴면을 하는 경우 저온
이나 지베렐린처리로 휴면을 타파할 수 있다.

ⓛ 휴면의 종류

ⓐ 1차 휴면(一次休眠) : 자발적 휴면과 타발적 휴면을 통칭하여 1차 휴면이라고
한다.

- 자발적 휴면(自發的 休眠)과 : 발아, 생육에 외적(수분, 온도, 산소, 광선 등)조
건은 적합하지만 내적원인에 의하여 휴면하는 경우로 진정휴면(眞正休眠)이
라고도 한다.
- 타발적 휴면(他發的 休眠) : 토양 중의 잡초종자는 외적(산소, 광선 등) 조건에
의해 휴면상태를 지속하는데, 이와 같은 휴면을 강제휴면(強制休眠)이라고도
한다.

ⓑ 2차 휴면(二次休眠) : 휴면하지 않는 종자라도 발아에 불리한 환경(고온, 저온,
습윤, 암흑, 산소부족 등)에 장기간 보존되면 그 뒤에는 적당한 조건에 옮기더러
도 발아하지 않고 휴면 상태를 유지하는 경우가 있는데, 이를 2차 휴면이라 한다.

ⓒ 휴면의 이용

- 휴면 중인 종자, 눈 등은 불량환경(고온, 저온, 건조 등)저항성이 극히 강하여 생
존에 유리하다.
- 맥류종자는 수발아(종자가 수확 전 포장상태에서 싹이 트는 현상)를 억제하는 효
과가 있고, 감자의 휴면은 저장에 유리하다.

ⓔ 발아 촉진 및 휴면 타파

일반적으로 저온처리(低溫處理), 또는 GA₃(지베렐린)와 후숙(後熟)처리를 하면 발
아 한다.

ⓐ 화학적 휴면 타파법

- 생장조절제에 의한 방법
  - 질산염 : 목초와 화본에서 발아를 촉진시키며 벼 종자에도 좋다.
  - 에스렐 수용액 및 시토키닌 : 땅콩 및 양상추 등의 발아를 촉진시킨다.
  - 지베렐린 수용액 : 담배나 양상추 등 호광성 종자를 침지 후 파종하면 발아

가 촉진된다.

- 화학약품에 의한 방법
  - 과산화수소나 알코올, 수산화나트륨, 염산 등이 사용하면 발아가 촉진된다.
  - 목초나 화본 종자는 질산염 0.1~0.2% 수용액에 처리하면 발아가 촉진된다.
  - 목화 종자처럼 털이 많거나 오크라 종자처럼 껍질이 단단한 종자는 진한 황산에 잠깐 담갔다가 껍질의 털이나 껍질 일부를 제거하고 물에 씻어 파종하면 발아가 촉진된다.

ⓑ 물리적 휴면 타파법
- 침지 및 수세에 의한 방법 : 우엉이나 당근처럼 씨 껍질에 발아억제 물질이 있을 때에는 종자를 물에 씻어 파종하면 발아가 잘 이루어진다. 특히 큰 종자는 4~5일, 작은 종자는 1~1.5일 물에 담근 후 파종하면 발아를 균일하게 할 수도 있고 발아율도 높일 수 있다.
- 온도 처리에 의한 방법 : 야자류처럼 껍질이 단단해 발아가 어려울 경우 75~80℃의 온탕에 담근 후 파종하고, 알팔파나 상추·장미 종자는 저온 처리를 하면 휴면이 타파되어 발아가 촉진된다.
- 기계적 처리에 의한 방법 : 고구마 종자는 씨눈의 반대쪽에 상처를 만들어 파종하기도 하고, 핵과류의 경우 핵층을 파괴해 수분 흡수를 돕고 발아를 균일하게 할 수 있다. 또한 껍질이 두꺼우면서 작은 종자는 모래와 마찰시켜 껍질에 기계적인 상처를 내기도 한다.

ⓒ 경실의 휴면 타파법
- 질산염 처리 : 버팔로그래스는 0.5% 질산칼륨에 24시간 종자를 침지하고, 5℃에 6주일간 냉각시킨 후 파종한다.
- 진탕 처리 : 스위트클로버는 플라스크에 종자를 넣고 분당 180회씩의 비율로 10분간 진탕하여 파종한다.
- 온도 처리 : 변온 처리, 습열 처리, 고온 처리, 특히 종자를 -190℃ 저온 처리의 액체공기에 2~3분간에 침지(浸漬)하여 파종한다.
- 진한 황산 처리 : 약액으로 종피를 침식시키는 방법으로, 경실에 진한 황산을 처리하고 일정 시간 교반하여 종피의 일부를 침식 시킨 다음 물에 씻어서 파종하면 발아가 조장된다. 처리시간은 고구마 종자 (1시간), 감자 종자 (20분), 레드클로버 (15분), 화이트클로버 (30분), 연(蓮) (5시간), 목화 (5분)이다.
- 종피파상법 : 종피에 상처를 내는 방법으로 , 자운영, 콩과의 소립종자, 등은 종자의 25~35%에 해당하는 가는 모래를 혼합하여 20~30분간 절구에 찧어 종

피에 상처를 내어 파종한다. 고구마 종자는 배(胚)의 반대부분을 손톱깍기 등
으로 상처를 내어 심는다.

⑬ **종자의 퇴화**

생산력이 우수하던 종자가 재배연수를 경과하는 동안 생산력이 떨어지고 품질이 나빠
지는 현상을 종자의 퇴화라 한다.

㉠ 병리적 퇴화

- 종자 전염하는 병해, 특히 종자소독으로도 방제할 수 없는 감자 바이러스병은 평
  지에서 많이 발생하여 병리적 퇴화를 한다. 씨감자의 퇴화를 방지하려면 고랭지
  (高冷地)에서 채종, 평지에서는 가을재배를 하면 퇴화를 경감 시킬 수 있다.
- 병리적퇴화를 막으려면 무병지채종(無病地採種), 종자의 소독, 병해의 발생방제,
  약제살포, 이병주 도태(罹病株淘汰), 씨감자검정(種薯檢定) 등의 여러 가지 대책
  이 필요하다.

㉡ 생리적 퇴화

생산지의 환경, 재배, 저장조건이 불량하면 종자가 생리적으로 퇴화한다. 감자는 평
지에서 채종하면 고랭지에 비하여 생육기간이 짧고 기온이 높아 충실한 씨감자가
생산 되지 못하고, 여름의 저장기간이 길고 온도가 높으므로 저장 중의 소모도 커
서 평지산 씨감자는 고랭지산 씨감자에 비하여 생리적으로 불량하다.

㉢ 유전적 퇴화

- 유전적 퇴화의 원인 : 세대를 경과하면 자연교잡(自然交雜), 새로운 유전자형의
  분리, 돌연변이, 이형종자의 기계적 혼입 등에 의하여 종자가 유전적으로 순수하
  지 못해져서 유전적으로 퇴화 한다.
- 유전적 퇴화 방지 대책 :
  - 자연교잡은 격리재배(隔離栽培)함으로 방지할 수 있다. 자연교잡률이 높은 작
    물은 격리거리는 옥수수 400m 이상, 호밀 250~300m 이상, 배추과 식물
    1,000m 이상재배, 참깨, 들깨 500m 이상 등이다.
  - 이형종자의 혼입의 원인 및 방지 대책
    퇴비, 낙수 등에서 섞여들거나, 수확, 탈곡, 보관할 때 섞여들기 때문이다. 이
    형주는 식별이 쉬운 출수기~성숙기에 포기째로 철저히 제거하고 조, 수수, 옥
    수수 등은 수정 종자만 골라서 채종한다.
  - 돌연변이 및 새로운 유전자형의 분리 등 방지 대책
    종자를 건조시켜 밀폐저장 등 최적조건에 저장 후 이용, 주보존하여 영양번식

을 지속시킨다.

  ② 저장 종자의 퇴화
    • 저장 중에 종자가 발아력을 상실하는 주된 원인은 원형질단백질의 응고이며, 그
    외 효소의 활력저하, 저장양분의 소모, 유해물질의 축적 등등이 있다.

(3) 육묘

① 개요
  ㉠ 나무나 작물재배를 번식시키는 데 활용되어지는 뿌리가 있는 어린 식물을 기르는
    것으로 현재와 같은 육묘는 주로 비닐하우스 안에서 육묘선반이나 온상구덩이 또
    는 육묘상틀 등을 설치하거나 육묘기 등을 놓는다.
  ㉡ 기계 모내기를 위해 상자육묘를 할 때 치묘나 중묘는 중묘조파상자나 중묘산파상
    자를 활용하고 파종 후 8~9일에 이앙하는 어린모는 어린 모 전용 육묘상자를 활용
    한다.

② 육묘의 필요성
  ㉠ 토지이용도의 증대 : 벼는 답리작을 할 수 있고, 채소 등도 경지이용률을 높일 수
    있다.
  ㉡ 추대방지 : 봄 결구 배추를 보온 육묘해서 이식하면 직파할 때 포장에서 냉온의 시
    기에 저온감응(低溫感應)하여 추대(抽薹)하고 결구하지 못하는 현상을 방지할 수
    있다.
  ㉢ 종자절약 : 직파에 비하여 종자량이 적제 들며, 비싼 종자일 경우에는 크게 유리하다.
    종자에 대한 집약적인 관리 가능 및 노력 절감
  ㉣ 조기 수확 가능 : 과채류(果菜類) 등은 조기에 육묘해서 이식하면 수확기가 극히
    빨라져서 조기에 수확할 수 있다.
  ㉤ 농업용수의 절감 : 벼는 못자리 기간 동안 본답용수(本畓用水)가 절감될 수 있다.
  ㉥ 수확량의 증가 : 과채류(果菜類), 벼, 콩, 맥류 등은 직파하는 것보다 육묘이식을 하
    는 것이 생육이 조장 되어 증수 한다.
  ㉦ 재해 방지 : 육묘이식을 하면 직파하는 것보다 초기 관리가 수월하고, 집약관리가
    가능하며 병충해, 한해(旱害), 냉해(冷害) 등을 방지하기 쉽다. 벼는 도복이 줄어들
    고, 감자의 가을 재배에서는 고온해가 경감 된다.
  ㉧ 직파가 매우 불리할 경우 : 딸기 고구마, 과수 등에서는 직파하면 매우 불리하므로
    육묘이식이 정상적인 재배법으로 되어 있다.

ⓧ 노력절감 : 직파해서 처음부터 넓은 본포에서 관리하는 것보다 중경제초(中耕除草) 등에 소요 되는 노력이 절감 된다.

03 발아 및 영양번식

(1) 발아, 출아, 맹아

① **발아(發芽)** : 종자에서 유아(幼芽)나 유근(幼根)이 출현하는 것을 뜻한다.

② **출아(出芽)** : 토양에 파종 했을 때 발아한 새싹이 지상으로 출현하는 것을 뜻한다.

③ **맹아(萌芽)** : 뽕나무, 아카시아 등 목본식물 지상부의 눈이 벌어져 새싹이 움트거나, 저장 중인 감자의 덩이줄기에서 싹이 나는 것 같은 지하부 새싹이 지상부로 자라는 현상, 또는 새싹 자체를 의미한다.

④ **발아과정** : 수분흡수 → 저장양분 분해효소 생성과 활성화 → 저장양분의 분해, 전류 및 재합성 → 배의 생장개시 → 종피(종피)의 파열 → 유묘(幼苗)출현의 순서로 진행된다. 유근(幼根)과 유아(幼芽)의 출현순서는 수분의 다소에 따라 다르지만, 산소가 충분한 경우에는 유근이 먼저 나온다.

(2) 발아에 관여하는 조건

① **최적 온도** : 종자의 발아는 여러 가지 효소에 의한 생리반응을 온도가 관여하는 복잡한 일련의 화학작용이라고 볼 수 있으므로 온도에 의해서도 크게 영향을 받는다. 일반적으로 작물의 발아에 필요한 최저온도는 0~10℃, 최적온도는 20~30℃, 최고온도는 35~50℃ 정도인데, 저온작물은 고온작물에 비해 발아온도가 낮다.

[작물종자의 발아 온도]

작물명	최저온도	최적온도	최고온도
목화	12℃	35℃	40℃
강낭콩	10℃	32℃	37℃
겉보리	0~2℃	26℃	38~40℃
쌀보리	0~2℃	24℃	38~40℃
들깨	14~15℃	31℃	35~36℃
담배	13~14℃	28℃	35℃
해바라기	5~10℃	31~37℃	40~44℃
아마	0~5℃	25~30℃	31~37℃
기장	4~6℃	34℃	44~46℃
메밀	0~4℃	30~34℃	42~44℃
호밀	0~2℃	26℃	40~44℃
귀리	0~2℃	24℃	38~40℃
호박	10~15℃	37~40℃	44~50℃
오이	15~18℃	31~37℃	44~50℃
옥수수	6~8℃	34~38℃	44~46℃
조	0~2℃	32℃	44~46℃
완두	0~5℃	25~30℃	31~37℃
콩	2~4℃	34~36℃	42~44℃
삼	0~4.8℃	37~40℃	44~50℃
레드클로버	0~2℃	31~37℃	37~44℃
뽕나무	16℃	32℃	38℃
메론	15~18℃	31~37℃	44~50℃
벼	8~10℃	34℃	42~44℃
밀	0~2℃	26℃	40~42℃

② 산소 : 발아 중의 생리활동에도 호흡작용이 필요한데, 대부분 종자는 산소가 충분히 공급되어 호기호흡이 잘 이루어져야 발아가 잘되지만, 벼 종자처럼 산소가 부족한 경우에도 무기호흡에 의하여 발아에 필요한 에너지를 얻을 수 있는 것도 있다. 그러나 벼 종자도 물못자리에서처럼 물을 깊게 되었을 때 산소가 부족할 경우에는 떡잎이 먼저 출현하여 도장해서 연약해지고 씨뿌리의 생장이 현저히 불량해지는 이상발아현상을 나타낸다. 수중 발아성은 작물의 종에 따라 다르며 다음과 같이 분류할 수 있다.

㉠ 수중에서는 산소가 부족하여 발아하지 못하는 종자 : 메도우페스큐, 페레니얼라이 그래스, 귀리, 밀, 수수, 옥수수, 율무, 메밀, 무, 양배추, 코스모스, 과꽃, 고추, 가지, 파, 머스크멜론, 콩, 루핀, 알팔파, 강낭콩, 완두 등

㉡ 수중에서 발아율이 현저히 감소되는 종자 : 담배, 토마토, 화이트클로버, 카네이션, 미모사 등

㉢ 수중에서도 산소가 부족하여도 발아가 잘되는 종자 : 벼, 상추, 당근, 셀러리, 티머시, 카펫그래스, 캐나다블루그래스, 피튜니아 등

③ **수분** : 수분은 발아에 필요한 첫째 조건이다. 수분은 양분의 분해를 위한 효소의 활성화와 양분의 이전 내지는 저장양분의 이용을 위해 매우 필요하다. 발아에 필요한 종자의 수분 흡수량은 작물의 종류, 온도, 파종상의 수분 함량 등에 따라 다른데, 종자 무게에 대하여 벼는 23%, 밀은 30%, 쌀보리는 50%, 옥수수는 70%, 콩은 100% 정도라고 하며, 일반적으로 화본과 작물의 종자는 흡수량이 적고 두과작물의 종자는 비교적 많다. 수분흡수가 종자 발아에 끼치는 역할을 다음과 같다.

종자 발아 시 필요한 수분흡수량
•콩 : 100%　　•쌀보리 : 50%　　•밀 : 30%　　•벼 : 23%

㉠ 종피가 수분을 흡수하여 연하게 되고, 또한 배, 배유, 자엽 등이 수분을 흡수하여 팽창하므로 종피가 찢어지기 쉽다.

㉡ 수분을 흡수한 종자는 가스교환이 용이하게 되어 산소가 내부 세포에 도달하여 호흡작용이 활발해지고, 그 결과로 생성된 이산화탄소를 외부로 쉽게 배출한다.

㉢ 수분을 흡수한 세포는 원형질의 농도가 낮아지고, 각종 효소들이 작용하여 저장물질의 이전, 전류와 호흡작용 등이 활발해진다.

④ **광선** : 많은 종류의 종자는 광선이 발아에 무관계하지만 조율에 따라서는 광선에 의해서 발아가 조장 또는 억제되는 것도 있다.

㉠ 호광성 종자 : 광선에 의해서 발아가 조장되고 어둠에서는 전혀 발아하지 않거나 발아가 몹시 불량해지는 종자를 호광성 종자(광발아 종자)라고 한다. 호광성 종자에는 담배, 상추, 우엉, 피튜니아, 차조기, 뽕나무, 셀러리, 금어초, 베고니아, 버뮤다글라스 등이 있다.

㉡ 혐광성 종자 : 광선이 있으면 발아가 저해되고 어둠 중에서 발아가 잘되는 종자를 혐광성 종자(암발아 종자)라고 한다. 혐광성 종자에는 토마토, 가지, 오이, 파속의 몇 종류(파, 양파), 나리과(백합과) 식물의 대부분, 호박, 수박, 수세미 등이 있다.

ⓒ 광무관계 종자 : 광에 상관없이 발아가 잘되는 종자를 광무관계 종자라고 한다. 광무관계 종자에는 화곡류, 옥수수, 두과작물의 많은 종류 등이 있다.

ⓔ 호광성 종자(광발아성 종자)는 파종 후 복토를 얕게 하고, 혐광성 종자는 복토를 깊게 한다.

ⓜ 화본과의 목초나 잡초의 대부분은 호광성 종자인데, 땅속에 깊이 파종되면 산소와 광선의 부족으로 환경 휴면을 계속하다가 지표 가까이로 경운되어 올라오면 산소와 광선이 풍부하여 발아하게 된다.

ⓗ 호광성 종자는 단시간 광선을 받으면 그 뒤에는 어두운 곳에 두어도 발아가 촉진된다. 담배는 1시간만 일광을 쬐어도 발아가 촉진된다. 일광보다 약한 광을 순간적으로 조사해도 효과가 있다.

ⓢ 양상추를 재료로 한 연구에서, 광의 파장이 600~700nm의 범위에서는 발아가 촉진적이었고, 730nm 부근에서는 발아가 억제적이었다. 호광성 종자의 광발아에 있어서 적색광·근적외광 전환계가 존재한다.

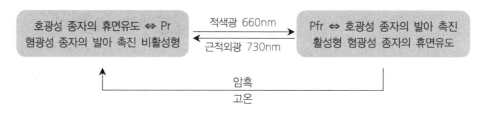

[광가역적 피토크롬 반응]

◎ 종자의 광발아성은 후숙에 의해서 바뀌는 일이 있다.
ⓧ 화학물질도 종자의 광감수성을 바꾼다. 지베렐린은 어떤 호광성 종자의 암중 발아를 유도하고, 약산의 처리로 호광성 종자가 혐광성으로 바뀌는 경우가 있다고 한다.

⑤ 발아 촉진 물질의 처리
ㄱ 시토키닌의 처리
ㄴ 질산염의 처리
ㄷ 에스렐의 처리
ㄹ 지베렐린의 처리

⑥ 침종
ㄱ 파종하기 전 종자를 일정기간 물에 담가 발아에 필요로 하는 수분을 흡수하는 것으로 주로 수목의 종자, 시금치, 가지, 벼 등에서 실시한다.

ⓛ 오래 담가두면 산소의 부족으로 발아장애 유발될 수 있다.

ⓒ 낮은 수온에 오래 담가두면 종자의 저장양분이 손실될 수 있다.

ⓔ 침종의 효과 : 발아가 빠르고 균일해지고, 발아기간 중 피해를 경감 시킬 수 있다.

(3) 발아력 검정

① 발아조사

ⓞ 발아율 : 파종한 전체 종자수에 대한 발아종자수의 비율(%)이다.

$$발아율(\%) = \frac{발아한 종자 수}{파종된 종자 수} \times 100$$

ⓛ 발아세 : 치상 후 일정기간(약 72시간)까지의 발아율 또는 표준발아검사에서 중간조사일 까지의 발아율(%)이다.

$$발아세(\%) = \frac{일정기간 내 발아종자 수}{파종된 종자 수} \times 100$$

ⓒ 발아시(發芽始) : 종자 발아가 처음 나타난 때

ⓔ 발아기(發芽期) : 파종된 종자의 40%가 발아한 상태

ⓜ 발아전(發芽揃) : 파종된 종자의 80% 이상이 발아된 상태

ⓗ 종자의 순도 : 전체 종자에 대한 순수종자의 중량비(重量比)를 말한다.

= 순정 종자무게/종자 총 무게 × 100(%)

② 종자 발아의 간이검정(발아시험)

종자 발아력의 발아시험을 거치지 않고 종자의 효소 활력 등에 의해서 간이하게 종자의 발아력을 검정하는 간이검정법에는 투시법, 절단법, 비중법, 효소검출법, 호흡검정법, 생체염색법, 환원법, 전기전도율 측정법 등 여러 가지가 있는데, 이 중 몇 가지 예를 들면 다음과 같다.

ⓞ 테트라졸륨법(tetrzolium method) : 조직의 환원력을 이용하는 것인데 종자를 8~18시간 물에 침지하여 배를 분리하고 1% TTC(2,3,5-triphenylet-razolium chloride)용액을 첨가하여 40℃에서 2시간 반응시키면 배의 환원력에 의해서 발아력이 강한 종자는 배이며 유아의 단면이 전면 적색으로 염색된다.

ⓛ 구아이아콜법(guaiacol method) : 종자의 배 및 배유부를 종단하여 1%의 구아이아콜 수용액 한 방울을 가하고 다시 1.5% 과산화수소액 한 방울을 가하면 죽은 종자는 착색이 되지 않으나 발아력이 강한 종자는 배 및 배유의 단면과 주가액이 갈색으로 착색된다.

ⓒ 인디고카민법(indigo carmine method) : 죽은 종자의 세포가 반투성을 상실하는 것을 이용하는 방법인데 비교적 대형 종자에 응용된다. 3시간쯤 물에 침지한 종자의 배를 나출시켜 인디고카민 0.05%액에 그 액량의 1/5,000량의 초산을 가하고 이 속에 나출배의 종자를 2~2.5시간 담가두면 죽은 종자의 배는 용이하게 염색되나 생명이 있는 종자의 배는 잘 염색이 되지 않는다.

ⓔ 전기전도도 검사법 : 전기전도도 검사법(電氣傳導度檢査法)은 종자의 세력이 낮거나 퇴화된 종자를 물에 담그면 세포 내 물질이 밖으로 침출되어 나오는데, 이들이 지닌 전하를 전기전도계(電氣傳導計)로 측정한 전기전도도(電氣傳導度) 값으로 발아력을 추정하는 방법이다. 전기전도도가 높으면 활력이 낮은 것이다. 이 방법은 완두와 콩 등에서 많이 이용되고 있다.

(4) 영양번식

① 인공영양번식법
　㉠ 접목(접붙이기)
　　ⓐ 서로 다른 식물의 조직을 결합해 번식시키는 방법. 두 식물체의 장점만을 이용하고자 할 때 사용하는 방법으로 친화성이 있는 서로 다른 식물의 대목과 꺾꽂이순의 형성층을 맞춰 수분과 양분이 서로 통할 수 있도록 붙이는 방법이다.
　　ⓑ 접수는 접하는 윗부분 즉 지상부분을 말하고, 대목은 접붙이기 하는 식물의 밑부분 즉, 지하부분을 말한다.
　　ⓒ 원예작물의 선인장류 접붙이기는 관상 가치를 높이기 위해 실시하는 것이고 목본류의 경우 꽃나무나 과수의 생산에서 많이 사용된다. 초본류에서는 오이나 수박 등 박과 채소에서 많이 실시되고 있다.
　　ⓓ 분류
　　　• 접목방법에 따른 분류
　　　　- 교접 : 같은 식물의 뿌리와 줄기 중간에 뿌리나 가지를 넣어 상하 조직을 연결시키는 방법이다.
　　　　- 눈접(아접) : 현재 가장 널리 실용적으로 이용되는 접붙이기 방법 중 하나로 8월 상순부터 9월 상순에 행하며 그해 자란 수목의 가지에서 눈 1개를 채취해 대목에 접목하는 방법이다.
　　　　- 삽목접 : 뿌리가 없는 두 식물의 가지끼리 접목시키는 방법이다.
　　　　- 설접(혀접) : 굵기가 서로 비슷한 내목과 접수를 각각 비스듬하게 혀 모양으

로 잘라 결합시키는 방법이다.

- 쪼개접(할접) : 가는 소목과 굵은 대목을 접목할 때 대목 중간을 쪼개 그 사이에 접수를 넣는 방법이다.
- 깎기접(절접) : 현재 가장 널리 실용적으로 이용되는 접붙이기 방법 중 하나로 작물에 따라 다르지만 보통 3월부터 4월 중순 사이에 접붙이기를 실시한다.
- 가지접(지접) : 접붙이는 방법에 따라 깎기접(절접), 쪼개접(할접), 설접(혀접), 삽목접 등으로 구분할 수 있다.

• 접목시기에 따른 분류 : 봄(春)접, 여름(夏)접, 가을(秋)접 등으로 구분할 수 있다.
• 접목장소에 따른 분류 : 양접, 거접 등으로 구분할 수 있다.
• 접목위치에 따른 분류 : 이중접, 근접, 복접, 근두접, 고접 등으로 구분할 수 있다.

ⓔ 접목변이와 접목의 이점 : 접목을 하면 접수와 대목이 서로 작용하여 접목을 하지 않았을 때에 비하여 형태적, 생리적, 생태적인 각종 변이를 일으키는데 이것을 접목변이라고 한다. 접목변이가 재배적으로 유리한 방향으로 나타나는 작물에 대해서 주로 접목을 이용하는데, 접목의 이점은 다음과 같다.

• 결과 연한단축 : 실생묘를 이용하는 것에 비하여 접목묘를 이용하면 결과에 소요되는 연수가 일본배에서는 7~8년에서 4~5년으로 단축되고, 감에서는 10년에서 2~3년으로 단축된다.
• 수세 조절
- 서양배를 마르멜로 대목에, 또는 사과를 파라다이스 대목에 접목하면 현저히 왜화하여 이런 대목을 왜화 대목이라 하며, 결과연령이 단축되고 관리도 편해진다.
- 살구를 일본종 자두대목에 앵두를, 복숭아 대목에 접목하면 지상부의 생육이 왕성해지고 수령도 길어지는데, 이를 강화 대목이라고 한다.
• 풍토 적응성의 증대
- 감을 고욤대목에 접목하면 내한성이 증대된다.
- 복숭아나 자두를 개복숭아 대목에 접목하면 알칼리 토양에 대한 적응성이 높아진다.
- 배를 중국 콩배 대목에 접목하면 건조한 토양에 대한 적응성이 높아진다.

- 병충해 저항성의 증대
  - 포도의 뿌리진딧물인 필록세라는 바이러스 병균 등의 저항성 대목에 접목하면 경감된다.
  - 사과의 선충은 환엽해당 등의 저항성 대목에 접목하면 경감된다.
  - 토마토의 풋마름병, 위조병은 야생토마토, 그리고 수박의 덩굴쪼김병은 박, 호박 등에 접목하면 회피 · 경감된다.
  - 서양배의 화상병은 중국콩배, 산돌배, 돌배 등에 접목하면 경감된다.
- 결과 향상 : 온주 밀감은 유자를 대목으로 하는 것보다 탱자를 대목으로 하는 것이 과피가 매끄럽고, 착색이 좋고, 감미가 많으며, 성숙도 빠르다.
- 수세 회복
  - 감은 탄저병으로 땅가의 부분이 상했을 때 환부를 깎아 버리고 소독한 다음 건전부에 교접하면 수세가 회복된다.
  - 탱자나무 대목의 온주 밀감이 노쇠했을 때 유자의 뿌리를 접목해주면 수세가 회복된다.
  - 고접을 함으로써 노목의 품종갱신이 가능하며, 어미나무의 특성을 지닌 묘목을 일시에 대량으로 양성할 수 있다.
- ⓕ 박과 채소류의 접목 : 접목방법은 과거에는 호접(呼楼)과 삽접(揷楼)이 대부분이었으나, 육묘가 전문화된 오늘날에는 편엽합접(片葉合楼)과 핀접 등도 많이 이용되고 있다. 박과 채소류의 접목의 이로운 점과 불리한 점을 예로 들어 보면 다음과 같다.
  - 이로운 점
    - 토양전염병 발생을 억제한다(덩굴쪼김병 : 수박, 오이, 참외).
    - 고온 · 저온 등 불량환경에 대한 내성이 증대된다(수박, 오이, 참외).
    - 흡비력이 강해진다(수박, 오이, 참외).
    - 과습에 잘 견딘다(수박, 오이, 참외).
    - 과실의 품질이 우수해진다(수박, 멜론)
  - 불리한 점
    - 질소의 과다흡수가 우려된다.
    - 기형과가 많이 발생한다.-
    - 당도가 떨어진다.
    - 흰가루병에 약하다.

ⓛ 취목

지조(枝條)를 모체에서 분리시키지 않은 채로 흙을 묻거나, 그 밖에 적당한(암흑,
습기, 공기 등) 조건을 주어 발근시킨 다음 절리해서 독립적으로 번식시키는 방법
으로 압조법이라고 하며, 삽목이나 접목이 잘되지 않는 종류를 번식시키고자 할 때
이용하는데, 다음과 같은 방법 등이 있다.

ⓐ 성토법(묻어 떼기 ; mounting) : 가지를 굽히지 않고 꼿꼿이 선 채로 밑동에 흙을
긁어모아 발근시키는 방법이며, 뽕나무, 사과, 양앵두, 자두 등에서 이용된다.

ⓑ 언지법(휘묻이) : 가지를 휘어서 일부를 흙속에 묻는 방법으로 모양에 따라 다음
과 같은 방법이 있다.

• 보통법(단순취목법) : 보통법은 가지를 보통으로 휘어서 일부를 흙속에 묻는
방법이며, 수구리, 포도, 양앵두, 자두 등에서 이용된다.

• 선취법 : 선취법은 가지의 선단부를 휘어서 묻는 방법이며, 나무딸기에서 이
용된다.

• 파상취법 : 파상취법은 긴 가지를 파상으로 휘어서 하곡부마다 흙을 덮어 한
가지에서 여러 개 취목하는 방식이며, 포도 등에서 이용된다.

• 당목취법 : 당목취법은 가지를 수평으로 묻고, 각 마디에서 발생하는 새 가지
를 발근시켜 한 가지에서 여러 개 취목하는 방법이며, 포도, 양앵두, 자두, 나
무딸기 등에서 이용된다.

ⓒ 고취법 : 지조를 땅속에 묻을 수 없는 경우에 높은 곳에서 발근시키는 방법으로
고무나무와 같은 관상수목에 많이 사용하는 양취법이라고도 하며, 이때 발근시
키고자 하는 부분에 미리 절상, 환상박피 등을 해두면 효과적이다.

ⓒ 삽목(꺾꽂이) : 모체에서 분리한 영양체의 일부를 알맞은 곳에 심어서 발근시켜 독
립개체로 번식시키는 방법이다.

ⓐ 개요

• 식물체의 일부인 뿌리, 줄기, 잎 등을 잘라 뿌리를 내리게 하고 새싹을 돋게
해 새로운 하나의 식물체를 만드는 방법이다.

• 과수에서는 참다래나 포도 등의 번식에 이용되고, 화훼류에서는 다육식물 및
선인장, 꽃나무류나 여러해살이 화초에 많이 이용된다.

• 외떡잎식물은 뿌리가 잘 내리지 않지만 쌍떡잎식물은 꺾꽂이를 하면 뿌리를
잘 내린다.

ⓑ 종류 : 삽목에 이용(꽂는)하는 부위에 따라서 엽삽(葉揷, 잎눈꽂이), 근삽(根揷, 뿌리
꽂이), 지삽(枝揷, 경삽, 줄기꽂이) 등으로 구분된다.

꺾꽂이 종류		작물의 종류
줄기꽂이	새순꽂이 [녹지삽]	드라세나, 베고니아, 제라늄, 콜레우스(피튜니어), 펠라고늄, 카네이션, 국화 등
	푸른가지꽂이 [신초(반갱년)삽]	포인세티아, 수국, 사철나무, 철쭉류, 회양목, 치자나무, 동백나무, 과실수(인과류, 핵과류, 감귤류) 등
	묵은가지꽂이 [경년(숙지)삽]	향나무, 장미, 무화과, 포도, 개나리, 남천, 배롱나무, 무궁화, 석류나무 등
잎꽂이		펠라고늄, 아프리칸바이올렛, 글록시니아, 페페로미아, 렉스베고니아, 산세베리아 등
잎눈꽂이[엽삽(葉揷)]		치자나무, 감귤류, 몬스테라, 동백나무, 고무나무, 국화 등
뿌리꽂이[근삽(根揷)]		땅두릅, 라일락, 앵두나무, 오동나무, 자두나무, 명자나무, 배나무, 사과나무 등

ⓒ 삽수이용 : 삽수(揷穗)의 이용은 고구마가 대표적이었지만 근래에는 감자의 삽목묘 이용이 증가하고 있으며, 또한 종자가 비싸거나 일부 구입하기 힘든 씨 없는 수박이나 미니토마토 등과 같은 고급 채소류의 삽목묘 이용이 증가하고 있다.

오이 등과 과다한 영양생장을 억제하거나 도장한 유묘의 질을 높이기 위하여 삽목육묘를 실시하기도 하며, 도장한 토마토 모를 심어 줄기에서 부정근을 발생하게 하여 재배하는 간접적 삽목육묘도 일부 실용화되고 있다.

ⓓ 삽목(꺾꽂이)의 장점
- 병충해에 대한 저항력이 증대된다.
- 종자 번식이 불가능한 작물의 번식 수단이 되고 있다.
- 개화결실이 빠르고, 묘목의 양성기간이 단축된다.
- 결실이 나쁜 수목의 번식에 적합하다.
- 모주의 유전 형질을 그대로 이어 받을 수 있다.

ⓔ 분주(포기 나누기)

모주(母株)에서 발생하는 흡지(sucker)를 뿌리가 달린 채로 분리하여 번식시키는 방법으로 이른봄 싹이 트기 전 실시하는 것이 가장 좋으며, 안전한 번식법이다. 박하, 모시풀, 작약, 나무딸기, 수구리, 석류, 닥나무, 머위, 토당귀, 아스파라거스 등에 이용된다.

② 영양번식의 이점

㉠ 종자번식이 어려울 때 이용된다(고구마, 마늘 등).

ⓛ 우량한 상태의 유전질을 쉽게 영속적으로 유지시킬 수 있다(과수, 감자 등).

ⓒ 종자번식보다 생육이 왕성할 때 이용된다(감자, 모시풀, 꽃, 과수 등).

ⓔ 암수의 어느 한쪽 그루만을 재배할 때 이용된다(호프는 영양번식을 통하여 수량이 많은 암그루만을 재배할 수 있다).

ⓜ 접목을 하면 수세의 조절, 풍토 적응성의 증대, 병충해 저항성의 증대, 결과의 촉진, 품질의 향상, 수세의 회복 등을 기대할 수 있다.

　ⓐ 종자번식이 어려울 때 이용된다(고구마, 마늘 등).

　ⓑ 우량한 상태의 유전질을 쉽게 영속적으로 유지시킬 수 있다(과수, 감자 등).

　ⓒ 종자번식보다 생육이 왕성할 때 이용된다(감자, 모시풀, 꽃, 과수 등).

　ⓓ 암수의 어느 한쪽 그루만을 재배할 때 이용된다(호프는 영양번식을 통하여 수량이 많은 암그루만을 재배할 수 있다).

　ⓔ 접목을 하면 수세의 조절, 풍토 적응성의 증대, 병충해 저항성의 증대, 결과의 촉진, 품질의 향상, 수세의 회복 등을 기대할 수 있다.

③ 타식성(他食性) 식물과 자식성(自食性) 식물

타식성 식물 (서로 다른 개체의 정세포와 난세포가 만나 수정되고 번식하는 식물)	• 양성화 자가불화합성 : 서양배, 일본배, 사과, 고구마, 호밀, 메밀, 차, 뽕나무, 양배추, 무, 배추 등 • 양성화 웅예선숙 : 치자, 셀러리, 마늘, 양파 등 • 자웅동주 : 수박, 오이, 호두, 밤, 딸기, 감, 옥수수 등 • 자웅이주 : 파파야, 삼, 아스파라거스, 호프, 시금치 등
자식성 식물 (동일한 식물체에서 생긴 난세포와 정세포가 수정하고 번식하는 식물)	• 과수 : 귤(일부), 포도(일부), 복숭아 등 • 채소 : 갓, 고추, 가지, 토마토 등 • 콩류 : 강낭콩, 땅콩, 완두, 팥, 대두 등 • 곡류 : 귀리, 수수, 조, 밀, 보리, 벼 등 • 기타 : 서양유채, 목화, 아마, 담배, 참깨 등

04 | 벼의 재배 및 병·해충 관리

(1) 직파재배

모를 길러서 옮겨 심지 않고 볍씨종자를 직접 파종하여 재배하는 방법이다.

① 건답직파 : 생육초기 물이 없는 상태의 논에 볍씨종자를 직접 파종하여 벼가 어느 정도 자란 이후에 논에 물을 관개하여 벼를 재배하는 방법으로 파종방법에 따라 점파(띄엄

띄엄 뿌림), 조파(줄뿌림), 산파(흩어 뿌림) 등이 있다.

② 담수직파 : 생육초기 물이 있는 상태의 논에 볍씨종자를 직접 파종하여 벼를 재배하는 방법으로 파종방법에 따라 점파(띄엄띄엄 뿌림), 조파(줄뿌림), 산파(흩어 뿌림) 등이 있다.

　ㄱ 혐기 무논직파 : 다소 산소가 부족한 환원 조건 논에서 실시한다.

　ㄴ 호기 무논직파 : 산소 공급 원활 조건 논에서 실시한다.

③ **직파 재배 적응품종의 특성**

　ㄱ 재배 안전성 품종을 선택한다.

　　잡초경합성(초기 생장성)이 강한 품종, 단기조숙성, 내도복성 등을 갖춘 품종을 고려하여 선택한다.

　ㄴ 등숙율 양호(밀식 조건), 고 질소이용율, 도복저항성 등을 고려하여 품종을 선택한다.

　　ⓐ 소얼 수중형 : 1포기의 줄기 수 증가(새끼치기)는 적으나, 1이삭 크기가 크고 무거운 품종을 소얼 수중형 품종이라 한다.

　　ⓑ 다얼 수수형 품종 : 1포기의 줄기 수 증가(새끼치기)는 많으나, 1이삭 크기가 작고 가벼운 품종을 다얼 수수형 품종이라 한다.

　ㄷ 입모 안정성을 고려하여 품종을 선택한다.

　　입모란 단위면적당 개체수를 말하는데, 일반적으로 직파재배는 이앙재배보다 여러 가지 영향으로 입모율이 낮다. 또한 일찍 파종하므로 저온 발아성 및 출아성이 높고, 담수직파 할 때에는 저산소 요구성이 높은 품종을 선택하여 입모율을 높이도록 한다.

④ **벼 직파재배 장·단점**

　ㄱ 장점

　　• 이삭 수의 확보가 용이하여 다수확 재배의 가능성 높다.

　　• 건답직파의 경우 한발(가뭄해)대책 기술에 의해 활용성이 높다.

　　• 토양 및 강우 가용영양분의 조기 이용이 가능하다.

　　• 노력의 분산 및 작업의 간편화가 가능하다.

　　• 생산비 및 노동력 절감으로 생력화 재배가 가능하다.

　ㄴ 단점

　　• 입모의 불안정하다.

　　• 잡초의 발생이 많고 피해가 크고, 방제에 노력과 비용이 많이 소요된다.

- 도복의 우려가 크다.

⑤ 담수직파재배 기술의 장·단점

 ㉠ 장점

- 대규모 단지의 항공직파 가능하다.
- 생산비 절감 효과가 크다.
- 파종작업이 간편하다.

 ㉡ 단점

- 본답기간의 연장으로 관개용수가 다량 소요된다.
- 도복저항성이 가장 약한 벼 재배방법이다.

⑥ 건답직파재배 기술의 장·단점

 ㉠ 장점

- 입모 기간 중 관개용수를 절약할 수 있다.
- 밭 상태로 파종 및 경운 작업이 용이하다.
- 영농 규모의 확대가 가능하다.
- 대형 기계화 작업에 유리하다.
- 벼 재배방법 중에서 생산비 절감 효과가 크다.

 ㉡ 단점

- 입모 후 담수할 때 관개용수가 다량으로 소요된다.
- 잡초발생 종류(초종)의 다양 및 잡초 발생량의 증가된다.
- 강우가 지속될 때 적기 파종이 곤란하다.
- 잡초성벼(앵미) 및 이형주 발생이 증가한다.

⑦ 잡초성벼

 ㉠ 발생 및 증가 원인

- 콤바인 수확할 때 논바닥에 떨어진 많은 볍씨가 물 관리 및 경운 작업 등에 소홀할 경우 발생이 증가한다.
- 순도가 낮은 자가 채종 종자를 사용하거나 잡초성벼의 제거를 소홀히 할 경우 발생이 증가한다.
- 토양 속에서 휴면 상태로 있던 앵미벼 종자의 발아에 의하여 발생이 증가한다.
- 유전자의 분리 및 유전적인 돌연변이의 발생에 의하여 증가한다.
- 재배품종 및 잡초성벼 간의 자연교잡에 의하여 증가한다.

ⓛ 잡초성벼의 특징

- 제3, 4절간이 약해서 도복이 잘 되고 줄기는 가늘며 길다.
- 유아 및 유근의 신장속도가 빠르고 저온발아성이 높다.
- 현미색은 대부분 적색이지만 갈색도 있다.
- 재배벼에 비해 쉽게 이삭에서 종자가 떨어진다.
- 출수 후 10~20일 정도면 발아능력을 갖는다.
- 휴면성이 강해 생존기간이 길다.

(2) 이앙재배

① 손 이앙 재배법

② 기계이앙 재배법

ⓐ 모를 기르는 기간에 따라 중묘(30일), 치묘(20일), 어린 묘(10일) 등을 이용할 수 있다.

ⓑ 재배 기술
- 지역 및 생태형의 별 못자리 설치 및 이앙 적기
- 육묘상자의 개발 및 파종 방법 규명
- 보온 절충 못자리 육묘 관리 기술 개발
- 출아 및 녹화 기술 개발

ⓒ 파급 효과
- 경제적 기술의 가치가 증대되었다.
- 벼농사 노동력의 획기적 절감효과가 증대되었다.
- 관련 산업(농기계 등) 활성화에 기여하였다.

③ 이앙 시 주의사항

ⓐ 재배 시기, 토양의 특성, 기후 여건 등을 감안하여 알맞은 포기 수 및 적정 재식간격 등을 선택해야 한다.

ⓑ 적당한 시기에 모내기 실시하여 완전미 비율 및 수량 증대를 향상시킨다.

ⓒ 모가 2~3cm 깊이로 심어지도록 이앙 기계를 조절해 이앙해야 한다.

ⓓ 어린모는 키가 작으므로 논바닥을 균평하게 써레질해야 한다.

④ 지역별 적정 이앙기

ⓐ 어린모는 중묘보다 5일 삘리 이앙할 수 있다.

    ⓛ 최적 이앙 시기는 이앙일부터 출수일까지의 기간을 역산해 산출한다.

    ⓒ 최적 출수일은 출수 후 40일 동안의 안전등숙적온(21.5℃)을 적용하여 산출한다.

       • 등숙정지온도 : 15℃

       • 등숙한계온도 : 19℃

    ⓔ 중부 중간지 : 이앙 시기는 5월 11~24일, 적정 질소시비량_8~10kg/10a이다.

    ⓜ 중부 평야지 : 이앙 시기는 5월 18일~6월 12일, 적정 질소시비량_9kg/10a이다.

    ⓑ 중북부 평야지 : 이앙 시기는 5월 18일~6월 7일, 적정 질소시비량_9~10kg/10a이다.

    ⓢ 중부 해안지 : 이앙 시기는 5월 17일~6월 13일, 적정 질소시비량_11~13kg/10a이다.

    ⓞ 중부 중산간지 : 이앙 시기는 5월 11~22일, 적정 질소시비량_9kg/10a이다.

    ⓩ 영남 중간지 : 이앙 시기는 5월 22~6월 1일, 적정 질소시비량_8kg/10a이다.

    ⓒ 영남 중산간지 : 이앙 시기는 5월 13~28일, 적정 질소시비량_8~10kg/10a이다.

    ⓚ 영남 냉조풍지 : 이앙 시기는 5월 10~14일, 적정 질소시비량_8~9kg/10a이다.

    ⓣ 영남 평야지 : 이앙 시기는 6월 8~16일, 적정 질소시비량_8~9kg/10a이다.

    ⓟ 호남 평야지 : 이앙 시기는 6월 1~16일, 적정 질소시비량_7~9kg/10a이다.

    ⓗ 호남 중간지 : 이앙 시기는 5월 28일~6월 8일, 적정 질소시비량_8~9kg/10a이다.

    ㉮ 호남 남부평야지 : 이앙 시기는 6월 6~18일, 적정 질소시비량_9~10kg/10a이다.

    ㉯ 호남 해안지 : 이앙 시기는 6월 3~18일, 적정 질소시비량_13~15kg/10a이다.

⑤ **벼의 생육 및 이앙시기**

    ㉠ 매우 일찍 모내기를 할 경우

       • 동할미가 늘어나 미질이 떨어지고 이삭이 일찍 패기 하는 관계로 고온기 등숙에 의한 호흡의 증가로 벼 알의 양분소모가 많아진다.

         * 등숙기 적정 온도(출수 후 40일간 평균 온도) : 20~22℃

       • 무효분얼이 많아져 통풍이 잘 이루어지지 않아 병·해충이 증가할 수 있다.

       • 모내기 때 온도가 낮거나 육묘할 때 냉해 등으로 인해 초기 생육지연 등의 우려가 있다.

       • 영양생장기간이 길어져 물이나 양분의 소모량이 많아진다.

       • 잡초의 발생 및 피해가 많아져 방제의 횟수를 늘리는 등 관리가 필요하다.

    ㉡ 매우 늦게 모내기를 할 경우

       • 충분하게 영양생장을 하지 못해 수량이 감소하고 벼 알의 수가 적어진다.

       • 심복백미의 발생률이 급격하게 증가해 미질이 저하된다.

⑥ 벼 재배 시 풍수해의 경감 및 예방 대책

ⓐ 관수 및 침수된 논은 빨리 배수시킨다.

ⓑ 내도복성의 품종으로 재배를 한다.

ⓒ 태풍이 지나간 후 살균제를 살포한다.

⑦ 벼 품종의 선택 기준

ⓐ 품종 선택의 기준

- 재배자의 기술 능력, 병·해충, 시비, 토양, 입지조건 등을 종합적으로 고려해 선택한다.
- 재배양식이나 작기에 적합한 품종 선택한다.
- 지역장려 품종(우량품종) 중 적합한 품종 선택한다.
- 품종의 우열보다 품종의 적부에 따라 선택한다.

ⓑ 직파재배에 적합한 품종 선택의 기준

- 잎집무늬마름병에 강한 품종을 선택한다.
- 지역에 알맞은 숙기를 갖는 품종을 선택한다.
- 도복에 강한 품종을 선택한다.
- 발아와 출아가 양호해 입모율이 높은 품종을 선택한다.

ⓒ 조기재배에 적합한 품종 선택의 기준

- 주로 수중형의 품종을 선택한다.
- 고온 조건에서 품질 저하가 적고 등숙성이 우수한 품종을 선택한다.
- 수발아성이 적거나 없는 품종을 선택한다.
- 감온성으로 조생종이면서 내냉성의 특성을 가진 품종을 선택한다.

⑧ 재배

ⓐ 만식재배 : 논에 전 작물로 타 작물을 재배하고 그 후 내만식성 품종을 이앙해 재배하는 방법이다.

ⓑ 조기재배 : 벼의 조생종 품종을 이른 봄 보온 육묘해 모내기를 일찍 함으로써 벼를 일찍 수확하는 방법이다.

(3) 벼의 병충해

① 벼의 병

ⓐ 도열병

- 벼의 병해 중 가장 큰 피해를 주는 주요 병해의 하나로 생육기간 동안 잎혀, 이삭

가지, 이삭목, 마디, 잎 등에 발생한다.
- 벼의 발생 부위에 따라 잎혀 도열병, 이삭가지 도열병, 이삭목 도열병, 마디 도열병, 잎 도열병 등으로 분류된다.

ⓒ 바이러스병

매미충류에 의해 매개되는 오갈병, 애멸구에 의해 매개되는 줄무늬잎마름병 등이 바이러스병에 해당된다.

ⓒ 잎집무늬마름병
- 주로 벼의 잎집에 발생하며 여름철 기온이 높아지면 많이 발생함
- 병반이 아래쪽 잎집부터 위쪽 잎집으로 퍼지며 특히 심할 경우 이삭이나 잎에도 발병해 회록색을 띠고 썩게 된다.
- 발병 초기(7월 상순)부터 헥사코나졸제 및 바리다마이신제 등의 약제를 뿌려 방제한다.

ⓔ 깨시무늬병
- 깨시무늬병이 발생할 때는 재배관리방법이나 토질 등과 관련이 많기 때문에 상습적으로 발생하는 곳에서는 칼륨, 규산질비료, 객토, 추비 등을 이용해 토양 개량으로 비료 성분의 보유능력을 높여 비료가 장기간 지속됨으로써 후기까지 벼를 건전하게 하는 식으로 병의 발생을 줄인다.
- 국내에서는 과거 발병이 적어 큰 문제가 되지 않았지만 최근 이삭을 팬 이후 고온 다습한 일부 지역에서 발생이 증가하고 있다.

ⓜ 흰빛잎마름병
- 주로 잎이 상처를 입은 논이나 8~9월 폭풍우나 장마로 물에 잠겼던 논에서 급격하게 발생하며 모내기를 전후해 발생하는 경우도 있다.
- 처음에는 잎의 가장자리나 끝부분 등에 황록색의 수침상의 병반이 나타나면서 점점 회백색으로 되며 말라죽는 세균성 병해이다.
- 방제방법으로는 강우를 전후하여 흰빛잎마름병약제를 뿌리거나 질소의 과다 시용을 삼가고 칼리 · 규산질비료의 증시를 한다.
- 또한 배수로의 겨풀이나 줄풀 등의 중간 숙주를 제거하고, 침수지역에는 내병성 품종을 재배한다.

② 벼의 해충

ⓐ 매미충류와 멸구류
- 매미충류는 즙액을 빨아먹으며, 벼 바이러스가 원인인 오갈(위축)병을 매개한다.

- 흰등멸구 및 벼멸구는 장거리 이동성 해충(비래해충, 飛來害蟲)으로 줄기의 즙액을 빨아먹어 벼를 마르게 하고 쓰러지게 한다.
- 애멸구는 우리나라에서 월동이 가능한 해충으로 줄기의 즙액을 빨아먹어 벼를 마르게 하고 쓰러지게 하고, 벼의 바이러스가 원인인 줄무늬잎마름병을 매개한다.

ⓒ 흑명나방

매년 중국에서 국내로 날아오는 해충(비래해충, 飛來害蟲)으로 추정되며 아시아의 벼 재배지대에 널리 분포하는 이동성이 있는 해충이다.

ⓒ 벼물바구미

- 1년에 1회 발생하며 성충으로 논 주변의 야산 표토 또는 제방이나 논둑의 잡초 등에서 월동하며 5월 하순경에 월동처에서 이앙한 논으로 이동해 수면 위아래를 오가며 벼 잎을 갉아 먹고 수면 아래 잎집 속에 산란한다.
- 외래 해충으로 추정되며 피해가 점점 증가하고 있다.
- 애벌레가 벼 뿌리를 갉아먹어 포기가 누렇게 변하고 잘 자라지 못한다.

ⓒ 이화명나방

- 1970년대 초까지 가장 큰 문제가 됐던 해충이었지만 조기 이앙 같은 재배환경의 변화로 발생량이 줄어 최근에는 피해가 많지 않다.
- 연 2회 발생하며 유충으로 벼 그루터기의 줄기 속이나 볏짚에서 월동한다.
- 애벌레가 줄기 속을 파고 들어가 이삭과 줄기를 마르게 한다.

③ 각종 해충

ㄱ 조팝나무진딧물

- 5월 하순 이후 습도가 높고 온도가 낮은 날이 길어지면 조파나무진딧물의 발생기간이 길어진다. 또한 신초가 가을에도 늦게까지 자라면 발생이 많아진다.
- 귤나무, 배, 사과, 조팝나무 등에 기생해 살며 연간 10세대 정도 발생하고 사과나무의 도장지나 조팝나무의 눈 또는 1, 2년생 가지의 눈 기부에서 검은 색 타원형의 알로 월동한다.
- 알은 처음에는 초록색이지만 2~3일이 지나면 광택이 있는 검은 색으로 변한다.
- 날개가 있는 유시충은 머리와 가슴이 흑색이고 배는 황록색이다.
- 날개가 없는 무시충은 1.2~1.8cm로 머리가 거무스름하며 배는 황록색이고 미편과 미판은 흑색이다.
- 뿔관 밑부와 배의 측면은 거무스름하다.

  ⓛ 사과굴나방
- 일반적으로 널리 알려진 사과의 해충으로 유충은 이른 봄부터 사과 잎의 뒷면에 천막 모양의 굴을 만들고 그 속에서 잎살을 먹는데 심한 경우 한 잎에 10여 개씩의 피해가 발생된다.
- 어린 유충은 다리가 없지만 3령 유충부터 다리가 생기고 몸이 담황색이며, 다 자란 유충은 6mm 정도 된다.
- 알은 무색 투명이고 둥글며 평편하다.
- 앞가두리 중간에 있는 흰 색의 경사진 줄무늬는 긴 삼각형이다.
- 앞날개 바탕색은 금색 광택이 나고 기부 중앙의 세로선은 날개 길이의 5분의 2에 달한다.
- 소형의 나방으로 날개 길이가 6~7mm이다.

  ⓒ 복숭아심식나방
- 대추, 모과, 자두, 복숭아, 사과 등을 가해하고 주로 연 2회 발생하지만 일부는 1회나 3회 발생하는 등 일정하지 않다.
- 유충의 경우 몸통 가운데가 볼록한 편이고 과실 속에 있을 때는 황백색이지만 자라서 나올 때는 빨간색이 많아진다.
- 알은 빨갛고 둥글며 납작하다.
- 앞 가장자리에 구름 모양의 흑갈색 무늬와 중앙보다 약간 아래에 광택 나는 흑갈색 삼각형 무늬가 있다.

  ⓔ 사과흑진딧물
- 9월까지는 암컷으로만 새끼를 낳고 10월 이후에는 날개 달린 수컷과 날개가 없는 암컷이 교미해 사과나무 가지에 다시 알을 낳는다.
- 사과나무 가지의 눈틈에서 알의 상태로 겨울을 보내고 4월 중순경 부화해 자라면 간모가 되며 2~3회 번식을 하고 먹이가 적당치 않게 되면 날개가 생겨 다른 사과나무로 옮겨가 가해한다.

(4) 벼의 병해충 방지

① 관리에 있어서 핵심은 예방이며 지역 적응성이 높고, 병해충에 대한 내성이 강한 품종의 선택이 중요하다.

② 생물학적인 방제방법으로 오리가 해충을 제거하는 오리농법이 가장 많이 활용되고 있다.

③ 벼의 병해충 방제방법으로 물리적(기계적) 방제방법, 경종적 방제방법, 생물학적 방제방법, 화학적 방제방법, 종합적 방제방법 등이 있다.

(5) 해충의 방제

① 생물적 방제

ⓐ 최근 환경친화적 방법으로 각광받고 있으며 해충의 천적을 이용해 방제하는 방법이다.

ⓑ 천적을 이용한 방제
- 천적의 분류
  - 병원성 천적 : 원생동물, 바이러스, 세균 등
  - 포식성 천적 : 포식성 노린재류, 풀잠자리, 포식성 응애, 무당벌레 등
  - 기생성 천적 : 선충, 기생파리, 기생벌 등
- 대상 해충별 천적

대상 해충	천적	이용작물
잎굴파리, 나방류	굴파리고치벌	화훼, 오이, 토마토 등
	굴파리좀벌	
	명충알벌	피망, 고추 등
총채벌레	오이이리응애	화훼, 엽채류, 과채류 등
	애꽃노린재류	
진딧물	콜레마니진딧벌	과채류, 엽채류 등
온실가루이	황온점벌	멜론, 오이, 토마토 등
	온실가루이좀벌	화훼, 오이, 토마토 등
점박이응애	팔라시스이리응애	감귤, 배, 사과 등
	캘리포니아커스이리응애	화훼, 참외, 오이, 수박 등
	긴이리응애	
	칠레이리응애	화훼, 오이, 딸기 등

② 화학적 방제

㉠ 농약을 이용해 해충을 방제하는 방법으로 가장 손쉽고 효과적이고, 방제 시간 및 비용이 저렴하다는 장점이 있지만, 안전성 및 환경오염으로 사회적 문제가 되고 있으며 해충의 저항성 또한 커진다.

ⓒ 약제 사용시 주의할 점

ⓐ 선택성이 있는 농약을 사용하고 천적에 피해를 주지 말아야 한다.

ⓑ 성분이 다른 약제와 혼용할 수 있어야 한다.

ⓒ 적기에 사용하여야 한다.

ⓓ 살포량 및 농도를 정확하게 지켜야 한다.

ⓔ 작물 및 해충에 알맞은 약제를 선택하여야 한다.

③ 물리적·기계적 방제

빛에 끌려 움직이는 특성을 이용해 해충을 유인하는 방법, 방충망을 통해 해충을 막는 방법, 시설 내 온도를 이용하는 방법, 증기소독 등이 있다.

④ 작물 저항성 이용 방제

해충에 대해 저항성을 가진 품종을 이용해 방제하는 방법으로 저항성 품종을 기르고 실제로 이용하는 데에는 많은 노력과 시간이 필요하지만 저항성 품종을 한 번 개발하게 되면 효율적으로 해충을 방제할 수 있다.

⑤ 재배(경종, 생태)적 방제

해충 발생에 불리한 재배환경을 조성해 피해를 줄이는 방법으로 여기에는 작물 환경의 경운, 청결, 혼작 및 윤작 등이 있다.

[병해충의 방제수단별 장단점 비교]

방제법	장점	단점
생태적·경종적 방제	• 친환경적 방제수단 • 비용 대비 높은 방제효과	• 기술개발에 장기간 연구 필요 • 방제효과 낮음
기계적·물리적 방제	• 생태적 특성 이용 • 발생예찰에 활용 가능	• 이용불편, 방제효과 미약 • 방제노력 및 비용이 과다
생물학적 방제	• 저독성 안전농산물 생산 • 병해충에 대한 내성유발 전무	• 방제효과 발현이 느림 • 전문지식이 필요, 사용상 제약이 많음
화학적 방제	• 방제효과 확실 • 방제비용 저렴	• 주요 병해충의 내성발현 용이 • 환경, 인축 및 잔류독성문제 상존

(6) 병해충 종합관리(Integrated Pest Management)

① 병해충종합관리(IPM)는 각종 방제수단을 상호보완적으로 활용함으로 단기적으로는 병해충에 의한 경제적 피해를 최소화하고 장기적으로는 병해충의 발생이 경제적 문제가

되지 않을 정도의 낮은 수준에서 유지 될 수 있도록 병해충을 관리하는 것이라 할 수 있다.

② 농약의 과다한 사용을 억제하고, 농업의 안전성과 환경성, 지속성 그리고 국제 경쟁력을 갖기 위해 사용한다.

③ 농약으로 병해충을 완전히 박멸하거나 농약을 정기적으로 살포하는 방제법이 아니라, 주변 환경과 해충의 속성을 고려한 후 생물적 · 화학적 · 물리적 방제법을 적절히 조합하여 병해충의 밀도를 경제적 피해를 일으키지 못할 수준으로 관리하는 방법. 포장 개량, 저항성 품종 선택, 윤작 따위의 경제적 방제 기술, 천적 활동 조장, 선택적 농약 사용, 적기 방제 따위의 여러 가지 수단을 종합적으로 활용한다.

제3장

핵심기출문제

1. 작물 생육의 일정한 시기에 저온을 경과해야 개화가 일어나는 현상은?

① 경화   ② 순화   ③ 춘화   ④ 분화

> 해설 ▎ ① 경화 : 종자나 작물이 건조 · 고온 · 저온 등의 환경에서 내건성 · 내염성 · 내동성 등을 높이기 위해
> 실시한다.
> ② 순화 : 생물이 오랜 기간 동안 환경에 적응하는 것을 말한다.
> ④ 분화 : 생물의 진화 과정에서 한 가지 종에서 여러 가지 종으로 나누어지는 것을 말한다.
>
> 정답 ▎ ③

2. 종자나 눈이 휴면에 들어가면서 증가하는 식물 호르몬은?

① 옥신(auxin)   ② 시토키닌(cytokinin)

③ 지베렐린(gibberellin)   ④ 아브시스산(abscisic acid)

> 해설 ▎ ① 옥신 ② 시토키닌 ③ 지베렐린은 모두 과실이 생장하는 데 있어 비대나 세포분열을 촉진시키는 식물
> 호르몬에 해당한다.
>
> 정답 ▎ ④

3. 육묘용 상토에 이용하는 경량 혼합 상토 중 유기물 재료는?

① 버미큘라이트(vermiculite)   ② 피트모스(peatmoss)

③ 펄라이트(perlite)   ④ 제올라이트(zeolite)

> 해설 ▎ ※ 육묘용 상토에 이용하는 경량 혼합 상토의 종류
> • 무기물 재료 : 마사토, 소성점토, 모래, 제올라이트, 버미큘라이트, 펄라이트 등
> • 유기물 재료 : 가축분, 왕겨, 부엽, 코코넛 섬유, 나무껍질, 피트모스 등
>
> 정답 ▎ ②

4. 작물을 육묘한 후 이식 재배하여 얻을 수 있는 효과를 <u>모두</u> 고른 것은?

> ㄱ. 수량 증대   ㄴ. 토지 이용률 증대   ㄷ. 뿌리 활착 증진

① ㄱ, ㄴ   ② ㄱ, ㄷ   ③ ㄴ, ㄷ   ④ ㄱ, ㄴ, ㄷ

> 해설 ┃ ※ 작물을 육묘한 후 이식 재배하여 얻을 수 있는 효과
> • 수량 증대 및 생육 촉진 : 생육이 촉진되어 수확이 빨라지고 이에 경제적으로 유리해짐. 또한 생육 기간이 길어지면서 작물의 발육이 커지고 수량 증대가 가능해진다.
> • 토지 이용률 증대 : 기존 전 작물이 있어도 묘상을 통해 모를 양성해 전 작물 사이나 전 작물을 수확한 후에 정식함으로써 경영을 할 수 있다.
> • 뿌리 활착 증진 : 육묘 과정에서 가식은 정식 시 뿌리 활착을 증진시키는 효과를 갖는다.
> • 숙기 단축 : 채소의 이식은 숙기를 빠르게 하고 양배추나 상추 등의 결구를 증가시킨다.
>
> 정답 ┃ ④

5. 다음 (   )에 들어갈 내용으로 옳은 것은?

> 포도·무화과 등에서와 같이 생장이 중지되어 약간 굳어진 상태의 가지를 삽목하는 것을 (ㄱ)이라 하고, 사과·복숭아·감귤 등에서와 같이 1년 미만의 연한 새순을 이용하여 삽목하는 것을 (ㄴ)이라고 한다.

① ㄱ : 신초삽, ㄴ : 숙지삽   ② ㄱ : 신초삽, ㄴ : 일아삽
③ ㄱ : 숙지삽, ㄴ : 일아삽   ④ ㄱ : 숙지삽, ㄴ : 신초삽

> 해설 ┃ 포도 · 무화과 등에서와 같이 생장이 중지되어 약간 굳어진 상태의 가지를 삽목하는 것을(숙지삽)이라 하고, 사과 · 복숭아 · 감귤 등에서와 같이 1년 미만의 연한 새순을 이용하여 삽목하는 것을(신초삽)이라고 한다.
> ※ 삽목의 종류
> • 숙지삽 : 포도 · 무화과 등에서와 같이 생장이 중지되어 약간 굳어진 상태의 가지를 삽목한다.
> • 신초삽 : 사과 · 복숭아 · 감귤 등에서와 같이 1년 미만의 연한 새순을 이용하여 삽목한다.
> • 일아삽 : 눈 달린 가지에 삽목한다.
>
> 정답 ┃ ④

6. 형태에 따른 영양 번식 기관과 작물이 바르게 짝지어진 것은?

① 괴경 – 감자
② 인경 - 글라디올러스
③ 근경 – 고구마
④ 구경 – 양파

해설 ┃ ※ 형태에 따른 영양 번식 기관과 작물
- 덩이줄기(괴경) : 토란, 감자 등
- 구슬줄기(구경) : 프리지어, 글라디올러스 등
- 뿌리줄기(근경) : 연근(연꽃), 칸나, 둥굴레 등
- 비늘줄기(인경) : 튤립, 백합, 쪽파, 마늘, 양파 등
- 덩이뿌리(괴근) : 달리아, 고구마 등

정답 ┃ ①

7. 해충 방제에 이용되는 천적을 모두 고른 것은?

ㄱ. 애꽃노린재류   ㄴ. 콜레마니진디벌   ㄷ. 칠레이리응애   ㄹ. 점박이응애

① ㄱ, ㄹ
② ㄱ, ㄴ, ㄷ
③ ㄴ, ㄷ, ㄹ
④ ㄱ, ㄴ, ㄷ, ㄹ

해설 ┃ ㄹ. 점박이응애 : 방제해야 할 해충이지 해충 방제에 이용되는 천적은 아니다.

정답 ┃ ②

8. 작물의 건물량을 생산하는데 필요한 수분량을 말하는 요수량이 가장 작은 것은?

① 호박
② 기장
③ 완두
④ 오이

해설 ┃ 요수량이란 작물 1g을 생산하는 데 소비되는 수분의 양을 말한다.
- 옥수수 · 기장 · 수수 〈 맥류 · 목화 · 감자 〈 콩류 작물 · 호박 · 오이 〈 명아주

정답 ┃ ②

9. C₄ 작물이 아닌 것은?

① 보리 ② 사탕수수
③ 수수 ④ 옥수수

해설 ┃ C₄ plants [C₄ 식물]
광합성 과정 중 4개의 탄소를 가진 화합물을 만들어 내는 식물. 주로 열대성 기원 식물들이며, 여기에는 잔디와 농업적으로 중요한 작물인 옥수수, 사탕수수의 줄기, 수수 및 사탕수수를 포함한다.

정답 ┃ ①

10. 식물의 필수 원소 중 엽록소의 구성성분으로 다양한 효소반응에 관여하는 것은?

① 아연(Zn) ② 몰리브덴(Mo)
③ 칼슘(Ca) ④ 마그네슘(Mg)

해설 ┃ ④ 마그네슘은 종자 중의 지유 집적을 돕고 인산대사 및 광합성에 관여하는 효소의 활성을 높인다.

정답 ┃ ④

11. 정식기에 가까워지면 묘를 외부환경에 미리 노출시켜 적응시키는 것은?

① 춘화 ② 동화
③ 이화 ④ 경화

해설 ┃ ④ 정식기에 가까워지면 묘를 외부환경에 미리 노출시켜 적응시키는 것을 경화라고 한다.

정답 ┃ ④

12. 다음이 설명하는 번식 방법으로 올바르게 짝지어진 것은?

> ㄱ. 식물의 잎, 줄기, 뿌리를 모체로부터 분리하여 상토에 꽂아 번식하는 방법
> ㄴ. 뿌리 부근에서 생겨난 포기나 부정아를 나누어 번식하는 방법

① ㄱ: 삽목, ㄴ: 분주 ② ㄱ: 취목, ㄴ: 삽목
③ ㄱ: 삽목, ㄴ: 접목 ④ ㄱ: 접목, ㄴ: 분주

해설 ┃ 삽목과 분주에 대한 설명이다.
정답 ┃ ①

13. 육묘에 관한 설명으로 옳지 않은 것은?

① 직파에 비해 종자가 절약된다.
② 토지이용도가 낮아진다.
③ 직파에 비해 발아가 균일하다.
④ 수확기 및 출하기를 앞당길 수 있다.

해설 ┃ ② 토지이용률의 증대
정답 ┃ ②

14. 한계일장보다 짧을 때 개화하는 식물끼리 올바르게 짝지어진 것은?

① 국화, 포인세티아 ② 장미, 시클라멘
③ 카네이션, 페튜니아 ④ 금잔화, 금어초

해설 ┃ 단일식물(Short-day plants, SDP)는 개화에 있어서 장일식물과는 반대의 일장반응을 보이는 식물로 한 계일장 보다 짧은 일장조건에서 개화하거나 개화가 촉진되는 식물로서 질적 단일식물과 양적 단일식물 이 존재한다.
정답 ┃ ①

제4장

각종 재해

01 작물에 유해한 활동

(1) 염류장해

① 토양 용액이 작물의 세포액 농도보다 높아 작물이 수분 및 양분 등을 흡수하지 못하고 어린뿌리의 세포가 장해를 받아 지상부가 생육하지 못해 고사하는 피해를 말한다.

② 주로 시설재배에서 나타나며 연속적인 재배작물에서 시비한 비료 성분을 작물이 미처 활용하지 못해 염류 형태로 과도하게 토양에 축적되어 장해가 나타내는 것이다.

③ 대책

  ㉠ 염류집적이 나타나지 않는 시비관리시스템을 적용한다.

  ㉡ 호밀 같은 심근성 흡비 작물을 재배함으로써 집적 염류를 제거할 수 있다.

  ㉢ 담수 후 배수로 염류를 씻어내도록 한다.

(2) 토양의 오염

① 제초제, 농약, 비료 등을 다량 투입하여 발생한다.

② 농업 이외 다른 산업 분야에서 배출되는 오염물질이 농경지로 흘러들어 수질오염 및 대기오염 등 발생하는 원인이 된다.

③ 대기오염

  ㉠ 납(pb) : 인체에 피해를 주고 있으며 작물의 피해는 아직 불분명함. 배터리 재생공장 및 자동차에서 많이 배출된다.

  ㉡ 염소가스 : 피해 유발은 10ppm~25ppm 농도에서 잎 끝이 암갈녹색으로 퇴색한다. 화학공장에서 많이 배출된다.

  ㉢ 에틸렌(C_2H_4)

    ⓐ 증상 : 어린 가지가 구부러지고, 낙과 및 낙엽 등의 피해 0.1ppm~0.5ppm 농도에서 유발된다.

ⓑ 배출은 자동차 배기가스, 유기물의 불완전연소, 폴리에틸렌공장, 가스제조공장 등이다.

ⓔ 옥시던트 : 이산화질소 및 PAN 10%, 오존 90%로 구성되어 있으며 광화학스모그의 원인이 된다.

⑩ PAN

  ⓐ 증상 : 처음에는 잎의 뒤쪽이 은백색으로 변하고 심할 경우 갈색을 띤다. 이후 표면에도 증상이 나타나며 어린잎에서 큰 피해가 발생한다.

  ⓑ 농도 : 약한 식물의 경우 14ppm에서 피해가 발생한다.

  ⓒ 발생원 : 이산화질소·오존·탄화수소가 결합해 생성된다.

ⓗ 오존(O_3)

  ⓐ 증상 : 대형 괴사나 암갈색의 점상반점이 생기고 잎은 황백화에서 적색화가 된다. 자란 잎에서 큰 피해가 발생한다.

  ⓑ 농도 : 0.15ppm

  ⓒ 발생원 : 자외선에 의해 원소산소(O)와 일산화질소(NO)로 분해되고 원소산소(O)가 불활성 물질인 보통질소를 촉매제로 해 산소가스(O_2)와 결합하여 생성된다.

ⓢ 이산화질소(NO_2)

  ⓐ 활성탄을 살포하면 이산화질소의 흡수가 경감되어 피해를 줄일 수 있다.

  ⓑ 증상 : 아황산가스의 피해증상과 비슷하다.

  ⓒ 농도

    • 감귤류에서는 25ppm~50ppm부터 100ppm~200ppm에서 45%의 낙엽률을 보인다.

    • 피망 및 토마토에서는 0.5ppm 이상 10~22일 이상에서 생육이 저하된다.

  ⓓ 배출원 : 자동차 엔진, 석유보일러, 금속정련, 화학공업 등에서 배출된다.

◎ 불화수소(HF)

  ⓐ 낮은 농도에서도 피해를 미치며, 독성은 다른 물질에 비해 가장 강하지만 피해지역은 한정되어 있다.

  ⓑ 오렌지 나무의 경우 소석회(0.3~3%), 황산망간(0.6~1.2%), 황산아연(0.6%), 요소(1.8%) 그 외 미량요소를 첨가해 뿌리면 불소의 축적이 적어지고 황화현상의 70~90%가 회복된다.

  ⓒ 증상 : 잎의 가장자리나 끝이 백색으로 변한다.

  ⓓ 배출원 : 제철할 때 철광석에서 배출되거나 요업·인산비료제조·알루미늄의 정련 등에서 배출된다.

ⓩ 아황산가스(SO_2)

　　ⓐ 독성이 강하고 배출량도 많아 대기오염을 유발하는 가스 중 가장 대표적이다.

　　ⓑ 증상 : 잎이나 줄기가 퇴색하는데 특히 잎 전면이 황화·퇴색되거나 잎의 가장
　　　자리 및 끝이 황녹화되어 광합성 속도를 크게 떨어뜨린다.

　　ⓒ 배출원 : 연탄이나 중유가 연소할 때 발생한다.

ⓩ 그 외 유해가스 : 불화규소·염화수소·황산수소·포름알데히드·암모니아·시안
　화수소 등도 작물에 피해를 준다.

(3) 도복

① 도복이란

벼, 맥류, 두류 등은 등숙이 진행되면서 강한 비바람에 의해 쓰러지는 경우가 많은데
이 같이 작물이 쓰러지는 것을 의미한다.

② 도복은 질소다비에 의한 중수재배의 경우 발생하기 쉬우며 도복의 양상은 줄기가 구부
러지는 만곡도복, 줄기 밑동이 꺾이는 좌절도복이 있는데 후자 좌절도복의 경우 피해
가 더 크다.

③ 도복의 유발조건

　㉠ 품종 : 키가 크고 줄기가 긴 장간종이면서 줄기가 약한 품종일수록 도복저항성이
　　약하다.

　㉡ 재배조건 : 밀식, 질소의 과다시용, 칼리와 규산의 부족 등은 도복저항성을 약화시
　　킨다.

　㉢ 병충해 : 벼의 잎짚무늬마름병, 마디도열병, 멸구의 발생, 맥류의 줄기녹병 등의 피
　　해는 도복저항성을 약화시킨다.

　㉣ 환경조건 : 등숙이 진행되어 이삭이 무거울 때 비가 많이 오거나 특히 강풍이 동반
　　되면 도복을 크게 유발할 수 있다.

(4) 토양오염

① 토양오염은 수질오염이나 대기오염 등과 밀접한 관련이 있는데, 수질 및 대기 등을 오
염시키는 물질이 퇴적해 토양을 오염시키며, 그 밖의 고형 폐기물 또한 토양을 오염시
킨다.

② 토양오염 물질은 대표적으로 비소, 아연, 구리, 카드뮴 등이며 아직까지 국내 농경지의 경우 이러한 중금속에 의한 오염지역은 발견되지 않았지만 제련소나 폐광 주변 농경지에서 여러 가지 중금속이 발견되고 있다.

③ 중금속 스트레스

    ㉠ 비소(As) : 토양 중 비소가 10ppm 이상이면 수량이 떨어지는데 보통 자연적인 토양에서는 2~10ppm 정도의 비소가 함유되어 있다.

    ㉡ 아연(Zn) : 200ppm 이상이면 오염되었다고 보는데 채소류는 400~600ppm, 벼는 400ppm 이상, 밀은 200ppm 이상에서 피해가 발생한다.

    ㉢ 구리(Cu) : 일반 토양에서는 보통 150ppm 이하로 있지만 오염지역에서는 500~2,000ppm까지 측정된다. 토양층에 구리가 150ppm 이상 함유되어 있을 경우 생육장해가 나타나고 심할 경우 고사한다.

    ㉣ 카드뮴(Cd) : 주로 제련 과정에서 배출되어 하천이나 대기를 경유해 경지로 들어간다. 일반 토양의 경우 3ppm 이하의 카드뮴이 있으며, 이보다 높을 경우 토양이 오염되었다고 판단한다. 카드뮴은 식물이 흡수해도 특별한 장해를 보이지 않으나 생물농축에 의한 인간이나 가축에 "이타이 이타이병"을 유발하기 때문에 특히 관심을 가지고 관찰해야 한다.

(5) 수질오염

① 광산 폐수, 폐기물이나 도시 또는 공장의 폐수 등의 배출로 해양이나 지하수·호수·하천의 수질이 오염되어 동·식물이나 인간이 피해를 입는 것을 말한다.

② 수질오염으로 인한 작물피해

    ㉠ 유기물에 의한 토양 환원

        ⓐ 논 같은 혐기 조건에서 유기물을 분해해 낙산이나 초산, 메탄가스 또는 수소 같은 알코올류, 유기산 등을 생성한다.

        ⓑ 황·망간·철 등이 환원돼 과잉의 H_2S, Mn^{2+}, Fe^{2+} 등을 생성하여 벼의 체내대사 및 양분흡수 등을 저해하고, 뿌리 신장을 억제하며, 중요한 무기양분 흡수를 방해하고 뿌리를 부패시킨다.

    ㉡ 질소의 과잉 장해 : 관개용수의 질소함량이 높으면 토양 질소 과잉을 초래하여 병해충을 발생시키고, 등숙 불량, 도복, 과번무 등의 장해를 가져온다.

③ 수질오염의 척도

    ㉠ BOD(생물학적인 산소요구량) : 물속의 오탁 유기물을 호기성의 미생물을 활용해 분해하는 데 소요되는 총 산소량(ppm 또는 mg/ℓ)을 의미한다. 보통 시료를 채취해 20℃에서 5일 간 배양했을 때 소모되는 산소량으로 나타낸다.

    ㉡ COD(화학적 산소요구량) : 물속의 전 유기물을 화학적으로 산화하는데 필요한 산소량(ppm 또는 mg/ℓ)을 의미한다. 2시간이면 측정 가능하다.

    ㉢ SS : 물속의 부유물질을 표현하는 것을 의미한다.

02 각종 재해

(1) 풍해

풍속은 4~6km/hr 이상의 강풍, 특히 태풍은 작물뿐만 아니라 모든 자연환경에 결정적인 피해를 주는데, 풍해는 토양이 건조하고 가벼우며, 풍속이 크고(강풍) 공기습도가 낮을 때에 심해진다.

① 우리나라의 풍해는 태풍이 많이 부는 8~9월에 특히 심한데, 이 시기는 벼의 이삭이 패서 익어가는 시기로 큰 피해를 입을 수 있다.

② 풍해는 초속 7m 이상의 강풍에 의해 작물의 가지와 잎이 찢어지고, 과실이 떨어지는 피해로 강풍은 비와 바람이 함께 몰아치는 때가 많아 그 피해가 상당히 크다.

③ 강풍으로 인한 피해는 벼가 쓰러지고, 잎새가 손상되며, 변색립과 흰 이삭(백수현상)이 생기게 된다. 또한 고온 건조한 바람은 작물의 꽃과 잎을 말려 피해를 주게 된다.

④ "푄"현상(높새바람 : 바람이 높은 산맥을 넘어 불어 내릴 때 고온 건조한 바람으로 바뀌는 것)은 풍해의 한 종류로 고온 건조한 바람은 작물의 꽃과 잎을 말려 피해를 주게 된다.

⑤ 생리적 장해

    ㉠ 냉풍은 작물의 체온을 떨어뜨리고 심할 경우 냉해를 유발한다.

    ㉡ 풍속이 2~4m/sec 이상으로 강해지면 기공이 닫혀 이산화탄소의 흡수가 감소되므로 광합성이 감퇴한다.

ⓒ 공기가 건조하고 풍속이 강하면 증산이 커져 식물체가 건조해진다. 뿌리의 흡수 기능이 약화되었을 경우 건조가 더 심해지고 이 경우 벼의 백수현상이 발생한다.

ⓔ 상처가 발생하면 호흡이 증가해 체내 양분 소모가 증가하게 된다. 특히 상처가 건조해질 경우 광산화 반응이 생겨 고사하게 된다.

⑥ 기계적 장해

　ⓐ 출수 3~4일에 풍해에 의한 피해가 가장 심하고, 도복을 초래할 경우 출수 보름 이내 작물의 피해가 가장 심하다.

　ⓑ 작물의 탈립이나 도복, 낙과, 열상, 절손 등을 일으키고 2차 피해로 부패 및 병해 등을 일으킨다.

⑦ 풍해의 대책방안

　ⓐ 재배적 방풍대책 수립

　　ⓐ 내풍성 작물의 선택 : 고구마·목초 등의 포복성인 내풍성 작물은 바람에 강하다.

　　ⓑ 내도복성 품종의 선택 : 특히 우리나라에서 벼농사에 문제가 크게 발생하는 도복의 피해를 경감하기 위하여 단간 수중형 품종을 재배하는 것이 좋다.

　　ⓒ 작기의 이동 : 벼에서는 출수 2~3일 후의 태풍이 가장 피해가 심한데, 작기를 이동하여 위험기의 출수를 피하도록 하고, 조기재배를 하면 위험한 8월 하순 ~ 9월 상순의 태풍기 이전에 수확이 가능해 진다.

　　ⓓ 담수 : 태풍이 올 때 논물을 깊이 대어 두면 도복과 건조가 경감된다.

　　ⓔ 배토·지주 및 결속 : 맥류의 경우 수잉기의 북주기나 두류·담배의 북주기, 토마토나 가지의 지주를 세우거나 수수나 옥수수의 결속은 도복을 방지·경감시킨다.

　　ⓕ 생육의 건실화 : 칼리·인산비료의 증시, 질소비료의 과용 회피, 밀식을 피하는 등으로 생육을 건실하게 하면 강풍이 불 때 도복이 경감되고, 또한 기계적 피해나 병해도 덜하다.

　　ⓖ 낙과방지제의 살포 : 사과 등에서는 태풍 전에 낙과방지제(2,4-D의 4~5ppm액, 2,4,5-Tp의 10~20ppm액 등)를 살포하여 낙과를 경감시킨다.

　ⓑ 풍해 약화책 강구

　　ⓐ 방풍 울타리 설치 : 키가 크지 않은 관목(무궁화·주목·족제비싸리·닥나무 등)을 심거나, 옥수수·수수 등을 원두밭 둘레에 심거나, 수수깡거적 등을 이어 울타리를 치거나 한다.

ⓑ 방풍림의 조성
  • 상습 풍해 지역에는 부락 공동으로 바람의 방향과 직각으로 교목을 몇 줄 심고, 교목의 하부로 바람이 새지 않도록 관목을 몇 줄 심는다.
  • 방풍림의 효과는 해당 높이의 10~15배 정도 되므로 포장 면적을 감안해 관목 및 교목 등을 적절히 선택해 조성한다.
ⓒ 이랑을 풍향과 직각으로 배치하여 풍식을 경감 재배한다.
ⓓ 스터블 멀칭 : 전 작물의 그루터기를 높이 베기 실시하여 토양 표면이 피복되도록 하여 풍식을 방지한다.
ⓒ 사후 대책
  ⓐ 도복할 때에는 속히 일으켜 세우거나, 곧 수확하도록 한다.
  ⓑ 태풍 후에는 특히, 이삭목도열병 발생이 많으므로 약제 살포를 한다.
  ⓒ 태풍이나 심한 바람에 의한 낙엽에는 병든 것이 많으므로 제거해 버린다.

(2) 상해 및 동해

① 상해(霜害)

작물의 조직 내에 결빙이 없는 상태의 저온에 약한 여름작물을 재배할 때 입는 첫서리 또는 늦서리의 피해로 약 0℃ 정도의 온도에서 일어난다.

② 동해(凍害)

보통 0℃이하의 저온에서 작물의 조직 외부 및 내부의 결빙이 생겨 입는 피해로 월동작물은 흔히 동해를 입는다.

③ 경화(硬化)

㉠ 식물의 불량환경의 적응성을 높이기 위하여 자연 상태의 환경에 서서히 노출시켜 적응시키는 관리를 말한다.
㉡ 경화처리
  ⓐ 낙엽과수의 경우 가을에 노화기간 동안 자연적인 온도 저하와 함께 내한성이 증대되는데 이러한 내한성을 높이기 위해 서서히 낮은 온도에 노출되어야 한다.
  ⓑ 모를 길러 본 밭에 이식 전 자연 상태의 환경에 서서히 노출시켜 저온, 고온, 수분부족, 강한 광선 등에 적응시키는 관리를 뜻한다.
  ⓒ 월동작물이 5℃ 이하의 낮은 온도에 노출하여 내동성이 커지는 것을 경화(硬化)라 하며 오랜 기간 지속되어 자연환경에 완전히 적응하는 현상을 순화(馴化)라 한다.

ⓒ 경화상실 : 저온에 경화(硬化)된 것이 다시 고온 노출되어 원상태로 되돌아오는 것을 의미 한다.

④ **동·상해 응급 대책** : 봄철에 늦추위가 올 때에 채소·과수 등의 어린잎이나 생식기관 동상해를 받는 일이 있으며, 이때에는 응급대책이 실시된다. 특히, 하루 중 -1℃ 이하로 되기 쉬운 오전 2~3시부터 6~7시까지의 3~5시간 동안 어린잎이나 꽃이 동상해를 입을 우려가 크다.

  ㉠ 관개법 : 저녁에 관개하면 물이 가진 열이 토양에 보급되고 낮에 더워진 지중열을 받아올리며 수증기가 지열의 발산을 막아서 동상해를 방지할 수 있다.

  ㉡ 송풍법 : 동상해가 발생하는 밤의 지면 부근의 기온분포는 기온역전현상으로 지면에 가까울수록 온도가 낮다. 따라서 송풍기 등으로 기온역전현상을 파괴하면 작물 부근의 온도를 높여서 상해를 방지할 수가 있다.

  ㉢ 피복법 : 이엉·거적·비닐·폴리에틸렌 등으로 작물체를 직접 피복하면 작물체로부터의 방열을 방지하고 기온과 작물체온의 교차를 없앤다. 보온의 효과가 의외로 크다.

  ㉣ 발연법 : 불을 피우고 그 위에 청초나 젖은 가마니를 덮어서 수증기를 많이 함유한 연기를 발산하여 방열을 방지함으로서, 특히 서리의 피해를 방지하는 방법으로 약 2℃ 정도 온도가 상승한다.

  ㉤ 연소법 : 낡은 타이어, 뽕나무 생가지, 중유 등을 태워서 그 열을 작물에 보내는 적극적인 방법으로 -3~-4℃ 정도의 동상해를 막을 수 있다.

  ㉥ 살수빙결법 : 가장 균일하고 가장 큰 보온효과를 낼 수 있는 방법으로 물이 얼 때에 1g당 약 80cal의 잠열이 발생되는 점을 이용하여 스프링클러 등의 시설로써 작물체의 표면에 물을 뿌려주는 방법으로 -7~-8℃ 정도의 동상해를 막을 수 있다. 저온이 지속되는 동안 지속적인 살수가 필요하다.

⑤ **동·상해 일반대책**

  ㉠ 내동성 작물과 품종의 선택 : 월동에 안전한 작물이나 품종을 선택하고, 개화·개엽의 시기가 늦어서 봄철 늦서리에 동상해를 피할 수 있는 회피성 품종을 선택한다.

  ㉡ 입지조건의 개선

    ⓐ 찬바람이 내습하는 지대는 방풍림을 조성하고 방풍울타리를 설치하여 동해를 경감한다.

    ⓑ 남부지방의 식질계 토양은 세사를 객토하여 상주해를 방지하며 저습지대에서는 배수를 꾀하여 생육을 건실하게 한다.

⑥ 동·상해 재배적 대책

㉠ Vinyl, polyethylene 등의 보온재료를 이용하여 보온재배를 한다(예 화훼류, 채소류 등).

㉡ 이랑을 세워 뿌림골을 깊게 한다(예 맥류).

㉢ 적기 파종하고 한랭지에서는 파종량을 늘려 월동 중 동사에 의한 결주를 보완한다 (예 맥류).

㉣ 인산, 특히 칼리질 비료를 증시하여 작물 체내 당분 함량을 증대시킴으로써 내동성을 크게 하고, 파종 후 퇴비구를 종자 위에 준다(예 맥류).

㉤ 월동 전 답압은 내동성을 증대시켜 동해가 경감되고, 월동 중 답압은 상주해 발생을 억제하여 상주해 및 동상해를 경감하며, 월동 후 절간신장 개시기 이전의 답압은 건조해를 방지한다(예 맥류).

⑦ 동·상해사후대책

㉠ 영양상태의 회복을 위해 속효성 비료의 추비 및 엽면시비를 한다.

㉡ 병충해가 발생하기 쉬우므로 철저히 방제한다.

㉢ 동상해 후에는 낙화·낙과가 심하므로 적과시기를 늦추거나 인공수분을 한다.

㉣ 피해가 심한 경우에는 대작을 강구한다.

(3) 수해(水害)

① 우리나라는 아열대 몬순 기후로 장기간의 장마 및 여름철의 집중호우로 수해가 많이 발생하고 그 피해 또한 크다.

② 수해(水害)

㉠ 곤충 또는 병원균의 전파 및 침입 등이 용이해져 병충해도 발생하고 관수 또는 침수 등으로 인해 작물이 생리적으로 약해진다.

㉡ 수해 후 각종 생리작용에는 호흡작용의 결과 과다한 에너지를 필요로 하는데 관수나 침수 상태에서는 물속의 용존산소의 한계가 있어 호흡작용이 저해되고 무기호흡을 하면서 피해가 발생한다.

③ 수해의 피해

㉠ 토양이 붕괴하여 산사태, 토양침식 등을 유발한다.

㉡ 유토에 의해서 전답이 파괴·매몰된다.

㉢ 유수에 의해서 농작물이 도복·손상되고 표토가 유실된다.

㉣ 침수에 의해서 흙앙금이 앉고, 생리적인 피해를 받아서 생육이 저해된다.

　　ⓜ 병의 발생이 많아지며, 벼에서는 흰빛잎마름병을 위시하여 도열병·잎집무늬마름병의 발생이 많아진다.

　④ 사전 대책

　　㉠ 산림녹화로 치산을 잘하고, 하천을 정비하여 치수도 잘하는 것이 수해의 기본대책이다.

　　㉡ 경지정리를 잘해서 배수가 잘되게 하고, 경사지와 경작지는 토양보호를 잘한다.

　　㉢ 파종기·이식기를 조절해서 수해를 회피·경감시키며, 질소 다용을 피한다.

　　㉣ 수해 상습지에서는 작물의 종류나 품종의 선택에 유의한다.

　⑤ 침수시의 대책

　　㉠ 배수에 노력하여 관수기간을 짧게 하고, 물이 빠질 때 잎의 흙 앙금을 씻어준다.

　　㉡ 키가 큰 작물은 서로 결속하여 유수에 의한 도복을 방지한다.

　⑥ 사후 대책

　　㉠ 산소가 많은 새 물을 갈아 대어 새 뿌리의 발생을 촉진하도록 한다.

　　㉡ 김을 매어 토양 표면의 흙 앙금을 헤쳐주어 지중 통기를 좋게 한다.

　　㉢ 표토가 많이 씻겨 내렸을 때에는 새 뿌리의 발생 후에 추비를 주도록 한다.

　　㉣ 침수 후에는 병충해의 발생이 많아지므로 그 방제를 철저히 한다.

　　ⓜ 피해가 격심할 때에는 추파, 보식, 개식, 대파 등을 고려한다.

　　ⓗ 못자리 때에 관수된 것은 뿌리가 상해 있으므로, 퇴수 후 5~7일이 지나 새 뿌리가 발생한 다음에 이앙한다.

(4) 습해(濕害)

　① 습해의 뜻

　　토양의 최적 수분함수량을 넘어서 과습상태가 지속되어 토양산소가 부족할 때에는 뿌리가 상하고 심하면 부패하여 지상부가 황화하고, 위조·고사하는 것을 볼 수 있는데, 이것을 습해라고 한다.

　　㉠ 저습한 논의 답리작 맥류나 침수지대의 채소 등에서 흔히 볼 수 있다.

　　㉡ 담수하에서 재배되는 벼에서도 토양산소가 몹시 부족하면 여러 가지의 장해가 나타나는데, 이것도 일종의 습해로 볼 수 있다.

　② 습해의 발생

　　㉠ 토양이 다습해 토양산소가 부족하면 직접피해로 뿌리의 호흡장해가 생기고, 호흡장

해가 생기면 무기성분의 흡수도 저해된다.

    ⓛ 지온이 낮아서 토양미생물의 활동이 억제되면 직접적 피해를 유발한다.

    ⓒ 습해발생시 토양전염병 발생 및 전파도 많아지고, 습해는 생육 초기보다도 생육 성기에 특히 피해를 받기 쉽다.

    ⓔ 봄·여름 지온이 높을 때 혐기성 토양미생물에 의해서 환원성 유해물질 메탄·질소·이산화탄소·황화수소의 생성이 많아져서 토양산소를 더욱 적게 하여 호흡장해를 조장한다.

    ⓜ 황화수소로 근부현상 유발되면 양분흡수 장해 및 지상부 생육 정지 및 고사피해가 특히 크다.

③ 작물의 내습성

    ㉠ 경엽으로부터 뿌리로의 산소공급능력

        ⓐ 논작물인 벼 등은 밭작물인 보리에 비하여 통기조직이 발달하여 습해에 강하다.

        ⓑ 뿌리의 피층세포가 직렬로 배열된 것이 사열로 배열된 것보다 세포간극이 커서 내습성이 강하다.

        ⓒ 생육 초기의 맥류처럼 잎이 지하의 줄기에 착생하고 있는 것은 뿌리로의 산소공급력이 커서 내습성이 강하다.

    ㉡ 뿌리조직이 목화한 것은 환원성 유해물질의 침입을 막아서 내습성을 강하게 한다.

    ㉢ 뿌리의 발달습성 : 근계가 얕게 발달하거나, 습해시 부정근의 발생력이 큰 것은 내습성이 강하다.

    ㉣ 환원성 유해물질에 대한 저항성 : 뿌리가 황화수소·이산화철, 환원성 유해물질 등에 저항성이 큰 것은 내습성이 강하다.

④ 습해의 대책

    ㉠ 배수 : 배수는 습해를 방지하는 데 가장 효과적이고, 적극적인 방책의 하나이다.

        ⓐ 객토법(客土法) : 객토하여 지반을 높임으로써 배수를 꾀하는 방법이다.

        ⓑ 기계배수법 : 자연배수가 곤란할 때에 인력·축력·기계력을 이용하여 배수하는 방법이다.

        ⓒ 자연배수법 : 토지의 자연경사를 이용한 배수로를 만들어서 배수하는 방법이다.

          • 명거배수(明渠排水) : 지상수를 배제하는 방법이다.

          • 암거배수(暗渠排水) : 지하수를 배제하는 방법이다.

⑤ 과산화석회(CaO_2)의 시용 : 과산화석회를 작물 종자에 분의해서 파종하거나 토양에 시용하면(4~8kg/10a) 과습지에서도 상당한 기간 산소가 방출되므로 습지에서 발아·

생육이 조장된다.

⑥ **내습성 작물 및 내습성 품종 선택** : 내습성의 차이는 각종 종류·품종 간에도 크며, 답리작 맥류재배시 가장 갖추어야 할 특성 중 하나이다.

  ㉠ 작물의 내습성 정도는 작물에 따라 다른데, 강한 순서는 골풀·미나리·택사·연·벼>밭벼·옥수수·율무·토란·평지(유채)·고구마>보리·밀>감자·고추>토마토·메밀>파·양파·당근·자운영 순이다.

  ㉡ 채소의 내습성은 양상추·양배추·토마토·가지·오이>시금치·우엉·무>당근·꽃양배추·멜론·피망의 순이다.

  ㉢ 과수의 내습성은 올리브>포도>밀감>감·배>밤·복숭아·무화과의 순이다.

⑦ **정지** : 밭에서는 고휴(높게 이랑을 세우고)재배, 휴립(이랑을 세우고)휴파(이랑위에 파종)를 하고, 논에서는 휴립(이랑)재배, 경사지에서는 등고선재배를 한다.

⑧ **시 비**

  ㉠ 유기물은 충분히 부숙시켜서 사용한다(미숙유기물과 황산근 비료의 사용을 피한다).

  ㉡ 표층시비(산화층시비)를 하여 뿌리를 지표면 가까이 유도한다.

  ㉢ 뿌리의 흡수장해가 나타나면 엽면시비를 실시한다.

⑨ **토양개량**

  ㉠ 반대 토성으로 객토하거나, 부식·석회·토양개량제 등을 사용하여 입단조성을 하고 투수·투기를 좋게 한다.

  ㉡ 토양통기를 조장하기 위하여 중경을 실시한다.

(5) 열해

① **열해의 뜻**

작물이 과도한 고온으로 인하여 받는 피해를 열해 또는 고온해라고 한다. 열해에 의해서 단시간 내에 작물이 고사라는 것을 열사라고 하며, 열사를 초래하는 온도를 열사온도 또는 열사점이라고 한다. 최적온도가 낮으면서 겨울나기 하는 북방형 목초나 각종 채소를 하우스 재배할 경우에는 흔히 열해가 문제시되며, 묘포에서 어린 묘목이 여름나기 할 때에는 열사의 위험성이 있다.

② **열사의 온도** : 종자나 조류에는 80~90℃ 이상에 견디는 것도 있으나, 생육 중인 고등식물의 열사 온도는 대체로 50~60℃의 범위에 있다.

③ 열해의 주요 원인 : 혹서기의 지표면 온도가 작물체 표면온도보다 10~20℃ 고온이 되면 어린 묘포장에서 땅가 부분이 둥글게 타 들어가서 물관부를 상하게 하여 고사하는 경우가 있다.

　　㉠ 유기물의 과잉소모 : 고온에서는 광합성보다 호흡작용이 우세해지며, 고온이 오래 지속되면 유기물의 소모가 많아진다. 고온이 지속되면 흔히 당분이 감소한다.

　　㉡ 질소대사의 이상 : 고온에서는 단백질의 합성이 저해되어 암모니아의 축적이 많아지므로 유해물질로 작용한다.

　　㉢ 철분의 침전 : 고온에 의해 물질대사 작용이 저해되면 철분이 침전되어 황백화 현상이 일어난다.

　　㉣ 증산과다 : 고온에서는 수분흡수보다도 수분배출이 과다해지므로 위조가 유발된다.

　　㉤ 원형질 단백의 응고 : 지나치게 고온이 되면 원형질 단백의 열응고가 유발되어, 열사의 직접적인 원인으로 여겨진다.

　　㉥ 원형질막의 액화 : 고온에 의해서 원형질막이 액화되어 그 기능이 상실되므로 세포의 생리작용이 붕괴되어 사멸하게 된다.

　　㉦ 전분의 점괴화 : 고온에 의해서 전분이 점괴화되면 엽록체가 응고하고 탈색하여 그 기능을 상실한다.

　　㉧ 팽압에 의한 원형질의 기계적 피해 : 고온에 의한 팽압의 증가는 원형질에 기계적 압력을 미치는데 기계적 압력은 원형질 단백의 응고를 조장한다.

　　㉨ 유독물질의 생성 : 고온에 의한 물질대사의 이상은 유독물질의 생성을 초래하여 열사의 원인이 되는 것으로 생각된다.

④ **작물의 내열성**

작물이 열해에 견디는 성질을 내열성이라 하는데, 대부분 내건성이 큰 작물은 내열성도 크며, 작물의 내열성에 관여하는 주요 요인은 다음과 같다.

　　㉠ 체내 수분 함량 : 세포 내의 결합수가 많고 자유수(유리수)가 적으면 내열성이 커진다.

　　㉡ 세포질의 점성 : 세포질의 점성 증가는 다육 식물의 경우와 같이 내열성을 증대시킨다.

　　㉢ 세포의 염류 농도 · 단백질 함량 · 지유 함량 · 당분 함량 : 세포의 염류 농도 · 단백질 함량 · 지유 함량 · 당분 함량 등이 증가하면 대체로 내열성이 증대한다.

　　㉣ 작물의 연령 : 작물체의 연령이 높아지면 내열성이 증대한다.

　　㉤ 기관 : 주피 · 완피 · 완성엽은 내열성이 가장 크고, 눈 · 어린잎은 비교적 강하며, 미성숙 엽 · 중심주가 가장 약하다.

    ⓗ 화학물질

        ⓐ 산은 열사온도와 단백질 응고온도를 낮추어서 내열성을 약하게 하지만, 약염기성 물질은 이를 높여서 내열성을 강하게 한다.

        ⓑ 음이온은 양이온보다 응고온도를 낮추어 내열성을 약하게 한다.

        ⓒ 염화칼륨이나 황산마그네슘의 가용은 내열성을 증가시킨다.

    ⓢ 충격 : 절단과 같은 충격은 열사를 지연시킨다.

    ⓞ 환경 : 고온 · 건조 · 다조한 환경 속에 오랜 기간을 생육해 온 작물체는 온도의 변화 조건에 경화되어 있어서 내열성이 크다.

⑤ 열해대책

    ㉠ 작물의 종류 : 여름나기를 할 수 있는 내열성이 강한 작물을 선택한다.

    ㉡ 재배시기의 조절 : 재배시기를 조절하여 혹서기의 위험을 회피한다.

    ㉢ 관개 : 고온기에 관개하여 지온을 낮춘다. 가장 효과적인 재배적 조처로 볼 수 있다.

    ㉣ 피음 및 피복 : 해가림이나 피복을 하여 지온의 상승과 한발의 위험을 막기도 한다.

    ㉤ 환기 : 비닐 터널이나 하우스 재배에서는 환기를 조절하여 지나친 고온을 회피한다.

    ㉥ 재배상의 주의 : 과도한 밀식이나 질소과용 등을 피한다.

(6) 목초의 하고현상

내한성이 강하여 잘 월동하는 다년생인 북방형 목초는 여름철에 접어들면서 생장이 쇠퇴 · 정지하고 심하면 황화 · 고사하여 여름철의 목초생산량이 몹시 감소되는데, 이것을 목초의 하고현상이라고 한다. 목초의 하고현상은 사료의 공급을 계절적으로 평준화하는 데 지장을 초래한다.

① 하고의 원인

    ㉠ 고온 : 북방형 목초는 생육온도가 낮으며, 6℃에서 생육을 시작하고, 6~12℃에서 완만하게 생육을 하며, 12~18℃에서 가장 좋은 생육을 하지만, 18~24℃에서 생육이 감퇴하기 시작하여, 24℃에 생육이 정지상태로 이르고 하고현상이 심해진다.

    ㉡ 건조 : 남방형 목초(수단그래스, 수수 등)보다 북방형 목초(알팔파, 브롬그래스, 스위트클로버, 레드클로버 등)는 대체로 요수량이 크므로 건조는 하고의 큰 원인이 된다.

    ㉢ 장일 : 월동 목초는 대부분 장일식물인데, 초여름의 장일조건에 의해서 생식생장이 촉진되는 것도 하고현상을 유인하는 요인이 된다.

ⓔ 병충해 : 봄철에 무성한 목초가 여름철이 되어 고온다습 상태로 되면 병충해의 발생이 많아지고 고온건조에 의해서 연약해져서 병충해 발생이 많아지므로 하고현상이 촉진된다.

ⓜ 잡초 : 여름철에 접어들면 목초는 쇠약해지는데, 잡초는 고온에 의하여 무성하게 되므로 목초의 생육이 더욱 억제되어 하고현상을 조장한다.

② 하고의 발생 : 하고현상은 여름철의 기온이 높고 건조가 심할수록 가중한다. 티머시 · 켄터키블루그래스 · 레드클로버 등은 하고현상이 심하지만, 오처드그래스 · 페레니얼라이그래스 · 화이트클로버 등은 하고현상이 경미하다.

③ 하고의 대책

ㄱ 스프링플러시의 억제 : 북방형 목초는 봄철에 생육이 왕성하여 목초의 생산량이 집중되는데, 이것을 스프링플러시(spring flush)라고 한다. 스프링플러시의 경향이 심할수록 하고현상도 조장되므로 봄철 일찍부터 약한 채초를 하거나 방목하여 스프링플러시를 완화시켜야 한다.

ㄴ 관개 : 고온 건조기에 관개를 하면 지온을 낮추고 수분을 공급하므로 하고현상을 경감시킨다.

ㄷ 초종의 선택 : 지역의 환경에 따라서 하고현상이 경미한 초종을 선택하여 재배한다. 예를 들어, 고랭지에서는 티머시의 재배가 많으나, 평지에서는 티머시보다 하고현상이 덜한 오처드그래스가 많이 재배된다.

ㄹ 혼파 : 하고현상이 적은 초종이나 하고현상이 없는 목초를 혼파하여 하고현상에 의한 목초 생산량이 감소를 적게 한다.

ㅁ 방목채초의 조절 : 목초가 과다하게 무성하면 병충해의 발생이 많고, 토양수분이 결핍되기 쉽다. 목초를 밑동으로부터 바싹 베면 지온상승의 우려가 있으므로, 약한 정도의 채초와 방목을 실시하여 하고현상을 경감시킨다.

(7) 가뭄해(旱害)

① 토양이 건조하면 식물체 내의 수분 함량도 감소되어 생육이 저해되고 심하면 위조 · 고사하게 되는데, 수분 부족으로 인하여 작물에 유발되는 장해를 한해라고 한다.

② 우리나라는 5~6월에 강우가 적어서 밭작물은 항상 건조의 피해를 입고, 관개시설이 없는 논에서는 모내기가 불가능하거나 극히 늦어져서 큰 피해를 입는 일이 있다.

③ 한해 발생 기구

　　㉠ 작물세포의 수분이 감소되면 수분이 제한인자가 되어 광합성이 감퇴하고, 양분흡수, 물질전류 등의 여러 생리작용도 저해된다.

　　㉡ 효소의 작용이 교란되어 광합성 등이 감퇴하고, 이화작용이 우세하여 단백질·당분이 소모되어 피해를 받는다.

　　㉢ 건조에 의해서 세포가 탈수될 때에 원형질은 세포막에서 이탈되지 못한 상태로 수축하므로　기계적 견인력을 받아서 파괴된다.

　　㉣ 탈수된 세포가 갑자기 흡수할 때에도 세포막이 원형질과 이탈되지 않은 상태로 먼저 팽창하므로 원형질은 역시 기계적인 견인력을 받아서 파괴되는 일이 있다.

　　㉤ 세포로부터 심한 탈수는 원형질 회복될 수 없는 응집을 초래 작물의 위조·고사를 일으킨다.

④ **작물의 내건성**

　　작물이 건조(한발)에 견디는 성질을 내건성이라 하며, 여러 요인들에 의해서 지배된다.

　　㉠ 내건성이 강한 작물의 종합적 특성

　　　　ⓐ 수분의 흡수능이 크고, 체내의 수분 보유력이 크며, 체내 수분의 손실이 적다.

　　　　ⓑ 수분 함량이 낮은 상태에서 생리기능이 높다.

　　㉡ 형태적 특성

　　　　ⓐ 표면적/체적의 비가 작다. 또한 지상부가 왜생화되어 키가 작고, 잎이 작다.

　　　　ⓑ 지상부에 비하여 뿌리의 발달이 좋아 뿌리가 깊고, 지상부에 비하여 근군의 발달이 좋다.

　　　　ⓒ 잎조직이 치밀하고, 잎맥과 울타리조직 및 표피에 각피가 잘 발달하고, 기공의 크기는 작거나 수가 적다.

　　　　ⓓ 저수능력이 크고, 다육화의 경향이 있으며, 기동세포가 발달하여 탈수되면 잎이 말려서 표면적이 축소된다.

　　㉢ 세포적 특성

　　　　ⓐ 세포의 크기가 작아서 수분이 적어져도 원형질의 변형이 적다.

　　　　ⓑ 세포 중에 원형질이나 저장양분이 차지하는 비율이 높아서 원형질의 점성이 높고, 세포액의 삼투압이 높아서 수분보유력이 강하다.

　　　　ⓒ 원형질막의 수분, 요소, 글리세린 등에 대한 투과성이 크고, 탈수될 때에 원형질의 응집이 덜하다.

ⓔ 물질대사적 특성

  ⓐ 건조할 때에 증산이 억제되고, 급수할 때에 수분을 흡수하는 기능이 크다.

  ⓑ 건조할 때에 호흡이 낮아지는 정도가 크고, 광합성이 감퇴하는 정도가 낮다.

  ⓒ 건조할 때에 단백질·당분의 소실이 늦다.

(8) 생육단계 및 재배조건과 내건성

 ㉠ 작물의 내건성은 생육단계에 따라서 다르며, 생식·생장의 주기(土期)에 가장 약하다.

 ㉡ 화곡류에서 보면 생식세포의 감수분열기(수잉기)에 가장 약하고, 출수개화기와 유숙기에 다음으로 약하며, 분얼기에는 비교적 강하다.

 ㉢ 퇴비·인산·칼리를 많이 주고, 질소를 적게 주며, 밀식을 피하였을 때에 내건성이 강해진다.

 ㉣ 작물을 건조한 환경에서 생육시키면 내건성은 증대한다[경화(hardening)처리라 한다.

 * 한해대책

 ㉠ 관개 : 근본적인 한해 대책으로 충분히 관수를 해 주는 것이 가장 좋다.

 ㉡ 작물과 품종의 선택 : 수수·조·기장·호밀·밀·알팔파·헤어리베치·동부·난지형 목초 등을 재배하는 것이 안전하다.

 ㉢ 토양수분의 보유력 증대와 증발억제

  ⓐ 토양입단의 조성 : 토양입단 조성을 위하여 석회·유기물 시용 및 객토 등을 한다.

  ⓑ 드라이파밍 : 드라이파밍(dry farming)은 휴간기에 비가 올 때마다 땅을 갈아서 빗물을 지하에 잘 저장하고, 재배 기간에는 토양을 잘 진압하여 지하수의 모관 상승을 조장함으로써 한발 적응성을 높이는 농법이다.

  ⓒ 피복 : 비닐, 풀, 퇴비 등을 지면에 피복(mulch, mulching)하면 증발이 경감된다.

  ⓓ 중경제초 : 표토를 쪼아서 모세관을 절단한 다음 잡초를 제거하면 토양의 증발산이 경감된다.

  ⓔ 증발억제제의 살포 : OED 유액을 지면에 뿌리거나 엽면에 뿌리면 증발·증산이 억제된다.

 ㉣ 밭에서의 재배대책

  ⓐ 뿌림골을 낮게 한다(휴립구파).

  ⓑ 뿌림골을 좁히거나 파종시 재식밀도를 성기게 한다.

ⓒ 질소질 비료의 과용을 피하고 퇴비, 인산, 칼리를 증시한다.

ⓓ 봄철의 맥류재배 포장이 건조할 때 보리밟기를 한다.

ⓔ 토양 수분의 보유력 증대를 위해 토양입단을 조성한다.

㉱ 논에서의 재배대책

ⓐ 중·북부의 천수답지대에서는 건답직파를 한다.

ⓑ 남부의 천수답지대에서는 만식적응 재배를 한다(밭 못자리모, 모솎음, 가식).

ⓒ 모내기가 한계 이상으로 지연될 경우에는 조, 메밀, 기장, 채소 등을 대파한다.

(9) 냉해의 정의 및 냉해기구

① 냉해의 정의

식물체의 조직 내에 결빙이 생기지는 않은 범위의 저온에 의해서 받는 피해를 냉온장해라 하며, 여름작물이 생육상 고온이 필요한 여름철에 비교적 낮은 냉온을 장기간 지속적으로 받아 피해를 받는 것을 냉해라고 한다.

② 냉해의 기구

㉠ 냉해의 초기 증상은 세포막의 손상을 수반하며, 저온장해를 받은 조직은 원형질막의 침투성이 증가하므로 전해질이 침출되며, 엽록체와 미토콘드리아의 막도 해를 입게 된다.

㉡ 삼투막은 어떤 한계온도에서 상대적으로 유동형이 고형으로 변하게 되어 선택적 투과성에 이상을 초래한다.

㉢ 온도에 의한 삼투막의 변성은 삼투막을 조성하고 있는 지질의 지방산 조성과 관계가 깊으며 저온에 약한 작물의 삼투막에는 포화지방산의 비율이 높은 경향이 있다.

㉣ 저온에 민감한 작물은 장해가 일어나는 온도에서 갑작스럽게 반투막의 성질이 변하는데, 저온에 강한 작물은 그러한 갑작스런 변화가 일어나지 않는다.

㉤ 꽃밥 및 화분의 세포학적 이상 : 벼의 감수분열기의 저온은 꽃밥이나 화분의 이상발육을 초래하여 불임현상을 초래한다.

㉥ 증산 과잉 : 저온으로 인하여 뿌리의 수분흡수가 증산보다 훨씬 감퇴하여 증산과잉이 유발된다.

㉦ 호흡과다 및 이상 호흡 : 저온에 처하게 되면 호흡과다로 인하여 체내 물질의 소모가 증가하고, 호흡의 생화학적인 과정에 이상이 생겨서 유독물질이 집적하여 중독을 초래하게 된다.

ⓞ 단백질의 과잉 분해 : 냉온에 처하면 질소대사의 이상으로 인하여 가용성 질소화합물이 현저히 증가한다. 또한 저온에 의하여 Carboxylase 등의 효소활력이 저하되는 현상도 나타난다.

ⓩ 생리기능의 저하
  ⓐ 냉온에 의해서 수분이나 원형질의 점성이 증가하는 한편 확산압이나 원형질투과성이 감퇴하기 때문에 원형질 유동의 속도가 감퇴 또는 정지하여 세포의 활력 감퇴를 초래하고 물질의 흡수ㆍ수송의 감퇴를 가져온다.
  ⓑ 벼의 경우 저온이 되면 양분의 흡수가 감소되는데, 특히 규산 및 인산의 흡수가 크게 저해된다.

ⓩ 광합성 능력의 저하 : 특히 18℃ 이하 저온이 되면 광합성 능력이 급격히 저하된다.

ㅋ 양분의 전류 및 축적 장해 : 저온에 의하여 생장점으로의 양분 집적이 감소되며, 등숙기의 지나친 저온은 광합성 산물인 탄수화물의 전류를 저해한다.

③ 냉해의 구분
  ㉠ 지연형 냉해
    ⓐ 영양생장기의 생육 초기부터 출수기에 걸쳐서 여러 시기와 단계에 냉온이나 일조부족 등을 만나서 출수가 지연되고 등숙기의 낮은 온도에 이르러 등숙이 불량해지는 현상을 초래하여 결국 수량에까지 영향을 미치는 유형의 냉해이다.
    ⓑ 출수 30일 전부터 25일 전까지의 약 5일간, 즉 벼가 생식생장기에 접어들어 유수를 형성할 때에 냉온을 만나면 출수의 지연이 가장 심하다.
    ⓒ 지연형 냉해가 오면 수수 감소, 영화수 감소, 등숙률 저하에 의하여 수량이 감소된다.
  ㉡ 장해형 냉해
    ⓐ 유수형성기부터 개화기까지의 사이, 특히 생식세포의 감수분열기에 냉온의 영향을 받아서 생식기관이 정상적으로 형성되지 못하거나 또는 꽃가루의 방출 및 수정에 장해를 일으켜 결국 불임현상이 초래되는 유형의 냉해이다.
    ⓑ 꽃밥이나 화분의 타페트 조직의 이상비대는 장해형 냉해의 좋은 예이며, 품종이나 작물의 냉해 저항성의 기준이 되기도 한다.
    ⓒ 소포자 형성에 있어서 세포막이 형성되지 않는다.

> 벼에서 감수분열기에 내냉성이 약한 품종은 17~19℃, 내냉성이 강한 품종은 15~17℃의 냉온을 1일 정도라도 만나면 약강(葯腔)의 바깥쪽을 둘러싸고 있는 융단조직(tapete)이 비대하고 화분이 불충실하여 꽃밥[葯]이 열리지 않으므로 수분되지 않아 불임이 발생한다. 그러나 낮의 기온이 높으면 밤의 기온이 다소 낮아도 냉해가 회피되는 경향이 있다.

ⓒ 병해형 냉해

    ⓐ 냉온조건하에서는 증산이 저해되어 규산의 흡수가 줄어 조직의 규질화가 충분히 형성되지 못하여 도열병균 등의 병균침입에 대한 저항성이 저하되어 냉도열병 발생 등이 심하게 된다.

    ⓑ 광합성이 저하되어 체내 당 함량이 낮아지고, 질소대사에 이상을 초래하여 체내에 암모니아가 축적되어 병의 발생을 더욱 조장하는 유형의 냉해이다.

ⓔ 혼합형 냉해

    ⓐ 장기간에 걸친 저온에 의하여 지연형 냉해와 장해형 냉해 그리고 병해형 냉해 등이 혼합된 형태로 나타나는 현상이다.

    ⓑ 수량감소에 가장 치명적이다.

> **동해형 냉해**
>
>   동해형 냉해(東海型冷害)는 장마 후기에 저온다습한 오호츠크해고기압이 이상적으로 발달하여 그 세력이 서쪽으로 확장하여 우리나라 국토를 종단한 동쪽에 장기간 정체함에 따라 지연형 및 장해형 냉해를 심하게 일으킨 것이다.

④ 냉해의 대책

  ㉠ 내냉성 품종의 선택 : 냉해에 저항성이 큰 품종(찰벼·유망종·수중형) 또는 냉해 회피성이 큰 품종(조생종)을 선택한다.

※ 벼의 생육단계별 냉온장해 온도 및 냉해현상 ※

생육단계	최적온도(℃)	장해온도(℃)	냉온장해 및 냉해 현상
못자리 이전	-	-	이앙기 및 파종 지연
못자리 기간	30~32	15	생육 및 발아 불량
이앙기	15~30	13	이앙 후 활착 불량, 이앙 지연
본답초기~분얼종기	26~33	15	어린 이삭 발달 지연, 가지치기 숫자 감소, 적고, 생육 지연
유수형성기 및 감수분열기	20~33	17	꽃가루 발육 장해, 불임 유발, 출수 지연
출수기	21~30	15	불임 유발, 수정 불량, 개화 지연, 출수 지연
등숙기	19~27	14	미질 저하, 등숙 불량, 등숙 지연

  ㉡ 입지조건의 개선

    ⓐ 방풍림을 설치하여 냉풍을 막는다.

    ⓑ 객토 등을 실시하여 누수답을 개량한다.

ⓒ 암거배수 등을 하여 습답을 개량한다.

ⓓ 지력을 배양하여 건실한 생육을 꾀한다.

ⓒ 육모법의 개선 : 보온육묘하여 못자리 때의 냉해를 방지하고, 생육기간을 앞당겨서 등숙기의 냉해를 회피한다.

ⓔ 재배방법의 개선

ⓐ 조기재배 · 조식재배를 하여 출수 · 성숙을 앞당긴다.

ⓑ 인산 · 칼리 · 규산 · 마그네슘 등을 충분히 시용한다.

ⓒ 소주밀식하여 생육을 강건하게 한다.

ⓜ 냉온기의 담수 : 위험한 냉온기에 수온이 19~20℃ 이상인 물을 15~20cm 깊이로 깊게 담수하면 냉해가 경감 방지된다.

ⓗ 수온 상승책의 강구

ⓐ 용수로의 수온이 20℃ 이하일 때에는 물이 넓고 · 얕게 고이는 온수 저류지를 설치한다.

ⓑ 수로를 넓게 하여 물이 얕고, 넓게 흐르게 하며, 낙차공이 많은 온조수로를 설치한다.

ⓒ 물이 파이프 등을 통과하도록 하여 관개수온을 높인다.

ⓓ OED(증발억제제, 수온상승제)를 5g/10a씩 3일 간격으로 논에 살포하여 수면증발을 억제하면 수온이 1~2℃ 상승한다.

ⓔ 관개수로의 잡초를 제거하여 햇볕을 많이 받게 하여 수온을 높이고, 관개구 위치를 자주 바꾸어 물대기를 실시한다.

(10) 염해(鹽害)

① 작물의 영양소 분균형이 발생하고 토양 수분의 흡수가 어려워진다.

② 토양의 수분포텐셜이 식물 체내의 수분포텐셜보다 낮아진다.

③ 시설 재배의 경우 비료의 과용으로 생기는 장해이다.

④ 토양 수분의 강수량보다 증발량이 많을 경우 발생한다.

(11) 국내 우박의 피해

① 우리나라의 경우

㉠ 우박은 늦봄부터 여름으로 접어드는 5~6월 및 여름에서 가을로 접어드는 9~10월에

주로 내리며 일반적으로 한여름 또는 겨울에는 잘 내리지 않는다.

ⓛ 한여름에는 기온이 비교적 높아 우박이 생기더라도 금새 녹아 비로 바뀌고 겨울에는 대기가 건조하고 기온이 낮은 관계로 우박의 성장이 어렵기 때문이다.

② 비교적 단시간에 많은 피해를 일으키고 피해 지역 또한 국지적인 경우가 많다.

③ 새가지 또는 과실 등에 열상이나 타박상을 일으킴

④ 방포망(그물)을 나무에 씌워 피해를 감소시킬 수 있다.

⑤ 배나 사과 등의 성숙기와 착과기에 많이 발생한다.

⑥ 우박의 피해가 심하지 않을 경우에는 즉시 살균제를 뿌려 병해 발생을 예방하고 심할 경우에는 새로 파종하는 것이 좋다.

(12) 과수 풍수해 경감대책

① 사전대책

㉠ 수확기의 과실은 서둘러 수확해야 한다.

㉡ 토양에 부초를 하지 않거나 초생재배 및 배수구 정비를 하지 않는 과수원에서는 볏짚이나 풀 등을 피복해 토양 유실을 방지해야 한다.

㉢ 밀식재배에서는 가지를 지주시설에 잘 고정시키고 철선지주를 점검해서 선의 당김 상태를 점검해야 한다.

㉣ 과실의 커짐에 따라 늘어진 가지는 받침대로 받쳐주고 바람에 의해 찢어질 염려가 있는 가지는 유인해서 묶어줘야 한다.

㉤ 뿌리가 얕은 나무는 지주로 주지나 줄기를 받쳐 도복을 방지해야 한다.

㉥ 결주로 인해 과원에 공간이 많으면 바람이 통하는 통로가 돼 피해를 키울 수 있으므로 보식으로 과원의 충식을 기해야 한다.

㉦ 배수가 안 좋은 과수원은 미리 암거배수 시설을 해서 지하수위를 낮춰야 한다.

㉧ 방풍망을 5m 높이 전후로 설치하거나 방풍림을 조성해야 한다.

② 사후대책

㉠ 피해가 큰 나무는 착과량을 억제하고 질소 및 추비를 엽면시비해야 한다. 반면 큰 피해가 없는 나무는 건전수와 동일하게 관리한다.

㉡ 자갈, 돌 등의 유입으로 상처가 생겼을 경우 도포제를 발라줘야 한다.

㉢ 퇴적토가 쌓였던 토양에서는 이듬해에 시비량을 약간 줄여주는 것이 좋다.

ⓔ 봉지를 씌운 과실은 봉지를 방제력에 준해서 기준약제를 살포해야 하고 봉지를 제거한 후 흙 앙금을 맑은 물로 씻어준다.

ⓜ 도복된 나무는 토양이 젖어 있는 상태에서 뿌리가 손상되지 않도록 조심해서 세우고 보조 지주를 설치해 고정한다.

ⓗ 잎에 상처가 난 경우 2차 감염을 막기 위해 살균제를 살포하고 수세 회복을 위해 이후의 생육 정도를 감안해 필요할 경우 요소로 2회 정도 엽면살포를 실시한다.

ⓢ 가지가 찢어진 경우 찢어진 부위를 접착시키기 위해 걸림쇠를 넣어 단단히 고정시키거나 끈으로 감고 결과모지를 줄여 부담을 가볍게 한다.

ⓞ 침수 및 관수된 과원은 줄기나 잎에 묻은 오물을 방제기로 씻어주고 유입된 흙이나 떨어진 과실 등을 제거해 과원 내 청결을 유지해야 한다.

ⓩ 과원 내로 유입된 토사는 최대한 빨리 제거하고 흙이 건조하면 가볍게 경운해서 토양 표면이 굳어지거나 과다하게 수분이 증발하는 것을 방지해야 한다.

(13) 시설하우스 풍수해 경감대책

① 사전대책

ⓐ 고정 시설일 때는 위치 선정에 세심한 주의를 기울여야 한다.

ⓑ 바람이 불어오는 쪽에 그물망만 설치해도 방풍 효과가 크므로 하우스에 차광 피해를 주지 않는 범위에서 방풍시설을 설치하도록 한다.

ⓒ 강풍이 불 때 하우스 환기창을 밀폐하고 팬을 가동시켜 시설 내 공기압을 줄여주면 피복재가 골조에 밀착돼 안전도가 높아진다.

ⓓ 물 빠짐이 좋지 않은 토양은 우선 토성을 개량해야 하고 상토는 점토의 함량이 너무 많으면 배수가 좋지 않으므로 토양 물리성을 고려해 적절히 조성하도록 한다.

ⓔ 관수 및 배수를 적절히 하여 토양이 과습하지 않도록 해주는 것이 근본적인 대책이다.

② 사후대책

ⓐ 수해는 당년의 작물 피해는 물론이고 토양입단의 파괴 및 침수에 의한 유기물의 유실 등으로 그 피해가 장기간 걸쳐 나타나므로 각별히 주의해야 한다.

ⓑ 피해가 경미한 기자재나 비닐 등은 깨끗한 물로 씻어주고 오물을 제거해야 한다.

ⓒ 쓰러진 작물은 병충해가 만연될 가능성이 있으므로 방제를 철저히 해주고 빨리 일으켜 세워 줄기나 잎 등에 묻은 흙을 잘 씻어줘야 한다.

ⓓ 하우스 주변 배수로 정비로 신속하게 물을 배수하여 침수시간을 줄여줘야 한다.

(14) 고추의 풍수해 경감대책

① 사전대책

㉠ 붉은 고추는 비 오기 전에 건조 및 수확하고 예방 위주의 병해충 방제를 추진한다.

㉡ 비닐끈이나 지주 등을 활용해 쓰러짐을 방지하고 방풍울타리 설치 및 방풍림을 조성한다.

㉢ 배수로 및 고랑의 사전정비로 강우에 의한 습해 및 침수를 방지한다.

㉣ 이랑의 높이를 15~30cm 정도로 해 수량을 증수시키고 역병의 발생을 억제하며 침수를 방지한다.

② 사후대책

㉠ 수확한 고추는 화력건조를 실시하거나 건조기 등을 이용해 부패를 방지해야 한다.

㉡ 피해를 받은 식물체는 상처를 통해 병원균이 침입할 수 있으므로 적용약제로 소독을 철저하게 실시해야 하고 쓰러진 식물체는 최대한 빨리 세워줘야 한다.

㉢ 배수 즉시 담배나방·반점세균병·탄저병·돌림병 같은 병해충에 대한 긴급 방제를 실시한다.

㉣ 최대한 빠른 시간 내 포장 물 빼기 작업을 실시해야 한다.

(15) 배추 및 무 등의 풍수해 경감대책

① 사전대책

㉠ 다시 씨 뿌림을 해야 한다면 알타리 무나 조생종 등을 재배한다.

㉡ 정식이 늦어질 경우 물주는 양을 줄여 웃자람을 방지하고 포트의 간격을 넓혀준다.

㉢ 배추 육묘판은 비닐을 덮어 비가림 실시로 건전모를 육묘한다.

㉣ 배수로를 철저히 정비하고 높은 이랑 재배로 습해를 예방한다.

㉤ 상토를 준비하지 못했을 경우 시판 상토를 사용하고 모판흙은 미리 채취해 비에 젖지 않도록 보관 후 사용하며 파종의 시기를 조정해 피해를 분산한다.

② 사후대책

㉠ 생육부진 포장은 제4종 복비 엽면시비 또는 요소로 생육을 촉진한다.

㉡ 비가 그친 후 살균제를 살포해 이병을 예방한다.

㉢ 표토를 얇게 긁어줘 공기의 유통을 좋게 해 뿌리의 활력을 도모해야 한다.

㉣ 강우 후 잎에 묻은 오물 또는 흙 등을 호스나 분무기로 씻어줌 준다.

㉤ 이랑 사이에 고인 물이 잘 빠지도록 배수로 및 고랑 정비작업을 한다.

제4장

핵심기출문제

1. 가뭄이 지속될 때 작물의 잎에 나타날 수 있는 특징으로 옳지 <u>않은</u> 것은?

① 엽면적이 감소한다.　　　　② 증산이 억제된다.

③ 광합성이 촉진된다.　　　　④ 조직이 치밀해진다.

> **해설 ┃** ③ 가뭄이 지속될 경우 작물 세포 내에 수분이 부족해져 광합성이 감소된다.
>
> **정답 ┃** ③

2. A농가가 작물에 나타나는 토양 습해를 줄이기 위해 실시할 수 있는 대책으로 옳은 것을 <u>모두</u> 고른 것은?

> ㄱ. 이랑 재배　　ㄴ. 표층 시비　　ㄷ. 토양 개량제 사용

① ㄱ, ㄴ　　　　　　　　　　② ㄱ, ㄷ

③ ㄴ, ㄷ　　　　　　　　　　④ ㄱ, ㄴ, ㄷ

> **해설 ┃** ※ 토양 습해를 줄이기 위해 실시할 수 있는 대책
> - 이랑 재배
> - 표층 시비
> - 토양 개량제 사용
> - 내습성 품종 및 작물 선택
> - CaO_2(과산화석회) 사용
> - 배수
>
> **정답 ┃** ④

3. A농가가 과수 작물 재배 시 동해를 예방하기 위해 실시할 수 있는 조치가 <u>아닌</u> 것은?

① 과실 수확 전 토양에 질소를 시비한다.
② 과다하게 결실이 되지 않도록 적과를 실시한다.
③ 배수 관리를 통해 토양의 과습을 방지한다.
④ 강전정을 피하고 분지 각도를 넓게 한다.

> **해설 ┃** ① 과실 수확 전 토양에 질소를 시비할 경우 늦게까지 웃자라게 되므로 결국 저온에 의한 저항성이 낮아져 동해에 견디기가 어려워진다.
>
> **정답 ┃** ①

4. 과수 작물의 조류(鳥類) 피해 방지 대책으로 옳지 <u>않은</u> 것은?

① 방조망 설치   ② 페로몬 트랩 설치
③ 폭음기 설치   ④ 광 반사물 설치

> **해설 ┃** ② 해충의 발생밀도를 미리 예측하거나 해충 방제에 사용된다.
>
> **정답 ┃** ②

5. 강풍으로 인해 작물에 나타나는 생리적 반응을 모두 고른 것은?

ㄱ. 세포 팽압 증대   ㄴ. 기공 폐쇄   ㄷ. 작물 체온 저하

① ㄱ, ㄴ   ② ㄱ, ㄷ
③ ㄴ, ㄷ   ④ ㄱ, ㄴ, ㄷ

> **해설 ┃** ㄴ. 강풍으로 인해 기공이 닫힘으로 이산화탄소의 흡수가 감소되고 따라서 광합성이 감퇴된다.
> ㄷ. 강풍으로 인해 작물의 체온이 저하되고 심할 경우 냉해가 발생한다.
> ㄱ. 강풍으로 인해 수분의 흡수가 감소하여 세포 팽압이 감소한다.
>
> **정답 ┃** ③

6. 세균에 의해 작물에 발생하는 병해는?

① 궤양병 　　　　　　　　② 탄저병
③ 역병 　　　　　　　　　④ 노균병

해설 | ②, ③, ④ 곰팡이에 의해 작물에 발생하는 병해이다.

※ 병원체와 병의 종류
- 기생충 : 겨우살이, 새삼 등
- 선충 : 뿌리혹선충병, 시스트선충병, 뿌리썩이선충병 등
- 바이러스 : 오갈병, 모자이크병 등
- 세균 : 뿌리혹병, 반점세균병, 궤양병, 둘레썩음병, 무름병, 풋마름병, 벼흰마름병 등
- 곰팡이 : 노균병, 균핵병, 탄저병, 역병, 잿빛곰팡이병, 깜부기병, 녹병, 흰가루병, 모잘록병, 벼도열병 등

※ 각 병의 피해 증상에 따른 분류
- 모자이크병 : 잎에 진하고 엷은 녹색의 무늬가 얼룩져 생김. ex) 오이모자이크병
- 노균병 : 잎 앞면에는 엽맥을 경계로 황갈색의 다각형 병반이 생기고 뒷면에는 흰서리 모양의 곰팡이가 생김. ex) 오이노균병
- 흰가루병 : 어린 가지, 잎 등의 표면에 흰가루를 뿌린 듯한 모양이 생김 ex) 오이흰가루병
- 잿빛곰팡이병 : 잎, 꽃, 열매 등이 무르고 그 표면에 잿빛의 곰팡이가 생김 ex) 딸기·토마토잿빛곰팡이병
- 탄저병 : 병든 조직이 둥글게 움푹 들어가고 중앙부는 흑색의 작은 점이 생김 ex) 사과탄저병, 고추탄저병 등
- 더뎅이병 : 덩이줄기, 과일, 잎 등에 생기며 병든 조직 중앙부는 돌출해서 표면은 거칠어짐 ex) 감자더뎅이병
- 시듦병 : 뿌리나 줄기에 병원균이 침입해 물의 통로가 막혀 줄기나 잎이 시듦 ex) 토마토시듦병
- 모잘록병 : 모종 줄기의 토양과 접한 부분이 잘록해져 넘어지고 결국 말라 죽음 ex) 각종 모잘록병

정답 | ①

7. 수분과잉 장해에 관한 설명으로 옳지 않은 것은?

① 생장이 쇠퇴하며 수량도 감소한다.
② 건조 후에 수분이 많이 공급되면 열과 등이 나타난다.
③ 뿌리의 활력이 높아진다.
④ 식물이 웃자라게 된다.

정답 | ③

8. 고온 장해에 관한 증상으로 옳지 않은 것은?

① 발아 불량

② 품질 저하

③ 착과 불량

④ 추대 지연

> **해설 ▌** 고온 장해 증상 : 품질 저하, 발아 불량, 조기 추대, 착화 및 결과 불량
>
> **정답 ▌** ④

9. 다음에서 설명하는 냉해로 올바르게 짝지어진 것은?

┌───
│ ㄱ. 작물생육기간 중 특히 냉온에 대한 저항성이 약한 시기에 저온의 접촉으로 뚜렷한 피
│   해를 받게 되는 냉해
│ ㄴ. 오랜 기간 동안 냉온이나 일조 부족으로 생육이 늦어지고 등숙이 충분하지 못해 감수
│   를 초래하게 되는 냉해
└───

① ㄱ: 지연형 냉해, ㄴ: 장해형 냉해   ② ㄱ: 접촉형 냉해, ㄴ: 감수형 냉해

③ ㄱ: 장해형 냉해, ㄴ: 지연형 냉해   ④ ㄱ: 피해형 냉해, ㄴ: 장기형 냉해

> **해설 ▌ 냉해의 종류**
> • 장해형 냉해 : 냉온에 대한 저항성이 약한 시기인 감수분열기에 저온에 노출되어 수분수정이 안되어
>   불임현상이 초래되는 냉해
> • 지연형 냉해 : 영양생장기의 저온 또는 일조 부족으로 생육 특히 출수기가 늦어지고 등숙이 충분하지
>   못하게 되는 냉해
>
> **정답 ▌** ②

10. 과수원의 바람 피해에 관한 설명으로 옳지 않은 것은?

① 강풍은 증산작용을 억제하여 광합성을 촉진한다.

② 강풍은 매개곤충의 활동을 저하시켜 수분과 수정을 방해한다.

③ 작물의 열을 빼앗아 작물체온을 저하시킨다.

④ 해안지방은 염분 피해를 받을 수 있다.

> **정답 ▌** ①

11. 염류 집적에 대한 대책이 아닌 것은?

① 흡비작물 재배 ② 무기물 시용
③ 심경과 객토 ④ 담수 처리

> **해설 | 염류 집적 장해 대책**
> • 염류집적이 나타나지 않는 시비관리시스템을 적용한다.
> • 호밀 같은 심근성 흡비 작물을 재배함으로써 집적 염류를 제거한다.
> • 관수로 염류를 씻어낸다.
>
> **정답 | ②**

12. 벼의 수발아에 관한 설명으로 옳지 않은 것은?

① 결실기에 종실이 이삭에 달린 채로 싹이 트는 것을 말한다.
② 결실기의 벼가 우기에 도복이 되었을 때 자주 발생한다.
③ 조생종이 만생종보다 수발아가 잘 발생한다.
④ 휴면성이 강한 품종이 약한 것보다 수발아가 잘 발생한다.

> **해설 |** ③ 조생종이 만생종보다 일찍 수확할 수 있어 수발아 회피성 품종으로 수발아가 잘 발생하지 않는다.
> ④ 휴면성이 약한 품종이 강한 것보다 수발아가 잘 발생한다.
>
> **정답 |** ③, ④

13. 4℃에 저장 시 저온장해가 발생하는 절화류로 짝지어진 것은?

① 장미, 카네이션 ② 백합, 금어초
③ 극락조화, 안스리움 ④ 국화, 글라디올러스

> **해설 |** 극락조화는 농가에서 실수로 2~4℃에 저장하여 저온장해를 받게 될 절화류이다. 안스리움도 4℃ 저장고에 2주간 저장한 후 출하·유통시 저온장해가 발생하였다.
>
> **정답 |** ③

제5장

원예작물

01 │ 원예작물

(1) 원예작물(식물) 개요

① 원예(園藝, Horticulture, gardening) : 농업의 한 분야로서 노지나 시설 등을 이용하여 채소, 과수, 화훼를 집약적으로 생산하는 산업이다.

　㉠ 원(園) : 식물을 재배하는 토지에 울타리를 쳐 보호한다.

　㉡ 예(藝) : 재배관리를 한다.

② 원예학(園藝學) : 원예에 관한 이론과 기술을 연구하는 학문으로서 농학의 한 분과이고 응용과학이다.

③ 원예의 대상 : 초본성인 채소와 화훼, 목본성인 과수와 관상수목이며, 필수적인 영양소를 제공하는 먹거리와 우리 주위의 생활공간을 아름답게 꾸며 주는 관상식물 등을 재배. 생산하여 이용한다.

(2) 원예작물의 특색

① 신선한 채소의 과일은 주로 알카리성 식품으로 인체의 건전한 발육에 필수적인 비타민 A, 비타민 C와 Ca, Fe, Mg 등의 무기질을 공급하여 산성식품을 중화시켜 준다.

② 화훼와 관상수목은 우리 주위의 생활공간을 쾌적하게 하여 개인의 건강을 지켜주고 메마른 정서를 순화시켜 즐겁게 살아갈 수 있도록 도와준다.

③ 원예식물은 그 종류가 많고 품종도 다양하여 작형별로 분화되어 있으며 재배방식도 다양하다.

④ 원예식물은 다른 작물에 비하여 집약적인 재배를 하고 있으며 소득원으로 크게 기여하고 있다.

(3) 구분

① **화훼원예** : 관상을 목적으로 난류, 화목류, 꽃 등을 재배하는 원예이다.

② **과수원예** : 과실을 수확하여 이용할 목적으로 목본성 식물을 재배하는 원예이다.

③ **채소원예** : 약용이나 식용을 목적으로 초본성 식물을 재배하는 원예이다.

(4) 채소의 분류

① 식용부위에 따른 분류

　㉠ 엽경채류 : 일반적으로 호냉성 채소로 질소와 수분 요구도가 높다.

구 분	품 종
엽채류	배추, 양배추, 시금치, 상추
화채류	꽃양배추, 브로콜리
경채류	아스파라거스, 토당귀, 죽순
인경채류	양파, 마늘, 파, 부추

　㉡ 근채류 : 저장기관의 발육을 위해 생육 전반기에 엽면적 확보가 중요하다.

구 분	품 종
직근류	무, 당근, 우엉
괴근류	고구마, 마
괴경류	감자, 토란
근경류	생강, 연근

　㉢ 과채류 : 열매를 이용하는 채소이다.

구 분	품 종
두과	완두, 강낭콩, 잠두
박과	오이, 호박, 참외, 수박, 멜론
가지과	토마토, 가지, 고추
기타	옥수수, 딸기

② 온도에 대한 적응성에 따른 분류

　㉠ 호온성 채소 : 대부분의 과채류(토마토, 고추, 참외,오이, 가지, 호박 등)가 속하고, 완두, 잠두, 딸기는 제외된다.

　㉡ 호냉성 채소 : 대부분의 엽근채류(배추, 무, 파, 마늘, 시금치, 상추 등)가 속하고, 고구마, 토란, 마 등은 제외된다.

③ 광선에 대한 적응성에 따른 분류

    ㉠ 양성채소 : 강한 광선을 요구하며, 박과, 콩과, 가지과, 무, 배추, 결구상추, 당근 등이 있다.

    ㉡ 음성채소 : 어느 정도 그늘에서도 잘 견디며, 토란, 아스파라거스, 부추, 마늘, 비결구성 엽채소 등이 있다.

(5) 과수의 분류

① 꽃의 발육부분에 따른 분류

    ㉠ 진과 : 암술의 양쪽 벽이 비대된 것으로 감, 포도, 복숭아, 감귤류, 매실, 은행, 자두 등이 있다.

    ㉡ 위과 : 꽃받침이 발달해서 과실이 되는 경우로 사과, 배, 비파, 무화과 등이 있다.

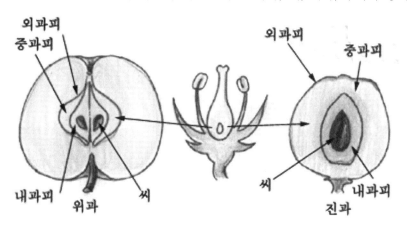

[위과와 진과]

② 과실의 구조 및 형질에 의한 분류

    ㉠ 인과류 : 사과, 배, 비파, 마르멜로, 모과 등

    ㉡ 준인과류 : 감귤, 감 등

    ㉢ 핵과류 : 복숭아, 자두, 살구, 매실, 대추 등

    ㉣ 장과류 : 포도, 무화과, 나무딸기 등

    ㉤ 각과류 : 밤, 호두, 개암 등

    ㉥ 기타 : 석류, 대추, 모과 등

(6) 식물학적인 분류

① 장미과 : 사과, 배, 모과, 복숭아, 자두, 딸기 등

② 운향과 : 온주밀감, 감귤, 레몬, 유자 등

③ 포도과 : 포도, 머루 등

④ 감나무과 : 감, 고욤 등

(7) 화훼의 분류

① 성상에 의한 분류 : 화초류(초본화훼), 꽃나무류(목본화훼) 등

② 일장반응에 의한 분류 : 장일성, 단일성, 중성화훼 등

③ 광적응성에 의한 분류 : 양지화, 음지화 등

④ 이용방법에 의한 분류 : 절화용, 화단용, 분식용, 정원용 등

⑤ 생산장소에 의한 분류 : 노지화훼, 온실화훼 등

02 원예작물의 경영

(1) 작형의 종류

① 반촉성 재배
- 중북부 지방의 딸기와 호온성 과채류의 시설재배가 이에 해당하며 조숙재배보다 수확기를 앞당길 수 있다.
- 온상에 육묘한 후 시설 안에 정식해 수확기의 전반까지 가온 및 보온 또는 생육해 재배하는 방식이다.

② 촉성 재배
- 약광에서도 생장 및 결실이 잘 되고 저온신장성이 강조되는 품종 선택이 중요하다.
- 과채류의 촉성 재배는 한겨울 재배로 광환경 관리와 온도, 보온성 시설 구비 등의 높은 기술이 필요하고 주로 남부 해안지대에서 성행한다.
- 다른 재배에 비해 수확기가 가장 빠르고 수익성도 크다.

- 생육의 전 기간을 시설 내에서 보온 및 가온하며 재배한다.

③ 보통재배
- 수익성 저하 및 과잉생산 : 자가소비용 채소 재배, 파·배추·김장용 무의 재배 등
- 적절한 시기에 일반 노지에서 시설을 활용하지 않고 재배하는 방식이다.

④ 억제재배
- 출하기를 늦춰 가격 경쟁력이 유리하다.
- 생육 및 수확기의 전반까지 노지에서 재배하다가 후반부터 가온 및 보온 재배를 한다.
- 제철보다 늦은 시기에 재배하는 방식이다.

⑤ 조숙재배
- 대부분 고추재배는 조숙재배를 하고 정식 후 필름으로 터널 및 멀칭을 씌워 재배한다.
- 참외, 수박, 고추, 봄무, 봄배추 등을 조숙재배하며 특히 수박, 저온에 약한 호박 등 과채류는 정식한 후 터널을 만들어 보호한다.
- 주로 온상에서 육묘 및 본밭 정식 재배 등을 하고 수확시기를 앞당겨 조기 출하함으로써 가격 경쟁력을 높인다.

(2) 작형의 경영 형태

① 시설원예
   ㉠ 생력화와 자동화가 가능해 노동생산성을 크게 높일 수 있다.
   ㉡ 기업 경영이 가능하다.
   ㉢ 고도의 기술 및 자본이 필요하다.
   ㉣ 온실에서 채소를 재배한다.

② 수송원예
   ㉠ 시장 정보에 대한 신속한 입수와 경영의 협업화가 필요하다.
   ㉡ 특정 채소를 특정 지역에서 재배하는 경영 형태이다.

③ 채종원예
   ㉠ 지리적으로 격리된 지역에서 재배한다.
   ㉡ 종묘회사와 계약재배를 한다.
   ㉢ 일반재배와 다른 기술이 필요하다.
   ㉣ 채소 종자를 생산하고 재배하는 경영 형태이다.

④ 가공원예

　㉠ 생산자는 가격 보장을 원하며 가공업자는 양질의 원료를 적정량으로 저렴하게 확보하길 원한다.

　㉡ 가공원료를 생산하기 위해 채소를 재배하는 경영 형태이다.

⑤ 고랭지원예

　㉠ 고랭지는 평난지보다 한여름의 기온이 낮기 때문에 각종 단경기 채소나 씨감자재배 등이 성행하며 셀러리·양상추·사철딸기·양파·당근·배추 등의 환금성이 높은 경제작물이 유리하다.

　㉡ 평난지보다 단위 면적당 수량이 적다.

　㉢ 평난지보다 지대가 높아 여름철 기후가 냉하다.

⑥ 가정원예 : 자급용 채소재배를 뜻한다.

⑦ 시장원예(근교원예)

　㉠ 교통이 편리하고 도시공해 문제 등으로 수송원예와 경쟁이 심하다.

　㉡ 토양의 물리적인 성질 약화를 초래하였다.

　㉢ 다모작에 의한 지력 감퇴 등을 유발하였다.

　㉣ 집약도가 높으며 경영 규모는 영세하다.

　㉤ 시금치, 쑥갓, 상추 등의 비결구 엽채류와 파, 솎음배추, 원거리 수송이 힘든 열무 등의 김장재료 재배에 유리하다.

　㉥ 유통 과정에서의 신선도 저하를 막을 수 있다.

　㉦ 수송비 절감할 수 있다.

　㉧ 노동력 확보에 용이하다.

　㉨ 시장 정보를 쉽게 파악할 수 있다.

　㉩ 도시 근교에 인접한 시장의 수요를 목표로 재배하는 경영 형태이다.

03 화훼재배 관리

(1) 번식

① 영양번식

   ㉠ 영양기관인 뿌리, 줄기, 잎 또는 식물체의 일부 조직 등에 의한 번식으로 종자에 의한 번식과는 다르다.

   ㉡ 장단점

     • 장점

       - 화목류의 경우 개화 및 결실까지의 기간이 짧다.

       - 모본의 유전적 형질이 그대로 유지된다.

       - 종자로 번식이 되지 않는 식물의 번식에 이용된다.

       - 개화와 과수의 결실연령을 줄일 수 있고 초기 생장이 빠르다.

       - 한번에 많은 식물을 번식시키고자 할 경우 이용된다.

     • 단점

       - 종자번식이 어렵다.

       - 저장 및 수송 등에 노력이 많이 든다.

       - 한꺼번에 많은 양의 묘를 확보하기 어렵다.

② 종자번식

   ㉠ 종자를 이용해 번식하는 것을 말하며 유성번식 또는 실생번식이라 한다.

   ㉡ 장단점

     • 장점

       - 잡종 품종 개량 또는 F1 hybrid나 잡종강세 등의 목적으로 우량종의 개발이 가능하다.

       - 일반적으로 영양번식 개체에 비해 수명이 길고 발육이 왕성하다.

       - 원거리 이동 및 종자의 수송이 용이하다.

       - 다수의 묘를 생산할 수 있다.

       - 번식방법이 용이하다.

     • 단점

       - 목본류의 경우 개화와 결실까지의 기간이 길다.

       - 단위 결과성 화훼나 불임종의 경우 종자를 얻을 수 없다.

       - 교잡에 의해 육종된 품종은 변이가 나타날 수 있다.

(2) 구분

① 화목류

　　㉠ 꽃이나 잎 및 과실을 감상할 수 있는 목본식물이다.

　　㉡ 교목 화목

　　　　• 한 줄기가 높게 자라며 위에서 가지를 뻗는다.

　　　　• 나무류, 산딸기, 꽃 사과, 화목 등

　　㉢ 과목 화목

　　　　• 줄기가 낮게 자라고 밑에 많은 가지가 나온다.,

　　　　• 매화, 개나리, 명자나무, 동백, 진달래, 장미 등

　　㉣ 온실 화목

　　　　• 온실에서 키우며 노지에서 월동은 불가함. 아열대 및 열대 지역이 원산지이다.

　　　　• 부겐빌레아, 포인세티아, 아잘레아, 수국 등

② 난과식물

　　㉠ 원산지에 따라 동양란(온대산)과 서양란(열대산)으로 나누어진다.

　　㉡ 착생란 : 팔레놉시스, 카틀레야, 반다, 풍란 등이며 바위나 나무줄기에 붙어 자란다.

　　㉢ 자생란 : 심비디움, 춘란 등으로 땅에 뿌리를 내리고 자라는 난이다.

③ 선인장과 다육식물

　　㉠ 선인장

　　　　• 가시는 잎이 변형된 것이다.

　　　　• 다육식물 중 비대된 줄기가 아름답고 가시가 있는 식물이다.

　　㉡ 다육식물

　　　　아름다운 꽃과 특이한 형태를 가진 것이 많으며 줄기와 잎이 비대해져 건조에 견딜
　　　　수 있도록 수분을 많이 저장한 식물이다.

④ 관엽식물

　　㉠ 건조에 약해 수분을 많이 필요로 한다.

　　㉡ 꺾꽂이나 포기 나누기 등에 의해 번식한다.

　　㉢ 그늘에 강해 화분(실내 장식)용으로 많이 이용된다.

　　㉣ 아열대나 열대에서 자생하는 사철 푸른 잎을 가진 식물을 말한다.

⑤ 알뿌리 화초(구근류)

　㉠ 개요

　　• 개화 때까지 구의 저장 양분에 의존하므로 상대적으로 재배 시에 영양조건이 생육 및 개화에 영향을 덜 받는다.

　　• 영양번식으로 번식하므로 품종의 특성이 장기간 유지된다.

　　• 식물체의 일부인 잎, 줄기, 뿌리 등이 비대해져 구를 이루고 여기에 양분을 저장하는 형태이다.

　㉡ 구근 기관에 따른 분류

　　• 인경 : 줄기가 짧고 잎이 비대한 인편 형태의 구근으로 유피인경과 무피인경이 있다.

　　• 구경 : 줄기가 단축, 비대해서 구형으로 된 것으로 막상으로 된 잎의 기부에 싸여 있는 마디에 눈이 있다.

　　• 괴경 : 땅속줄기에 영양분이 저장되어 둥근 모양으로 자란 것인데 때로는 울퉁불퉁하게 자라난 것도 있다.

　　• 근경 : 땅속줄기가 비대한 것이다.

　　• 괴근 : 뿌리에 양분이 저장되어 덩이 모양으로 비대한 것이다.

구 분	품 종
인경	유피인경 : 튤립, 히아신스, 아마릴리스 무피인경 : 나리
구경	글라디올러스, 프리지어, 크로커스
괴경	아네모네, 시클라맨, 칼라, 구근베고니아
근경	칸나, 진저, 아이리스, 수련
괴근	달리아, 라넌쿨러스, 작약

⑥ 1년초(한해살이화초)

　㉠ 종자로부터 발아하여 1년 이내에 개화. 결실하여 일생을 마치는 화훼로서 1년초의 화훼들은 생육지에 따라 약간씩 차이가 있으나 보통 중부 경기도 지방의 내한성을 기준으로 한다.

　㉡ 주로 종자번식을 한다.

　㉢ 대부분의 품종들이 잡종상태이기 때문에 꽃이 좋더라도 수확된 종자는 분리현상을 나타내므로 대부분의 경우 종자를 파종할 때에는 다시 새로운 종자를 구입하는 것이 좋다.

ⓔ 내한성의 강약에 따라 내한성, 반내한성, 비내한성의 세 종류로 분류되나, 이것도 지역에 따라 그 종류들이 각각 차이가 난다.

⑦ 춘파 1년초

ⓙ 열대나 아열대 원산식물로 건조에 강하고, 자생지에서는 계속 생육하는 숙근성 성질을 가진다.

ⓛ 중요한 1년초로는 아게라툼, 색비름, 꽃양배추, 콜레우스, 코스모스, 해바라기, 맨드라미, 천일홍, 분꽃, 나팔꽃, 매리골드, 한련화, 채송화, 루드베키아, 셀비어, 백일홍 등이 있다.

⑧ 추파 1년초

ⓙ 온대나 아한대 원산식물로 일반적으로 서늘한 기후에서 잘 자라며 저온을 어느 정도 경과하여야 꽃이 잘 피고 봄에 일찍 꽃이 피는데 장일조건에서 개화가 잘 된다.

ⓛ 중요한 추파 1년초로는 과꽃, 주머니꽃, 금잔화, 패랭이꽃, 데이지, 안개꽃, 루피너스, 물망초, 팬지, 페튜니아, 양귀비, 프리뮬러, 금어초, 스톡, 스위트피, 버베나 등이 있다.

ⓒ 저온을 어느 정도 받은 후에 화아분화가 일어나는 경향이 있으며, 저온의 정도와 저온에 감응하는 시기는 종류에 따라 다르다.

⑨ 숙근초(여러해살이 화초)

ⓙ 1년초에 비해 특성이 장기간 유지돼 특성 유지가 어렵지 않다.

ⓛ 분주 및 삽목 등의 영양번식이 주를 이룬다.

ⓒ 생육 후 개화 결실을 하고 지상부는 죽지만 지하부는 계속 살아 생육을 하는 초본성 화훼이다.

ⓔ 추위에 견디는 힘이나 원산지 등에 따라 반내한성(중간성), 내한성(온대지방), 비내한성(열대지방) 등으로 구분한다.

반내한성(중간성)	마거리트, 카네이션, 델피늄 등
내한성(온대지방)	옥잠화, 루드베키아, 작약 등
비내한성(열대지방)	극락조화, 군자란, 거베라 등

ⓜ 노지 숙근초 : 내한성이 가장 강한 숙근초로서 온대 및 아한대 지역에서 자생하던 것이다.

ⓗ 반노지 숙근초 : 내한성이 강하지 못하여 겨울동안 나뭇잎이나 짚으로 덮어 주어야 월동하며, 봄에 새싹이 나오는 숙근초이다.

ⓐ 온실 숙근초 : 열대 및 아열대 원산으로 내한성이 약하여 겨울에는 온실에서 키워야 한다.

구 분	품 종
노지 숙근초	매발톱꽃, 캄파눌라, 숙근성 패랭이꽃, 리아트리스, 함박꽃, 플록스, 꽃잔디
반노지 숙근초	카네이션, 국화
온실 숙근초	베고니아, 델피늄, 거베라, 제라늄, 일일초, 칼랑코에, 아프리칸바이올렛, 세네시오

⑩ 구근류(알뿌리화초)

식물체의 일부인 잎, 줄기, 뿌리 등이 비대하여 구를 이루고 양분을 저장하는 형태로서 보통 장기간의 건조기가 있는 지역에서 자생한다.

㉠ 춘식구근 : 노지월동이 불가능하여 반드시 가을에 캐서 10~15℃ 되는 곳에 저장하며 노지에서는 반드시 봄에 심어야 한다.

㉡ 추식구근 : 고온에서는 생육이 불량하고 서늘한 기후에서 잘 자라는 것으로 겨울에 노지월동이 가능하며 노지에는 반드시 가을에 심어 노지에서 저온을 경과하여야 정상적으로 생육한다.

㉢ 온실구근 : 내한성이 약하여 온실 안의 화분에서 키우며 실내장식용으로 많이 이용된다.

구 분	품 종
춘식구근	칸나, 다알리아, 글라디오스, 수련
추식구근	크로커스, 수선화, 튤립, 나리, 구근아이리스, 무스카리
온실구근	봄에 심는 것 : 아마릴리스, 칼라, 시클라멘 가을에 심는 것 : 라넌쿨러스, 프리지어, 히아신스

⑪ 기타

㉠ 식충식물 : 파리지옥, 네펜데스, 끈끈이주걱 등

㉡ 고산식물 : 새우난초, 솜다리 등

㉢ 수생식물 : 부레옥잠, 연꽃 등

⑫ 〈참고〉 네덜란드 화훼산업의 발전 요인

㉠ 내적 요인

• 무역과 유통에 대한 지식의 축적

• 아주 강한 국제화의 의지

- 정보의 신속한 전파
- 신속한 기술 지원
- 전문화
- 가족 중심의 농장 운영
  ⓒ 외적 요인
- 유럽 내의 지리적 요건
- 호의적인 자연환경 조건

(3) 특징 및 분류

 ① 특징
  ㉠ 환경미화용의 재료로 생산된다.
  ㉡ 품종 및 종류 등이 다양하다.
  ㉢ 자본 및 노동집약적인 경향이 강하다.
  ㉣ 생산기술의 고도화를 요구함
  ㉤ 주거양식에 의해 지배되는 경향이 있다.
  ㉥ 아름다움의 추구가 목적
  ㉦ 생활수준 및 문화의 향상과 더불어 발전한다.
  ㉧ 국제성이 높다.
  ㉨ 시설을 활용한 연중 집약재배를 한다.

 ② 분류
  ㉠ 후생화훼
  ㉡ 취미화훼
  ㉢ 표본화훼
  ㉣ 조경화훼
  ㉤ 생산화훼

(4) 화훼재배에 사용되는 생장조절물질

 ① 에틸렌(C_2H_4)
  ㉠ 에틸렌은 가장 간단한 기체 상태의 식물호르몬으로 2개의 탄소가 이중결합으로 이루어진다.

ⓒ 과일의 낙엽 현상, 부패 및 노화와 개화, 숙성 등을 일으킨다.

ⓒ 기체 상태의 에틸렌이 사용하기 불편하여 개발된 생장조절제가 에테폰으로 에테폰의 주성분(2-chloroethyl phosphonic acid)은 물에 희석돼 pH가 높아지면 분해되어 에틸렌을 발생된다.

ⓔ 과일의 경우 에틸렌의 피해로는 숙성의 진행에 따른 과육의 연화현상을 들 수 있지만 줄기채소인 아스파라거스 등의 경우 조직이 질겨지는 육질경화를 촉진한다.

② 아브시스산(ABA)

ⓐ 식물 생장을 억제하는 대표적인 식물호르몬으로 주 기능은 식물의 낙엽 촉진과 휴면 유도한다.

ⓑ 식물의 휴면은 GA$_3$ 농도가 낮고, ABA 농도가 높을 때 일어난다.

③ 시토키닌

ⓐ 세포분열을 촉진해 노화를 억제한다.

ⓑ 적정량의 옥신이 포함된 조직에서 기관분화 및 세포분열을 촉진한다.

④ 지베렐린(GA)

ⓐ 주된 생리기능으로 줄기의 생장촉진을 들 수 있다.

ⓑ 단위 결과를 유도하고 개화 및 화아 분화와 휴면 타파를 촉진하는 등 착과를 촉진한다.

⑤ 옥신류

ⓐ 주로 세포신장이나 세포분열을 촉진해 생장을 촉진함. 대표적으로 제초제, 착과촉진제, 발근촉진제 등이 있다.

ⓑ 옥신을 이용한 대표적인 발근촉진제로 루톤 등이 있다.

ⓒ 대표적인 생장조절물질은 2·4·5T, 2·4-D, 인돌초산(IAA) 등

지베렐린 (gibberellin)	• 지베렐린은 일본인에 의해 'foolish seedling' 또는 'bakanae' 병으로 불리는 병원균으로부터 최초로 분리가 되었다. 당시 이 병은 벼의 생장을 촉진시키고, 종자 생산량을 억제시키는 것으로 알려져 있었다. • 지베렐린은 절간 생장 촉진, 번식기능의 발달과정을 유시과정에서 성숙과정으로 전환시키는 역할, 개화 유도, 성 결정, 착과에도 관여하며, 종자 발아 유도 등에도 효과가 있다
옥신류 (IAA)	• Indole acetic acid(IAA)는 옥신의 일종이다. 옥신은 그리스어로 생장을 의미한다. 최초로 발견된 IAA의 생리적 기능과 유사한 작용을 하거나 줄기의 세포생장을 촉진하는 호르몬을 옥신으로 명명해 왔다. • 주요 기능은 세포 생장 촉진, 형성층의 세포분열 촉진, 중력과 광에 대

	한 굴성반응 조절, 정아의 옥신 공급에 의한 측아 생장 억제, 엽의 탈락 지연 등이다.
시토키닌 (cytokinin)	• 시토키닌(cytokinin)은 세포분열을 촉진하는 아데닌(adenine) 및 kinetin과 구조적 또는 기능적으로 유사한 물질을 말한다. Kinetin은 세포 분열 초기에 발견되는 물질이지만 식물에서는 생합성이 되지는 않는다. Zeatin이 일반적으로 식물에서 발견되는 cytokinin으로 옥수수에서 최초 발견되어 zeatin으로 명명 되었다. • 주요 기능은 세포분열 촉진, 형태형성(morphogenesis; shoot initiation, bud formation) 촉진, 측아 생장 촉진, 세포 증대에 의한 엽 전개 촉진 등이다.
아브시스산 (abscisic acid)	• 아브시스산은 지베렐린이나 옥신과는 달리 단일화합물이다. 이는 열매의 낙과와 눈(bud)의 휴면에 중요한 역할을 한다. • ABA의 합성은 잎의 엽록체나 색소체에서 이뤄지며, 수분이나 온도 스트레스에 의해 생산이 촉진된다. ABA는 carotenoid의 일종인 violaxanthin이 xanthonin으로 전환되면서 생성되는 것으로 알려져 있다. ABA의 이동은 도관과 목부에서 일어나며, 옥신류와 같이 극성은 없지만 줄기의 상하부로도 이동한다. • 휴면 유지 효과, 낙엽촉진 등이 주요 기능이다.
에틸렌 (Ethylene)	• 성숙에 관여하는 기체상태의 식물호르몬의 일종으로 과실을 성숙을 촉진하고 식물체가 마찰이나 압력 등 자극이나 병, 해충의 피해를 받을 경우 에틸렌의 생성이 증가된다. • 에틸렌은 원예작물의 저장에서 매우 중요하게 취급되는 호르몬이다. • 에틸렌을 이용하면 발아촉진, 정아우세현상 타파, 꽃눈이 많아짐, 낙엽촉진, 성숙촉진, 건조효과 등이 있다.

04 과수재배 관리

(1) 개요

① 과수는 과실을 맺거나 또는 생식을 하는 나무로 과수원예란 울타리 내에 과실나무를 집약적으로 재배해서 이를 이용, 생산하는 원예의 한 분야를 말한다.

② 과수 육종은 교배 불친화성 및 유전 정보의 부족으로 교배 범위가 한정되지만 유량한 개체가 선발되면 영양번식을 통해 형질을 유지 및 증식시킬 수 있음. 육종의 방법으로는 생명공학 육종, 배수체 육종, 돌연변이 육종, 교잡 육종, 도입 육종 등이 있다.

③ 과실의 구조, 과실의 비대 부위, 나무의 특성, 과수의 기후 적응성 등을 기준으로 한 인위 분류는 과수 활용 및 재배 등에 있어 실용적이다.

④ 과수원예는 환경적이고 관상적인 가치 이외에도 보건 약리적, 식품 영양적, 경제적인 가치를 지니고 있다.

(2) 입지적 환경

① 토양 미생물은 유기물을 분해하고 토양의 통기를 좋게 해 토양 내 산화 환원 전위를 높여 해독 및 완충 작용을 한다.

② 토양 내 통기가 불량하면 산소 부족으로 환원 물질이 축적돼 과수 생육에 해로움. 염기 포화도는 60~80%가 유지 되어야 한다.

③ 생육기의 강수량은 과수 생장에 큰 영향을 미치는데 우리나라의 경우 과실 비대기인 6~8월에 강수량이 집중돼 병해충이 많고, 개화기인 4~5월이나 과실 성숙기인 9~10에는 강수량이 적어 결실 및 개화가 비교적 순조롭게 이루어짐. 또한 과실의 착색이 잘 되는 편이다.

④ 과수의 생육은 토양 조건뿐만 아니라 바람, 햇빛, 강수량, 온도 등의 기후 조건 등에 의해서도 크게 좌우된다.

⑤ 광합성은 광도와 밀접한 관계가 있는데 일장이 짧거나 일조가 부족하면 새가지가 웃자라고 결실 및 꽃눈 형성 등이 불량해지며 광합성이 줄어들어 수체의 생장 저하는 물론 과실의 품질 또한 저하된다.

⑥ 온도는 물질대사와 밀접한 관련이 있어 낮에는 비교적 온도를 높게, 밤에는 비교적 온도를 낮게 관리하는 것이 수체 생육 및 과실 비대 등에 좋다.

(3) 특징

① 관리 방법 및 기후 변동에 따라 규격, 품질, 수량 등에 차이가 크게 나타난다.

② 생육과정이 복잡하다.

③ 토양 깊은 곳의 물리적 성질이 중요하다.

④ 많은 노동력 및 자본이 필요하다.

⑤ 유년기가 길어 투자 회수가 늦다.

(4) 토양 표면 관리법

① 멀칭법

  ㉠ 농작물을 재배할 때 잡초, 병충해, 비료 유실, 흙 마름 등을 방지하기 위해 비닐이나 보릿짚, 볏짚 등으로 땅의 표면을 덮어주는 것으로 동해나 서리 피해가 우려되는 시기에는 하지 말아야 한다.

  ㉡ 주로 원예 또는 고추나 잎담배 등의 재배에 많이 활용된다.

② 청경법

  ㉠ 토양 중의 유기물을 소모하기 쉬워 토양의 이화학성이 나빠진다.

  ㉡ 경사지에서 할 경우 토양 침식을 받기 쉬워 진다.

③ 초생법

  ㉠ 과수원 같은 곳에서 녹비나 목초 등을 나무 밑에 가꾸는 재배법이다.

  ㉡ 전면 초생법 : 초생의 증산작용으로 인해 토양 중 양분의 가로챔이나 수분 감소 등의 악영향을 미치기도 한다.

  ㉢ 부분 초생법 : 양쪽의 토양을 팽연하게 하고 통기성이나 보수성 등을 높게 하며 양분의 유출도 감소시킨다.

  ㉣ 장점
  • 과목의 수명 연장
  • 과목의 뿌리 신장
  • 내병성의 향상
  • 지렁이 같은 익충의 보금자리
  • 선충 피해 방지
  • 가뭄 조절
  • 미생물의 증식
  • 지력의 증진
  • 노력 절감
  • 토양 침식의 방지
  • 토양의 입단화

④ 각 관리법의 특징

	멀칭법		청경법	초생법	
방법소재	유기물	수지필름		전면	부분
양·수분 경합	없음	없음	없음	많음	조금
토양수분 소모	조금	조금	조금	많음	약간 많음
유기물 보급 필요성	조금~무	많음	많음	조금(베는 풀)	조금(베는 풀)
단립	형성	붕괴	붕괴	형성	형성
토양침식	경감	경감	조장	경감	경감
토양비옥도	사용량에 따라	저하	저하	유지	유지
병해충	약간 많음	조금	조금	많음	조금
동해·서리 피해	조장	조장	경감	조장	약간 조장
양분용탈	조금	조금	많음	조금	조금
풀베기	필요 없음	필요 없음	필요 없음	필요	필요
제초	필요	필요 없음	필요	필요 없음	필요

(5) 호흡 비급등형 과실 및 호흡 급등형 과실

① 종류
  ㉠ 호흡 급등형 과실 : 멜론, 수박, 무화과, 바나나, 아보카도, 파파야, 망고, 키위, 살구, 복숭아, 감, 배, 사과, 토마토 등
  ㉡ 호흡 비급등형 과실 : 레몬, 오렌지, 양앵두, 파인애플, 밀감, 포도, 가지, 고추, 오이, 딸기 등

② 호흡 특성에 따라 과실의 수확 후 풍미의 변화 및 품질 변화의 속도가 다르게 나타나는데 배나 사과와 같은 급등형의 과실은 성숙기에 수확해서 수확 후 숙성이 진행돼 풍미가 더 좋아지지만 포도 및 감귤류 등의 비급등형 과실의 경우 수확 후에는 숙성이 진행되지 않아 풍미가 제대로 발현되는 시기에 수확해서 저장해야 과실 특유의 풍미를 즐길 수 있다.

③ 과실의 발육과정에서 호흡의 변화 양상을 살펴보면 만개 후 과실이 형성될 때에는 비교적 높은 호흡량을 보이다가 과실의 생장 단계에서는 호흡이 점점 감소하게 된다.

④ 호흡의 변화 양상에 의한 급등형 과실의 발육 단계
  ㉠ 급등 전기 : 호흡량이 최소점에 이르는 시기로 과실의 성숙은 완료됨. 과실의 수확

시기에 해당한다.

ⓑ 급등기 : 수확 후 유통 및 저장하는 기간에 해당. 특히 호흡이 계속 증가해 호흡량이 최고점에 이르는 시기에는 과실의 숙성이 완료돼 과실은 식용에 가장 적합한 상태가 된다.

ⓒ 급등 후기 : 숙성이 완료된 시기로 호흡은 다시 감소하기 시작하고 과실의 노화가 진행됨. 조직의 점차적인 붕괴 및 세포의 생리적 기능 상실과 함께 품질이 급격히 떨어진다.

⑤ 원예 생산물의 호흡 속도에 따른 분류

호흡 속도	원예 생산물
매우 높음	브로콜리, 아스파라거스, 강낭콩, 버섯 등
높음	뽕, 아욱, 칼리플라워, 나무딸기류, 딸기 등
중간	자두, 복숭아, 체리, 바나나, 살구, 서양배 등
낮음	감자, 양파, 키위, 포도, 감귤류, 사과 등
매우 낮음	대추야자 열매류, 각과류 등

(6) 과실의 수확 적기를 판정하는 항목

① 전분의 요오드 반응

② 당 및 산 함량 비율(당산비)

③ 만개 후부터 성숙기까지의 일수

④ 착색 정도

05 채소재배 관리

(1) 식물학적 분류

① 식물의 유연관계를 기반으로 구분하며 통상 채소를 과별로 분류하고 학명으로 표현한다.

② 식물의 분류 단위는 종, 속, 과, 목, 강, 문으로 세분하며 이 중 최종 분류 단위인 종명과 속명으로 학명을 표기한다.

③ 채소의 병충해 저항성 또는 환경적응성 등은 근연종간에는 서로 유사하고 유전적으로 접목친화성 및 교잡화합성 등의 유무를 추정할 수 있다.

(2) 원예적 분류

① 채소의 활용상 유사성이나 재배 등을 기반으로 구분한다. 또한 식용 부위에 따른 분류 과채류, 근채류(뿌리채소), 엽·경채류(잎줄기채소) 등으로 구분한다.

② **과채류(열매채소)**
　ㄱ 잡류(버섯, 감자, 옥수수 등),
　ㄴ 가지과 채소(고추, 토마토, 가지 등),
　ㄷ 박과 채소(호박, 오이 등),
　ㄹ 콩과 채소(강낭콩, 완두 등) 등

③ **근채류(뿌리채소)** : 지하 영양체가 비대한 저장기관을 활용하는 채소
　ㄱ 괴경류(덩이줄기채소-감자, 생강, 토란),
　ㄴ 괴근류(덩이뿌리채소-마, 고구마 등),
　ㄷ 직근류(곧은뿌리채소-우엉, 당근, 무 등)

④ **엽·경채류(잎줄기채소)** : 일종의 저장엽인 줄기나 잎 또는 인경, 화방을 활용함
　ㄱ 양파, 마늘, 경채류(줄기채소-죽순, 아스파라거스, 토당귀 등),
　ㄴ 꽃을 이용하는 화채류(꽃채소-브로콜리, 칼리플라워 등),
　ㄷ 순수한 잎을 활용하는 엽채류(잎채소-시금치, 배추, 미나리, 상추, 양배추 등)

⑤ **새싹채소**
　ㄱ 정식과정 및 이식 없이 재배할 수 있다.
　ㄴ 무공해로 키울 수 있고 재배기간이 짧다.
　ㄷ 브로콜리, 치커리, 무 등의 종자를 주로 이용한다.

(3) 생태적 분류

① 토양, 광선, 온도 및 원산지 등 환경에 대한 여러 반응 등 채소의 생태적인 특성을 기반으로 분류

② 광조건에 따른 분류
  ㉠ 광발아성 채소 : 적색광이 있는 광조건에서 발아가 잘 된다.
  ㉡ 암발아성 채소 : 적색광이 없는 어둠조건에서 발아가 잘 된다.

③ 광환경의 적응성 정도에 따른 분류
  ㉠ 양생 채소 : 강한 광선을 좋아하는 채소로 당근, 무, 상추, 배추, 딸기 등 박과 및 가지과의 열매채소이다.
  ㉡ 음생 채소 : 그늘에서도 잘 자라는 채소로 생강, 마늘, 부추, 아스파라거스, 토당귀, 파, 토란 등이다.

④ 일장 반응에 따른 분류
  ㉠ 장일성 채소 : 무, 갓, 쑥갓, 상추, 시금치, 감자, 아주까리, 아마, 양파, 양귀비, 가을밀 등으로 보통 16~18시간 조명을 받으면 화성이 촉진 및 유도됨. 단일상태는 이를 저해한다.
  ㉡ 중일성 채소 : 고추, 토마토, 가지, 당근, 강낭콩, 호박, 오이 등으로 낮과 밤 길이에 상관없이 특정 기간 생장해야 꽃이 피는 식물. 특별한 한계일장이 없다.
  ㉢ 단일성 채소 : 들깨, 호박(암꽃), 단옥수수, 딸기, 나팔꽃, 목화, 코스모스, 수수, 벼, 콩, 국화 등으로 보통 8~10시간 조명을 받으면 화성이 촉진 및 유도됨. 장일상태는 이를 저해한다.

⑤ 채소류 중에는 화아분화(식물이 생육 중 일조시간이나 기온·일수 또는 생육 연수 및 식물체의 영양 조건 등 필요한 조건이 만족되어 꽃눈을 형성하는 것으로 꽃눈분화라고도 함)가 이루어지기 위해 일정 기간 동안 특정 온도를 경과해야 하는 춘화현상(가을에 심을 품종의 씨를 저온 처리하면 봄이 돼 파종할 수 있는 씨로 되는 것)이 있는데 이때 온도 조건에 따라 고온 춘화형과 저온 춘화형으로 구분한다.

⑥ 종자의 발아 조건에 따른 분류
  ㉠ 고온 발아성
  ㉡ 저온 발아성

⑦ 온도 조건에 따른 분류

 ㉠ 호온성 채소

  비교적 높은 온도(25℃ 안팎)에서 생육이 잘 되는 채소로 생강, 토란, 고구마, 멜론, 오이, 참외, 수박, 고추, 토마토, 가지 등

 ㉡ 호냉성 채소

  서늘한 온도(20℃ 안팎)에서 생육이 잘 되는 채소로 딸기, 완두, 감자, 당근, 무, 상추, 마늘, 양파, 파, 시금치, 양배추, 배추 등

⑧ 기원지에 따른 분류

 ㉠ 동양 원산종 : 파류, 배추 등

 ㉡ 서양 원산종 : 양배추, 토마토, 호박, 고추, 상추 등

 ㉢ 동양과 서양은 채소의 기호성이 다르다.

06 작물별 재배 관리

(1) 국화

① 국화의 절화재배

 ㉠ 품종

  ⓐ 스프레이 국화

   • 소국이 주를 이루며 하나의 꽃대에 여러 개의 꽃을 피게 하는 방식으로 순자르기를 하지 않아 노력이 적게 들어 점차 늘어나고 있는 추세이다.

   • 품종으로는 파소 더블(흰색), 타깃(보라색), 펀샤인(보라색), 퓨마(백색), 귀부인(분홍색) 등이 있다.

  ⓑ 스탠다드 국화

   • 겹꽃이 주를 이루며 하나의 꽃대에 하나의 꽃만 피게 하는 방식이다.

   • 품종으로는 6~9월에 피는 백광(순백색), 춘광(백색)이 있고 가을국화로 경수방(황색), 봉황(황색), 설풍(백색), 수방력(황색), 천수(황색) 등이 있다.

 ㉡ 특성

  ⓐ 다른 절화에 비해 재배에 따른 비용이 많이 들지 않으며 번식이 용이하다.

  ⓑ 개화생리에 대한 연구가 비교적 잘 되어 있어 언제든지 꽃을 생산할 수 있다

ⓒ 우리나라 기후 풍토에 맞아 어디서든지 재배가 용이하다.

ⓓ 꽃병에 꽂으면 비교적 오래 가는 편이고 소륜종 · 중륜종 · 대륜종 등 크기도 다양하며 색깔 또한 여러 가지이다.

ⓒ 재배관리

   ⓐ 정식

- 밑거름은 충분히, 덧거름은 꽃눈이 형성되기 전에 주는 것이 효과적이다.
- 1차 순지르기를 해 3대 가꾸기를 할 경우 꺾꽂이로 기른 모종의 정식 간격은 15~20cm 정도로 심는다.

   ⓑ 순지르기

     정식 후 열흘 정도 지나 활착하면 곁가지가 나오도록 순지르기를 한다.

   ⓒ 그물치기

     곁가지가 30cm 정도 자랐을 때 곧게 자라도록 그물치기를 한다.

   ⓓ 꽃봉오리 및 겨드랑눈 따주기

     노동력이 많이 드는 단계로 가지 끝에 자라는 여러 개의 꽃봉오리와 겨드랑눈에서 자라는 곁순 중 충실한 것만 남기고 순차적으로 따줘 줄기 끝에 한 송이만 남게 하는데 이는 절화로써의 가치를 높이기 위함이다.

   ⓔ 국화의 계통별 절화재배 방식

계통 및 재배형	정식 시기	꺾꽂이 시기	꽃 피는 시기	비고
여름국화 촉성재배	12~이듬해 1월	-	3~5월	따뜻한 곳의 하우스 재배
8~9월 국화 보통재배	6~7월	5~6월	8~9월	고랭지 재배
가을국화 촉성재배	12~이듬해 1월	-	4~5월	하우스 재배
가을국화 보통재배	6~7월	6~7월	10~11월	-
가을국화 전조재배	8~9월	7~8월	12~이듬해 4월	따뜻한 곳의 하우스 재배

ⓔ 수확 및 출하

   ⓐ 얇은 종이로 꽃송이를 싸는데 소륜종은 단으로 묶고 중대륜종은 20송이를 한 단으로 묶어 시장으로 출하한다.

   ⓑ 봄부터 가을까지는 50%, 겨울에는 70% 정도 꽃이 피었을 때 꽃을 자른다.

ⓒ 각 화훼별 관리 및 수확
- 카네이션 : 수확 후 에틸렌 작용 억제제를 사용하면 절화 수명을 연장시킬 수 있다.
- 글라디올러스 : 수확 후 눕혀서 저장하면 경곡 현상(중력의 반대방향으로 휘어지는 현상)이 발생한다.
- 장미 : 일찍 수확할수록 꽃목굽음 현상이 발생하기 용이하다.
- 스탠다드 국화 : 꽃봉오리가 1/2 정도 폈을 때 수확해 출하한다.

② 국화의 병해충 방제
　㉠ 국화의 해충과 방제법

해충	발생 조건 및 피해 증상	방제법
꽃노랑총채벌레	• 주로 꽃봉오리와 잎에 피해를 주며 잎이 쭈그러지고 잎 가장자리가 바로 펴지지 않으며 삐뚤어짐 • 꽃잎이 벌어지기 시작하면 어미벌레와 애벌레가 안으로 들어가 피해를 줌	• 리전트 부메랑, DDVP, 올스타 유제, 유제, 코니도 수화제 등의 살충제를 번갈아 뿌림 • 온실 같은 좋은 환경에서는 연간 10회 정도 발생하는데 발생 주기를 차단해 2~3회 살충제를 뿌림
응애류	갈자와응애, 물결응애, 거짓물결응애 등이 잎의 즙액을 빨아 피해를 줌	• 약제에 대한 내한성이 생기지 않도록 여러 약제를 번갈아 뿌리고 초기에 방제를 철저히 함 • 모레스탄 유제 2,000배액, 켈센 유제를 뿌림 • 시설 안에서는 DDVP 훈연제를 뿌림
진딧물	잎의 뒷면이나 어린 싹에서 즙액을 빨아 피해를 줌	다나톨, DDVP, 타스타, 페이오프, 아시트 수화제, 화스탁 등의 진딧물 방제용 살충제를 뿌림
잎선충	여름국화 촉성재배 시에 심한 피해를 주며 평소 기생하다 꽃봉오리가 보일 무렵 피해가 나타남	• 동지아가 자라기 전 란네트 수화제 2,000배액을 뿌림 • 건강한 어미 포기에서 꺾꽂이할 것을 땀

* 이 외 해충으로는 자벌레, 스립스, 국화알파리, 국화하늘소, 파밤나방 등이 있다.

ⓒ 국화의 주요 병과 방제법

병명	발생 조건 및 피해 증상	방제법
검은무늬병	• 잎에 흑갈색의 반점이 생기며 점점 둥글게 커지고 아랫잎부터 말라 죽음 • 노지재배 시 발생하며 시설 내에서는 발생하지 않음	• 7일 간격으로 벤레이트 2,000배액과 다이센 M4 300배액을 번갈아 뿌림 • 비가림을 해주고 건조하게 관리함
위조병	• 토양을 통해 전염되고 줄기의 표피와 도관부가 흑갈색으로 변함 • 포기 전체에 발생하며 병든 잎과 줄기는 말라 죽음	• 오염된 밭에는 클로르피크린으로 소독함 • 벤레이트 수화제 500배액을 $1m^2$ 당 3L씩 2주 간격으로 3회 뿌림 • 이어짓기를 피함
흑수병 (검은녹병)	• 발병시기는 흰녹병과 비슷 • 처음에는 잎에 담황색의 반점이 생기고 차츰 커지면서 초콜릿색으로 부풀어 오르고 최후에는 초콜릿색의 가루가 날림	흰녹병과 같음
백수병 (흰녹병)	• 최초에는 잎 뒷면에 흰색의 병반이 생기며 사마귀 형태로 커짐 • 오래 되면 담갈색으로 변하고 습하고 서늘한 곳에서 잘 생김	• 시스텐, 트리포린, 베노밀, 프란드박스, 샤프롤, 다코닐, 다이센 M45 등을 주기적으로 살포 • 병든 포기는 뽑아 없앰 • 건조하게 관리하고 비를 맞지 않도록 함

③ 일장과 개화 반응

  ㉠ 일장에 대한 국화의 반응은 계통에 따라 다소 차이가 있으나 추국이나 동국의 경우, 늦여름이나 초가을에 일장시간이 짧아지면 화아분화하는 성질이 있다. 국내에서 추국이 자연 화아분화하는 시기는 8월 25일경이며 자연개화기는 주로 10월 25일 전후이다.

  ㉡ 광중단 현상 : 국화는 단일성 식물이므로 단일처리로 꽃눈분화를 촉진시키거나, 장일처리로 꽃눈분화를 억제시킬 수 있다. 재배지 주변의 가로등이 밤에 켜져 있으면 긴 암기를 조명으로 분단하는 광중단(또는 암기중단) 현상으로 국화의 꽃눈분화가 억제되어 개화가 되지 않을 수 있다.

④ 번식

  ㉠ 삽목번식

    국화번식의 주된 방법이 삽목이다. 모주는 노지에서 관리하여 겨울 저온에 충분히 감응시키는 편이 분포에서의 생육이나 개화에 좋은 결과를 나타낸다. 따라서 11~

12월에 개화한 모주를 12~1월에 심는 방법이 보통이다.

  ⓛ 동지아 번식

    ⓐ 한국의 육묘방법은 작형에 따라 달라진다. 3-6월에 출하하는 작형에서는 동지아 묘를 주로 이용하고 7월 이후 출하작형에는 삽아묘를 이용하는 것이 보통이다.

    ⓑ 동지아 발생 : 동지아(흡지)발생은 지온 20℃정도가 적당하고 30℃에서는 현저히 지연된다. 형태적으로도 고온기에 발생한 동지아는 땅속을 옆으로 포복하여 길게 신장하고 반대로 저온기에 발생한 동지아는 직립에 가까운 형으로 신장한다. 자연발생하는 동지아를 이용할 경우 대부분은 10월경에 발생하게 된다. 이러한 동지아는 여름고온을 받은 후 형성되고 저온처리를 해야만 촉성재배에 이용할 수 있다.

⑤ 로젯트현상과 타파

  ㉠ 로젯트(총생:叢生, rosette)현상 이란 국화재배시 여름고온을 경과한 후 가을의 저온에 접하게 되면 절간이 신장하지 못하고 짧게 되는 현상이다. 봄부터 초여름에 걸쳐 발생한 후 마디(절간)신장하여 개화하지만 가을부터 겨울에 걸쳐 발생한 흡지는 곧 로젯트화 하는데 이 흡지를 동지아(冬至芽)라 한다. 또한 전조재배나 조기의 차광재배에 있어서 재배온도가 낮으면 생장점 부근의 마디신장이 정지되어 고소(高所)로젯트를 형성한다.

  ㉡ 로젯트화 유도요인

    국화의 로젯트화 요인은 여름의 고온이며, 특히 고온후의 저온에 의해 로젯트가 유도된다. 저조도 및 10~15℃의 서늘한 온도와 단일조건하에서 잎에 휴면물질이 형성되면 로젯트화 된다. 단일, 일조부족, 많은 관수, 다비 등의 조건은 로젯트 발생을 보다 촉진한다.

  ㉢ 로젯트 타파

    ⓐ 저온처리에 의한 타파

      동지아의 로젯트 타파에 필요한 저온량은 품종에 따라 차이가 있으며 조생품종은 낮고 만생품종은 높다. 로젯트 타파는 휴면이 얕은 조생종은 5℃이하에서 15일로 가능하지만 만생품종은 4주이상의 저온을 경과해야 한다.

    ⓑ GA 처리

      불충분하게 로젯트가 타파된 동지아는 지베렐린 100ppm처리가 저온부족을 보완하여 신장을 촉진시키는 효과가 있다.

ⓒ 삽수 또는 발근묘의 냉장

여름 고온기에 생장활성이 떨어진 삽수를 냉장함으로써 다시 활성을 증가시켜 재배에 이용하는 방법이다.

(2) 튤립

① 구근의 형태

㉠ 튤립구근은 줄기가 단축한 기부(ba sal plat e, disk)에 양분이 저장되는 비대인편이 있고, 외측인편이 목질화 되어 외피(tunic)로 구성된 유피인경(bullb)이다.

㉡ 4~5개의 인편 중심에 는 생장점이 있고, 이 생장점은 구근수확기에는 영양생장을 계속하나 20℃ 전후 7~8주 정도가 지나면 꽃눈분화가 완료된다. 그리고 각 인편 사이에는 차세대에 자구가 될 측아(offset)가 생긴다.

② 기상조건 – 기온 및 토양조건

㉠ 튤립 구근의 발달은 구근 내 측아(유아)의 분화시기, 발육, 구근 비대기별로 온도에 매우 민감하다. 튤립의 원산지가 지중해 해안이므로 겨울철의 기온이 비교적 온난 하고(5℃) 구근 비대기인 봄부터 여름까지는 비교적 시원한(17~25℃) 기후에서 잘 자란다.

㉡ 토질은 구근생산에 있어서 수량과 품질을 크게 좌우한다. 일반적으로 수분의 공급 만 좋으면 사질토양이 통기가 좋고 지온의 상승도 빠르므로 뿌리의 새앙이 좋다. 또 발아, 개화, 성숙 등도 빠르며 생산된 구근은 질이 좋아서 화아의 분화도 빠르 다. 그러나, 보수력과 보비력이 떨어지기 때문에 비료의 유실이 많고 수량도 양토 에 비하여 떨어지는 경향이 있다. 토양수분은 pF 1.8정도, 토양 함기량은 15% 이상 이 좋으며 pF 1.5이하가 되면 생육이 억제된다. (pF 측정은 지하 3~5cm)

③ 정식

㉠ 우리나라는 10월 중, 하순이 정식 적기이지만 품종과 구근의 크기에 따라서 다소 차이가 있다.

㉡ 심는 깊이는 구 비대와 분구에 영향을 미치는데 대체로 구 높이의 3배로 하고, 분구 가 좋지 않은 구중형 품종은 이보다 얕게, 구 수형은 깊게 심으며 또한 소구의 경우 도 얕게 심는다.

㉢ 정식 한 후에 짚 또는 밀짚을 6~7cm 두께로 덮어주고 3월 초순 맹아기에 벗긴다. 짚이외에 피복 목적으로 사질토양에 점질토양을 덮는 방법도 있는데, 이것은 짚 피 복보다 생육과 수량 그리고 절화의 품질도 좋게 한다고 한다.

(3) 장미

① 장미는 장미과에 속하는 중요한 식물이다. 사과, 배, 체리와 살구, 딸기 등 경제적, 생산적인 목적으로 재배되고 있는 많은 장미과 식물이 이미 알려져 있다.

② 장미는 장미속에 속하고 약 200종의 원종이 있는데 북반구로부터 온대지역에 걸쳐 분포하고 있다. 식물체 외관은 관목 형태이며 곧게 뻗은 가지와 다소간의 가시가 있다.

③ 일반적으로 가시(thorn)라고 불리지만 식물학적 관점에서 보면 'Prickles' 이라고 하는 것이 보다 정확한 표현이다. 'Prickles'은 표피세포나 껍질에서 뾰족하게 자라나온 것이다. 일단 성숙하면 'Prickles'의 내부는 클로로필이 없는 다공성의 죽은 세포가 된다. 'Prickles'은 코르크층에 의해 줄기와 구분된다. 'Prickles'이 목질부에서 잘 떨어지면 목질부가 성숙하였다는 것을 의미한다.

④ 잎은 낙엽성이고 드물게 상록성도 있다. 탁엽이 있고 3~5, 혹은 7개의 계란모양이나 창끝모양의 소엽이 있는데 소엽들은 가장자리가 서로 분리되어 있고 잎 뒷면에는 엽맥이 도드라져 있다.

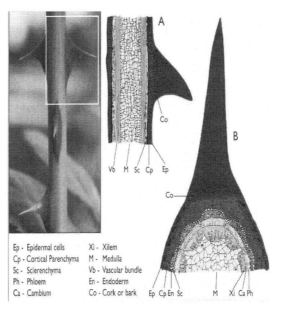

[장미 가시의 종단면(A)과 횡단면(B)]

⑤ 꽃은 홑꽃이고 산방화서 형태를 띠고 있다. 꽃받침, 꽃잎 수술과 암술은 가장자리에 착생되어 있고 내부에 오목한 컵모양의 화탁이 있고 그 안에 많은 씨방이 자리하고 있다.

⑥ 꽃받침은 꽃의 가장 바깥쪽에 있고 그보다 안쪽에 화관이 있다. 창끝모양의 꽃받침은 기본적으로 5개이지만 간혹 4개인 경우도 있다. 꽃받침은 녹색이며 광합성을 하고 꽃이 개화하기전에 꽃을 보호하는 기능을 가지고 있다. 한번만 개화하는 종은 봄에 한 번 꽃이 피고, 년중 반복하여 개화하는 종은 주로 가을과 봄에 꽃이 핀다. 화관은 하트모양으로 매력적인데 몇개 혹은 다수의 꽃잎으로 만들어진다.

(4) 포도

① 꽃 피는 습성
  ㉠ 이듬해에 필 꽃눈은 6월 상순경부터 새 가지의 곁눈에서 분화한다.
  ㉡ 분화한 꽃눈은 8월까지 발달해 제1, 제2, 제3 꽃송이가 순차적으로 발달하고 그 후 휴면에 들어간다.
  ㉢ 이듬해 새 가지 생장의 시작과 동시에 급속히 발달해 꽃받침, 꽃뚜껑, 꽃가루, 밑씨가 순차적으로 형성해 개화 직전에 꽃이 완성된다.

② 포도의 생장조절제 이용
  ㉠ 아브시스산은 색깔이 윤택해지도록 하는데 이용되고 사이토키닌은 포도알의 착립 및 비대 증진에 이용됨. 지벨렐린은 씨 없는 포도를 생산하는 데 이용된다.
  ㉡ 지베렐린은 총 2회 처리를 하는데 제1회 처리는 수정 작용을 일어나지 못하게 해 씨를 없애기 위함이고 제2회 처리는 씨가 생기지 않은 포도알의 성숙 및 비대를 촉진시키기 위함이다.
  ㉢ 제1회 처리는 꽃송이 전체를 용액에 담가 꽃봉오리에 약액이 충분히 묻도록 계속 흔들어 준다.
  ㉣ 제2회 처리는 포도알이 충분히 자란 후에 하므로 한 번만 담가 처리해도 충분하다.
  ㉤ 제1회 처리가 너무 빠르면 꽃송이가 과도하게 신장해 착립도가 떨어져 꽃떨이 현상처럼 포도알이 듬성듬성 열리게 된다.
  ㉥ 제1회 처리가 너무 늦으면 꽃송이가 짧고 종자가 있는 알이 많아져 상품성을 떨어뜨린다.
  ㉦ 지베렐린을 처리해 씨가 생기지 않을 경우에는 성숙이 빨라진다.

◎ 지베렐린 처리 시기와 농도

품종	구분	처리 시기	농도(ppm)
피오네	제1회	만개기~4일 후	15
	제2회	만개 10~15일 후	25
거봉	제1회	개화 직전~5일 전	15
	제2회	만개 10~15일 후	25
델라웨어	제1회	만개 14일 전	100
	제2회	만개 10일 후	100

ⓩ 식물호르몬

ⓐ 아브시스산 : 식물의 생장을 억제하는 대표적인 식물호르몬이다.

ⓑ 에틸렌 : 작물의 숙성, 개화와 노화 및 부패, 낙엽 현상을 일으키는 식물호르몬이다.

ⓒ 옥신 : 세포신장과 세포분열을 촉진해 생장을 촉진시키는 생장조절물질이다.

ⓓ 지베렐린 : 줄기의 생장촉진이 주된 생리 기능이고 휴면 타파와 개화 및 화아분화를 촉진키시기도 한다.

(5) 사과

① 생육 특성

㉠ 토양조건

ⓐ 토양

- 토양의 pH는 5.5~5.6이 적당하며 사과나무는 뿌리를 깊게 내리기 때문에 과수원의 토양은 뿌리가 넓고 깊게 뻗을 수 있는 곳이어야 한다.

- 우리나라 토양의 경우 대부분 산성이 강하므로 과수원 조성 시 석회를 충분히 뿌려 토성을 개량해야 한다.

ⓑ 지형

과수원이 경사지면 동력이 많이 들고 기계화와 토양관리가 어렵지만 평지일 경우 생산성이 높고 관리하기가 용이하다.

㉡ 일조시간

가지 유인, 가지 고르기, 심는 거리 등으로 햇빛이 나무 내부에까지 골고루 들 때 사과나무를 튼튼하게 가꿀 수 있고 품질 좋은 사과를 생산할 수 있다.

ⓒ 강수량

   ⓐ 강수량이 너무 많으면 햇빛 부족으로 과실의 품질이 떨어지고 꽃눈 분화가 원만하지 못함 꽃 피는 시기에는 꽃가루받이 잘 되지 않음. 또한 병이 많이 발생한다.

   ⓑ 생육기간인 4~10월에 약 500mm 이상의 강수량이 필요한데 우리나라는 약 800~1,000mm 정도로 외국에 비해 많은 편임. 다만 봄·가을로 간혹 물 부족 현상이 있어 10일 정도 비가 내리지 않을 경우 물을 주어야 한다.

ⓓ 기상 조건

   ⓐ 자랄 때 기온

      • 자라는 시기의 적정 기온은 18~28℃이고 주로 4~10월에 새싹이 튼다.

      • 온도가 너무 낮으면 과실이 크지 않고 색깔이 나쁘며 단맛은 떨어지고 신맛이 강해진다.

      • 반면 온도가 너무 높으면 과실을 오래 저장할 수 없고 익는 시기가 고르지 않으며 과실의 색깔이 나쁘다.

   ⓑ 꽃 필 때의 기온

      • 꽃 피는 시기에 서리가 내리는 곳에서는 꽃눈이 얼어 죽기 때문에 재배할 수가 없다.

      • 열매는 -1.6℃, 꽃은 -1.9℃, 꽃봉오리는 -3.3℃에서 피해를 입는다.

      • 15℃ 이하에서는 꽃가루관의 자람이 느리고 꽃가루받이가 어려우며 곤충의 활동이 둔해져 꽃 필 때의 적정 온도는 17℃ 이상이 좋다.

   ⓒ 휴면기 기온

      • 사과나무는 내한성이 강해 -30℃까지 견디지만 영양상태에 따라 -15℃에서도 동해를 입을 수 있다.

      • 내한성 작물의 한계온도

       유럽계 포도(-15℃) 〈 복숭아(-20℃) 〈 미국계 포도(-22℃) 〈 서양배(-27℃) 〈 사과(-30℃)

   ⓓ 연평균 기온

      사과는 아주 덥거나 추운 곳에서는 잘 자라지 못하므로 주산지의 기온은 보통 7~12℃가 적당함. 우리나라의 경우 경상북도를 포함한 중·북부 지역에서 잘 자란다.

ⓔ 온도와 사과 모양과의 관계

   과실의 생장은 초기에는 세포분열에 의한 종축생장, 후기에는 세포비대에 의한 횡축생장으로 이뤄지는데 온도가 높은 지역에서는 후기 생장이 충분히 이뤄져 과실

모양이 편원형이 되기 싶고 온도가 낮은 지역에서는 후기 생장이 빨리 정지돼 장원형 또는 원형이 된다.

② 병해충 방제

㉠ 주요 병과 방제법

병명	발생 조건 및 피해 증상	방제법
꽃썩음병	• 발생 부위에 따라 잎썩음, 과실썩음, 꽃썩음 등으로 나눌 수 있음 • 잎썩음병에 걸리면 어린 잎의 잎맥부터 적갈색으로 변하고 심할 경우 잎이 갈색으로 마름. 과실썩음병에 걸리면 어린 과실에 썩은 반점이 생기고 과실 표면에는 황갈색 물방울이 생김. 꽃썩음병에 걸리면 2~3일만에 갈색으로 변하고 서리맞은 것처럼 되어 썩어 죽음 • 눈이 많이 내렸거나 봄철 비가 자주 내리고 저온다습해져 밤낮 기온차가 커지면 많이 발생하게 된다.	• 싹 트기 전부터 1주일 간격으로 사파트 수화제, 벤레이트, 다코닐, 다이센 M45 등의 살균제를 정기적으로 뿌려줌 • 싹 트기 전 석회 황합제를 살포함 • 항상 과수원을 깨끗하게 하고 소석회를 뿌림
부패병 (겹무늬썩음병)	• 탄저병과 다른 점은 썩어도 과실 모양이 변하지 않음 • 최초 과실에 갈색의 작은 점이 생기고 점점 커져 두근 무늬의 병반을 만듦. 심할 경우 물이 르르고 과실 전체가 썩어 떨어짐	• 병에 걸린 과실은 따서 땅에 묻고 과수원 내에 병이 심할 경우 봉지를 씌워 재배 • 6월 말부터 병이 생기기 시작해 수확기에 심하게 발병. 따라서 7~8월 장마철에 집중적이고 정기적으로 디폴라탄 살균제, 캡탄, 다이센, m45, 탑스론 등을 살포함
탄저병	• 가지 및 과실에 발생하며 후지 품종에 특히 많이 발생 • 과실 표면에 검고 작은 반점이 생기고 연한 갈색의 둥근 무늬가 생기다 갑자기 커지며 습기를 띠고 병반이 움푹 들어감 • 병반이 더 커질 경우 표면에 검은 새의 작은 점이 생기고 둥근 무늬를 만들며 습도가 높을 때 병반에 갈색의 점액이 나옴 • 습하고 더울 때 과실에 발생	• 여름철 빗물이나 곤충에 의해 전염되므로 다이센 M45, 수파트 수화제 등의 살균제와 살충제를 7~10일 간격으로 뿌림 • 질소질 거름을 조금 주며 아카시아 산울타리를 만들지 않음 • 병든 과실은 땅에 묻어 없앰
부란병	• 처음 나무껍질이 갈색으로 변해 약간 부풀어 쉽게 벗겨지며 시큼한 알코올 냄새가 남 • 병이 심할 경우 병든 부위에 작고 검은 돌기가 생기고 여기서 노란 실 모양의 홀씨방이 나와 비바람에 터지며 수많은 홀씨가 나옴	• 병을 일찍 발견했을 경우 껍질을 도려내고 70% 이상 농도의 알코올로 소독 후 발코트, 톱신 페스트 등을 발라 치료함 • 이른 봄에 가지치기를 하고 상처에

• 상처난 가지 및 줄기를 통해 발생해 말려 죽이거나 나무를 약하게 해 수확량을 떨어뜨림	는 발코트를 바름 • 과실을 수확한 후 겨울철에 석회황합제 또는 톱신을 살포함 • 석회나 유기물을 충분히 줌

© 주요 해충과 방제법

해충명	발생 조건 및 피해 증상	방제법
속먹이 나방류	복숭아속먹이나방은 과실에 알을 낳고 깨어난 애벌레가 과실 속을 파먹어 과실이 울퉁불퉁해짐. 복숭아순나방은 1년에 3~4번 발생하는데 제일 나중에 자란 애벌레가 피해를 줌	• 복숭아나무를 사과나무 근처에 심지 말고 어미 벌레가 올 경우 유기인제로 방제함 • 애벌레는 거친 나무껍질에서 월동하므로 껍질을 모아 태워버림
응애류	• 건조하고 더울 경우 많이 발생하고 응애의 피해를 입은 잎이 먼지가 낀 것처럼 퇴색하고 잎의 기능이 떨어져 꽃눈의 분화가 불량해짐. 또한 과실의 품종이 떨어짐 • 작아서 눈으로 식별이 어려우며 1년에 7~8번 발생. 사과응애는 알로 나무 위에 붙어 월동하고 점박이응애는 어미가 나무 위나 풀 속에서 월동함	• 월동한 알은 싹이 트기 전 기계유 유제를 뿌려 방제함 • 여러 종류의 응애 전용 살비제를 번갈아 뿌림
진딧물 류	• 조팝나무진딧물은 피해를 입은 잎이 말리지 않고 많이 발생할 경우 배설물이 검게 그을린 것처럼 돼 과실이나 새싹을 더럽힘 • 사과혹진딧물은 잎이 나오기 시작할 때부터 발생하는데 피해를 입은 잎은 세로로 뒤쪽으로 말리고 그 속에 무리지어 피해를 입힘	진딧물 전용 메타 유제, 피리모 수화제, 아시트 수화제, 모노포 액제, 조아진 유제 등의 살충제를 뿌림. 다만 수확기가 가까워지면 중단함

© 주요 생리장해와 방제법

장해명	증상	방제법
고두병	• 저장 중에 많이 발생하고 세계일, 조나골드, 후지 등의 품종에서 많이 발생 • 과실 내 고토석회 성분이 모자라 생기며 과실 껍질 바로 밑의 과육에 죽은 부위가 나타나고 점차 갈색 병반이 생기며 약간 오목하게 들어감	• 열매솎기, 과다한 가지치기, 배수 불량 등은 발생을 조장함 • 염화칼슘 0.3%액을 수확 6주 전부터 1주일 간격으로 5~6차례 살포함 • 질소와 칼륨질 거름의 과다한 사용을 줄이고 석회를 전층시비함
적진병	8월경 새 가지의 어린 잎의 색깔이 노란색으로 변하는 황화 현상이 조금씩 나타나고 가지의 껍질이 울퉁불퉁해지며 내부 조직에 검은색의 죽은 부분이 생기는데 2~3년 후에는 가지에 둥근 모양의 균열이 생김. 심할 경우 죽음	• 토양이 습하거나 건조하지 않도록 물빠기와 물주기를 철저히 함 • 토양이 산성이면 석회를 사용해 중화시킴

(6) 오이

① 꽃 피는 습성

㉠ 오이의 꽃눈은 처음에는 암수 구별 없이 한 꽃 안에서 분화하지만 이후 일조량 및 온도 등 환경조건에 의해 암꽃과 수꽃으로 발달한다.

㉡ 마디 하나에 형성되는 꽃눈은 몇 개에서 수십 개에 이르지만 최종적으로 2~3개 정도를 제외하고 모두 퇴화한다.

㉢ 암꽃 착생에 영향을 끼치는 환경 조건은 일장과 온도이다.

ⓐ 꽃이 필 때 자방이 크고 꽃잎의 색깔이 진한 것은 정상적으로 결실이 되어 비대해진다.

ⓑ 낮은 온도에서 너무 이른 시기에 관리하면 묘 생육을 억제할 수 있고 너무 늦게 관리하면 아랫마디에 암꽃이 맺히지 않아 수확이 늦어진다.

ⓒ 암꽃 착생률을 높이기 위해 육묘 중 본잎이 1.5~2장일 때부터 야간에 12~13℃ 정도로 낮은 온도로 관리하는 것이 좋다.

ⓓ 일조시간을 8시간 정도로 하면 암꽃 착생을 촉진시킬 수 있다.

ⓔ 육묘기간 중 야간 온도를 15℃ 이하로 맞추면 암꽃 착생률이 높아진다.

② 오이의 노균병 및 방제법

㉠ 발생

비료 성분이 떨어져 수세가 약해질 때 발생하기 쉬우며 기온이 20~25℃의 다습하거나 밀식으로 통풍이나 채광이 불량할 때 많이 발생한다.

㉡ 증상

ⓐ 아래 잎에서 먼저 발생해서 위로 번지고 반점이 합쳐지면 병반은 커지고 잎은 말라 죽게 된다.

ⓑ 본잎에서는 공중습도가 높을 경우 잎 전면에서 병반이 나타나고 공중습도가 낮을 경우 잎 가장자리에 병반이 나타난다.

ⓒ 떡잎의 발생 초기에는 수침상의 병반이 나타나며 확대되어 점점 갈색으로 변한다.

ⓓ 시설재배 시 많이 발생하며 육묘기로부터 수확기간 중에 과일과 덩굴에는 발생하지 않고 잎에만 발생한다.

㉢ 방제 대책

ⓐ 메타실 수화제 1,500~2,000배액이나 로닥스 수화제 500배액, 디크론 수화제 600배액, 만코시 수화제 등을 바꿔가면서 뿌려줘야 한다.

ⓑ 육묘할 때 병증이 없어도 아주심기 전 2~3회 정도 약제를 뿌리고 아주심기 후에
　　는 2주일에 1~2회 정도씩 예방 위주로 실시해야 한다.

ⓒ 병든 잎은 이른 시기에 제거해 태우거나 땅속 깊이 묻어야 한다.

ⓓ 온도를 낮춰주고 하우스 토양이 과습하지 않도록 하며 환기를 철저히 해 준다.

③ 오이의 생리장해 및 대책

　　㉠ 백색 현상의 원인

　　　ⓐ 오이 체내의 마그네슘 결핍에 의한 것으로 칼륨이 토양 속에 쌓이지 않는 시비
　　　　법을 사용해야 하며 또한 칼륨과 석회의 시비량을 줄여 주는 것도 효과적이다.

　　　ⓑ 예전에는 마그네슘 결핍이 토양의 산성화로 인해 마그네슘의 함량이 적어 발생
　　　　했지만 최근에는 토양이 알칼리성으로 마그네슘 함량이 부족하지 않아도 자주
　　　　발생한다.

　　　ⓒ 토양 중 석회나 칼륨이 너무 많이 남아 있어 서로 길항작용을 일으키면서 마그
　　　　네슘의 흡수를 억제하기 때문이다.

　　㉡ 백변 현상은 잎맥 사이의 녹색이 없어지고 황색과 흰색으로 변하는 증상으로 주로
　　　아랫잎에서 중간잎에 걸쳐 많이 발생함. 이 증상이 진행되다가 잎 전체가 갈색으로
　　　변하고 결국 말라 죽게 된다.

　　㉢ 정상적인 포기라도 구부러진 열매라고 예상되면 따 주는 것이 좋다.

　　㉣ 구부러진 열매가 맺힐 경우 그 즉시 제거해야 한다.

　　㉤ 오이의 생리장해는 기형과가 많이 생기는데 주된 원인으로는 질소를 비롯한 비료의
　　　부족, 수분 및 일조 부족에 의한 광합성 저조, 낮은 지온으로 인한 초세 약화 등이
　　　복합적으로 작용하기 때문이다.

(7) 토마토

① 재배환경

　　㉠ 광선 : 토마토는 호광성 식물로 일조량이 많아야 생육이 잘 됨. 일조량이 부족할
　　　경우 꽃이 떨어지고 열매 맺음이 좋지 않음. 또한 과실의 착색도 나빠진다.

　　㉡ 토양산도 : 적응 범위가 넓지만 pH6.5의 약산성이 적당하다.

　　㉢ 수분 : 보수력이 있는 질참흙이나 참흙에서 생육을 잘하고 토양수분이 많을 경우
　　　총 수량은 증가하지만 기형과가 많이 생겨 상품 수량은 떨어진다.

　　㉣ 온도 : 적정온도는 낮의 경우 25~27℃이고 밤의 경우 17℃ 정도임. 5℃ 이하에서는
　　　생육이 정지되고 30℃ 이상에서는 광합성에 의한 생산보다 호흡에 의한 영양분 소

모가 더 많아져 생육에 지장을 주고 꽃이 떨어진다.

② 병해충 방제

㉠ 주요 병과 방제법

병명	발생 조건 및 피해 증상	방제법
역병	• 병에 걸린 포기나 토양 중에서 월동한 병원균으로 인해 감염됨. 기온이 20℃ 전후이고 습도가 높을 때 발생 • 과일에도 암갈색 병반이 생기고 움푹하게 들어감 • 따뜻한 물에 데친 것처럼 암갈색 수침상의 병반이 잎에 생긴 후 흑갈색의 줄무늬로 변하며 잎이 말라 죽음	• 질소질 거름을 과도하게 주지 않음 • 짚을 깔아 병원균이 빗방울에 붙어 감염되는 것을 막음 • 환기를 철저히 하고 발생 전 살균제를 5~7일 간격으로 뿌림 • 육묘 때부터 병든 포기를 골라 없앰
잿빛곰팡이병	• 습도가 높고 서늘할 때 발생하고 영양분이 부족해도 발생함 • 병원균은 땅속이나 병든 포기에서 월동함 • 최초에 암갈색 수침상의 작은 병반이 생기고 점점 커지며 물렁물렁하게 썩으며 잿빛곰팡이가 피는 것이 특징 • 과일, 줄기, 잎 등 포기 전체에 피해를 주는데 특히 어린 과일에 피해가 심함	• 발병 초기 살균제를 1주일 간격으로 뿌림 • 병든 포기는 발견 즉시 뽑아 없앰 • 포기 밑을 비닐로 멀칭해 물방울에 의한 감염을 막음 • 시설 내 환기를 철저히 해 습도를 낮추고 밀식재배를 피함
풋마름병	• 병든 줄기를 잘라 보면 도관부가 갈색으로 변해 있고 손으로 눌러 보면 흰색의 즙이 나옴 • 낮에 윗잎이 시들고 아침 저녁에 회복하기를 반복하다 결국 시들어 죽음	• 토양 소독을 한 후 심고 배수를 철저히 함 • 3년 이상 이어짓기를 하지 않은 밭에서 재배
시들음병	• 병원균은 땅속과 종자에서 월동한 후 기온이 높아지면 발생. 습해, 토양의 염류, 토양 선충 등에 의해 뿌리가 상했을 때 쉽게 발생함 • 점점 심해지면 포기 전체가 노랗게 되면서 시들고 갈색으로 말라 죽음. 병든 줄기를 잘라 보면 도관부가 갈색으로 변해 있음 • 최초 밑의 잎에서부터 시들어 노랗게 되고 점점 윗잎으로 올라감	• 병든 포기는 뽑아 없애고 밭을 고를 때 토양 소독을 함 • 돌려짓기를 하거나 꺾꽂이나 접붙인 모종을 심어 가꾸고 종자를 철저히 소독해 뿌림 • 저항성이 강한 품종을 선택해 재배함

ⓛ 생리장해와 방제법

생리장해	발생 조건 및 피해 증상	방제법
기형과	• 습도가 높거나 질소질 거름 성분이 과다하거나 온도가 낮거나 잘못된 착과제 처리 시 발생 • 배꼽 부분이 뾰족하게 돌출한 것으로부터 열매 전체가 심하게 일그러진 것까지 열매 모양이 기형적으로 자라는 것을 말함	생육환경을 개선함
공동과	• 가장 큰 원인은 일조 부족이며 기온이 높을 때 토마토톤을 많이 처리했거나 한 화방에 두 번 이상 뿌렸을 때 발생함 • 열매 속 젤리 상태의 물질이 꽉 차지 않고 일부가 비어 있는 것으로 열매 모양이 모가 나고 빈약해 보이며 내부 색깔이 좋지 않음	• 토마토톤 처리 시 기상 상태를 보고 농도를 조절해 뿌림 • 햇빛을 잘 받도록 하고 밤에 온도가 너무 높아지지 않도록 함
배꼽 썩음과	• 칼슘 성분이 부족해서 생김 • 생장점의 자람이 정지되고 잎이 뒤틀리거나 꽃이 떨어진 흔적이 있는 배꼽 부근이 검게 썩은 것처럼 됨	• 3%의 염화칼슘을 1주일 간격으로 2~3회 뿌림 • 짚을 깔아 여름철 흙속의 온도가 높아지지 않도록 함 • 석회를 충분히 뿌림
열과	• 품종에 따라 다르나 흙속의 수분이 급격히 변하거나 공중 습도가 높을 때 발생하기 쉬움 • 열매 꼭지를 중심으로 동심원 상태나 방사성 형태로 불규칙하게 착색기에 있는 열매의 껍질이 터지는 현상	• 0.3%의 염화칼슘 용액을 과실에 뿌림 • 송풍기에 의한 강제 환기로 공중 습도를 낮추고 밤 온도를 조금 높여 과실 내 영양을 소모시킴

제5장

핵심기출문제

1. 벼와 옥수수의 광합성을 비교한 내용으로 옳지 않은 것은?

① 옥수수는 벼에 비해 광 포화점이 높은 광합성 특성을 보인다.

② 옥수수는 벼에 비해 온도가 높을수록 광합성이 유리하다.

③ 옥수수는 벼에 비해 이산화탄소 보상점이 높은 광합성 특성을 보인다.

④ 옥수수는 벼에 비해 수분 공급이 제한된 조건에서 광합성이 유리하다.

> **해설 |** ③ C_4 작물의 광합성 특징은 옥수수가 대표적이며, C_3 작물의 광합성 특징의 대표적인 벼에 비해 옥수수는 이산화탄소 농도가 낮은 곳에서도 광합성을 할 수 있어 이산화탄소, 온도, 광보상점이 낮다.
>
> ※ 이산화탄소 보상점 : 호흡에 의한 유기물의 소모속도와 광합성에 의한 유기물의 생성속도가 같아지는 이산화탄소 농도를 말한다.
>
> **정답 |** ③

2. 시설 내에서 광 부족이 지속될 때 나타날 수 있는 박과 채소 작물의 생육 반응은?

① 낙화 또는 낙과의 발생이 많아진다.

② 잎이 짙은 녹색을 띤다.

③ 잎이 작고 두꺼워진다.

④ 줄기의 마디 사이가 짧고 굵어진다.

> **해설 |** ① 시설 내에서 광 부족이 지속될 때 나타날 수 있는 박과 채소 작물의 생육 반응으로는 낙화 또는 낙과의 발생이 많아짐, 과실 비대 불량, 결구 지연, 줄기·뿌리·잎 등의 저조한 생장 등을 들 수 있다. 이는 모두 광합성의 억제 때문이다.
>
> **정답 |** ①

3. 백합과에 속하는 다년생 작물로 순을 이용하는 채소는?

① 셀러리

② 아스파라거스

③ 브로콜리

④ 시금치

> 해설 ┃ ② 줄기채소로 새로 돋아나는 줄기(어린 순)를 이용
> ① 한해살이나 두해살이의 미나리과 채소
> ③ 꽃채소로 꽃 덩어리를 이용
> ④ 잎채소로 잎을 이용
>
> 정답 ┃ ②

4. 사과 과실에 봉지씌우기를 하여 얻을 수 있는 효과를 모두 고른 것은?

> ㄱ. 당도 증진   ㄴ. 병해충 방지   ㄷ. 과피 착색 증진   ㄹ. 동록 방지

① ㄱ, ㄴ, ㄷ

② ㄱ, ㄴ, ㄹ

③ ㄱ, ㄷ, ㄹ

④ ㄴ, ㄷ, ㄹ

> 해설 ┃ ※ 봉지씌우기(복대)
> • 장점
> – 농약이 과실에 직접 묻지 않아 상품성이 높아짐
> – 사과의 경우 동록(껍질이 매끄럽지 않고 녹슨 것같이 거칠어지는 현상. 과일의 허리 부분에 띠를 두른 듯 나타남) 방지
> – 과피 착색이 좋아짐
> – 탄저병, 흡즙성나방, 심식나방, 검은무늬병 등 병충해 방제
> • 단점
> – 가공용 과실의 경우 비타민 C의 함량이 낮아지므로 무대재배(복숭아 · 배 · 사과 등의 과수를 재배할 때 발육 중인 과실에 봉지를 씌우지 않고 재배하는 것)를 하는 것이 좋음
> – 노력이 많이 들어 최근에는 농약의 살포를 합리적으로 해 병충해를 적극적으로 방제하는 무대재배를 하는 경우가 많음
> – 수확기까지 봉지씌우기를 할 경우 과실의 착색이 나빠질 수 있으므로 수확 전 적절한 시기에 제거해야 함
>
> 정답 ┃ ④

5. 과실의 수확 적기를 판정하는 항목으로 옳은 것을 모두 고른 것은?

> ㄱ. 만개 후 일수   ㄴ. 당산비   ㄷ. 단백질 함량

① ㄱ, ㄴ
② ㄱ, ㄷ
③ ㄴ, ㄷ
④ ㄱ, ㄴ, ㄷ

> 해설 ┃ ※ 과실의 수확 적기를 판정하는 항목
> • 전분의 요오드 반응   • 당산비(당과 산의 비율)
> • 만개 후 일수   • 착색의 정도
>
> 정답 ┃ ①

6. 절화의 수확 및 수확 후 관리 기술에 관한 설명으로 옳지 않은 것은?

① 스탠더드 국화는 꽃봉오리가 1/2 정도 개화하였을 때 수확하여 출하한다.
② 장미는 조기에 수확할수록 꽃목굽음이 발생하기 쉽다.
③ 글라디올러스는 수확 후 눕혀서 저장하면 꽃이 구부러지지 않는다.
④ 카네이션은 수확 후 에틸렌 작용 억제제를 사용하면 절화 수명을 연장할 수 있다.

> 해설 ┃ ③ 글라디올러스를 수확 후 눕혀서 저장시키면 경곡현상(중력의 반대 방향으로 휘어지는 현상)이 생기
> 는데 이는 온도가 높을 때 심하고 줄기 위로 올라 갈수록 민감해져 절화의 품질을 떨어뜨림. 따라서
> 꼭 세워서 저장시켜야 한다.
>
> 정답 ┃ ③

7. 채소 작물의 온도 적응성에 따른 분류가 같은 것끼리 짝지어진 것은?

① 가지, 무
② 고추, 마늘
③ 딸기, 상추
④ 오이, 양파

> 해설 ┃ ③ 딸기, 상추는 저온성채소(10~22℃)에 속한다.
> 채소는 원산지에 따라 고온성 채소와 저온성 채소로 나눌 수 있다. 열대 지방이 원산지인 가지나 고추
> 는 더울수록 잘 자라지만, 오이나 호박은 너무 더우면 생육하는데 지장을 많이 받는다.
>
> 정답 ┃ ③

8. 저장성을 향상시키기 위한 저장 전 처리에 관한 설명으로 옳지 않은 것은?

① 수박은 고온기 수확 시 품온이 높아 바로 수송할 경우 부패하기 쉬우므로 예냉을 실시한다.

② 감자는 수확 시 생긴 상처를 빨리 아물게 하기 위해 큐어링을 실시한다.

③ 마늘은 휴면이 끝나면 싹이 자라 상품성이 저하될 수 있으므로 맹아 억제 처리를 한다.

④ 결구배추는 수분 손실을 줄이기 위해 수확한 후 바로 저장고에 넣어 보관한다.

> 해설 | ④ 결구배추는 장기 저장 전에 예냉을 실시하여 저장 기간을 연장한다. 예냉이란 농산물을 장기 저장 전에 미리 지정한 온도로 냉각시키는 과정을 말한다.
>
> 정답 | ④

9. 식물 분류학적으로 같은 과(科)에 속하지 않는 것은?

① 배
② 블루베리
③ 복숭아
④ 복분자

> 해설 | 장미과 : 사과, 배, 모과, 복숭아, 자두, 살구, 체리, 딸기, 복분자 등
>
> 정답 | ②

10. 멀칭의 목적으로 옳은 것은?

① 휴면 촉진
② 단일 촉진
③ 잡초 발생 억제
④ 단위결과 억제

> 해설 | 멀칭은 농작물을 재배할 때 잡초, 병충해, 비료 유실, 흙 마름 등을 방지하기 위해 비닐이나 보릿짚, 볏짚 등으로 땅의 표면을 덮어주는 것이다.
>
> 정답 | ③

11. 물리적 병충해 방제방법을 모두 고른 것은?

> ㄱ. 토양 가열　　　　　　　　　ㄴ. 천적 곤충 이용
> ㄷ. 증기 소독　　　　　　　　　ㄹ. 윤작 등 작부체계의 변경

① ㄱ, ㄷ　　　　　　　　　　② ㄱ, ㄹ
③ ㄴ, ㄷ　　　　　　　　　　④ ㄴ, ㄹ

해설 ▌ ㄴ. 생물적 방제　ㄹ. 경종적 방제
정답 ▌ ①

12. 과수에서 세균에 의한 병으로만 나열한 것은?

① 근두암종병, 화상병, 궤양병　　　② 근두암종병, 탄저병, 부란병
③ 화상병, 탄저병, 궤양병　　　　　④ 화상병, 근두암종병, 부란병

해설 ▌ 세균에 의한 과수의 주요 병 : 근두암종병, 화상병, 궤양병, 세균성 구멍병 등

토마토 궤양병

고추 세균성 점무늬병

궤양병

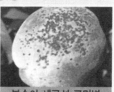
복숭아 세균성 구멍병

정답 ▌ ①

제6장

농업시설

01 자재 특성과 시설 관리

(1) 자재

작물을 생산, 가공 및 제조, 취급하면서 활용 가능한 허용물질을 재료 또는 원료로 만든 제품을 말한다.

(2) 자재의 분류

① **병해충 관리용 자재** : 작물에 발생하는 병해충 등을 동시에 직·간접적으로 관리하는 것을 목적으로 활용하는 자재이다.

② **토양개량용 자재** : 미생물의 활성에 도움을 주거나 토양의 이화학성을 좋게 해 작물들의 생육에 간접적으로 효과를 줄 목적으로 활용하는 자재이다.

③ **피복 자재**
  ㉠ 조건
    ⓐ 가격이 저렴해야 한다.
    ⓑ 팽창과 수축이 작아야 한다.
    ⓒ 내구성이 커야 한다.
    ⓓ 광투과율이 높아야 한다.
    ⓔ 외부 충격에 강해야 한다.
    ⓕ 겨울철 보온성이 커야 한다.
    ⓖ 열전도율이 낮아야 한다.

ⓛ 시설재배용 주요 피복재

구분	내용
폴리에스테르 필름 (PET)	• 두께가 0.1~0.2mm 이상의 경질피복재로 수명이 길어 5년 이상 사용이 가능하며 방적성도 좋은 편이고 인열강도가 보강되어 있음 • 광선투과율은 90% 전후로 높은 편이고 장파장이 투과되지 않으므로 보온성이 높음
에틸렌아세트산 비닐 필름 (EVA)	• 독성 및 가스 발생이 없는 편 • 가격은 염화비닐 필름보다 싸고 폴리에틸렌 필름보다 비쌈 • 내구성은 염화비닐 필름과 폴리에틸렌 필름의 중간 정도 • 약품과 비료에 대한 내성도 강한 편이고 먼지가 적게 붙어 덜 더러워짐 • 폴리에틸렌 필름보다 방적성 및 내후성, 보온성 등이 좋음
염화비닐 필름 (PVC)	• 소각 시 대기오염 물질이나 독성 가스가 많이 배출됨 • 필름끼리 서로 달라 붙는 성질이 있고 값이 비쌈 • 가소제가 용출되어 먼지가 잘 달라 붙기 때문에 사용 중 광선투과율이 낮아짐 • 충격강도, 인열강도, 내한성, 내후성 등이 양호함 • 연질피복재 중 보온성이 가장 높음
폴리에틸렌 필름 (PE)	• 주로 터널 및 멀칭 피복재료, 커튼, 하우스의 외피복 등으로 이용됨 • 가격이 싸고 약품에 대한 내성이 크기 때문에 피복재 중 가장 많이 사용됨 • 표면에 먼지가 잘 붙지 않음 • 연질피복재이고 광투과율이 높음 • 장파장을 많이 투과시키므로 보온성이 떨어짐

④ 골격 자재

ⓖ 형강재

ⓛ 철재파이프

ⓒ 경합금재

ⓔ 골격자재의 조립용 부자재 : 걸고리쇠, 연결파이프, 밴드형 연결쇠

⑤ 플라스틱 피복자재

ⓖ 연질필름 : 두께 0.05~0.2mm의 연질필름으로 염화비닐필름(PVC), 폴리에틸렌필름(PE), 그리고 에틸렌아세트산비닐필름(EVA) 등이 있다. 필름의 두께는 대체로 0.2mm~0.1mm이며, 바깥 피복 두께가 0.05mm~0.15mm인 것이 많이 이용되고 있다.

ⓛ 반경질필름 : 내구성이 없는 연질필름의 결점 때문에 0.1mm~0.2mm 두께의 반경질
필름이 많이 쓰이게 되었다. 반경질필름은 수명이 길어(4~6년) 연질필름과 같이 자
주 바꾸어 피복하지 않아도 되므로, 노력을 절감시킬 수 있다. 연질필름에 비하여
투광률이 우수하며, 염화비닐필름과 폴리에스테르필름 등이 있다.

ⓒ 경질판 : 두께가 0.2mm 이상의 플라스틱으로서 FRP, PET, PC판 등이 있으며, 피복
자재로서 유리와 같은 우수한 성질을 가지고 있다.

⑥ 추가 피복자재

㉠ 부직포 : 폴리에스테르의 긴 섬유로 천 모양을 한 시트로 색깔이 흰색 또는 검은색
이며, 광선 투과율이 일반 필름에 비하여 뚜렷하게 낮으므로 커튼이나 차광피복에
많이 쓰인다.

㉡ 매트 : 폴리에틸렌 발포시트로 색깔은 흰색이며, 두께는 저배율의 발포시트가
0.3mm 정도이고, 고배율의 발포시는 1~2mm 정도이다. 주로 소형 터널의 보온피
복에 많이 쓰인다.

㉢ 거적 : 짚으로 만든 거적은 공기층에 의한 단열효과는 크지만 덮고 걷는 데 노력이
많이 들고 먼지가 많이 생기며, 물에 젖으면 단열효과가 현저히 떨어지고 무거워져
최근에는 플라스틱 보온피복재로 대체되고 있다.

㉣ 한랭사와 차광망 : 차광피복재 또는 서리를 막기 위한 피복자재

㉤ 알루미늄 스크린

㉥ 반사필름

㉦ 멀칭용 필름

(3) 재배시설의 구비요건

① 골격률이 적은 시설

낮 동안에 시설 내로 햇빛이 투과되는 정도는 일조량이 부족한 겨울철 재배작물의 품
질과 생육에 직접적인 영향을 미친다. 기본적으로 시설의 구조면에서 골격률(frame
rate)이 적은 시설이 햇빛의 투과율이 높다.

② 햇빛의 투과성이 좋은 자재를 피복한 시설

피복자재는 시설의 광선 투과성에 직접적인 영향을 미친다. 우선적으로 햇빛의 투과
율과 보온성이 높고 변색이 잘 되지 않는 피복자재이어야 하며, 계면활성제로 방적(防
滴) 처리가 되고 먼지가 잘 달라붙지 않는 방진(防塵)처리가 된 것을 이용하는 것이
좋다.

③ 방열이 적은 시설

방열비(放熱比)는 하우스의 바닥면적(축열부)에 대한 표면적(방열부)의 비율로서 보온비(保溫比)와 반대의 개념이다. 같은 바닥면적에서는 시설물의 표면적이 작을수록 보온에 유리하다. 겨울철 재배에서 난방비와 밀접한 관계가 있는 방열비는 시설면적이 커짐에 따라 감소한다.

④ 보온이 잘되는 시설

최근의 원예작물의 재배시설은 2중으로 고정피복을 하여 하우스 내부에 보온성이 우수한 보온커튼을 다층 처리하거나 하우스 외면에 두꺼운 보온덮개를 피복하는 등 보온력을 향상시키려는 여러 가지 수단들이 이용되고 있다. 다중피복하거나 보온커튼을 여러 층 처리하면 보온력은 높아지나 햇빛투과율이 떨어지므로 재배하는 작물의 광선요구량이나 시설의 구조 등을 잘 고려하여 적절한 피복방법을 선택해야 한다.

⑤ 안전하고 내구성이 있는 시설

강한 바람이나 적설에 견디는 시설구조이어야 하므로 시공 시 그 지역의 최대풍속이나 적설량을 고려해야 한다. 안전성이 우려되는 지역에는 일정한 간격으로 굵은 파이프를 배치하고 보조골재를 추가적으로 설치해야 한다. 일반적으로 하우스의 서까래는 지름이 22~25mm인 것을 주로 이용하나 강풍이나 적설이 우려되는 지역에는 설치간격을 좁게 하거나 32mm 서까래를 2~3m 간격으로 보관 설치하는 것이 안전하다.

⑥ 시설 내 환경조절이 가능한 시설

최소한의 환경조절장치 즉 환기창이나 가온, 관수 및 관비 장치가 구비되어야 재배노력을 절감하고 작물재배에 적합한 환경을 조성해 줄 수 있다. 일반적으로 온도조절에는 보온커튼, 난방기, 환기창, 냉방시설 등이, 광선조절에는 차광커튼 인공광 등이, 탄산가스조절에는 탄산가스 발생기, 환기장치 등이, 습도조절에는 관수시설, 제습 및 가습장치가 필요하다. 이러한 장치들은 재배하는 작물의 종류나 시기, 시설의 구조 및 경제성 등을 고려하여 설치되어야 한다.

(4) 시설 내의 환경 특이성

① 연작 장해의 발생이 쉽다.

② 통기성이 불량하고 공극률이 낮다.

③ 저온기에 노지보다 지온이 높지만 적절한 지온 유지는 어렵다.

④ 토양의 pH가 낮다.

⑤ 특정 성분의 결핍이 쉬워진다.

⑥ 노지보다 토양이 쉽게 건조해진다.

⑦ 염류 농도가 노지보다 높다.

(5) 기화냉방법

① 공기가 물과 접촉하면 기화열을 빼앗기면서 자신은 냉각되는 원리를 이용한 방법이다.

② 기화냉방법은 물과 공기를 조우시켜 기온을 습구온도 부근까지 낮출 수 있으며 습구온도와 건구온도 간의 차이가 클수록 즉, 공중습도가 낮을수록 냉각효율은 증대된다.

③ 작물의 시설재배에 사용되는 기화냉방법

　㉠ 팬 앤드 미스트 방법 : 유리온실에서 이용하는 간이 기화냉방법의 하나로 시설의 한쪽 면에 미스트 분무실을 설치하고 반대쪽에서 팬을 가동하여 외부 공기가 미스트 분무실을 통과하는 동안 냉각되어 유입하게 하는 냉방 방식이다. 미스트가 시설 내로 유입하지 않도록 하는 제적 장치가 필요하다.

　㉡ 팬 앤드 패드 : 한쪽 벽에 목모(부패가 잘 안 되는 나무섬유)를 채운 8~10cm 두께의 패드를 설치하고, 패드 위에 노즐을 이용하여 물을 흘러내리게 하여 패드가 완전히 젖게 한다. 반대쪽 벽에는 환기팬을 설치하여 실내의 공기를 밖으로 뽑아낸다. 이때 외부의 공기가 패드를 통과하여 시설 내로 들어오면서 냉각되어 시설 내의 온도가 낮아진다.

　㉢ 팬 앤드 포그 방법 : 포그 노즐을 사용하여 30um 이하의 작은 물 입자를 온실의 내부에 뿌려준다. 그리고 천장에 환기팬을 설치하여 실내의 공기를 뽑아내도록 한다. 작은 물 입자가 고온의 공기와 접촉하여 기화함으로써 온실 내의 공기를 냉각시키는 방법이며, 온실의 온도를 바깥 기온보다 2~4℃ 낮출 수 있다.

(6) 난방시설

① 온풍난방기

　㉠ 개념 : 연료의 연소에 의해 발생하는 열을 공기에 전달하여 따뜻하게 하는 난방방식으로 플라스틱 하우스의 난방에 많이 쓰인다.

ⓛ 장점 : 열효율이 80~90%로 다른 난방 방식에 비하여 높고 짧은 시간에 필요한 온도로 가온하기가 쉬우며, 시설비가 저렴하다.

ⓒ 단점 : 건조하기 쉽고 가온하지 않을 때에는 온도가 급격히 떨어지며, 연소에 의한 가스의 장해가 발생하기 쉽다.

② 온수난방장치

㉠ 개념 : 보일러로 데운 온수(70~115도)를 시설 내에 설치한 파이프나 방열기(라디에이터)에 순환시켜 표면에서 발생하는 열을 이용하는 방식이다.

ⓛ 특징 : 열이 방열되는 시간은 많이 걸리지만, 한번 더워지면 오랫동안 지속되며 균일하게 난방 할 수 있다.

③ 증기난방방식

㉠ 개념 : 보일러에서 만들어지 증기를 시설 내에 설치한 파이프나 방열기(라디에이터)에 보내어 여기에서 발생한 열을 이용하는 난방방식이다.

ⓛ 이용: 규모가 큰 시설에서는 고압식을, 소규모에서는 저압식을 사용한다.

(7) 관수설비

① 살수장치 : 스프링클러, 소형 스프링클러, 유공튜브

② 점적관수장치 : 플라스틱 파이프나 튜브에 분출공을 만들어 물이 방울방울 떨어지게 하거나 천천히 흘러나오게 하는 방법이다.

③ 분무장치

④ 저면관수장치 : 화분에 대한 관수방법으로 벤치에 화분을 배열한 다음 물을 공급하여 화분의 배수공을 통하여 물이 스며 올라가게 하는 방법이다.

⑤ 지중관수 : 땅속에 매설한 급수 파이프로부터 토양 중에 물이 스며 나와 작물의 근계에 수분을 공급하는 방법이다.

(8) 육묘용 설비와 자재

① 전열온상 : 전류의 저항으로 생기는 열을 이용하고, 근래에는 단열재로 효과가 뛰어난 스트로폼판을 주로 이용한다.

② 전기발열판 온상 : 가는 전열선을 합리적인 간격으로 PVC판에 배선하고, 아래위를 밀착하여 고정시켜 전기장판처럼 만든 온상이다.

③ 온수온상 : 모판흙 밑에 방열파이프를 묻고 온수를 순환시켜 온상의 온도를 높여주는 방식이다.

④ 플러그육묘(공정육묘) : 플러그 모종(Plug Seedling)이란 '플러그'라는 불리는 응집성이 있는 소량의 배지가 담긴 개개의 셀에서 길러진 모종이다.

　　㉠ 플러그육묘를 하기 위해서는 유리나 플라스틱필름으로 된 육묘온실이 있어야 한다.

　　㉡ 플로그 모종을 생산하기 위해서는 모판흙 제조 및 충전, 파종, 관수, 시비 및 환경관리 등 모든 육묘 작업을 체계화할 수 있는 기계화된 시설이 필요하다.

　　㉢ 최근에는 육묘를 위한 전용시설에서 각종 기계를 이용하여 규격화된 양질의 모종을 대량생산할 수 있는 플러그육묘가 실용화되고 있다.

⑤ 플러그육묘(공정육묘)의 특징

　　㉠ 규격이 균일하다.

　　㉡ 정식이 쉽고, 취급과 수송이 용이하다.

　　㉢ 이식할 때 상처가 적다

　　㉣ 노동력이 적게 소요된다.

　　㉤ 공정시설과 기자재에 비용이 많이 든다.

　　㉥ 환경조절 등 숙련된 기술이 필요하다.

02 원예시설 구조와 특성

(1) 일소현상

① 작물이나 식물에 맺히는 물방울이 렌즈 작용을 해 작물체가 타들어가는 현상으로 햇볕에 노출되는 작물의 수체 부위의 온도가 지나치게 높아져 발생하는 경우가 많다.

② 서향은 가뭄을 타기 쉽고 기온의 변화가 커 일소현상이 잘 일어난다.

③ 일소의 발생은 수형과도 관계가 있는데 특히 배상형의 수형은 주지의 분지각도가 넓을수록 발생이 많으며 개심자연형보다 일소의 발생이 많다.

④ 시설재배 시 차광막을 설치해 일소를 경감시킬 수 있다.

⑤ 겨울철 밤에 동결된 조직이 낮에 직사광선의 영향으로 인해 나무의 온도에 급격하게 변화를 줘 피해를 주는 현상을 일소로 보기도 한다.

⑥ 과수나 초본류의 줄기 껍질이 얇은 경우 강한 햇볕에 노출되면 주변의 온도보다 높아져 해당 부분이 마르게 되고 낙엽이 되어 죽는다.

⑦ 증산 작용이 원활하게 일어나는 잎에서는 잘 일어나지 않지만 과실을 포함한 다육질 조직이나 기관에서는 잘 일어난다. 그 중에서도 과수의 열매 및 열매채소는 증산율이 적어 그 자체 온도가 기온보다 현저하게 높다.

(2) 양액재배

① 개요

㉠ 주로 카네이션, 장미, 미나리, 상추, 고추, 방울토마토, 토마토, 오이 등을 재배하는 데 활용되는 방법이다.

㉡ 우리나라에서는 1980년대부터 보급되기 시작하였다.

㉢ 물만으로 재배하므로 통상 수경재배라고도 하며 배양액을 만들어 재배하기 때문에 용액재배라고도 한다.

㉣ 배양액의 구비조건

ⓐ 재배기간이 계속되어도 무기원소와 농도 간의 pH 및 비율의 변화가 작을 것

ⓑ 각각의 이온이 적당하게 용해되어 총 이온 농도가 적절할 것

ⓒ 작물에 유해한 이온을 함유하지 않을 것

ⓓ 뿌리에서 흡수하기 쉬운 물에 용해된 이온 상태일 것

ⓔ 필수 무기양분을 함유하고 있을 것

ⓕ pH 5.5~6.5 범위에 있을 것

㉤ 양액재배는 토양을 활용하지 않는 재배법으로 작물의 생육에 필요한 영양분을 적절하게 흡수할 수 있도록 알맞은 농도로 조절한 배양액에 식물을 심어 산소를 공급하며 재배하는 기법이다.

② 양액재배의 장단점

㉠ 장점

• 수량성 및 품질이 우수하다.

• 생력화 및 자동화가 용이하다.

• 장소의 제한을 받지 않는다.

• 청정재배가 가능하다.

• 작물의 연작이 가능하다.

• 농약 사용량이 적다.

ⓛ 단점
- 배양액의 완충능력이 없어 PH 변화나 양분농도에 민감하다.
- 설비 및 장치 등에 있어 많은 자본을 필요로 한다.
- 병균으로부터 빠르게 전염된다.
- 작물의 선택이 한정적이다.
- 전문적인 지식이 요구된다.
- 폐자재의 활용이 어렵다.

(3) 유리 온실

① 외부 피복재가 유리로 된 온실로 이곳에서 재배 가능한 작물로는 백합·장미 등의 화훼류와 오이·토마토 등의 채소류가 있으나 유리 온실의 경제성을 고려해 신중하게 재배 작물을 선택하는 것이 중요하다.

② 유리 온실은 연중 주년 생산 체계화할 수 있는 시스템을 갖고 있으며 작업성, 안전성, 환경제어, 보온성, 광투과성 등이 우수하다.

③ 골조는 서까래·용마루 등의 알루미늄 프로파일과 C형강·사각관·H형강 등의 철재로 이루어져 있다.

④ 온실의 종류

㉠ 양지붕식 온실

ⓐ 가장 기본적인 온실의 형태로서 양지붕의 경사도 및 길이가 같은 형태의 온상이다.

ⓑ 채광과 통풍이 잘되는 장점을 지니고 있으나 보온이 어려워 추운 지방에서는 보편화되기 힘든 형태의 온실이다.

㉡ 반지붕식 온실

ⓐ 간단한 가정 온실이나 북쪽에 벽 또는 건물이 있을 때, 그것을 이용하여 남쪽 방향으로 지붕이 기울도록 만든 온실로서 다른 형태에 비하여 시설비가 적게 들며, 쉽게 만들 수 있다.

ⓑ 보온은 비교적 용이하나 채광이 양지붕식에 비하여 크게 떨어지며, 통풍이 불량하기 때문에 환기에 신경을 많이 써야 하는 온실의 형태이다.

㉢ 쓰리쿼터(3/4)식 온실

ⓐ 전체 유리지붕 면적 비의 3/4이 앞면, 1/4이 뒷면을 차지하는 비율인데, 앞면이

남쪽으로 향하고 반대편은 북쪽을 향한다.

　　ⓑ 반지붕식 온실의 단점을 보완한 형태로서 채광 및 보온성이 좋고, 규모가 작으면서도 창이 많은 구조로 만들 수 있다.

　ⓔ 양지붕의 연동온실

　　ⓐ 양지붕식 온실을 여러동 연결시키는 구조로서 재료비를 절약할 수가 있고, 온도의 변화가 적기 때문에 주로 기업적 온실로서 적합한 구조이다.

　　ⓑ 대규모의 절화재배용 온실이나 서양란 재배 온실로 접합하며 연동 온실은 특히, 환기 및 통풍, 강우 등에 주의하여야 한다.

　　ⓒ 연동 온실의 연결 부위에 빗물이 고이거나 눈이 쌓여서 하중을 이기지 못하고 무너지는 경우가 있으므로 연결 부위의 설계 및 시공에 주의하여야 하고, 적설량이 많은 지방에서는 연동형 온실 설치에 각별히 주의를 기울여야 한다.

　ⓜ 벤로형 온실

　　ⓐ 유럽과 네덜란드를 중심으로 발전한 연동식 온실의 하나로, 온실 1동에 지붕이 2개 이상이다.

　　ⓑ 처마 높이(측고)가 높고 지붕에 환기창이 많아 열 완충 능력이 뛰어나다. 파프리카나 토마토 등의 사계절 재배에 알맞다.

　ⓗ 원형 온실

　　ⓐ 일명 표본 온실이라고도 한다. 이 온실의 형태는 주로 표본 식물을 보존하기 위하여 지붕을 돔 또는 원형으로 만든 온실로서 식물은 주로 땅에 심어 높게 자라게 한다.

　　ⓑ 이러한 온실은 간혹 취미및 관상용으로 건설되기도하나, 가온 및 유지비가 많이 든다. 주로 식물원 등에서 많이 사용하는 형태이다.

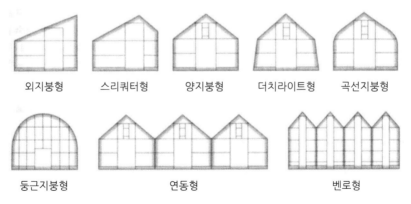

외지붕형　　스리쿼터형　　양지붕형　　더치라이트형　　곡선지붕형

둥근지붕형　　　　연동형　　　　벤로형

[여러가지 온실 모양의 모식도]

(4) 플라스틱 온실

① 외부의 피복재가 PVC, EVA, PE 등의 플라스틱 소재로 이루어진 온실이다.

② 종류로는 아치형, 터널형, 지붕형 등이 있다.

③ 유리 온실에 비해 안전성, 환경제어, 보온성, 광투과성 등이 저하된다.

④ 시공이 용이하고 설치비용이 저렴하다.

(5) 플라스틱 하우스

① 터널형 하우스

• 장점: 보온성이 크고 바람에 잘 견디며, 빛이 잘 든다.

• 단점: 환기 능률이 떨어지고 많은 눈에 잘 견디지 못한다.

② 지붕형 하우스

바람이 세거나 적설량이 많은 지대에 적합하다.

③ 아치형 하우스

골격률이 작은 편이어서 광선의 투과율이 높으며, 단동형뿐만 아니라 연동형으로도 설치할 수 있다.

④ 대형 지붕형 하우스

지붕형 연동 하우스의 단점을 보완하고, 편리하게 관리하기 위하여 너비가 10m 이상인 대형 철재하우스이다. 특징은 보온, 환기, 기온 등의 환경조절이 용이하나, 대형화에 따른 안전구조 설계 때문에 골격자재비가 많이 든다.

(6) 재배작물에 따른 온실의 분류

채소 온실	• 유리온실 : 토마토, 피망, 오이 등의 열매채소 • 연동형 유리온실 : 생육기간이 짧은 잎상추, 미나리 등의 잎줄기채소의 양액재배에 많이 이용
화훼 온실	• 절화용 : 초장이 길기 때문에 추녀가 높아야 함 • 분화용 : 대체로 초장이 짧기 때문에 추녀가 약간 낮아도 되지만, 벤치를 설치하는 것이 일반적 • 화훼재배에는 연동형과 벤로형이 주로 이용
과수 온실	• 포도재배용 온실은 덩굴을 지붕의 내면에 배치하기 때문에 지붕의 면적이 넓어야 좋으므로 지붕의 기울기는 크게 한다. • 유럽종 포도는 내습성이 약하여 비를 많이 맞으면 병해의 발생이 심하기 때문에 유리온실을 이용하여 새배하는 경우가 많음

(7) 식물공장

① 개념

정보통신과 생물공학기술을 농업생산에 이용하여 기후환경과 재배관리의 모든 과정이 로봇에 의해 완벽하게 제어되는 공장이다. 환경조건을 작물생장에 알맞게 인위적으로 제어하고, 생산공정을 자동화한 새로운 생산방식이다.

② 식물공장의 특징

- ㉠ 자연조건의 영향을 받지 않는다
- ㉡ 토지이용률이 높으므로 땅값이 비싼 곳에서도 유리하다.
- ㉢ 소비지 가까운 곳에 설치할 수 있어 도시형 농업이 가능하다
- ㉣ 작업환경이 좋다
- ㉤ 힘든 작업이 없어서 노약자도 가능하다.
- ㉥ 농약을 적게 사용한 고품질의 농산물 생산이 가능하다.
- ㉦ 인건비를 최소화하고, 단위면적당 생산량이 많다
- ㉧ 생육속도가 빨라 재배시간이 짧다
- ㉨ 이어짓기 장해가 없다
- ㉩ 에너지원에 이상이 없는 한 연중가동이 가능하다

③ 식물공장의 종류(광원의 이용에 따라)

- ㉠ 완전제어형 식물공장(인공광)
- ㉡ 태양광 병용형 식물공장(인공광+태양광)
- ㉢ 태양광 이용형 식물공장(태양광)

④ 식물공장의 재배방식

- ㉠ 입체식: 베드를 입체적으로 배치하여 작은 공간에 보다 많은 작물을 심을 수 있는 장점이 있지만, 설치하는 비용이 많이 든다.
- ㉡ 평면식: 입체식에 비해 설치비용은 적게 들지만, 공간의 활용과 재배관리에 제한을 받는 단점이 있다.

⑤ 식물광장에 필요한 기계장치

- ㉠ 환경조절장치
- ㉡ 제어장치
- ㉢ 수경재배장치
- ㉣ 식물생태측정장치

제6장

핵심기출문제

1. 시설 내의 환경 특이성에 관한 설명으로 옳지 <u>않은</u> 것은?

① 위치에 따라 온도 분포가 다르다.

② 위치에 따라 광 분포가 불균일하다.

③ 노지에 비해 토양의 염류 농도가 낮아지기 쉽다.

④ 노지에 비해 토양이 건조해지기 쉽다.

> 해설 ┃ ※ 시설 내의 환경 특이성
> • 연작 장해의 발생이 쉽다.
> • 통기성이 불량하고 공극률이 낮다.
> • 저온기에 노지보다 지온이 높지만 적절한 지온 유지가 어렵다.
> • 토양의 pH가 낮다.
> • 특정 성분의 결핍이 쉬워진다.
> • 노지보다 토양이 쉽게 건조해진다.
> • 염류 농도가 노지보다 높다.
>
> 정답 ┃ ③

2. 다음이 설명하는 온실형은?

> ◦ 처마가 높고 폭이 좁은 양지붕형 온실을 연결한 형태이다.
> ◦ 토마토, 파프리카(착색단고추) 등 과채류 재배에 적합하다.

① 양쪽지붕형   ② 터널형

③ 벤로형   ④ 쓰리쿼터형

> 해설 ┃ ③ 벤로형 온실은 유럽과 네덜란드를 중심으로 발전한 연동식 온실의 하나로, 온실 1동에 지붕이 2개 이상이다. 처마 높이(측고)가 높고 지붕에 환기창이 많아 열 완충 능력이 뛰어나다. 파프리카나 토마토 등의 사계절 재배에 알맞다.
>
> 정답 ┃ ③

3. 다음 피복재 중 투과율이 가장 높은 연질 필름은?

① 염화비닐(PVC) 필름
② 불소계수지(ETFE) 필름
③ 에틸렌아세트산비닐(EVA) 필름
④ 폴리에틸렌(PE) 필름

해설 ┃ **폴리에틸렌(PE) 필름의 특징**
• 주로 터널 및 멀칭 피복재료, 커튼, 하우스의 외피복 등으로 이용된다.
• 가격이 싸고 약품에 대한 내성이 크기 때문에 피복재 중 가장 많이 사용된다.
• 표면에 먼지가 잘 붙지 않는다.
• 연질피복재이고 광투과율이 높다.
• 장파장을 많이 투과시키므로 보온성이 떨어진다.

정답 ┃ ④

4. 담액수경의 특징에 관한 설명으로 옳은 것은?

① 산소 공급 장치를 설치해야 한다.
② 베드의 바닥에 일정한 구배를 만들어 양액이 흐르게 해야 한다.
③ 배지로는 펄라이트와 암면 등이 사용된다.
④ 베드를 높이 설치하여 작업효율을 높일 수 있다.

해설 ┃ 담액수경의 기본 구조는 배양액 탱크, 급액장치, 배액장치, 제어장치 및 재배베드로 구성되어 있으며, 배양액은 펌프로 급액관을 통하여 다시 탱크로 돌아와서 순환된다. 담액수경은 배양액의 산소가 부족하기 쉬우므로 인위적으로 산소를 공급하거나 기포발생기를 설치하는 것이 좋다.

정답 ┃ ①

손해평가사

기출모의고사

제1회 기출 모의고사

1. 다음 중 보험에서 담보할 수 있는 위험의 성질이 아닌 것은?

① 경제성   ② 우연성
③ 명확성   ④ 적당성

2. 다음 타인을 위한 보험에 대한 설명으로 틀린 것은?

① 인보험에서는 보험계약자의 보험금액청구권을 인정하고 있다.
② 보험금액청구권은 보험계약자가 피보험자에게 손해의 배상했을 경우 인정된다.
③ 보험료지급의무는 보험계약자에게 있다.
④ 타인은 당연히 그 계약의 이익을 받는다.

3. 보험계약에 관한 설명으로 가장 옳지 않은 것은? (다툼이 있을 경우, 판례에 따름)

① 보험계약은 당사자 일방이 약정한 보험료를 지급하고, 상대방은 일정한 보험금이나 그 밖의 급여를 지급할 것을 약정함으로써 효력이 발생한다.
② 보험계약은 당사자 사이의 청약과 승낙의 의사합치에 의하여 성립한다.
③ 보험계약은 요물계약이다.
④ 보험계약은 부합계약의 일종이다.

4. 타인을 위한 보험계약에 관한 설명으로 옳은 것은?

① 타인을 위한 보험계약의 타인은 따로 수익의 의사표시를 하지 않은 경우에도 그 이익을 받는다.
② 타인을 위한 보험계약에서 그 타인은 불특정다수이어야 한다.
③ 손해보험계약의 경우에 그 타인의 위임이 없는 때에는 보험계약자는 이를 보험자에게 고지하여야 하나, 그 고지가 없는 때에도 타인이 그 보험계약이 체결된 사실을 알지 못하였다는 사유로 보험자에게 대항할 수 있다.
④ 타인은 어떠한 경우에도 보험료를 지급하고 보험계약을 유지할 수 없다.

5. 상법상 보험약관의 교부·설명의무에 관한 내용으로 옳은 것은? (다툼이 있으면 판례에 따름)

① 보험약관이 계약당사자에 대하여 구속력을 갖는 것은 계약당사자 사이에서 계약내용에 포함시키기로 합의하였기때문이다.
② 보험계약이 성립한 후 3월 이내에 보험계약자는 보험자의 보험약관 교부·설명의무 위반을 이유로그 계약을 철회할 수 있다.
③ 보험자의 보험약관 교부·설명의무 위반시 보험계약자는 해당 계약을 소급해서 무효로 할 수 있는데, 그 권리의 행사시점은 보험사고 발생시부터이다.
④ 보험자는 보험계약을 체결한 후에 보험계약자에게 중요한 사항을 설명하여야 한다.

6. 보험증권에 관한 설명으로 옳지 않은 것은?

① 보험자는 보험계약이 성립한 때에는 지체 없이 보험증권을 작성하여 보험계약자에게 교부 하여야 한다. 그러나 보험계약자가 보험료의 전부 또는 최초의 보험료를 지급 하지 아니한 때에는 그러하지 아니하다.

② 기존의 보험계약을 연장하거나 변경한 경우에 보험자는 그 보험증권에 그 사실을 기재함 으로써 보험증권의 교부에 갈음할 수 없다.

③ 보험계약의 당사자는 보험증권의 교부가 있은 날로부터 일정한 기간내에 한하여 그 증권내용의정부에관한이의를할수있음을약정할 수 있다. 이 기간은 1월을 내리지 못한다.

④ 보험증권을 멸실 또는 현저하게 훼손한 때에는 보험계약자는 보험자에 대하여 증권의 재 교부를 청구할 수있다. 그 증권 작성의 비용은 보험계약자의 부담으로 한다.

7. 보험계약 등에 관한 설명으로 옳지 않은 것은?

① 보험계약은 그 계약전의 어느 시기를 보험기간의시기로 할 수 있다.

② 보험계약당시에 보험사고가 이미 발생하였거나 또는 발생할 수 없는 것인 때에는 그 계약 은 무효로 한다. 그러나 당사자 쌍방과 피보험자가 이를 알지 못한 때에는 그러하지 아니 하다.

③ 대리인에 의하여 보험계약을 체결한 경우에 대리인이 안 사유는 그 본인이 안 것과 동일 한 것으로 한다.

④ 최초보험료 지급지체에 따라 보험계약이 해지된 경우 보험계약자는 그 계약의 부활을 청구할 수 있다.

8. 다음 설명 중 틀린 것은?

① 손해보험은 피보험자의 재산, 재물 손해를 보상한다.

② 인보험은 보험의 목적이 사람이다.

③ 손해보험 실손보상의 원칙이 적용되지 않는다.

④ 실손보험은 부정액보험의 형태를 띤다.

9. 보험대리상 등의 권한에 관한 설명으로 옳은 것은?

① 보험대리상은 보험계약자로부터 보험료를 수령할 권한이 없다.

② 보험대리상의 권한에 대한 일부 제한이 가능하고, 이 경우 보험자는 선의의 제3자에 대하 여 대항할 수 있다.

③ 보험대리상은 보험계약자에게 보험계약의 체결, 변경, 해지 등 보험계약에 관한 의사 표시를 할 수 있는 권한이 있다.

④ 보험대리상이 아니면서 특정한 보험자를 위하여 계속적으로 보험계약의 체결을 중개하는 자는 보험계약자로부터 고지를 수령할 수 있는 권한이 있다.

10. 보험계약에 관한 내용으로 옳은 것을 모두 고른 것은?

ㄱ. 보험계약의 당사자가 특별한 위험을 예기하여 보험료의 액을 정한 경우에 보험 기간중 그 예기한 위험이 소멸한 때에는 보험계약자는 그 후의 보험료의 감액을 청구할 수 있다.

ㄴ. 보험계약의 전부 또는 일부가 무효인 경우에 보험계약자와 피보험자가 선의이며 중대한 과실

이 없는 때에는 보험자에 대하여 보험료의 전부 또는 일부의 반환을 청구할 수 있다.
ㄷ. 보험사고가 발생하기 전 보험계약자나 보험자는 언제든지 보험계약을 해지할 수 있다.
ㄹ. 타인을 위한 보험계약의 경우에는 보험계약자는 그 타인의 동의를 얻지 아니하거나 보험증권을 소지하지 아니하면 그 계약을 해지하지 못한다.

① ㄱ, ㄴ, ㄷ   ② ㄱ, ㄴ, ㄹ
③ ㄱ, ㄷ, ㄹ   ④ ㄴ, ㄷ, ㄹ

11. 고지의무 위반으로 인한 계약해지에 관한 내용으로 옳지 않은 것은?

① 보험자가 보험계약당시에 보험계약자나 피보험자의 고지의무 위반 사실을 알았던 경우에 는 계약을 해지할 수 없다.
② 보험계약당시에 피보험자가 중대한 과실로 부실의 고지를 한 경우에 보험자는 해지권을 행사할 수 있다.
③ 보험자가 보험계약당시에 보험계약자나 피보험자의 고지의무 위반 사실을 경미한 과실로 알지 못했던 때라도 계약을 해지할 수 없다.
④ 보험계약당시에 보험계약자가 고의로 중요한 사항을 고지하지 아니한 경우 보험자는 해 지권을 행사할 수 있다.

12. 다음 설명 중 옳은 것은?

① 상법상 보험계약자 또는 피보험자는 보험자가 서면으로 질문한 사항에 대하여만 답변하면 된다.
② 상법에 따르면 보험기간 중에 보험계약자 등의 고의로 인하여 사고발생의 위험이 현

저하게 증가된 때에는 보험자는 계약체결일로부터 3년 이내에 한하여 계약을 해지할 수 있다.
③ 보험자는 보험금액의 지급에 관하여 약정기간이 없는 경우에는 보험사고 발생의 통지를 받은 후 지체없이 보험금액을 지급하여야 한다.
④ 보험자가 파산의 선고를 받은 때에는 보험계약자는 계약을 해지할 수 있다.

13. 2년간 행사하지 아니하면 시효의 완성으로 소멸하는 것은 모두 몇 개인가?

○ 보험금청구권   ○ 보험료청구권
○ 보험료반환청구권   ○ 적립금반환청구권

① 1개   ② 2개
③ 3개   ④ 4개

14. 다음 설명 중 옳은 것은?

① 손해보험계약의 보험자가 보험계약의 청약과 함께 보험료 상당액의 전부를 지급 받은 때 에는 다른 약정이 없으면 2주 이내에 낙부의 통지를 발송하여야한다.
② 손해보험계약의 보험자가 보험계약의 청약과 함께 보험료 상당액의 일부를 지급 받은 때 에 상법이 정한 기간내에 낙부의 통지를 해태한 때에는 승낙한 것으로 추정한다.
③ 손해보험계약의 보험자가 청약과 함께 보험료 상당액의 전부를 받은 경우에 언제나 보험 계약상의 책임을 진다.

④ 손해보험계약의 보험자가 보험계약의 청약과 함께 보험료 상당액의 전부를 지급 받은 때에 다른 약정이 없으면 상법이 정한 기간 내에 낙부의 통지를 해태한 때에는 승낙한 것으로 본다.

15. 다음 위험유지의무에 대한 설명 중 틀린 것은?

① 보험계약자, 피보험자, 보험수익자가 위험을 변경 또는 증가되지 않도록 할 의무이다.
② 의무위반시 보험자는 보험료증액을 청구할 수 있다.
③ 의무위반시 보험자는 계약을 해제할 수 있다.
④ 보험료증액 또는 해지는 통지를 받은 날로부터 1개월 이내에 행하여야 한다.

16. 다음 설명 중 옳지 않은 것은?

① 손해보험계약의 보험자는 보험사고로 인하여 생길 피보험자의 재산상의 손해를 보상할 책임이 있다.
② 손해보험증권에는 보험증권의 작성지와 그 작성년월일을 기재하여야한다.
③ 보험사고로 인하여 상실된 피보험자가 얻을 이익이나 보수는 당사자간에 다른 약정이 없으면 보험자가 보상할 손해액에 산입하지 아니한다.
④ 집합된 물건을 일괄하여 보험의 목적으로 한 때에는 그 목적에 속한 물건이 보험기간중에 수시로 교체된 경우에도 보험계약의 체결시에 현존한 물건은 보험의 목적에 포함된 것으로 한다.

17. 초과보험에 관한 설명으로 옳지 않은 것은?

① 보험금액이 보험계약당시의 보험계약의 목적의 가액을 현저히 초과한 때를 말한다.
② 보험자 또는 보험계약자는 보험료와 보험금액의 감액을 청구할 수 있다.
③ 보험료의 감액은 보험계약체결시에 소급하여 그 효력이 있으나 보험금액의 감액은 장래에 대하여만 그 효력이있다.
④ 보험계약자의 사기로 인하여 체결된 초과보험계약은 무효이며 보험자는 그 사실을 안 때 까지의 보험료를 청구할 수 있다.

18. 상법상 기평가보험과 미평가보험에 관한 설명으로 옳은 것은?

① 당사자간에 보험가액을 정하지 아니한 때에는 계약체결시의가액을 보험가액으로 한다.
② 당사자간에 보험가액을 정한 때 그 가액이 사고발생시의 가액을 현저하게 초과할 때에는 사고발생시의 가액을 보험가액으로 한다.
③ 당사자간에 보험가액을 정한 때에는 그 가액은 계약체결시의 가액으로 정한 것으로 추정 한다.
④ 당사자간에 보험가액을 정한 때에는 그 가액은사고발생시의 가액을 정한 것으로 본다.

19. 피보험이익에 관한 설명으로 옳지 않은 것은?

① 우리상법은 손해보험뿐만 아니라 인보험에서도 피보험이익이 있을 것을 요구한다.
② 상법은 피보험이익을 보험계약의 목적이라고 표현하며 보험의목적과는 다르다.
③ 밀수선이 압류되어 입을 경제적 손실은 피보험이익이 될 수 없다.
④ 보험계약의 동일성을 판단하는 표준이 된다.

20. 가계보험의 약관조항으로 허용될 수 있는 것은?

① 약관설명의무 위반시 계약 성립일부터 1개월 이내에 보험계약자가 계약을 취소할 수 있도록 한 조항
② 보험증권의 교부가 있은 날로부터 2주 내에 한하여 그 증권내용의 정부에 관한 이의를 할 수 있도록 한 조항
③ 해지환급금을 반환한 경우에도 그 계약의 부활을 청구할 수 있도록 한 조항
④ 고지의무를 위반한 사실이 보험사고 발생에 영향을 미치지 아니하였음이 증명된 경우에도 보험자의 보험금지급 책임을 면하도록 한 조항

21. 다음 손해보험 용어에 대한 설명 중 틀린 것은?

① 피보험이익은 금전으로 산정할 수 있는 이익이어야 한다.
② 보험가액은 피보험이익의 평가액이다.
③ 보험금액은 계약상 최고보상한도액이다.
④ 피보험이익은 손해보험과 인보험 모두에 존재한다.

22. 다음 위험변경증가 통지의무에 대한 설명 중 틀린 것은?

① 주관적 위험의 변경 또는 증가시 적용된다.
② 통지의 효과로 보험자는 보험료증액을 청구할 수 있다.
③ 통지의 효과로 보험자는 계약을 해지할 수 있다.
④ 보험료증액 또는 해지는 통지를 받은 날로부터 1개월 이내에 행하여야 한다.

23. 다음 설명 중 틀린 것은?

① 특별위험 소멸 시 보험료감액이 가능하다.
② 보험계약 무효시 보험료 반환청구가 가능하다.
③ 초과보험에서 보험료감액청구는 초과보험이 된 시점부터 감액이 적용된다.
④ 보험계약 임의 해지시 미경과보험료의 반환이 가능하다.

24. 상법상 당사자간에 다른 약정이 있으면 허용되는 것을 모두 고른 것은?

ㄱ. 보험사고가 전쟁 기타 변란으로 인하여 생긴 때의 위험을 담보하는 것
ㄴ. 최초의 보험료의 지급이 없는 때에도 보험자의 책임이 개시되도록 하는 것
ㄷ. 사고발생전 임의해지 시 미경과보험료의 반환을 청구하지 않기로 하는 것
ㄹ. 특정한 타인을 위한 보험의 경우에 보험계약자가 보험료의 지급을 지체한 때에는 보험자가 보험계약자에게만 최고하고 그의 지급이 없는 경우 그 계약을 해지하기로 하는 것

① ㄱ, ㄴ   ② ㄴ, ㄷ

③ ㄱ, ㄴ, ㄷ   ④ ㄱ, ㄷ, ㄹ

25. 중복보험에 관한 설명으로 옳은 것은?

① 동일한 보험계약의 목적과 동일한 사고에 관하여 수개의 보험계약이 동시에 또는 순차로 체결된 경우에 그 보험금액의 총액이 보험가액을 현저히 초과한 경우에만 상법상 중복보험에 해당한다.

② 동일한 보험계약의 목적과 동일한 사고에 관하여 수개의 보험계약을 체결하는 경우에는 보험계약자는 각 보험자에 대하여 각 보험계약의 내용을 통지하여야한다.

③ 중복보험의 경우 보험자 1인에 대한 피보험자의 권리의 포기는 다른 보험자의 권리의무에 영향을 미친다.

④ 보험자는 보험가액의 한도에서 연대책임을 진다.

26. 다음 중 농어업재해보험의 목적에 해당하는 것은?

① 농어업 환경오염 방지
② 생산자 및 소비자 보호
③ 농어업 종사자 보호
④ 농어업 생산성 향상

27. 다음 중 임산물재해보험의 목적물의 범위에 해당하지 않는 것은?

① 밤   ② 대추
③ 표고버섯   ④ 느타리버섯

28. 농작물재해보험 손해평가인으로 위촉될 수 있는 자격요건에 해당되는 사람은?

① 재해보험 대상 농작물을 3년 경작한 경력이 있는 농업인

② 공무원으로 농림축산식품부, 농촌진흥청, 통계청 또는 지방자치단체나 그 소속기관에서 농작물재배 분야에 관한 연구·지도, 농산물 품질관리 또는 농업 통계조사 업무를 2년 담당한 경력이 있는 사람

③ 「보험업법」에 따른 보험회사의 임직원이나 「농업협동조합법」에 따른 중앙회와 조합의 임직원으로 영농 지원 또는 보험·공제 관련 업무를 3년 이상 담당한 경력이 있는 사람

④ 교원으로 고등학교에서 농작물재배 분야 관련 과목을 3년 교육한 경력이 있는 사람

29. 다음 중 농어업재해보험 심의회의 심의 사항에 해당되지 않는 것은?

① 재해보험에서 보상하는 재해의 범위에 관한 사항
② 재해보험사업에 대한 재정지원에 관한 사항
③ 농어업재해재보험사업에 대한 정부의 책임 범위에 관한 사항
④ 재해보험 사업자 선정에 관한 사항

30. 재해보험사업의 약정을 체결하는 데 필요한 사항 중 대통령령으로 정한 내용에 해당되지 않는 것은?

① 약정기간에 관한 사항
② 재해보험사업자에 대한 재정지원에 관한 사항
③ 재해보험 목적물에 관한 사항
④ 약정의 변경·해지 등에 관한 사항

31. 다음 중 농림축산식품부장관이 관장하는 재해보험이 아닌 것은?

① 농작물재해보험
② 임산물재해보험
③ 가축재해보험
④ 양식수산물재해보험

32. 임산물재해보험 손해평가인으로 위촉될 수 있는 자격요건에 해당되지 않는 사람은?

① 재해보험 대상 임산물 분야에서 「국가기술자격법」에 따른 기사 이상의 자격을 소지한 사람
② 조교수 이상으로 「고등교육법」 제2조에 따른 학교에서 임산물재배 관련학을 2년 이상 교육한 경력이 있는 사람
③ 「보험업법」에 따른 보험회사의 임직원이나 「산림조합법」에 따른 중앙회와 조합의 임직원으로 손해평가 업무를 2년 이상 담당한 경력이 있는 사람
④ 「고등교육법」 제2조에 따른 전문대학에서 보험 관련 학과를 졸업한 사람

33. 재해보험사업자가 보험모집 업무를 위탁할 수 있는 대상이 아닌 것은?

① 수협중앙회
② 수협은행
③ 지구별 수산업협동조합
④ 수산물가공 수산업협동조합

34. 농업재해재보험기금의 재원의 조성방법으로 옳지 않은 것은?

① 다른 기금으로부터 받은 출연금
② 차입금
③ 재보험료
④ 재해보험 특별회계부터 받은 전입금

35. 농업재해보험사업의 관리에 필요한 업무가 아닌 것은?

① 손해평가인력의 육성
② 재해 관련 통계 생산 및 데이터베이스 구축·분석
③ 재해보험 상품 약관의 연구 및 보급
④ 재해보험사업의 관리·감독

36. 보험가입촉진계획을 농림축산식품부장관에게 제출하여야 하는 기한은?

① 12월 31일　　② 1월 15일
③ 1월 31일　　④ 2월 15일

37. 고의로 진실을 숨기거나 거짓으로 손해평가를 한 자가 받을 수 있는 가장 무거운 벌칙은?

① 3년 이하 징역 또는 3천만원 이하의 벌금
② 1천만원 이하의 과태료
③ 500만원 이하의 벌금
④ 1년 이하 징역 또는 1천만원 이하의 벌금

38. 재해보험사업자가 손해평가인의 업무를 정지할 수 있는 최대 기간은?

① 1개월　　② 3개월
③ 6개월　　④ 12개월

39. 보험목적물별 손해평가 단위로 옳지 않은 것은?

① 농업시설물 : 보험가입 목적물별
② 가축 : 개별가축별
③ 벌 : 벌통 단위
④ 농작물 : 개별식물체별

40. 종합위험방식 수확감소보장 벼 품목의 피해율 산정에 필요 사항이 아닌 것은?

① 수확량
② 보장수확량
③ 평년수확량
④ 미보상감수량

41. 종합위험방식 수확감소보장 벼 품목의 이앙, 직파불능보험금 산정식으로 옳은 것은?

① 보험가입금액 × 10%
② 보험가입금액 × 15%
③ 보험가입금액 × 20%
④ 보험가입금액 × 30%

42. 수확감소보장방식 벼 품목의 이앙, 직파불능의 조사시기에서 정의하는 이앙한계일은?

① 7월 1일　　② 7월 10일
③ 7월 20일　　④ 7월 31일

43. 농어업재해보험법령상 재보험사업에 관한 설명으로 옳은 것은?

① 정부는 재해보험에 관한 재보험사업을 할 수 없다.
② 재보험수수료등 재보험약정에 포함되어야 할 사항은 농림축산식품부령에서 정하고 있다.
③ 재보험약정서에는 재보험금의 지급에 관한 사항뿐 아니라 분쟁에 관한 사항도 포함되어야 한다.
④ 농림축산식품부장관이 재보험사업에 관한 업무의 일부를 농업정책보험금융원에 위탁하는 경우에는 해양수산부장관과의 협의를 요하지 않는다.

44. 농어업재해보험법령상 농어업재해재보험기금에 관한 설명이다. ( )에 들어갈 내용을 순서대로 옳게 나열한 것은?

> 농림축산식품부장관은 (ㄱ)과 협의하여 법 제21조에 따른 농어업재해재보험기금의 수입과 지출을 명확히 하기 위하여 한국은행에 (ㄴ)을 설치하여야 한다.

① ㄱ: 기획재정부장관, ㄴ:보험계정
② ㄱ: 해양수산부장관, ㄴ:기금계정
③ ㄱ: 해양수산부장관, ㄴ:보험계정
④ ㄱ: 기획재정부장관, ㄴ:기금계정

45. 농어업재해보험법 시행령에서 정하고 있는 다음 사항에 대한 과태료 부과기준액을 모두 합한 금액은?

> ○ 법 제10조제2항에서 준용하는 「보험업법」 제95조를 위반하여 보험안내를 한 자로서 재해보험사업자가 아닌 경우
> ○ 법 제29조에 따른 보고 또는 관계 서류 제출을 하지 아니하거나 보고 또는 관계 서류 제출을 거짓으로 한 경우
> ○ 법 제10조제2항에서 준용하는 「보험업법」 제97조제1항을 위반하여 보험계약의 체결 또는 모집에 관한 금지행위를 한 경우

① 1,000만원　　② 1,100만원
③ 1,200만원　　④ 1,300만원

46. 농어업재해보험법령과 농업재해보험 손해평가요령상 다음의 설명 중 옳지 않은 것은?

① 가축재해보험도 농업재해보험의 일종이다.
② 농업재해보험 손해평가요령은 농림축산식품부고시의 형식을 갖추고 있다.
③ 손해평가사나 손해사정사가 아닌 경우에는 손해평가인이 될 수 없다.
④ 손해평가보조인이라 함은 손해평가 업무를 보조하는 자를 말한다.

47. 농어업재해보험법령상 "시범사업"을 하기 위해 재해보험사업자가 농림축산식품부장관 에게 제출하여야 하는 사업계획서 내용에 해당하는 것을 모두 고른 것은?

> ㄱ. 사업지역 및 사업기간에 관한 사항
> ㄴ. 보험상품에 관한 사항
> ㄷ. 보험계약사항 등 전반적인 사업운영 실적에 관한 사항
> ㄹ. 그밖에 금융감독원장이 필요하다고 인정하는 사항

① ㄱ, ㄴ   ② ㄱ, ㄷ
③ ㄴ, ㄷ   ④ ㄴ, ㄹ

48. 농업재해보험 손해평가요령상 손해평가인의 업무가 아닌 것은?

① 손해액평가   ② 보험가액평가
③ 보험료의 평가   ④ 피해사실 확인

49. 농업재해보험 손해평가요령상 손해평가인의 교육에 관한 설명으로 옳지 않은 것은?

① 재해보험사업자는 위촉된 손해평가인을 대상으로 농업재해보험에 관한 손해평가의 방법 및 절차의 실무교육을 실시하여야 한다.
② 피해유형별현지조사표작성실습은손해평가인정기교육의 내용이다.
③ 손해평가인 정기교육 시 농업재해보험에 관한 기초지식의 교육내용에는 농어업재해보험법 제정배경 및 조문별 주요내용 등이 포함된다.
④ 위촉된 손해평가인의 실무교육시 재해보험사업자에 대하여 손해평가인은 교육비를 지급한다.

50. 농업재해보험 손해평가요령상 재해보험사업자가 손해평가인 업무의 정지나 위촉의 해지를 할 수 있는 사항에 관한 설명으로 옳지 않은 것은?

① 손해평가인이 농업재해보험 손해평가요령의 규정을 위반한 경우위촉을 해지할 수 있다.
② 손해평가인이 농어업재해보험법에 따른 명령을 위반한때 3개월간 업무의 정지를 명할 수 있다.
③ 부정한 방법으로 손해평가인으로 위촉된 경우 위촉을 해지할 수 있다.
④ 업무수행과 관련하여 동의를 받지 않고 개인정보를 수집하여 개인정보보호법을 위반한 경우 3개월간 업무의 정지를 명할 수 있다.

제3과목 [재배학 및 원예작물학]

51. 작물의 최대 수량을 결정하는 3대 조건은?

① 자본, 환경, 유전성
② 유전성, 환경, 재배기술
③ 자본, 유전성, 재배기술
④ 환경, 자본, 재배기술

52. 다음 중 잎이나 줄기를 이용하는 채소는?

① 시금치, 양파   ② 고추, 옥수수
③ 무, 생강   ④ 딸기, 마늘

53. 줄기가 땅을 기어서 토양 표면을 덮는 작물은?

① 주형작물　　　② 포복형작물

③ 휴한작물　　　④ 수식작물

54. 토양 3상(고상 : 기상 : 액상)의 구성비로 옳은 것은?

① 40% : 30% : 30%　② 30% : 30% : 40%

③ 60% : 20% : 20%　④ 50% : 25% : 25%

55. 다음 중 필수원소에 해당되지 않는 것은?

① 염소(Cl)　　　② 황(S)

③ 알루미늄(Al)　　④ 아연(Zn)

56. 토양의 비옥도를 쉽게 알 수 있는 지표는?

① 토양 수분　　　② 토양색

③ 양 구조　　　④ 공극량

57. 다음 중 노후답의 재배적 대책이 아닌 것은?

① 저항성 품종의 선택

② 조기재배

③ 황산근 비료의 시용

④ 엽면시비

58. 식질 논의 특징으로 옳지 않은 것은?

① 통기성이 좋다

② 유기물이 집적된다.

③ 단단한 점토의 반층 때문에 뿌리가 잘 뻗지 못한다.

④ 배수불량으로 유해물질 농도 높아져 뿌리의 활력이 감소한다.

59. 다음 중 산성토양에 가장 강한 것은?

① 양파　　　② 고추

③ 상추　　　④ 수박

60. 다음 중 요수량이란?

① 건물 100g을 생산하는 데 소비된 수분량

② 건물 1g을 생산하는 데 소비된 요수량

③ 건물 1g을 소비하는 데 필요한 요수량

④ 작물의 건물 1g을 생산하는 데 소비된 수분량(g)

61. 늘어난 세포막이 탄력성에 의해서 다시 안으로 수축하려는 압력은?

① 삼투압　　　② 막압

③ 흡수압　　　④ 팽압

62. 지하에 물의 통로를 만들어 지중의 과잉수를 배제하여 지하수위를 적당한 위치로 유지하는 배수 방법을 무엇이라 하는가?

① 암거 배수   ② 명거 배수
③ 기계 배수   ④ 객토

63. 다음 중 기온의 일변화가 클 때 작물생육에 미치는 영향으로 틀린 것은?

① 덩이뿌리의 발달
② 생장 촉진
③ 발아 촉진
④ 동화물질 축적 증가

64. 광합성에 유효한 광파장 범위는?

① 100~400nm   ② 400~700nm
③ 700~1,000nm   ④ 1,000~1,300nm

65. 하루 중 작물의 광합성이 가장 활발하게 이루어지는 시간은?

① 아침 해 뜬 직후   ② 오후 3시경
③ 오전 11시경   ④ 저녁 해지기 직전

66. 다음 중 버널리제이션(춘화처리)의 감응 부위는?

① 생장점   ② 뿌리
③ 잎   ④ 줄기

67. 장해형 냉해란 어느 시기의 저온에 의한 요인인가?

① 착근기   ② 분얼기
③ 유수분화기   ④ 감수분열기

68. 작물의 관수해에 대한 설명 중 잘못된 것은?

① 관수해의 정도는 작물의 종류와 품종 간의 차이가 크다.
② 관수해의 정도는 생육 단계에 따라 차이가 인정된다.
③ 관수해의 정도는 수질과는 관계없다.
④ 관수해의 정도는 수온이 높을수록 크다.

69. 다음 중 도복 대책으로 알맞지 않은 것은?

① 배토   ② 밀식
③ 병해충 방지   ④ 생장 조절제 이용

70. 다음 중 혼작의 예가 아닌 것은?

① 콩+옥수수   ② 목화+들깨
③ 콩+수수   ④ 보리+콩

71. 작물 씨앗이 싹트는 데에는 꼭 필요한 조건이 있다. 모든 작물에서 필요한 조건이 아닌 것은?

① 물   ② 온도
③ 산소   ④ 빛

72. 종자의 유전적 퇴화의 원인이 아닌 것은?

① 격리재배   ② 자연교잡
③ 돌연변이   ④ 유전자형의 분리

73. 조직배양을 이용할 수 있는 것은 식물의 어떤 능력 때문인가?

① 세포분화능력   ② 기관분화능력
③ 전체형성능력   ④ 탈분화능력

74. 다음 중 멀칭의 효과와 직접적인 관계가 없는 것은?

① 지온상승   ② 지온하강 억제
③ 유기물 공급   ④ 토양수분 유지

75. 사과나 배에서 수분수의 재식비율은 대개 몇 %가 적당한가?

① 0.25   ② 0.4
③ 0.6   ④ 0.8

제2회 기출 모의고사

1. 보험계약의 의의와 성립에 관한 설명으로 옳지 않은 것은?

① 보험계약의 성립은 특별한 요식행위를 요하지 않는다.

② 보험계약의 사행계약성으로 인하여 상법은 도덕적 위험을 방지하고자 하는 다수의 규정을 두고 있다.

③ 보험자가 상법에서 정한 낙부통지 기간 내에 통지를 해태한 때에는 청약을 거절한 것으로 본다.

④ 보험계약은 쌍무·유상계약이다.

2. 다음 ( )에 들어갈 기간으로 옳은 것은?

보험자가 파산의 선고를 받은 때에는 보험계약자는 계약을 해지할 수 있으며, 해지하지 아니한 보험계약은 파산선고 후 ( )을 경과한 때에는 그 효력을 잃는다.

① 10일   ② 1월

③ 3월   ④ 6월

3. 다음 설명 중 틀린 것은?

① 보험계약자는 보험금청구권자이다.

② 손해보험의 피보험자는 보험금청구권자이다.

③ 인보험의 보험수익자는 보험금청구권자이다.

④ 보험자는 보험료청구권이 있다.

4. 다음 보험대리상에 대한 설명 중 틀린 것은?

① 보험계약체결권이 있다.

② 보험자와 종속관계에 있다.

③ 보험료 영수권이 있다.

④ 고지수령권이 있다.

5. 다음 보험약관의 규제에 대한 설명 중 틀린 것은?

① 부합계약성에서 비롯된다.

② 약관이 개정될 경우 그 효력은 소급되어 적용된다.

③ 보험계약자 등의 불이익변경금지 조항은 입법적 규제에 해당한다.

④ 사법적 규제는 약관해석의 원칙과 관련이 있다.

6. 다음 보험계약의 성립에 대한 설명 중 틀린 것은?

① 청약 후 보험사고 발생 시 당사자약정이 있다면 보험료 지급여부와 상관없이 보상이 가능하다.

② 낙부통지기한은 30일이다.

③ 낙부통지기한이 경과하면 보험계약을 승낙한 것으로 본다.

④ 승낙전보호제도가 청약전 사고까지 담보하는 것은 아니다.

7. 다음 보험계약의 해지에 대한 설명 중 틀린 것은?

① 임의해지시 보험계약자는 미경과보험료의 반환을 청구할 수 있다.
② 보험자가 파산의 선고를 받은 때에는 보험계약자는 보험계약을 해지 할 수 있다.
③ 보험자 파산선고 후 2월이 경과하면 보험계약은 효력을 잃는다.
④ 임의해지 시 다른약정이 있으면 미경과보험료를 반환하지 않아도 된다.

8. 다음 고지의무에 성립에 대한 설명 중 틀린 것은?

① 보험계약자 또는 피보험자의 고의 또는 중과실이 존재하여야 한다.
② 중요한 사항의 불고지 또는 부실고지가 있어야 한다.
③ 중요한 사항은 보험계약자 입장에서 보험계약에 영향을 미치는 사항이다.
④ 보험자의 고의 또는 중과실이 없어야 한다.

9. 다음 초과보험에 대한 설명 중 틀린 것은?

① 보험금액이 보험계약의 목적의 가액을 현저하게 초과한 보험이다.
② 보험료의 감액은 소급하여 효력이 있다.
③ 보험계약자는 보험료의 감액을 청구할 수 있다.
④ 보험자는 보험료의 감액을 청구할 수 있다.

10. 다음 보험목적의 양도에 대한 설명 중 틀린 것은?

① 보험계약상의 권리는 승계추정된다.
② 양도인은 통지의무가 있다.
③ 양수인은 통지의무가 있다.
④ 통지를 받은 보험자는 보험료의 증액 또는 계약을 해지 할 수 없다.

11. 다음 잔존물대위에 대한 설명 중 옳지 않은 것은?

① 전부멸실과 전부지급이 필수 요건이다.
② 일부보험 시 보험금액의 보험가액에 대한 비율에 따라 이를 정한다.
③ 대위권의 소멸시효는 존재하지 않는다.
④ 소유권이전 시 물권이전에 대한 민법상 절차를 따라야 한다.

12. 다음 책임보험에 대한 설명 중 틀린 것은?

① 피보험자가 제3자에 배상할 책임을 진 경우 이를 보상하는 보험이다.
② 영업책임보험의 경우 피보험자의 대리인의 책임도 담보한다.
③ 피해자는 직접청구권을 가진다.
④ 보험약관에서는 보험계약자 측의 고의 또는 중과실 사고를 면책으로 하고 있다.

13. 다음 보증보험에 대한 설명 중 틀린 것은?

① 보험계약자가 피보험자에게 계약상의 채무불이행 또는 의무불이행으로 입힌 손해를 보상하는 보험이다.

② 타인을 위한 보험의 경우 보험계약자의 보험금액 청구권이 인정된다.

③ 보험계약자의 고의사고로 인한 면책은 적용되지 않는다.

④ 민법상 보증채무에 관한 조항을 준용한다.

14. 다음 ( )에 들어갈 용어로 옳은 것은?

> (ㄱ)의 일부를 보험에 붙인 경우에는 보험자는 (ㄴ)의 (ㄷ)에 대한 비율에 따라 보상할 책임을 진다. 그러나 당사자간에 다른 약정이 있는 때에는 보험자는 (ㄹ)의 한도 내에서 그 손해를 보상할 책임을 진다.

① ㄱ: 보험금액 ㄴ: 보험가액
　　ㄷ: 보험금액 ㄹ: 보험금액

② ㄱ: 보험금액 ㄴ: 보험금액
　　ㄷ: 보험가액 ㄹ: 보험가액

③ ㄱ: 보험가액 ㄴ: 보험가액
　　ㄷ: 보험금액 ㄹ: 보험가액

④ ㄱ: 보험가액 ㄴ: 보험금액
　　ㄷ: 보험가액 ㄹ: 보험금액

15. 다음 보험가액에 대한 설명 중 틀린 것은?

① 당사자간에 보험가액을 정하지 않은 때에는 사고발생시의 가액을 보험가액으로 한다.

② 기평가보험은 언제나 실손보상의 예외이다.

③ 당사자간에 보험가액을 미리 정할 수 있다.

④ 협정보험가액은 실손보상의 예외이다.

16. B는 A의 위임을 받아 A를 위하여 자신의 명의로 보험자 C와 손해보험계약을 체결 하였다. (단, B는 C에게 A를 위한 계약임을 명시하였고, A에게는 피보험이익이 존재함) 다음 설명으로 옳지 않은 것은? (다툼이 있으면 판례에 따름)

① A는 당연히 보험계약의 이익을 받는 자이므로, 특별한 사정이 없는 한 B의 동의 없이 보험금지급청구권을 행사할 수 있다.

② B가 파산선고를 받은 경우 A가 그 권리를 포기하지 아니하는 한 A도 보험료를 지급할 의무가 있다.

③ 만일 A의 위임이 없었다면 B는 이를 C에게 고지하여야 한다.

④ A는 위험변경증가의 통지의무를 부담하지 않는다.

17. 상법(보험편)에 관한 설명으로 옳은 것은?

① 보험사고가 발생하기 전에 보험계약의 전부 또는 일부를 해지하는 경우에 보험계약자는 당사자 간에 다른 약정이 없으면 미경과보험료의 반환을 청구할 수 없다.

② 보험계약자는 계약체결 후 지체없이 보험료의 전부 또는 제1회 보험료를 지급하여야 하며, 보험계약자가 이를 지급하지 아니하는 경우에는 다른 약정이 없는 한 계약 성립 후 2월이 경과하면 그 계약은 해제된 것으로 본다.

③ 고지의무위반으로 인하여 보험계약이 해지되고 해지환급금이 지급되지 아니한 경우에 보험 계약자는 일정한 기간내에 연체보험료에 약정이자를 붙여 보험사에게 지급하고 그 계약의 부활을 청구할 수 있다.

④ 보험계약의 일부가 무효인 경우에는 보험계약자와 피보험자에게 중대한 과실이 있어도 보험자에 대하여 보험료 일부의 반환을 청구할 수 있다.

18. 다음 중 보험계약의 의의에 대한 설명으로 틀린 것은?

① 보험계약의 당사자는 보험자와 보험계약자이다.

② 보험계약은 보험료를 지급하는 유상계약이다.

③ 보험계약은 우연한 사고를 담보하는 계약이다.

④ 보험계약은 보험료를 지급해야 효력이 발생된다.

19. 다음 중 보험계약의 성립에 대한 설명으로 틀린 것은?

① 보험계약자의 청약과 보험자의 승낙으로 계약이 성립한다.

② 낙부통지의무는 다른약정이 없는 한 청약과 함께 보험료를 받은 날로부터 30일 이내에 이행하여야 한다.

③ 보험자가 낙부의 통지를 해태한 때에는 승낙한 것으로 추정한다.

④ 보험계약은 쌍무계약성이 있다.

20. 다음 ( )에 들어갈 상법 규정으로 옳은 것은?

상법 제679조(보험목적의 양도)
① 피보험자가 보험의 목적을 양도한 때에는 양수인은 보험계약상의 권리와 의무를 승계한 것으로 추정한다.
② 제1항의 경우에 보험의 목적의 ( )은 보험자에 대하여 지체없이 그 사실을 통 지하여야 한다.

① 양도인
② 양수인
③ 양도인과 양수인
④ 양도인 또는 양수인

21. 손해방지의무 등에 관한 상법 규정의 설명으로 옳은 것은?

① 피보험자뿐만 아니라 보험계약자도 손해방지 의무를 부담한다.

② 손해방지비용과 보상액의 합계액이 보험금액을 초과한 때에는 보험자의 지시에 의한 경우에만 보험자가 이를 부담한다.

③ 상법은피보험자는보험자에대하여손해방지비용의 선급을 청구할 수 있다고 규정한다.

④ 손해의 방지와 경감을 위하여 유익하였던 비용은 보험자가 이를 부담하지 않는다.

22. 제3자에 대한 보험자대위에 관한 설명으로 옳지 않은 것은?

① 손해가 제3자의 행위로 인하여 발생한 경우에 보험금을 지급한 보험자는 그 지급한 금액 의 한도에서 그 제3자에 대한 보험계약자 또는 피보험자의 권리를 취득한다.

② 보험자가 보상할 보험금의 일부를 지급한 경우에는 피보험자의 권리를 침해하지 아니하는 범위에서 그 권리를 행사할 수 있다.

③ 보험계약자나 피보험자의 제3자에 대한 권리가 그와 생계를 같이 하는 가족에 대한 것인 경우 보험자는 그 권리를 취득하지 못한다. 다만, 손해가 그 가족의 과실로 인하여 발생한 경우에는 그러하지 아니하다.

④ 보험계약에서 담보하지 아니하는 손해에 해당하여 보험금지급의무가 없음에도 보험자가 피보험자에게 보험금을 지급한 경우라면, 보험자대위가 인정되지 않는다.

23. 보험자가 손해를 보상할 경우에 보험료의 지급을 받지 아니한 잔액이 있는 경우, 상법 규정으로 옳은 것은?

① 보상할 금액을 전액 지급한 후 그 지급기일이 도래한 때 보험자는 잔액의 상환을 청구할 수 있다.

② 그 지급기일이 도래하지 아니한 때라도 보상할 금액에서 이를 공제할 수 있다.

③ 그 지급기일이 도래하지 아니한 때라면 보상할 금액에서 이를 공제할 수 없다.

④ 상법은 보험소비자의 보호를 위하여 어떠한 경우에도 보상할 금액에서 이를 공제할 수 없다고 규정한다.

24. 화재보험에 관한 설명으로 옳지 않은 것은?

① 건물을 보험의 목적으로 한 때에는 그 소재지, 구조와 용도를 화재보험증권에 기재하여야 한다.

② 동산을 보험의 목적으로 한 때에는 그 존치한 장소의 상태와 용도를 화재보험증권에 기재 하여야한다.

③ 보험가액을 정한 때에는 그 가액을 화재보험증권에 기재하여야 한다.

④ 보험계약자의 주소와 성명 또는 상호는 화재보험증권의 기재사항이 아니다.

25. 고지의무에 관한 설명으로 옳지 않은 것은?

① 보험계약당시에 보험계약자 또는 피보험자가 고의 또는 중대한 과실로 인하여 중요한 사항을 부실의 고지를 한 때에는 보험자는 그 사실을 안 날로부터 3년내에 계약을 해지할 수 있다.

② 보험자가 서면으로 질문한 사항은 중요한 사항으로 추정한다.

③ 손해보험의 피보험자는 고지의무자에 해당한다.

④ 보험자가 계약당시에 고지의무 위반의 사실을 알았거나 중대한 과실로 인하여 알지 못한 때에는 보험자는 그 계약을 해지할 수 없다.

제2과목 [농어업재해보험법령]

26. 농어업재해보험법령상 농업재해보험심의회 위원을 해촉할 수 있는 사유로 명시된 것이 아닌 것은?

① 심신장애로 인하여 직무를 수행할 수 없게 된 경우
② 직무와 관련 없는 비위사실이 있는 경우
③ 품위손상으로 인하여 위원으로 적합하지 아니하다고 인정되는 경우
④ 위원 스스로 직무를 수행하는 것이 곤란하다고 의사를 밝히는 경우

27. 농어업재해보험법상 용어에 관한 설명이다. ( )에 들어갈 내용은?

"시범사업"이란 농어업재해보험사업을 전국적으로 실시하기 전에 보험의 효용성 및 보험 실시 가능성 등을 검증하기 위하여 일정기간 ( )에서 실시하는 보험사업을 말한다.

① 보험대상 지역
② 재해 지역
③ 담당 지역
④ 제한된 지역

28. 농어업재해보험법상 손해평가사의 자격 취소 사유에 해당하지 않는 것은?

① 손해평가사의 자격을 거짓 또는 부정한 방법으로 취득한 사람
② 거짓으로 손해평가를 한 사람
③ 다른 사람에게 손해평가사 자격증을 빌려준 사람
④ 업무수행 능력과 자질이 부족한 사람

29. 농어업재해보험법령상 재해보험에 관한 설명으로 옳지 않은 것은?

① 재해보험의 종류는 농작물재해보험, 임산물재해보험, 가축재해보험 및 양식수산물재해보험으로 한다.
② 재해보험에서 보상하는 재해의 범위는 해당 재해의 발생 빈도, 피해 정도 및 객관적인 손해평가방법 등을 고려하여 재해보험의 종류별로 대통령령으로 정한다.
③ 보험목적물의 구체적인 범위는 농업재해보험심의회 또는 어업재해보험심의회를 거치지 않고 농업정책보험금융원장이 고시한다.
④ 자연재해, 조수해(鳥獸害), 화재 및 보험목적물별로 농림축산식품부장관이 정하여 고시하는 병충해는 농작물·임산물 재해보험이 보상하는 재해의 범위에 해당한다.

30. 농어업재해보험법상 보험료율의 산정에 관한 내용이다. ( )에 들어갈 용어는?

농림축산식품부장관 또는 해양수산부장관과 재해보험사업의 약정을 체결한 자는 재해보험의 보험료율을 객관적이고 합리적인 통계자료를 기초로 하여 보험목적물별 또는 보상방식별로 산정하되, 대통령령으로 정하는 행정구역 단위 또는 ( )로 산정하여야 한다.

① 지역 단위
② 권역 단위
③ 보험목적물 단위
④ 보험금액 단위

31. 농어업재해보험법령상 양식수산물재해보험 손해평가인으로 위촉될 수 있는 자격요건에 해당하지 않는 자는?

① 「농수산물 품질관리법」에 따른 수산물품질관리사
② 「수산생물질병 관리법」에 따른 수산질병관리사
③ 「국가기술자격법」에 따른 수산양식기술사
④ 조교수로서 「고등교육법」 제2조에 따른 학교에서 수산물양식 관련학을 2년간 교육한 경력이 있는 자

32. 농어업재해보험법령상 재해보험사업자가 보험모집 및 손해평가 등 재해보험 업무의 일부를 위탁할 수 있는 자에 해당하지 않는 것은?

① 농어업재해보험 관련 업무를 수행할 목적으로 농림축산식품부장관의 허가를 받아 설립된 영리법인
② 「농업협동조합법」에 따라 설립된 지역농업협동조합
③ 「수산업협동조합법」에 따라 설립된 지구별 수산업협동조합
④ 「보험업법」 제187조에 따라 손해사정을 업으로 하는 자

33. 농어업재해보험법령상 농업재해보험심의회 및 분과위원회에 관한 설명으로 옳지 않은 것은?

① 심의회는 위원장 및 부위원장 각 1명을 포함한 21명 이내의 위원으로 구성한다.
② 심의회의 회의는 재적위원 3분의 1이상의 출석으로 개의(開議)하고, 출석위원 과반수의 찬성으로 의결한다.
③ 분과위원장 및 분과위원은 심의회의 위원 중에서 전문적인 지식과 경험 등을 고려하여 위원장이 지명한다.
④ 분과위원회의 회의는 위원장 또는 분과위원장이 필요하다고 인정할 때에 소집한다.

34. 농어업재해보험법령상 농어업재해재보험기금의 기금수탁관리자가 농림축산식품부장관 및 해양수산부장관에게 제출해야 하는 기금결산보고서에 첨부해야 할 서류로 옳은 것을 모두 고른 것은?

ㄱ. 결산 개요	ㄴ. 수입지출결산
ㄷ. 재무제표	ㄹ. 성과보고서

① ㄱ, ㄴ
② ㄴ, ㄷ
③ ㄱ, ㄷ, ㄹ
④ ㄱ, ㄴ, ㄷ, ㄹ

35. 농어업재해보험법령상 농어업재해재보험기금에 관한 설명으로 옳지 않은 것은?

① 기금 조성의 재원에는 재보험금의 회수 자금도 포함된다.
② 농림축산식품부장관은 해양수산부장관과 협의하여 기금의 수입과 지출을 명확히 하기 위하여 한국은행에 기금계정을 설치하여야 한다.
③ 농림축산식품부장관은 해양수산부장관과 협의를 거쳐 기금의 관리·운용에 관한 사무의 일부를 농업정책보험금융원에 위탁할 수 있다.
④ 농림축산식품부장관은 기금의 관리·운용에 관한 사무를 위탁한 경우에는 해양수신부장관과 협의하여 소속 공무원 중에서 기금지출원과 기금출납원을 임명한다.

36. 농어업재해보험법상 손해평가사가 거짓으로 손해평가를 한 경우에 해당하는 벌칙기준은?

① 1년 이하의 징역 또는 500만원 이하의 벌금
② 1년 이하의 징역 또는 1,000만원 이하의 벌금
③ 2년 이하의 징역 또는 1,000만원 이하의 벌금
④ 2년 이하의 징역 또는 2,000만원 이하의 벌금

37. 농어업재해보험법령상 농어업재해재보험기금의 결산에 관한 내용이다. ( )에 들어갈 내용을 순서대로 옳게 나열한 것은? (순서대로 ㄱ, ㄴ)

○ 기금수탁관리자는 회계연도마다 기금결산보고서를 작성하여 다음 회계연도 (ㄱ) 까지 농림축산식품부장관 및 해양수산부장관에게 제출하여야 한다.
○ 농림축산식품부장관은 해양수산부장관과 협의하여 기금수탁관리자로부터 제출 받은 기금결산보고서를 검토한 후 심의회의 회의를 거쳐 다음 회계연도 (ㄴ) 까지 기획재정부장관에게 제출하여야 한다.

       ㄱ   ㄴ
① 1월 31일, 2월 말일
② 1월 31일, 6월 30일
③ 2월 15일, 2월 말일
④ 2월 15일, 6월 30일

38. 농어업재해보험법령상 보험가입촉진계획의 수립과 제출 등에 관한 내용이다. ( )에 들어갈 내용을 순서대로 옳게 나열한 것은?

재해보험사업자는 농어업재해보험 가입 촉진을 위해 수립한 보험가입촉진계획을 해당 연도 ( )까지 ( )에게 제출하여야 한다.

① 1월 31일, 농업정책보험금융원장
② 1월 31일, 농림축산식품부장관 또는 해양수산부장관
③ 2월 말일, 농업정책보험금융원장
④ 2월 말일, 농림축산식품부장관 또는 해양수산부장관

39. 농어업재해보험법령상 과태료부과의 개별기준에 관한 설명으로 옳은 것은?

① 재해보험사업자의 발기인이 법 제18조에서 적용하는 「보험업법」 제133조에 따른 검사를 기피한 경우: 200만원
② 법 제29조에 따른 보고 또는 관계 서류 제출을 거짓으로 한 경우: 200만원
③ 법 제10조 제2항에서 준용하는 「보험업법」 제97조 제1항을 위반하여 보험계약의 모집에 관한 금지행위를 한 경우: 500만원
④ 법 제10조 제2항에서 준용하는 「보험업법」 제95조를 위반하여 보험안내를 한 자로서 재해보험사업자가 아닌 경우: 1,000만원

40. 농업재해보험 손해평가요령에 따른 종합위험방식 상품에서 "수확감소보장 및 과실손해보장"의 「수확 전」조사내용과 조사시기를 바르게 연결한 것은?

① 나무피해 조사 - 결실완료 후
② 이앙(직파)불능피해 조사 - 수정완료 후
③ 경작불능피해 조사 - 사고접수 후 지체 없이
④ 재이앙(재직파)피해 조사 - 이앙 한계일(7.31) 이후

41. 농업재해보험 손해평가요령에 따른 손해수량 조사방법과 관련하여 특정위험방식 상품 "단감"의 「발아기 ~ 적과 전」생육시기에 해당되는 재해를 모두 고른 것은?

| ㄱ. 우박 | ㄴ. 지진 |
| ㄷ. 가을동상해 | ㄹ. 집중호우 |

① ㄱ, ㄴ   ② ㄴ, ㄷ
③ ㄱ, ㄴ, ㄹ   ④ ㄱ, ㄷ, ㄹ

42. 농업재해보험 손해평가요령에 따른 농업재해보험의 종류에 해당하는 것을 모두 고른 것은?

| ㄱ. 농작물재해보험 | ㄴ. 양식수산물재해보험 |
| ㄷ. 임산물재해보험 | ㄹ. 가축재해보험 |

① ㄱ, ㄴ   ② ㄱ, ㄹ
③ ㄱ, ㄷ, ㄹ   ④ ㄴ, ㄷ, ㄹ

43. 농업재해보험 손해평가요령에 따른 손해평가인 정기교육의 세부내용으로 명시되어 있지 않은 것은?

① 손해평가의 절차 및 방법
② 풍수해보험에 관한 기초지식
③ 농업재해보험의 종류별 약관
④ 피해유형별 현지조사표 작성 실습

44. 농어업재해보험법 및 농업재해보험 손해평가요령에 따른 교차손해평가에 관한 내용으로 옳지 않은 것은?

① 교차손해평가를 위해 손해평가반을 구성할 경우 손해평가사 2인 이상이 포함되어야 한다.
② 교차손해평가의 절차·방법 등에 필요한 사항은 농림축산식품부장관 또는 해양수산부장관이 정한다.
③ 재해보험사업자는 교차손해평가가 필요한 경우 재해보험 가입규모, 가입분포 등을 고려하여 교차손해평가 대상 시·군·구(자치구를 말한다)를 선정하여야 한다.
④ 재해보험사업자는 교차손해평가 대상지로 선정한 시·군·구(자치구를 말한다) 내에서 손해평가 경력, 타 지역 조사 가능여부 등을 고려하여 교차손해평가를 담당할 지역손해평가인을 선발하여야 한다.

45. 농업재해보험 손해평가요령에 따른 보험목적물별 손해평가 단위를 바르게 연결한 것은?

| ㄱ. 소: 개별가축별 |
| ㄴ. 벌: 개체별 |
| ㄷ. 농작물: 농지별 |
| ㄹ. 농업시설물: 보험가입 농가별 |

① ㄱ, ㄴ   ② ㄱ, ㄷ
③ ㄴ, ㄹ   ④ ㄷ, ㄹ

46. 농업재해보험 손해평가요령에 따른 농작물의 보험금 산정에서 종합위험방식 "벼"의 보장 범위가 아닌 것은?

① 생산비보장   ② 수확불능보장
③ 이앙·직파불능보장   ④ 경작불능보장

47. 농업재해보험 손해평가요령에 따른 종합위험 방식 「과실손해보장」에서 "오디"의 경우 다음 조건으로 산정한 보험금은?

○ 평년결실수 : 200개
○ 조사결실수 : 40개
○ 미보상감수결실수 : 20개
○ 자기부담금 : 20%
○ 보험가입금액 : 500만원

① 100만원　　　　② 200만원
③ 250만원　　　　④ 300만원

48. 농업재해보험 손해평가요령에 따른 종합위험 방식 상품 「수확 전」 "복분자"에 해당하는 조사내용은?

① 재파종피해 조사
② 결실수 조사
③ 피해과실수 조사
④ 결과모지 및 수정불량 조사

49. 농업재해보험 손해평가요령에 따른 특정위험 방식 상품 "사과, 배, 단감, 떫은감"의 조사방법으로서 전수조사가 명시된 조사내용은?

① 낙과피해 조사　　② 유과타박률 조사
③ 적과후착과수 조사　④ 피해사실확인 조사

50. 특정위험방식 중 "인삼 해가림시설"의 경우 다음 조건에 해당되는 보험금은?

○ 보험가입금액 : 800만원
○ 보험가액 : 1,000만원
○ 손해액 : 500만원
○ 자기부담금 : 100만원

① 280만원　　　　② 320만원
③ 350만원　　　　④ 40만원

제3과목 [재배학 및 원예작물학]

51. 시설 내의 환경에서 가장 중요하게 취급되는 인자는?

① 온도환경　　　　② 광환경
③ 수분환경　　　　④ 이산화탄소 환경

52. 과실의 구조적 특징에 따른 분류로 옳은 것은?

① 인과류- 사과, 배
② 핵과류 - 밤, 호두
③ 장과류 - 복숭아, 자두
④ 각과류 - 포도, 참다래

53. 다음이 설명하는 번식방법은?

㉠ 번식하고지 히는 모수의 가지를 잘라 다른 나무 대목에 붙여 번식하는 방법
㉡ 영양기관인 잎, 줄기, 뿌리를 모체로부터 분리하여 상토에 꽂아 번식하는 방법

① ㄱ: 삽목, ㄴ: 접목　② ㄱ: 취목, ㄴ: 삽목
③ ㄱ: 접목, ㄴ: 분주　④ ㄱ: 접목, ㄴ: 삽목

54. 다음 A농가가 실시한 휴면타파 처리는?

> 경기도에 있는 A농가에서는 작년에 콩의 발아율이 낮아 생산량 감소로 경제적 손실 을 보았다. 금년에 콩 종자의 발아율을 높이기 위해 휴면타파 처리를 하여 손실을 만회할 수 있었다.

① 훈증 처리   ② 콜히친 처리
③ 종피파상 처리   ④ 토마토톤 처리

55. 병해충의 물리적 방제 방법이 아닌 것은?

① 천적곤충   ② 토양가열
③ 증기소독   ④ 유인포살

56. 다음이 설명하는 채소는?

> ○ 무, 치커리, 브로콜리 종자를 주로 이용한다.
> ○ 재배기간이 짧고 무공해로 키울 수 있다.
> ○ 이식 또는 정식과정 없이 재배할 수 있다.

① 조미채소   ② 뿌리채소
③ 새싹채소   ④ 과일채소

57. A농가가 오이의 성 결정시기에 받은 영농지도는?

> 지난해 처음으로 오이를 재배했던 A농가에서 오이의 암꽃 수가 적어 주변 농가보다 생산량이 적었다. 올해 지역 농업기술센터의 영농지도를 받은 후 오이의 암꽃 수가 지난해 보다 많아져 생산량이 증가되었다.

① 고온 및 단일 환경으로 관리
② 저온 및 장일 환경으로 관리
③ 저온 및 단일 환경으로 관리
④ 고온 및 장일 환경으로 관리

58. 토마토의 생리장해에 관한 설명이다. 생리장해와 처방방법을 옳게 묶은 것은?

> 칼슘의 결핍으로 과실의 선단이 수침상(水浸狀)으로 썩게 된다.

① 공동과 - 엽면 시비
② 배꼽썩음과 - 엽면 시비
③ 기형과 - 약제 살포
④ 줄썩음과 - 약제 살포

59. 토양에 석회를 시용하는 주요 목적은?

① 토양피복   ② 토양 수분 증가
③ 산성토양 개량   ④ 토양생물 활성 증진

60. 다음 설명이 틀린 것은?

① 동해는 물의 빙점보다 낮은 온도에서 발생한다.
② 일소현상, 결구장해, 조기추대는 저온장해 증상이다.
③ 온대과수는 내동성이 강한 편이나, 열대과수는 내동성이 약하다.
④ 서리피해 방지로 톱밥 및 왕겨 태우기가 있다.

61. 다음과 관련되는 현상은?

A농가는 지난해 노지에 국화를 심고 가을에 절화를 수확하여 출하하였다. 재배지 주변의 가로등이 밤에 켜져 있어 주변 국화의 꽃눈분화가 억제되어 개화가 되지 않아 경제적 손실을 입었다.

① 도장 현상
② 광중단 현상
③ 순멎이 현상
④ 블라스팅 현상

62. 시설원예 자재에 관한 설명으로 옳지 않은 것은?

① 피복자재는 열전도율이 높아야 한다.
② 피복자재는 외부 충격에 강해야 한다.
③ 골격자재는 내부식성이 강해야 한다.
④ 골격자재는 철재 및 경합금재가 사용된다.

63. B씨가 저장한 화훼는?

B씨가 화훼류를 수확하여 4℃ 저장고에 2주간 저장한 후 출하 유통하려 하였더니 저장전과 달리 저온장해가 발생하였다.

① 장미
② 금어초
③ 카네이션
④ 안스리움

64. 작물재배 시 습해 방지대책으로 옳지 않은 것은?

① 배수
② 토양개량
③ 내습성 작물 선택
④ 증발억제제 살포

65. 다음이 설명하는 현상은?

○ 온도자극에 의해 화아분화가 촉진되는 것을 말한다.
○ 추파성 밀 종자를 저온에 일정기간 둔 후 파종하면 정상적으로 출수 할 수 있다.

① 춘화 현상
② 경화 현상
③ 추대 현상
④ 하고 현상

66. 토양 입단 파괴요인을 모두 고른 것은?

ㄱ. 유기물 시용
ㄴ. 피복작물 재배
ㄷ. 비와 바람
ㄹ. 경운

① ㄱ, ㄴ
② ㄱ, ㄹ
③ ㄴ, ㄷ
④ ㄷ, ㄹ

67. 토양 수분을 pF값이 낮은 것부터 옳게 나열한 것은?

ㄱ. 결합수
ㄴ. 모관수
ㄷ. 흡착수

① ㄱ - ㄴ - ㄷ
② ㄴ - ㄱ - ㄷ
③ ㄴ - ㄷ - ㄱ
④ ㄷ - ㄴ - ㄱ

68. 사과 모양과 온도와의 관계를 설명한 것이다. ( )에 들어갈 내용을 순서대로 나열한 것은?

생육 초기에는 ( ) 생장이, 그 후에는 ( ) 생장이 왕성하므로 따뜻한 지방에서는 후기 생장이 충분히 이루어져 과실이 대체로 ( ) 모양이 된다.

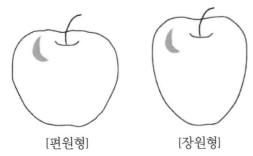

[편원형]   [장원형]

① 종축, 횡축, 편원형   ② 종축, 횡축, 장원형
③ 횡축, 종축, 편원형   ④ 횡축, 종축, 장원형

69. 우리나라의 우박 피해에 관한 설명으로 옳지 않은 것은?

① 사과, 배의 착과기와 성숙기에 많이 발생한다.
② 돌발적이고 단기간에 큰 피해가 발생한다.
③ 지리적 조건과 관계없이 광범위하게 분포한다.
④ 수관 상부에 그물을 씌워 피해를 경감시킬 수 있다.

70. 다음이 설명하는 것은?

○ 경작지 표면의 흙을 그루 주변에 모아 주는 것을 말한다.
○ 일반석으로 삽조방지, 도복방지, 맹아억제 능의 목적으로 실시한다.

① 멀칭   ② 배토
④ 쇄토   ③ 중경

71. 과수작물에서 무기양분의 불균형으로 발생하는 생리장해는?

① 일소   ② 동록
③ 열과   ④ 고두병

72. 다음이 설명하는 해충과 천적의 연결이 옳은 것은?

○ 즙액을 빨아 먹고, 표면에 배설물을 부착시켜 그을음병을 유발시킨다.
○ 고추의 전 생육기간에 걸쳐 발생하며 CMV 등 바이러스를 옮기는 매개충이다.

① 진딧물 – 진디벌
② 잎응애류 - 칠레이리응애
③ 잎굴파리 – 굴파리좀벌
④ 총채벌레 - 애꽃노린재

73. 작물의 로제트(rosette)현상을 타파하기 위한 생장조절물질은?

① 옥신   ② 지베렐린
③ 에틸렌   ④ 아브시스산

74. 과수재배 시 일조(日照) 부족 현상은?

① 신초 웃자람　　② 꽃눈형성 촉진
③ 과실 비대 촉진　　④ 사과 착색 촉진

75. 다음 피복재 중 보온성이 가장 높은 연질 필름
은?

① 폴리에틸렌(PE)필름
② 염화비닐(PVC)필름
③ 불소계 수지(ETFE)필름
④ 에틸렌 아세트산비닐(EVA)필름

제3회 기출 모의고사

제1과목 [상법]

1. 보험계약의 의의와 성립에 관한 설명으로 옳지 않은 것은?

① 보험계약의 성립은 특별한 요식행위를 요하지 않는다.

② 보험계약의 사행계약성으로 인하여 상법은 도덕적 위험을 방지하고자 하는 다수의 규정을 두고 있다.

③ 보험자가 상법에서 정한 낙부통지 기간 내에 통지를 해태한 때에는 청약을 거절한 것으로 본다.

④ 보험계약은 쌍무·유상계약이다.

2. 다음 ( )에 들어갈 기간으로 옳은 것은?

보험자가 파산의 선고를 받은 때에는 보험계약자는 계약을 해지할 수 있으며, 해지하지 아니한 보험계약은 파산선고 후 ( )을 경과한 때에는 그 효력을 잃는다.

① 10일   ② 1월

③ 3월   ④ 6월

3. 일부보험에 관한 설명으로 옳지 않은 것은?

① 일부보험은 보험금액이 보험가액에 미달하는 보험이다.

② 특약이 없을 경우, 일부보험에서 보험자는 보험금액의 보험가액에 대한 비율에 따라 보상할 책임을 진다.

③ 일부보험에 관하여 당사자 간에 다른 약정이 있는 때에는 보험자는 실제 발생한 손해 전부를 보상할 책임을 진다.

④ 일부보험은 당사자의 의사와 상관없이 발생할 수 있다.

4. 손해액의 산정에 관한 설명으로 옳지 않은 것은?

① 보험자가 보상할 손해액은 그 손해가 발생한 때와 곳의 가액에 의하여 산정하는 것이 원칙이다.

② 손해액 산정에 관하여 당사자 간에 다른 약정이 있는 때에는 신품가액에 의하여 산정할 수 있다.

③ 특약이 없는 한 보험자가 보상할 손해액에는 보험사고로 인하여 상실된 피보험자가 얻을 이익이나 보수를 산입하지 않는다.

④ 손해액 산정에 필요한 비용은 보험자와 보험계약자가 공동으로 부담한다.

5. 보험자가 손해를 보상할 경우에 보험료의 지급을 받지 아니한 잔액이 있을 경우와 관련하여 상법 제677조(보험료체납과 보상액의 공제)의 내용으로 옳은 것은?

① 보험자는 보험계약에 대한 납입최고 및 해지예고 통보를 하지 않고도 보험계약을 해지할 수 있다.
② 보험자는 보상할 금액에서 지급기일이 도래하지 않은 보험료는 공제할 수 없다.
③ 보험자는 보험금 전부에 대한 지급을 거절할 수 있다.
④ 보험자는 보상할 금액에서 지급기일이 도래한 보험료를 공제할 수 있다.

6. 보험계약에 관한 설명으로 옳은 것은?

① 보험의 목적의 성질, 하자 또는 자연소모로 인한 손해는 보험자가 보상할 책임이 없다.
② 피보험자가 보험의 목적을 양도한 때에는 양수인은 보험계약상의 권리와 의무를 승계한 것으로 간주한다.
③ 손해방지의무는 보험계약자에게만 부과되는 의무이다.
④ 보험의 목적이 양도된 경우 보험의 목적의 양도인 또는 양수인은 보험자에 대하여 30일 이내에 그 사실을 통지하여야 한다.

7. 보험목적에 관한 보험대위(잔존물대위)의 설명으로 옳지 않은 것은?

① 일부보험에서도 보험금액의 보험가액에 대한 비율에 따라 잔존물대위권을 취득할 수 있다.
② 잔존물대위가 성립하기 위해서는 보험목적의 전부가 멸실하여야 한다.
③ 피보험자는 보험자로부터 보험금을 지급받기 전에는 잔존물을 임의로 처분할 수 있다.
④ 잔존물에 대한 권리가 보험자에게 이전되는 시점은 보험자가 보험금액을 전부 지급하고, 물권변동 절차를 마무리한 때이다.

8. 화재보험에 관한 설명으로 옳지 않은 것은? (다툼이 있으면 판례에 따름)

① 화재보험에서는 일반적으로 위험개별의 원칙이 적용된다.
② 화재가 발생한 건물의 철거비와 폐기물처리비는 화재와 상당인과관계가 있는 건물수리비에 포함된다.
③ 화재보험계약의 보험자는 화재로 인하여 생긴 손해를 보상할 책임이 있다.
④ 보험자는 화재의 소방 또는 손해의 감소에 필요한 조치로 인하여 생긴 손해에 대해서도 보상할 책임이 있다.

9. 화재보험증권에 관한 설명으로 옳은 것은?

① 화재보험증권의 교부는 화재보험계약의 성립요건이다.
② 화재보험증권은 불요식증권의 성질을 가진다.
③ 화재보험계약에서 보험가액을 정했다면 이를 화재보험증권에 기재하여야 한다.
④ 건물을 화재보험의 목적으로 한 경우에는 건물의 소재지, 구조와 용도는 화재보험증권의 법정 기재사항이 아니다.

10. 집합보험에 관한 설명으로 옳은 것은? (다툼이 있으면 판례에 따름)

① 집합보험에서는 피보험자의 가족과 사용인의 물건도 보험의 목적에 포함된다.

② 집합보험 중에서 보험의 목적이 특정되어 있는 것을 담보하는 보험을 총괄보험이라고 하며, 보험목적의 일부 또는 전부가 수시로 교체될 것을 예정하고 있는 보험을 특정보험이라 한다.

③ 집합된 물건을 일괄하여 보험의 목적으로 한 때에는 그 목적에 속한 물건이 보험기간 중에 수시로 교체된 경우에 보험사고의 발생 시에 현존한 물건에 대해서는 보험의 목적에서 제외된 것으로 한다.

④ 집합보험에서 보험목적의 일부에 대해서 고지의무 위반이 있는 경우, 보험자는 원칙적으로 계약 전체를 해지할 수 있다.

11. 보험계약의 성립에 관한 설명으로 옳지 않은 것은?

① 보험계약은 보험계약자의 청약과 이에 대한 보험자의 승낙으로 성립한다.

② 보험계약자로부터 청약을 받은 보험자는 보험료 지급여부와 상관없이 청약일로부터 30일 이내에 승낙의사표시를 발송하여야 한다.

③ 보험자의 승낙의사표시는 반드시 서면으로 할 필요는 없다.

④ 보험자가 보험계약자로부터 보험계약의 청약과 함께 보험료 상당액의 전부 또는 일부를 받은 경우에 그 청약을 승낙하기 전에 보험계약에서 정한 보험사고가 생긴 때에는 그 청약을 거절할 사유가 없는 한 보험자는 보험계약상의 책임을 진다.

12. 타인을 위한 보험에 관한 설명으로 옳은 것은?

① 보험계약자는 위임을 받아야만 특정한 타인을 위하여 보험계약을 체결할 수 있다.

② 타인을 위한 손해보험계약의 경우에 보험계약자는 그 타인의 서면위임을 받아야만 보험자와 계약을 체결할 수 있다.

③ 타인을 위한 손해보험계약의 경우에 보험계약자가 그 타인에게 보험사고의 발생으로 생긴 손해의 배상을 한 때에는 타인의 권리를 해하지 않는 범위 내에서 보험자에게 보험금액의 지급을 청구할 수 있다.

④ 타인을 위해서 보험계약을 체결한 보험계약자는 보험자에게 보험료를 지급할 의무가 없다.

13. 보험증권의 교부에 관한 내용으로 옳은 것을 모두 고른 것은?

ㄱ. 보험계약이 성립하고 보험계약자가 최초의 보험료를 지급했다면 보험자는 지체 없이 보험증권을 작성하여 보험계약자에게 교부하여야 한다.
ㄴ. 보험증권을 현저하게 훼손한 때에는 보험계약자는 보험증권의 재교부를 청구할 수 있다. 이 경우에 증권작성비용은 보험자의 부담으로 한다.
ㄷ. 기존의 보험계약을 연장한 경우에는 보험자는 그 사실을 보험증권에 기재하여 보험증권의 교부에 갈음할 수 있다.

① ㄱ, ㄴ   ② ㄱ, ㄷ
③ ㄴ, ㄷ   ④ ㄱ, ㄴ, ㄷ

14. 보험사고의 객관적 확정의 효과에 관한 설명으로 옳은 것은?

① 보험계약 당시에 보험사고가 이미 발생하였더라도 그 계약은 무효로 하지 않는다.

② 보험계약 당시에 보험사고가 발생할 수 없는 것이라도 그 계약은 무효로 하지 않는다.

③ 보험계약 당시에 보험사고가 이미 발생하였지만 보험수익자가 이를 알지 못한 때에는 그 계약은 무효로 하지 않는다.

④ 보험계약 당시에 보험사고가 발생할 수 없는 것이었지만 당사자 쌍방과 피보험자가 그 사실을 몰랐다면 그 계약은 무효로 하지 않는다.

15. 보험대리상이 아니면서 특정한 보험자를 위하여 계속적으로 보험계약의 체결을 중개하는 자의 권한을 모두 고른 것은?

ㄱ. 보험자가 작성한 보험증권을 보험계약자에게 교부할 수 있는 권한
ㄴ. 보험자가 작성한 영수증 교부를 조건으로 보험계약자로부터 보험료를 수령할 수 있는 권한
ㄷ. 보험계약자로부터 보험계약의 취소의 의사표시를 수령할 수 있는 권한
ㄹ. 보험계약자에게 보험계약의 체결에 관한 의사표시를 할 수 있는 권한

---

① ㄱ, ㄴ

② ㄱ, ㄷ

③ ㄴ, ㄷ

④ ㄷ, ㄹ

16. 임의해지에 관한 설명으로 옳지 않은 것은?

① 보험계약자는 원칙적으로 보험사고가 발생하기 전에는 언제든지 계약의 전부 또는 일부를 해지할 수 있다.

② 보험사고가 발생하기 전이라도 타인을 위한 보험의 경우에 보험계약자는 그 타인의 동의를 얻지 못하거나 보험증권을 소지하지 않은 경우에는 계약의 전부 또는 일부를 해지할 수 없다.

③ 보험사고의 발생으로 보험자가 보험금액을 지급한 때에도 보험금액이 감액되지 아니하는 보험의 경우에는 보험계약자는 그 사고발생 후에도 보험계약을 해지할 수 없다.

④ 보험사고 발생 전에 보험계약자가 계약을 해지하는 경우, 당사자 사이의 특약으로 미경과 보험료의 반환을 제한할 수 있다.

17. 보험계약자 甲은 보험자 乙과 손해보험계약을 체결하면서 계약에 관한 사항을 고지하지 않았다. 이에 대한 보험자 乙의 상법상 계약해지권에 관한 설명으로 옳은 것은?

① 甲의 고지의무위반 사실에 대한 乙의 계약해지권은 계약체결일로부터 최대 1년 내에 한하여 행사할 수 있다.

② 乙은 甲의 중과실을 이유로 상법상 보험계약해지권을 행사할 수 없다.

③ 乙의 계약해지권은 甲이 고지의무를 위반했다는 사실을 계약 당시에 乙이 알 수 있었는지 여부와 상관없이 행사할 수 있다.

④ 甲이 고지하지 않은 사실이 계약과 관련하여 중요하지 않은 것이라면 乙은 상법상 고지의무위반을 이유로 보험계약을 해지할 수 없다.

18. 보험계약자 甲은 보험자 乙과 보험계약을 체결하면서 일정한 보험료를 매월 균등하게 10년간 지급하기로 약정하였다. 이에 관한 설명으로 옳지 않은 것은?

① 甲은 약정한 최초의 보험료를 계약체결 후 지체 없이 납부하여야 한다.

② 甲이 계약이 성립한 후에 2월이 경과하도록 최초의 보험료를 지급하지 아니하면, 그 계약은 법률에 의거해 효력을 상실한다. 이에 관한 당사자 간의 특약은 계약의 효력에 영향을 미치지 않는다.

③ 甲이 계속보험료를 약정한 시기에 지급하지 아니하여 乙이 보험계약을 해지하려면 상당한 기간을 정하여 甲에게 최고하여야 한다.

④ 甲이 계속보험료를 지급하지 않아서 乙이 계약해지권을 적법하게 행사하였더라도 해지환급금이 지급되지 않았다면 甲은 일정한 기간 내에 연체보험료에 약정이자를 붙여 乙에게 지급하고 그 계약의 부활을 청구할 수 있다.

19. 위험변경증가와 계약해지에 관한 설명으로 옳은 것을 모두 고른 것은?

ㄱ. 위험변경증가의 통지를 해태한 때에는 보험자는 그 사실을 안 날부터 1월내에 보험료의 증액을 청구하거나 계약을 해지할 수 있다.

ㄴ. 보험계약자 등의 고의나 중과실로 인하여 위험이 현저하게 변경 또는 증가된 때에는 보험자는 그 사실을 안 날부터 1월내에 보험료의 증액을 청구하거나 계약을 해지할 수 있다.

ㄷ. 보험사고가 발생한 후라도 보험사가 위험변경증가에 따라 계약을 해지하였을 때에는 보

험금을 지급할 책임이 없고 이미 지급한 보험금의 반환을 청구할 수 있다. 다만, 위험이 현저하게 변경되거나 증가된 사실이 보험사고 발생에 영향을 미치지 아니하였음이 증명된 경우에는 보험금을 지급할 책임이 있다.

① ㄱ, ㄴ   ② ㄱ, ㄷ
③ ㄴ, ㄷ   ④ ㄱ, ㄴ, ㄷ

20. 다음은 중복보험에 관한 설명이다. ( )에 들어갈 용어로 옳은 것은?

동일한 보험계약의 목적과 동일한 사고에 관하여 수 개의 보험계약이 동시에 또는 순차로 체결된 경우에 그 (ㄱ)의 총액이 (ㄴ)을 초과한 때에는 보험자는 각자의 (ㄷ)의 한도에서 연대책임을 진다.

① ㄱ : 보험금액, ㄴ : 보험가액, ㄷ : 보험금액
② ㄱ : 보험금액, ㄴ : 보험가액, ㄷ : 보험가액
③ ㄱ : 보험료, ㄴ : 보험가액, ㄷ : 보험금액
④ ㄱ : 보험료, ㄴ : 보험금액, ㄷ : 보험금액

21. 청구권에 관한 소멸시효 기간으로 옳지 않은 것은?

① 보험금청구권 : 3년
② 보험료청구권 : 3년
③ 적립금반환청구권 : 3년
④ 보험료반환청구권 : 3년

22. 손해보험에 관한 설명으로 옳지 않은 것은?

① 보험자는 보험사고로 인하여 생길 보험계약자의 재산상의 손해를 보상할 책임이 있다.
② 금전으로 산정할 수 있는 이익에 한하여 보험계약의 목적으로 할 수 있다.
③ 보험계약의 목적은 상법 보험편 손해보험 장에서 규정하고 있으나 인보험 장에서는 그러하지 아니하다.
④ 중복보험의 경우에 보험자 1인에 대한 권리의 포기는 다른 보험자의 권리의무에 영향을 미치지 아니한다.

23. 손해보험증권의 법정기재사항이 아닌 것은?

① 보험의 목적
② 보험금액
③ 보험료의 산출방법
④ 무효와 실권의 사유

24. 초과보험에 관한 설명으로 옳지 않은 것은?

① 보험금액이 보험계약의 목적의 가액을 현저하게 초과한 경우에 성립한다.
② 보험가액이 보험기간 중 현저하게 감소된 때에도 초과보험에 관한 규정이 적용된다.
③ 보험계약자 또는 보험자는 보험료와 보험금액의 감액을 청구할 수 있으나 보험료의 감액은 장래에 대하여서만 그 효력이 있다.
④ 계약이 보험계약자의 사기로 인하여 체결된 때에는 보험자는 그 사실을 안 날로부터 1월 내에 계약을 해지할 수 있다.

25. 보험가액에 관한 설명으로 옳지 않은 것은?

① 당사자 간에 보험가액을 정한 때에는 그 가액은 사고발생 시의 가액으로 정한 것으로 추정한다.
② 당사자 간에 정한 보험가액이 사고발생 시의 가액을 현저하게 초과할 때에는 그 원인에 따라 당사자 간에 정한 보험가액과 사고발생 시의 가액 중 협의하여 보험가액을 정한다.
③ 상법상 초과보험을 판단하는 보험계약의 목적의 가액은 계약 당시의 가액에 의하여 정하는 것이 원칙이다.
④ 당사자 간에 보험가액을 정하지 아니한 때에는 사고발생 시의 가액을 보험가액으로 한다.

제2과목 [농어업재해보험법]

26. 농업재해보험 손해평가요령상 손해평가반 구성에 관한 설명으로 옳은 것은?

① 손해평가인은 법에 따른 손해평가를 하는 경우 손해평가반을 구성하고 손해평가반별로 평가일정계획을 수립하여야 한다.
② 자기가 모집하지 않았더라도 자기와 생계를 같이하는 친족이 모집한 보험계약이라면 해당자는 그 보험계약에 관한 손해평가의 손해평가반구성에서 배제되어야 한다.
③ 자기가 가입하였어도 자기가 모집하지 않은 보험계약이라면 해당자는 그 보험계약에 관한 손해평가의 손해평가반 구성에 참여할 수 있다.
④ 손해평가반에는 손해평가인, 손해평가사, 손해사정사에 해당하는 자를 2인 이상 포함시켜야 한다.

27. 농어업재해보험법상 농어업재해에 해당하지 않는 것은?

① 농어촌 주민의 주택에 발생하는 화재
② 임산물에 발생하는 병충해
③ 농업용 시설물에 발생하는 화재
④ 농작물에 발생하는 자연재해

28. 농어업재해보험법령상농업재해보험심의회의심의사항에 해당하는 것을 모두 고른 것은?

┌─────────────────────────────────────┐
│ ㄱ. 재해보험목적물의 선정에관한 사항   │
│ ㄴ. 재해보험사업에 대한재정지원에 관한 사항   │
│ ㄷ. 손해평가의 방법과 절차에관한 사항   │
└─────────────────────────────────────┘

① ㄱ, ㄴ   ② ㄱ, ㄷ
③ ㄴ, ㄷ   ④ ㄱ, ㄴ, ㄷ

29. 농어업재해보험법령상 재해보험사업에 관한 내용으로 옳지 않은 것은?

① 재해보험사업을 하려는 자는 기획재정부장관과 재해보험사업의 약정을 체결하여야 한다.
② 재해보험의 종류는 농작물재해보험, 임산물재해보험, 가축재해보험 및 양식수산물재해보험으로 한다.
③ 재해보험에 가입할 수 있는 자는 농림업, 축산업, 양식수산업에 종사하는 개인 또는 법인으로 한다.
④ 재해보험에서 보상하는 재해의 범위는 해당 재해의 발생 빈도, 피해 정도 및 객관적인 손해평가방법 등을 고려하여 재해보험의 종류별로 대통령령으로 정한다.

30. 농어업재해보험법령상 재해보험사업을 할 수 없는 자는?

① 「수산업협동조합법」에 따른 수산업협동조합중앙회
② 「새마을금고법」에 따른 새마을금고중앙회
③ 「보험업법」에 따른 보험회사
④ 「산림조합법」에 따른 산림조합중앙회

31. 농어업재해보험법령상 재해보험사업 및 보험료율의 산정에 관한 설명으로 옳지 않은 것은?

① 재해보험사업의 약정을 체결하려는 자는 보험료 및 책임준비금 산출방법서 등을 농림축산식품부장관 또는 해양수산부장관에게 제출하여야한다.
② 재해보험사업자는 보험료율을 객관적이고 합리적인 통계자료를 기초로 산정하여야 한다.
③ 보험료율은 보험목적물별 또는 보상방식별로 산정한다.
④ 보험료율은 대한민국 전체를 하나의 단위로 산정하여야한다.

32. 농어업재해보험법령상 재해보험을 모집할 수 있는 자가 아닌 것은?

① 「수산업협동조합법」에 따라 설립된 수협은행의 임직원
② 「수산업협동조합법」의 공제규약에 따른 공제모집인으로서 해양수산부장관이 인정하는자
③ 「산림조합법」에 따른 산림조합중앙회의 임직원
④ 「보험업법」제83조 제1항에 따라 보험을 모집할 수 있는자

33. 농어업재해보험법령상 손해평가사에 관한 설명으로 옳지 않은 것은?

① 농림축산식품부장관은 공정하고 객관적인 손해평가를 촉진하기 위하여 손해평가사 제도를 운영한다.

② 손해평가사 자격이 취소된 사람은 그 취소 처분이 있은 날부터 2년이 지나지 아니한 경우 손해평가사 자격시험에 응시하지 못한다.

③ 손해평가사 자격시험의 제1차 시험은 선택형으로 출제하는 것을 원칙으로 하되, 단답형 또는 기입형을 병행할 수 있다.

④ 보험목적물 또는 관련 분야에 관한 전문 지식과 경험을 갖추었다고 인정되는 대통령령으로 정하는 기준에 해당하는 사람에게는 손해평가사 자격시험 과목의 전부를 면제할 수 있다.

34. 농어업재해보험법령상 손해평가에 관한 설명으로 옳지 않은 것은?

① 재해보험사업자는 손해평가인을 위촉하여 손해평가를 담당하게 할 수 있다.

② 농림축산식품부장관 또는 해양수산부장관은 손해평가인 간의 손해평가에 관한 기술·정보 의 교환을 지원할 수 있다.

③ 농림축산식품부장관 또는 해양수산부장관은 손해평가인이 공정하고 객관적인 손해평가를 수행할 수 있도록 분기별 1회 이상 정기교육을 실시하여야 한다.

④ 농림축산식품부장관 또는 해양수산부장관은 손해평가 요령을 고시하려면 미리 금융위원회 와 협의하여야한다.

35. 농어업재해보험법령상 재정지원에 관한 내용으로 옳지 않은 것은?

① 정부는 예산의 범위에서 재해보험사업자의 재해보험의 운영 및 관리에 필요한 비용의 전 부 또는 일부를 지원할 수 있다.

② 「풍수해보험법」에 따른 풍수해보험에 가입한 자가 동일한 보험목적물을 대상으로 재해 보험에 가입할 경우에는 정부가 재정지원을 하지 아니한다.

③ 보험료와 운영비의 지원방법 및 지원절차 등에 필요한 사항은 대통령령으로 정한다.

④ 지방자치단체는 예산의 범위에서 재해보험 가입자가 부담하는 보험료의 일부를 추가로 지원할 수 있으며, 지방자치단체의 장은 지원금액을 재해보험가입자에게 지급하여야한다.

36. 농업재해보험 손해평가요령상 손해평가준비 및 평가결과 제출에 관한 설명으로 옳지 않은 것은?

① 재해보험사업자는 손해평가반이 실시한 손해평가결과를 기록할 수 있는 현지조사서를 마련해야 한다.

② 손해평가반은 보험가입자가 정당한 사유없이 손해평가를 거부하여 손해평가를 실시하지 못한 경우에는 그 피해를 인정할 수 없는 것으로 평가한다는 사실을 보험가입자에게 통지 한 후현지조사서를재해보험사업자에게제출하여야 한다.

③ 보험가입자가 정당한 사유없이 손해평가반이 작성한 현지조사서에 서명을 거부한 경우에는 손해평가반은 그 피해를 인정할 수 없는 것으로 평가한다는 현지조사서를 작성하여 재해보험사업자에게 제출하여야 한다.

④ 보험가입자가 손해평가반의 손해평가결과에 대하여 설명 또는 통지를 받은 날로부터 7일 이내에 손해평가가 잘못되었음을 증빙하는 서류 또는 사진 등을 제출하는 경우 재해보험 사업자는 다른 손해평가반으로 하여금 재조사를 실시하게 할 수 있다.

37. 농업재해보험 손해평가요령상 보험목적물별 손해평가의 단위로 옳은 것을 모두 고른 것은?

> ㄱ. 벌: 벌통단위
> ㄴ. 벼: 농지별
> ㄷ. 돼지: 개별축사별
> ㄹ. 농업시설물: 보험가입농가별

① ㄱ, ㄴ   ② ㄱ, ㄷ
③ ㄴ, ㄹ   ④ ㄷ, ㄹ

38. 농업재해보험 손해평가요령상 농작물의 보험가액 산정에 관한 설명이다. ( )에 들어 갈 내용으로 옳은 것은?

> ( ) 보험가액은 보험증권에 기재된 보험목적물의 평년수확량에 보험가입 당시의 단위당 가입가격을 곱하여 산정한다. 다만, 보험가액에 영향을 미치는 가입면적, 주 수, 수령, 품종 등이 가입당시와 다를 경우 변경할 수 있다.

① 종합위험방식
② 적과전종합위험방식
③ 생산비보장
④ 특정위험방식

39. 농어업재해보험법령상 정부의 재정지원에 관한 설명이다. ( )에 들어갈 내용으로 옳은 것은?

> 보험료 또는 운영비의 지원금액을 지급받으려는 재해보험사업자는 농림축산식품부 장관 또는 해양수산부장관이 정하는 바에 따라 ( )나 운영비 사용계획서를 농림축 산식품부장관 또는 해양수산부장관에게 제출하여야 한다.

① 현지조사서
② 재해보험 가입현황서
③ 보험료사용계획서
④ 기금결산보고서

40. 농업재해보험 손해평가요령상 농업시설물의 보험가액 산정에 관한 설명이다. ( )에 들어갈 내용으로 옳은 것은?

> 농업시설물에 대한 보험가액은 보험사고가 발생한 때와 곳에서 평가한 피해목적물의( )에서 내용연수에 따른 감가상각률을 적용하여 계산한 감가상각액을 차감하여 산정한다.

① 재조달가액   ② 보험가입금액
③ 원상복구비용   ④ 손해액

41. 농업재해보험 손해평가요령상 종합위험방식 상품에서 조사내용으로 「피해과실 수 조사」를 하는 품목은?

① 복분자   ② 오디
③ 감귤   ④ 단감

42. 농어업재해보험법령상 고의로 진실을 숨기거나 거짓으로 손해평가를 한 손해평가인과 손해평가사에게 부과될 수 있는 벌칙이 아닌 것은?

① 징역 6월 　　② 과태료 2,000만 원
③ 벌금 500만 원 　　④ 벌금 1,000만 원

43. 농어업재해보험법령상 재해보험사업자가 재해보험사업을 원활히 수행하기 위하여 재해보험업무의 일부를 위탁할 수 있는 자에 해당하지 않는 것은?

① 농업협동조합법에 따라 설립된 지역농업협동조합·지역축산업협동조합 및 품목별·업종별 협동조합
② 산림조합법에 따라 설립된 지역산림조합 및 품목별·업종별산림조합
③ 보험업법 제187조에 따라 손해사정을 업으로 하는 자
④ 농어업재해보험 관련 업무를 수행할 목적으로 민법 제32조에 따라 기획재정부장관의 허가를 받아 설립된 영리법인

44. 농업재해보험 손해평가요령상 손해평가인의 위반행위 중 1차 위반행위에 대한 개별 처분기준의 종류가 다른 것은?

① 고의로 진실을 숨기거나 거짓으로 손해평가를 한 경우
② 검증조사 결과 부당·부실 손해평가로 확인된 경우
③ 현장조사 없이 보험금 산정을 위해 손해평가 행위를 한 경우
④ 정당한 사유 없이 손해평가반 구성을 거부하는 경우

45. 농업재해보험 손해평가요령상 손해평가에 관한 설명으로 옳지 않은 것은?

① 교차손해평가에 있어서도 평가인력 부족 등으로 신속한 손해평가가 불가피하다고 판단되는 경우에는 손해평가반구성에 지역손해평가인을 배제할 수 있다.
② 손해평가 단위와 관련하여 농지란 하나의 보험가입금액에 해당하는 토지로 필지(지번) 등과 관계없이 농작물을 재배하는 하나의 경작지를 말한다.
③ 손해평가반이 손해평가를 실시할 때에는 재해보험사업자가 해당 보험가입자의 보험계약 사항 중 손해평가와 관련된 사항을 해당 지방자치단체에 통보하여야 한다.
④ 보험가입자가 정당한 사유없이 검증조사를 거부하는 경우 검증조사반은 검증조사가 불가능하여 손해평가 결과를 확인할 수 없다는 사실을 보험가입자에게 통지한 후 검증조사결과를 작성하여 재해보험사업자에게 제출하여야 한다.

46. 농업재해보험 손해평가요령상 종합위험방식 상품(농업수입보장 포함)의 수확 전 생육시기에 "오디"의 과실손해조사 시기로 옳은 것은?

① 결실완료 후
② 수정완료 후
③ 조사가능일
④ 사고접수 후 지체 없이

47. 농업재해보험 손해평가요령 제10조(손해평가 준비 및 평가결과 제출)의 일부이다. ( )에 들어갈 내용을 순서대로 옳게 나열한 것은?

> 재해보험사업자는 보험가입자가 손해평가반의 손해평가결과에 대하여 설명 또는 통지를 (ㄱ)로부터 (ㄴ) 이내에 손해평가가 잘못되었음을 증빙하는 서류 또는 사진 등을 제출하는 경우 재해보험사업자는 다른 손해평가반으로 하여금 재조사를 실시하게 할 수 있다.

① ㄱ : 받은 날, ㄴ : 7일
② ㄱ : 받은 다음 날, ㄴ : 7일
③ ㄱ : 받은 날, ㄴ : 10일
④ ㄱ: 받은 다음 날, ㄴ: 10일

48. 농업재해보험 손해평가요령상 "손해평가업무방법서" 및 "농업재해보험 손해평가요령의 재검토기한"에 관한 설명이다. ( )에 들어갈 내용을 순서대로 옳게 나열한 것은?

> • (ㄱ)은(는) 이 요령의 효율적인 운용 및 시행을 위하여 필요한 세부적인 사항을 규정한 손해평가업무방법서를 작성하여야 한다.
> • 농림축산식품부장관은 이 고시에 대하여 2020년 1월 1일 기준으로 매 (ㄴ)이 되는 시점마다 그 타당성을 검토하여 개선 등의 조치를 하여야 한다.

① ㄱ : 손해평가반, ㄴ : 2년
② ㄱ : 재해보험사업자, ㄴ : 2년
③ ㄱ : 손해평가반, ㄴ : 3년
④ ㄱ : 재해보험사업자, ㄴ : 3년

49. 농업재해보험 손해평가요령상 농작물의 보험가액 산정에 관한 설명으로 옳지 않은 것을 모두 고른 것은?

> ㄱ. 인삼의 특정위험방식 보험가액은 적과 후 착과 수 조사를 통해 산정한 기준수확량에 보험가입 당시의 단위 당 가입가격을 곱하여 산정한다.
> ㄴ. 적과 전 종합위험방식의 보험가액은 적과 후 착과 수 조사를 통해 산정한 기준수확량에 보험가입 당시의 단위당 가입가격을 곱하여 산정한다.
> ㄷ. 종합위험방식 보험가액은 특별한 사정이 없는 한 보험증권에 기재된 보험목적물의 평년수확량에 최초 보험사고 발생 시의 단위당 가입가격을 곱하여 산정한다.

① ㄱ   ② ㄷ
③ ㄱ, ㄷ   ④ ㄴ, ㄷ

50. 농업재해보험 손해평가요령상 특정위험방식 상품 중 「발아기~적과 전」 생육시기에 우박으로 인한 손해수량의 조사내용인 것은?

① 나무피해 조사   ② 유과타박률조사
③ 낙엽피해 조사   ④ 수확량 조사

제3과목 [농학개론 중 재배학 및 원예작물학]

51. 과실의 구조적 특징에 따른 분류로 옳은 것은?

① 인과류 - 사과, 자두
② 핵과류 - 복숭아, 매실
③ 장과류 - 포도, 체리
④ 각과류 - 밤, 키위

52. 토양 입단 형성에 부정적 영향을 주는 것은?

① 나트륨이온첨가　　② 유기물시용
③ 콩과작물 재배　　　④ 피복작물 재배

53. 작물재배에 있어서 질소에 관한 설명으로 옳은 것은?

① 벼과작물에 비해 콩과작물은 질소시비량을 늘여주는 것이 좋다.
② 질산이온(NO_3^-)으로 식물에 흡수된다.
③ 결핍증상은 노엽(老葉)보다 유엽(幼葉)에서 먼저 나타난다.
④ 암모니아태 질소비료는 석회와 함께 시용하는 것이 효과적이다.

54. 식물체 내 물의 기능을 모두 고른 것은?

ㄱ. 양분 흡수의 용매
ㄴ. 세포의 팽압 유지
ㄷ. 식물체의 항상성 유지
ㄹ. 물질 합성과정의 매개

① ㄱ, ㄴ　　　　　② ㄱ, ㄷ, ㄹ
③ ㄴ, ㄷ, ㄹ　　　④ ㄱ, ㄴ, ㄷ, ㄹ

55. 토양 습해 대책으로 옳지 않은 것은?

① 밭의 고랑재배
② 땅속 배수시설설치
③ 습답의 이랑재배
④ 토양개량제 시용

56. 작물재배 시 한해(旱害) 대책을 모두 고른 것은?

ㄱ. 중경제초　　　　　ㄴ. 밀식재배
ㄷ. 토양입단 조성

① ㄱ, ㄴ　　　　　② ㄱ, ㄷ
③ ㄴ, ㄷ　　　　　④ ㄱ, ㄴ, ㄷ

57. 다음 ( )에 들어갈 내용을 순서대로 옳게 나열한 것은?

과수작물의 동해 및 서리피해에서 ( )의 경우 꽃이 일찍 피는 따뜻한 지역에서 늦서리 피해가 많이 일어난다. 최근에는 온난화의 영향으로 개화기가 빨라져 ( )에서 서리피해가 빈번하게 발생한다. ( )은 상층의 더운 공기를 아래로 불어내려 과수원의 기온 저하를 막아주는 방법이다.

① 사과나무, 장과류, 살수법
② 배나무, 핵과류, 송풍법
③ 배나무, 인과류, 살수법
④ 사과나무, 각과류, 송풍법

58. 작물의 생육적온에 관한 설명으로 옳지 않은 것은?

① 대사작용에 따라 적온이 다르다.
② 발아 후 생육단계별로 적온이 있다.
③ 품종에 따른 차이가 존재한다.
④ 주간과 야간의 적온은 동일하다.

59. 다음 ( )의 내용을 순서대로 옳게 나열한 것은?

> 광보상점은 광합성에 의한 이산화탄소 ( )과 호흡에 의한 이산화탄소 ( )이 같은 지점이다. 그리고 내음성이 ( ) 작물은 ( ) 작물보다 광보상점이 높다.

① 방출량, 흡수량, 약한, 강한
② 방출량, 흡수량, 강한, 약한
③ 흡수량, 방출량, 약한, 강한
④ 흡수량, 방출량, 강한, 약한

60. 우리나라 우박 피해로 옳은 것을 모두 고른 것은?

> ㄱ. 전국적으로 7월에 집중적으로 발생한다.
> ㄴ. 돌발적이고 단기간에 큰 피해가 발생한다.
> ㄷ. 피해지역이 비교적 좁은 범위에 한정된다.
> ㄹ. 피해과원의 모든 과실을 제거하여 이듬해 결실률을 높인다.

① ㄱ, ㄹ
② ㄴ, ㄷ
③ ㄴ, ㄷ, ㄹ
④ ㄱ, ㄴ, ㄷ, ㄹ

61. 다음이 설명하는 재해는?

> 시설재배 시 토양수분의 증발량이 관수량보다 많을 때 주로 발생하며, 비료성분의 집적으로 작물의 토양수분 흡수가 어려워지고 영양소 불균형을 초래한다.

① 한해
② 습해
③ 염해
④ 냉해

62. 과수재배에 이용되는 생장조절물질에 관한 설명으로 옳지 않은 것은?

① 삽목시 발근촉진제로 옥신계 물질을 사용한다.
② 사과나무 적과제로 옥신계 물질을 사용한다.
③ 씨없는 포도를 만들 때 지베렐린을 사용한다.
④ 사과나무 낙과방지제로 시토키닌계 물질을 사용한다.

63. 다음이 설명하는 것은?

> 낙엽과수는 가을 노화기간에 자연적인 기온 저하와 함께 내한성 증대를 위해 점진적으로 저온에 노출되어야 한다.

① 경화
② 동화
③ 적화
④ 춘화

64. 재래육묘에 비해 플러그육묘의 장점이 아닌 것은?

① 노동·기술집약적이다.
② 계획생산이 가능하다.
③ 정식 후 생장이 빠르다.
④ 기계화 및 자동화로 대량생산이 가능하다.

65. 육묘 재배의 이유가 아닌 것은?

① 과채류 재배 시 수확기를 앞당길 수 있다.
② 벼 재배 시 감자와 1년2작이 가능하다.
③ 봄결구배추 재배 시 추대를 유도할 수 있다.
④ 맥류재배 시 생육촉진으로 생산량증가를 기대할 수 있다.

66. 삽목번식에 관한 설명으로 옳지 않은 것은?

① 과수의 결실 연령을 단축시킬 수 있다.
② 모주의 유전형질이 후대에 똑같이 계승된다.
③ 종자번식이 불가능한 작물의 번식수단이 된다.
④ 수세를 조절하고 병해충 저항성을 높일 수 있다.

67. 담배모자이크바이러스의 주요 피해작물이 아닌 것은?

① 가지   ② 사과
③ 고추   ④ 배추

68. 식용부위에 따른 분류에서 엽경채류가 아닌 것은?

① 시금치   ② 미나리
③ 오이   ④ 마늘

69. 다음 (   )의 내용을 순서대로 옳게 나열한 것은?

> 저온에 의하여 꽃눈형성이 유기되는 것을 (   )라 말하며, 당근·양배추 등은 (   )으로 식물체가 일정한 크기에 도달해야만 저온에 감응하여 화아분화가 이루어진다.

① 춘화, 종자춘화형
② 이춘화, 종자춘화형
③ 춘화, 녹식물춘화형
④ 이춘화, 녹식물춘화형

70. 다음 두 농가가 재배하고 있는 품목은?

> A농가 : 과실이 자람에 따라 서서히 호흡이 저하되다 성숙기를 지나 완숙이 진행되는 전환기에 호흡이 일시적으로 상승하는 과실
> B농가 : 성숙기가 되어도 특정한 변화가 일어나지 않는 과실

① A농가: 사과, B농가: 블루베리
② A농가: 살구, B농가: 키위
③ A농가: 포도, B농가: 바나나
④ A농가: 자두, B농가: 복숭아

71. 도로건설로 야간조명이 늘어나는 지역에서 개화지연에 대한 대책이 필요한 화훼작물은?

① 국화, 시클라멘
② 장미, 페튜니아
③ 금어초, 제라늄
④ 칼랑코에, 포인세티아

72. A농가에서 실수로 2℃에 저장하여 저온장해를 받게 될 품목은?

① 장미   ② 백합
③ 극락조화   ④ 국화

73. A농가의 하우스 오이재배 시 낙과가 발생하였다. B손해평가사가 주요 원인으로 조사할 항목은?

① 일조량   ② 재배방식
③ 유인끈   ④ 탄산시비

74. 수경재배에 사용 가능한 원수는?

　① 철분함량이 높은 물

　② 나트륨, 염소의 함량이 100ppm이상인 물

　③ 산도가 pH7에 가까운 물

　④ 중탄산 함량이 100ppm 이상인 물

75. 시설재배에서 연질 피복재가 아닌 것은?

　① 폴리에틸렌필름

　② 폴리에스테르필름

　③ 염화비닐필름

　④ 에틸렌아세트산비닐필름

제1회 기출 모의고사 정답 및 해설

1	①	2	①	3	③	4	①	5	①	6	②	7	④	8	③	9	③	10	②
11	③	12	④	13	①	14		15	③	16	④	17	③	18	②	19	①	20	③
21	④	22	①	23	③	24	③	25	②	26	④	27	③	28	③	29	④	30	③
31	④	32	②	33	③	34	④	35	③	36	③	37	④	38	③	39	④	40	③
41	①	42	④	43	③	44	②	45	②	46	③	47	①	48	③	49	④	50	③
51	②	52	③	53	②	54	④	55	③	56	②	57	③	58	①	59	④	60	④
61	②	62	②	63	②	64	②	65	③	66	①	67	④	68	③	69	②	70	④
71	④	72	①	73	③	74	③	75	①												

제1과목 [상법]

1.

〈보험에서의 위험의 특징〉
1. 단체, 동질 2. 우연 3. 명확, 측정가능 4. 적당

정답 ▸ ①

2.

① 보험계약자의 보험금액청구권의 인정은 손해보험에서 인정하고 있다.

정답 ▸ ①

3.

③ 보험계약은 물거의 인도 기타급부의 완료와 상관없이 계약이 성립하므로 요물계약에 해당하지 않는다.
※ 당사자의 합의 외에 물건의 인도 기타 급부의 완료가 있어야 성립할 수 있는 계약을 요물계약이라고 한다.

정답 ▸ ③

4.

상법 제639조(타인을 위한 보험)
① 보험계약자는 위임을 받거나 위임을 받지 아니하고 특정 또는 불특정의 타인을 위하여 보험계약을 체결할 수 있다. 그러나 손해보험계약의 경우에 그 타인의 위임이 없는 때에는 보험계약자는 이를 보험자에게 고지하여야 하고, 그 고지가 없는 때에는 타인이 그 보험계약이 체결된 사실을 알지 못하였다는 사유로 보험자에게 대항하지 못한다.
② 제1항의 경우에는 그 타인은 당연히 그 계약의 이익을 받는다. 그러나 손해보험계약의 경우에 보험계약자가 그 타인에게 보험사고의 발생으로 생긴 손해의 배상을 한 때에는 보험계약자는 그 타인의 권리를 해하지 아니하는 범위안에서 보험자에게 보험금액의 지급을 청구할 수 있다.
③ 제1항의 경우에는 보험계약자는 보험자에 대하여 보험료를 지급할 의무가 있다. 그러나 보험계약자가 파산선고를 받거나 보험료의 지급을 지체한 때에는 그 타인이 그 권리를 포기하지 아니하는 한 그 타인도 보험료를 지급할 의무가 있다.

정답 ▸ ①

5.

상법 제638조의3(보험약관의 교부 · 설명 의무)

① 보험자는 보험계약을 체결할 때에 보험계약자에게 보험약관을 교부하고 그 약관의 중요한 내용을 설명하여야 한다.

② 보험자가 제1항을 위반한 경우 보험계약자는 보험계약이 성립한 날부터 3개월 이내에 그 계약을 취소할 수 있다.

정답 ▶ ①

6.

상법 제640조 (보험증권의 교부)

① 보험자는 보험계약이 성립한 때에는 지체없이 보험증권을 작성하여 보험계약자에게 교부하여야 한다. 그러나 보험계약자가 보험료의 전부 또는 최초의 보험료를 지급하지 아니한 때에는 그러하지 아니하다. 〈개정 1991. 12. 31.〉

② 기존의 보험계약을 연장하거나 변경한 경우에는 보험자는 그 보험증권에 그 사실을 기재함으로써 보험증권의 교부에 갈음할 수 있다. 〈신설 1991. 12. 31.〉

정답 ▶ ②

7.

상법 제650조 제2항(계속보험료가 약정한 시기에 지급되지 아니한 때에는 보험자는 상당한 기간을 정하여 보험계약자에게 최고하고 그 기간내에 지급되지 아니한 때에는 그 계약을 해지할 수 있다.)에 따라 보험계약이 해지되고 해지환급금이 지급되지 아니한 경우에 보험계약자는 일정한 기간내에 연체보험료에 약정이자를 붙여 보험자에게 지급하고 그 계약의 부활을 청구할 수 있다.

정답 ▶ ④

8.

③ 실손보상의 원칙은 손해보험의 근간원칙이다.

정답 ▶ ③

9.

상법 제646조의2(보험대리상 등의 권한)

① 보험대리상은 다음 각 호의 권한이 있다.

1. 보험계약자로부터 보험료를 수령할 수 있는 권한

2. 보험자가 작성한 보험증권을 보험계약자에게 교부할 수 있는 권한

3. 보험계약자로부터 청약, 고지, 통지, 해지, 취소 등 보험계약에 관한 의사표시를 수령할 수 있는 권한

4. 보험계약자에게 보험계약의 체결, 변경, 해지 등 보험계약에 관한 의사표시를 할 수 있는 권한

② 제1항에도 불구하고 보험자는 보험대리상의 제1항 각 호의 권한 중 일부를 제한할 수 있다. 다만, 보험자는 그러한 권한 제한을 이유로 선의의 보험계약자에게 대항하지 못한다.

정답 ▶ ③

10.

상법 제649조(사고발생전의 임의해지)

① 보험사고가 발생하기 전에는 보험계약자는 언제든지 계약의 전부 또는 일부를 해지할 수 있다. 그러나 제639조의 보험계약의 경우에는 보험계약자는 그 타인의 동의를 얻지 아니하거나 보험증권을 소지하지 아니하면 그 계약을 해지하지 못한다. 〈개정 1991. 12. 31.〉

② 보험사고의 발생으로 보험자가 보험금액을 지급한 때에도 보험금액이 감액되지 아니하는 보험의 경우에는 보험계약자는 그 사고 발생후에도 보험

계약을 해지할 수 있다.

정답 ▶ ②

11.

제651조 (고지의무위반으로 인한 계약해지)
보험계약당시에 보험계약자 또는 피보험자가 고의
또는 중대한 과실로 인하여 중요한 사항을 고지하지
아니하거나 부실의 고지를 한 때에는 보험자는 그
사실을 안 날로부터 1월내에, 계약을 체결한 날로부
터 3년내에 한하여 계약을 해지할 수 있다. 그러나
보험자가 계약당시에 그 사실을 알았거나 중대한 과
실로 인하여 알지 못한 때에는 그러하지 아니하다.

정답 ▶ ③

12.

제654조 (보험자의 파산선고와 계약해지)
보험자가 파산의 선고를 받은 때에는 보험계약자는
계약을 해지할 수 있다.
① 제651조의2(서면에 의한 질문의 효력) 보험자가 서
면으로 질문한 사항은 중요한 사항으로 추정한다.
② 제653조(보험계약자 등의 고의나 중과실로 인한
위험증가와 계약해지) 보험기간중에 보험계약자,
피보험자 또는 보험수익자의 고의 또는 중대한
과실로 인하여 사고발생의 위험이 현저하게 변경
또는 증가된 때에는 보험자는 그 사실을 안 날부
터 1월내에 보험료의 증액을 청구하거나 계약을
해지할 수 있다. ③ 제658조(보험금액의 지급) 보
험자는 보험금액의 지급에 관하여 약정기간이 있
는 경우에는 그 기간내에 약정기간이 없는 경우
에는 제657조제1항의 통지를 받은 후 지체없이
지급할 보험금액을 정하고 그 정하여진 날부터
10일내에 피보험자 또는 보험수익자에게 보험금
액을 지급하여야 한다.

정답 ▶ ④

13.

상법 제662조(소멸시효)
보험금청구권은 3년간, 보험료 또는 적립금의 반환
청구권은 3년간, 보험료청구권은 2년간 행사하지 아
니하면 시효의 완성으로 소멸한다.

정답 ▶ ①

14.

상법 제638조의2(보험계약의 성립)
① 보험자가 보험계약자로부터 보험계약의 청약과
함께 보험료 상당액의 전부 또는 일부의 지급을
받은 때에는 다른 약정이 없으면 30일내에 그 상
대방에 대하여 낙부의 통지를 발송하여야 한다.
그러나 인보험계약의 피보험자가 신체검사를 받
아야 하는 경우에는 그 기간은 신체검사를 받은
날부터 기산한다.
② 보험자가 제1항의 규정에 의한 기간내에 낙부의
통지를 해태한 때에는 승낙한 것으로 본다.
③ 보험자가 보험계약자로부터 보험계약의 청약과
함께 보험료 상당액의 전부 또는 일부를 받은 경
우에 그 청약을 승낙하기 전에 보험계약에서 정
한 보험사고가 생긴 때에는 그 청약을 거절할 사
유가 없는 한 보험자는 보험계약상의 책임을 진
다. 그러나 인보험계약의 피보험자가 신체검사를
받아야 하는 경우에 그 검사를 받지 아니한 때에
는 그러하지 아니하다.

정답 ▶ ④

15.

보험자는 1개월 이내에 보험계약을 해지할 수 있다.

정답 ▶ ③

16.

상법 제687조 (동전)

집합된 물건을 일괄하여 보험의 목적으로 한 때에는 그 목적에 속한 물건이 보험기간중에 수시로 교체된 경우에도 보험사고의 발생시에 현존한 물건은 보험의 목적에 포함된 것으로 한다.

정답 ▶ ④

17.

법 제669조 (초과보험)

① 보험금액이 보험계약의 목적의 가액을 현저하게 초과한 때에는 보험자 또는 보험계약자는 보험료와 보험금액의 감액을 청구할 수 있다. 그러나, 보험료의 감액은 장래에 대하여서만 그 효력이 있다.

② 제1항의 가액은 계약당시의 가액에 의하여 정한다.

정답 ▶ ③

18.

상법 제671조(미평가보험)

당사자간에 보험가액을 정하지 아니한 때에는 사고발생시의 가액을 보험가액으로 한다.

① 당사자간에 보험가액을 정하지 아니한 때에는 사고발생시의 가액을 보험가액으로 한다.

②, ③, ④ 당사자간에 보험가액을 정한 때에는 그 가액은 사고발생시의 가액으로 정한 것으로 추정한다. 그러나 그 가액이 사고발생시의 가액을 현저하게 초과할 때에는 사고발생시의 가액을 보험가액으로 한다.

정답 ▶ ②

19.

피보험이익이란 보험의 목적에 대해 보험사고가 발

생하지 않음으로 인해 피보험자가 갖는 경제적 이익을 의미한다. 이런 피보험이익은 손해보험계약에만 존재하는 보험계약의 요소이다.

정답 ▶ ①

20.

③ 해당 조항은 보험계약자에게 유리한 항목으로 가계보험의 약관조항으로 허용될 수 있다.

① 1개월 이내 → 3개월 이내

② 2주 → 1월

④ 제655조(계약해지와 보험금청구권) 보험사고가 발생한 후라도 보험자가 제650조, 제651조, 제652조 및 제653조에 따라 계약을 해지하였을 때에는 보험금을 지급할 책임이 없고 이미 지급한 보험금의 반환을 청구할 수 있다. 다만, 고지의무(告知義務)를 위반한 사실 또는 위험이 현저하게 변경되거나 증가된 사실이 보험사고 발생에 영향을 미치지 아니하였음이 증명된 경우에는 보험금을 지급할 책임이 있다.

정답 ▶ ③

21.

인보험은 피보험이익이 존재하지 않는다.

정답 ▶ ④

22.

객관적 위험의 변경 또는 증가시 적용된다.

정답 ▶ ①

23.

초과보험에서 보험료감액청구는 초과보험이 된 시

점부터 장래에 적용된다.

정답 ▶ ③

24.

ㄹ. 특정한 타인을 위한 보험의 경우에 보험계약자가 보험료의 지급을 지체한 때에는 보험자는 그 타인에게 상당한 기간을 정하여 보험료의 지급을 최고한 후가 아니면 그 계약을 해제 또는 해지하지 못한다.

정답 ▶ ③

25.

① ④ 동일한 보험계약의 목적과 동일한 사고에 관하여 수개의 보험계약이 동시에 또는 순차로 체결된 경우에 그 보험금액의 총액이 보험가액을 초과한 때에는 보험자는 각자의 보험금액의 한도에서 연대책임을 진다. 이 경우에는 각 보험자의 보상책임은 각자의 보험금액의 비율에 따른다. 동일한 보험계약의 목적과 동일한 사고에 관하여 수개의 보험계약을 체결하는 경우에는 보험계약자는 각 보험자에 대하여 각 보험계약의 내용을 통지하여야 한다.
③ 중복보험의 경우 보험자 1인에 대한 피보험자의 권리의 포기는 다른 보험자의 권리의무자의 권리의무에 영향을 미치지 아니한다.

정답 ▶ ②

제2과목 [농어업재해보험법]

26.

이 법은 농어업재해로 인하여 발생하는 농작물, 임산물, 양식수산물, 가축과 농어업용 시설물의 피해에

따른 손해를 보상하기 위한 농어업재해보험에 관한 사항을 규정함으로써 농어업경영의 안정과 생산성 향상에 이바지하고 국민경제의 균형 있는 발전에 기여함을 목적으로 한다.

정답 ▶ ④

27.

임산물재해보험의 목적물 : 떫은감, 밤, 대추, 복분자, 표고버섯, 오미자

정답 ▶ ④

28.

농작물재해보험 손해평가인으로 위촉될 수 있는 자격요건
1. 재해보험 대상 농작물을 5년 이상 경작한 경력이 있는 농업인
2. 공무원으로 농림축산식품부, 농촌진흥청, 통계청 또는 지방자치단체나 그 소속기관에서 농작물재배 분야에 관한 연구 · 지도, 농산물 품질관리 또는 농업 통계조사 업무를 3년 이상 담당한 경력이 있는 사람
3. 교원으로 고등학교에서 농작물재배 분야 관련 과목을 5년 이상 교육한 경력이 있는 사람
4. 조교수 이상으로 「고등교육법」 제2조에 따른 학교에서 농작물재배 관련학을 3년 이상 교육한 경력이 있는 사람
5. 「보험업법」에 따른 보험회사의 임직원이나 「농업협동조합법」에 따른 중앙회와 조합의 임직원으로 영농 지원 또는 보험 · 공제 관련 업무를 3년 이상 담당하였거나 손해평가 업무를 2년 이상 담당한 경력이 있는 사람
6. 「고등교육법」 제2조에 따른 학교에서 농작물재배 관련학을 전공하고 농업전문 연구기관 또는 연구소에서 5년 이상 근무한 학사학위 이상 소지자

7. 「고등교육법」제2조에 따른 전문대학에서 보험 관련 학과를 졸업한 사람

8. 「학점인정 등에 관한 법률」제8조에 따라 전문대학의 보험 관련 학과 졸업자와 같은 수준 이상의 학력이 있다고 인정받은 사람이나 「고등교육법」제2조에 따른 학교에서 80학점(보험 관련 과목 학점이 45학점 이상이어야 한다) 이상을 이수한 사람 등 제7호에 해당하는 사람과 같은 수준 이상의 학력이 있다고 인정되는 사람

9. 「농수산물 품질관리법」에 따른 농산물품질관리사

10. 재해보험 대상 농작물 분야에서 「국가기술자격법」에 따른 기사 이상의 자격을 소지한 사람

정답 ▶ ③

29.

이 법에 따른 농어업재해보험(이하 "재해보험"이라한다) 및 농어업재해재보험(이하 "재보험"이라 한다)에 관한 다음 각 호의 사항을 심의하기 위하여 농림축산식품부장관 소속으로 농업재해보험심의회를 두고, 해양수산부장관 소속으로 어업재해보험심의회를 둔다.

1. 재해보험 목적물의 선정에 관한 사항

2. 재해보험에서 보상하는 재해의 범위에 관한 사항

3. 재해보험사업에 대한 재정지원에 관한 사항

4. 손해평가의 방법과 절차에 관한 사항

5. 농어업재해재보험사업(이하 "재보험사업"이라 한다)에 대한 정부의 책임범위에 관한 사항

6. 재보험사업 관련 자금의 수입과 지출의 적정성에 관한 사항

7. 다른 법률에서 농업재해보험심의회 또는 어업재해보험심의회(이하 "심의회"라 한다)의 심의 사항으로 정하고 있는 사항

8. 그 밖에 농림축산식품부장관 또는 해양수산부장관이 필요하다고 인정하는 사항

정답 ▶ ④

30.

시행령 제10조

농림축산식품부장관 또는 해양수산부장관은 법 제8조 제2항에 따라 재해보험 사업을 하려는 자와 재해보험사업의 약정을 체결할 때에는 다음 각 호의 사항이 포함된 약정서를 작성하여야 한다.

1. 약정기간에 관한 사항

2. 재해보험사업의 약정을 체결한 자(이하 "재해보험사업자"라 한다)가 준수하여야 할 사항

3. 재해보험사업자에 대한 재정지원에 관한 사항

4. 약정의 변경ㆍ해지 등에 관한 사항

5. 그 밖에 재해보험사업의 운영에 관한 사항

정답 ▶ ③

31.

양식수산물재해보험은 해양수산부장관이 관장한다.

정답 ▶ ④

32.

② 조교수 이상으로 「고등교육법」제2조에 따른 학교에서 임산물재배 관련학을 3년 이상 교육한 경력이 있는 사람

정답 ▶ ②

33.

시행령 제13조(업무 위탁)

1. 「농업협동조합법」에 따라 설립된 지역농업협동조합ㆍ지역축산업협동조합 및 품목별ㆍ업종별협동조합 1의2. 「산림조합법」에 따라 설립된 지역산림조합 및 품목별ㆍ업종별산림조합

2. 「수산업협동조합법」에 따라 설립된 지구별 수산업협동조합, 업종별 수산업협동조합, 수산물가공

수산업협동조합 및 수협은행

3. 「보험업법」 제187조에 따라 손해사정을 업으로 하는 자

4. 농어업재해보험 관련 업무를 수행할 목적으로 「민법」 제32조에 따라 농림축산식품부장관 또는 해양수산부장관의 허가를 받아 설립된 비영리법인(손해평가 관련 업무를 위탁하는 경우만 해당한다)

정답 ▸ ①

34.

법 제22조(기금의 조성)

① 기금은 다음 각 호의 재원으로 조성한다.

　1. 재보험료

　2. 정부, 정부 외의 자 및 다른 기금으로부터 받은 출연금

　3. 재보험금의 회수 자금

　4. 기금의 운용수익금과 그 밖의 수입금

　5. 차입금

　6. 「농어촌구조개선 특별회계법」 제5조 제2항 제7호에 따라 농어촌구조개선 특별회계의 농어촌특별세사업 계정으로부터 받은 전입금

② 농림축산식품부장관은 기금의 운용에 필요하다고 인정되는 경우에는 해양수산부장관과 협의하여 기금의 부담으로 금융기관, 다른 기금 또는 다른 회계로부터 자금을 차입할 수 있다.

정답 ▸ ④

35.

법 제25조의2(농업재해보험사업의 관리)

농림축산식품부장관은 재해보험(양식수산물재해보험을 제외한다. 이하 이 조에서 같다)사업을 효율적으로 추진하기 위하여 다음 각 호의 업무를 수행한다.

1. 재해보험사업의 관리·감독

2. 재해보험 상품의 연구 및 보급

3. 재해 관련 통계 생산 및 데이터베이스 구축·분석

4. 손해평가인력의 육성

5. 손해평가기법의 연구·개발 및 보급

정답 ▸ ③

36.

시행령 제22조의2(보험가입촉진계획의 제출 등)

재해보험사업자는 법 제28조의2제1항에 따라 수립한 보험가입촉진계획을 해당 연도 1월 31일까지 농림축산식품부장관 또는 해양수산부장관에게 제출하여야 한다.

정답 ▸ ③

37.

법 제30조(벌칙)

① 제10조제2항에서 준용하는 「보험업법」 제98조에 따른 금품 등을 제공(같은 조 제3호의 경우에는 보험금 지급의 약속을 말한다)한 자 또는 이를 요구하여 받은 보험가입자는 3년 이하의 징역 또는 3천만원 이하의 벌금에 처한다. 〈개정 2017. 11. 28.〉

② 다음 각 호의 어느 하나에 해당하는 자는 1년 이하의 징역 또는 1천만원 이하의 벌금에 처한다

　1. 제10조제1항을 위반하여 모집을 한 자

　2. 제11조제2항 후단을 위반하여 고의로 진실을 숨기거나 거짓으로 손해평가를 한 자

③ 제15조를 위반하여 회계를 처리한 자는 500만원 이하의 벌금에 처한다

정답 ▸ ④

38.

고시 제6조에 따라 재해보험사업자는 손해평가인을 6개월 이내의 기간을 정하여 그 업무의 정지를 명하

거나 그 위촉을 해지할 수 있다.

정답 ▶ ③

39.

고시 제12조(손해평가 단위)
보험목적물별 손해평가 단위는 다음 각 호와 같다
1. 농작물 : 농지별
2. 가축 : 개별가축별(단, 벌은 벌통 단위)
3. 농업시설물 : 보험가입 목적물별

정답 ▶ ④

40.

피해율(벼) = (보장수확량 − 수확량 − 미보상감수량) ÷ 보장수확량

정답 ▶ ③

41.

종합위험방식 수확감소보장 벼 품목의 이앙, 직파불능보험금 = 보험가입금액 × 10%

정답 ▶ ①

42.

우리나라 벼의 이앙한계일은 7월 31일로 본다.

정답 ▶ ④

43.

농어업재해보험법 제17조(분쟁조정) 재해보험과 관련된 분쟁의 조정(調停)은 「금융소비자 보호에 관한 법률」 제33조부터 제43조까지의 규정에 따른다.

정답 ▶ ③

44.

제17조(기금계정의 설치) 농림축산식품부장관은 해양수산부장관과 협의하여 법 제21조에 따른 농어업재해재보험기금(이하 "기금"이라 한다)의 수입과 지출을 명확히 하기 위하여 한국은행에 기금계정을 설치하여야 한다.

정답 ▶ ②

45.

과태료 부과 기준
○ 법 제10조제2항에서 준용하는 「보험업법」 제95조를 위반하여 보험안내를 한 자로서 재해보험사업자가 아닌 경우 → 500만원
○ 법 제29조에 따른 보고 또는 관계 서류 제출을 하지 아니하거나 보고 또는 관계 서류 제출을 거짓으로 한 경우 → 300만원
○ 법 제10조제2항에서 준용하는 「보험업법」 제97조제1항을 위반하여 보험계약의 체결 또는 모집에 관한 금지행위를 한 경우 → 300만원

정답 ▶ ②

46.

농어업재해보험법 제11조(손해평가 등)
① 재해보험사업자는 보험목적물에 관한 지식과 경험을 갖춘 사람 또는 그 밖의 관계 전문가를 손해평가인으로 위촉하여 손해평가를 담당하게 하거나 제11조의2에 따른 손해평가사(이하 "손해평가사"라 한다) 또는 「보험업법」 제186조에 따른 손해사정사에게 손해평가를 담당하게 할 수 있다.

정답 ▶ ③

47.

농어업재해보험법 시행령 제22조(시범사업 실시)

① 재해보험사업자는 법 제27조제1항에 따른 시범사업을 하려면 다음 각 호의 사항이 포함된 사업계획서를 농림축산식품부장관 또는 해양수산부장관에게 제출하고 협의하여야 한다.

1. 대상목적물, 사업지역 및 사업기간에 관한 사항
2. 보험상품에 관한 사항
3. 정부의 재정지원에 관한 사항
4. 그 밖에 농림축산식품부장관 또는 해양수산부장관이 필요하다고 인정하는 사항

정답 ▸ ①

48.

농어업재해보험법 제11조의3(손해평가사의 업무)

손해평가사는 농작물재해보험 및 가축재해보험에 관하여 다음 각 호의 업무를 수행한다.

1. 피해사실의 확인
2. 보험가액 및 손해액의 평가
3. 그 밖의 손해평가에 필요한 사항

정답 ▸ ③

49.

농어업재해보험법 시행령 제12조(손해평가인의 자격요건 등)

재해보험사업자는 손해평가인으로 위촉된 사람에 대하여 보험에 관한 기초지식, 보험약관 및 손해평가요령 등에 관한 실무교육을 하여야 한다.

정답 ▸ ④

50.

농업재해보험 손해평가요령 제6조(손해평가인 위촉의 취소 및 해지 등)

① 재해보험사업자는 손해평가인이 다음 각 호의 어느 하나에 해당하게 되거나 위촉당시에 해당하는 자이었음이 판명된 때에는 그 위촉을 취소하여야 한다.

1. 피성년후견인 또는 피한정후견인
2. 파산선고를 받은 자로서 복권되지 아니한 자
3. 법 제30조에 의하여 벌금이상의 형을 선고받고 그 집행이 종료(집행이 종료된 것으로 보는 경우를 포함한다)되거나 집행이 면제된 날로부터 2년이 경과되지 아니한 자
4. 동 조에 따라 위촉이 취소된 후 2년이 경과하지 아니한 자
5. 거짓 그 밖의 부정한 방법으로 제4조에 따라 손해평가인으로 위촉된 자
6. 업무정지 기간 중에 손해평가업무를 수행한 자

② 재해보험사업자는 손해평가인이 다음 각 호의 어느 하나에 해당하는 때에는 6개월 이내의 기간을 정하여 그 업무의 정지를 명하거나 위촉 해지 등을 할 수 있다.

1. 법 제11조제2항 및 이 요령의 규정을 위반한 때
2. 법 및 이 요령에 의한 명령이나 처분을 위반한 때
3. 업무수행과 관련하여 「개인정보보호법」, 「신용정보의 이용 및 보호에 관한 법률」 등 정보보호와 관련된 법령을 위반한 때

정답 ▸ ③

제3과목 [재배학 및 원예작물학]

51.

작물수량의 3대 조건 : 좋은 재배환경조건에다 유전성이 우수한 품종을 골라서 알맞은 재배기술로 가꾸

어야 한다.

정답 ▶ ②

52.

〈이용부위에 따른 채소의 분류〉

엽경채류는 주로 잎, 꽃, 잎줄기를 식용하는 채소(배추, 시금치, 상추, 미나리, 브로콜리, 아스파라거스, 죽순, 마늘, 양파, 셀러리 등)를 말한다. 오이는 과채류에 속한다.

① 엽채류 : 배추, 시금치 , 상추, 셀러리
② 경채류 : 아스파라가스, 죽순
③ 인경채류 : 양파, 파, 마늘, 부추
④ 화채류 : 콜리플라워, 브로콜리

정답 ▶ ①

53.

① 주형작물 : 식물체가 각각의 포기를 형성하는 작물(벼, 맥류 등)
② 포복형작물 : 줄기가 땅을 기어서 지표를 덮은 작물(고구마, 양딸기 등)

정답 ▶ ②

54.

토양의 3상과 작물의 생육의 관계는 고상 : 기상 : 액상의 비율이 50% : 25% : 25%로 구성된 토양이 보수, 보비력과 통기성이 좋아 이상적이다.

정답 ▶ ④

55.

㉠ 다량원소(9종) : 탄소(C), 산소(O), 수소(H), 질소(N), 인(P), 칼륨(K), 칼슘(Ca), 마그네슘(Mg), 황(S)

㉡ 미량원소(7종) : 철(Fe), 망간(Mn), 구리(Cu), 아연(Zn), 붕소(B), 몰리브덴(Mo), 염소(Cl)

정답 ▶ ③

56.

온난 지역의 토양이 어두운(검은)색인 것일수록 잘 분해되어 작물 생육에 좋은 완숙 유기물함량이 높고, 입단화가 잘되어 보수력 및 보비력 등 비옥도의 판정에 지표가 될 수 있다.

정답 ▶ ②

57.

노후화답 : 작물 재배에 토지 이용 기간이 수회 반복되면 지력이 약해져 평년수량이 낮아지는 논으로 일반적으로 추락현상을 일으키는 특수성분결핍논 즉, 사력(모래)질답, 습답, 특이산성답 등등이 있으며, 황산근 비료의 시비는 황화수소의 발생원이 되어 근부현상 및 추락현상을 유발하는 원인물질을 제공하여 피해를 가져올 수 있다. 그러므로 노후화답에서는 무황산근 비료를 시비해야 한다.

정답 ▶ ③

58.

식질 토양의 특징

• 통기성이 불량해진다.
• 유기물이 집적된다.
• 단단한 점토의 반층 때문에 뿌리가 잘 뻗지 못한다.
• 배수불량으로 유해물질 농도 높아져 뿌리의 활력이 감소한다.

정답 ▶ ①

59.

〈산성토양에 대한 작물의 적응성〉

- 극히 강한 것 : 벼, 밭벼, 귀리, 토란, 아마, 기장, 땅콩, 감자, 수박 등
- 강한 것 : 메밀, 옥수수, 목화, 당근, 오이, 완두, 호박, 토마토, 밀, 조, 고구마, 담배 등
- 약간 강한 것 : 유채, 파, 무 등
- 약한 것 : 보리, 클로버, 양배추, 근대, 가지, 삼, 겨자, 고추, 완두, 상추 등
- ⓜ가장 약한 것 : 앨팰퍼, 콩, 자운영, 시금치, 사탕무, 셀러리, 부추, 양파 등

정답 ▶ ④

60.

건물 1g을 생산하는 데 소요되는 수분량(g)을 작물의 요수량이라 한다.

정답 ▶ ④

61.

막압 : 팽압에 의해 늘어난 세포막이 탄력성에 의해서 다시 안으로 수축하려는 압력

정답 ▶ ②

62.

암거 배수는 지하에 배수 시설을 하여 배수하는 방법이다.

정답 ▶ ①

63.

밤의 기온이 높아서 변온이 작은 것이 대체로 생장에 유리하다.

정답 ▶ ②

64.

광합성에는 400~500nm의 청색부분과 650~700nm의 적색부분이 가장 유효하다.

정답 ▶ ②

65.

광합성작용은 보통 해가 뜨면서부터 시작되어 정오경 최고조에 달하고 그 뒤 점차로 떨어진다.

정답 ▶ ③

66.

식물체의 춘화처리 감응하는 부위는 생장점이다.

정답 ▶ ①

67.

장해형 냉해는 유수형성기~개화기, 특히 감수분열기 저온으로 불임이 되는 현상을 의미한다.

정답 ▶ ④

68.

정체하고 흐린 물보다 맑고 흐르는 물이용존 산소가 많고 수온이 낮으므로 관수해의 피해가 덜하다.

정답 ▶ ③

69.

재식 밀도가 과도하게 높으면 즉, 밀식을 하면 대(줄기)가 약해져서 도복이 유발될 우려가 크기 때문에 재식 밀도를 적절하게 조절해야 한다. 맥류에서는 복토를 깊게 하는 것이 도복이 경감된다.

정답 ▶ ②

70.

보리, 콩은 간작이다. 혼작(섞어짓기) : 생육기가 거의 같은 두 종류 이상의 작물을 동시에 같은 포장에 섞어 재배하는 것

정답 ▶ ④

71.

많은 작물들은 물, 온도, 산소의 세 가지만 적당하게 있으면 빛이 없어도 싹이 튼다.

정답 ▶ ④

72.

격리재배는 자연교잡 방지에 해당한다.

정답 ▶ ①

73.

전체형성능(totipotency) : 하나의 기관이나 조직 또는 세포하나로 완전한 식물체로 발달할 수 있는 능력

정답 ▶ ③

74.

〈멀칭의 효과〉

- 생육촉진: 보온의 효과가 커서 조식재배가 가능. 생육이 촉진되어 촉성재배가 가능하다
- 한해 경감: 토양수분의 증발이 억제되어 한해가 경감된다.
- 잡초 제거
- 토양 보호: 풍식, 수식 등 토양침식이 경감된다.
- 동해 경감: 월동작물의 동해가 경감된다.
- 과실의 품질향상: 딸기, 수박 등의 과채류의 포장에 짚을 깔아주면 과실이 청결해 진다.

정답 ▶ ③

75.

수분수의 재식비율은 주품종 75~80%에 수분수 품종 20~25%가 알맞다.

정답 ▶ ①

제2회 기출 모의고사 정답 및 해설

1	③	2	③	3	①	4	②	5	②	6	①	7	③	8	③	9	②	10	④
11	④	12	④	13	②	14	④	15	②	16	①	17	②	18	④	19	③	20	④
21	①	22	③	23	②	24	④	25	①	26	②	27	④	28	④	29	③	30	②
31	④	32	①	33	③	34	④	35	④	36	②	37	③	38	②	39	①	40	④
41	③	42	③	43	②	44	①	45	②	46	①	47	③	48	④	49	①	50	①
51	①	52	①	53	④	54	③	55	①	56	②	57	③	58	②	59	③	60	②
61	②	62	④	63	④	64	②	65	①	66	④	67	③	68	①	69	③	70	②
71	④	72	①	73	②	74	①	75	②										

제1과목 [상법]

1.

③ 보험자가 보험계약자로부터 보험계약의 청약과 함께 보험료 상당액의 전부 또는 일부의 지급을 받은 때에는 다른 약정이 없으면 30일내에 그 상대방에 대하여 낙부의 통지를 발송하여야 한다. 보험자가 30일 내에 낙부의 통지를 해태한 때에는 승낙한 것으로 본다(상법 제638조의 2 제2항).

정답 ▶ ③

2.

상법 제654조 (보험자의 파산선고와 계약해지)

1. 보험자가 파산의 선고를 받은 때에는 보험계약자는 계약을 해지할 수 있다.
2. 제1항의 규정에 의하여 해지하지 아니한 보험계약은 파산선고 후 (3월)을 경과한 때에는 그 효력을 잃는다.

정답 ▶ ③

3.

보험금청구권자는 피보험자 또는 보험수익자이다.

정답 ▶ ①

4.

독립적 관계에 있다.

정답 ▶ ②

5.

개정, 변경 약관에는 법률불소급의 원칙이 적용된다.

정답 ▶ ②

6.

보험자가 보험계약자로부터 보험계약의 청약과 함께 보험료 상당액의 전부 또는 일부를 받은 경우에 그 청약을 승낙하기 전에 보험계약에서 정한 보험사고가 생긴 때에는 그 청약을 거절할 사유가 없는 한 보험자는 보험계약상의 책임을 진다.

정답 ▶ ①

7.

2월이 아닌 3월이다.

정답 ▶ ③

8.

보험자 입장에서 보험계약에 영향을 미치는 사항이다.

정답 ▶ ③

9.

장래에 대해서만 효력이 있다.

정답 ▶ ②

10.

위험변경증가통지의무와 효과를 같이하기 때문에 가능하다.

정답 ▶ ④

11.

법정 당연이전이기 때문에 민법상의 절차가 필요하지 않다.

정답 ▶ ④

12.

제3자에게 고의만 면책이다.

정답 ▶ ④

13.

보증보험이 곧 타인을 위한 보험이다. 그러나 보험계약자의 보험금액청구권은 인정되지 않는다.

정답 ▶ ②

14.

제674조(일부보험)
보험가액의 일부를 보험에 붙인 경우에는 보험자는 보험금액의 보험가액에 대한 비율에 따라 보상할 책임을 진다. 그러나 당사자간에 다른 약정이 있는 때에는 보험자는 보험금액의 한도내에서 그 손해를 보상할 책임을 진다.

정답 ▶ ④

15.

제670조(기평가보험) 당사자간에 보험가액을 정한 때에는 그 가액은 사고발생시의 가액으로 정한 것으로 추정한다. 그러나 그 가액이 사고발생시의 가액을 현저하게 초과할 때에는 사고발생시의 가액을 보험가액으로 한다.

정답 ▶ ②

16.

상법 제651조 (고지의무위반으로 인한 계약해지)
보험계약당시에 보험계약자 또는 피보험자가 고의 또는 중대한 과실로 인하여 중요한 사항을 고지하지 아니하거나 부실의 고지를 한 때에는 보험자는 그 사실을 안 날로부터 1월내에, 계약을 체결한 날로부터 3년내에 한하여 계약을 해지할 수 있다. 그러나 보험자가 계약당시에 그 사실을 알았거나 중대한 과실로 인하여 알지 못한 때에는 그러하지 아니하다.

정답 ▶ ④

17.

상법 제650조(보험료의 지급과 지체의 효과)

① 보험계약자는 계약체결후 지체없이 보험료의 전부 또는 제1회 보험료를 지급하여야 하며, 보험계약자가 이를 지급하지 아니하는 경우에는 다른 약정이 없는 한 계약성립후 2월이 경과하면 그 계약은 해제된 것으로 본다.

② 계속보험료가 약정한 시기에 지급되지 아니한 때에는 보험자는 상당한 기간을 정하여 보험계약자에게 최고하고 그 기간내에 지급되지 아니한 때에는 그 계약을 해지할 수 있다.

③ 특정한 타인을 위한 보험의 경우에 보험계약자가 보험료의 지급을 지체한 때에는 보험자는 그 타인에게도 상당한 기간을 정하여 보험료의 지급을 최고한 후가 아니면 그 계약을 해제 또는 해지하지 못한다.

정답 ▶ ②

18.

보험계약은 청약과 승낙만으로 그 효력이 발생한다.

정답 ▶ ④

19.

보험자가 낙부의 통지를 해태한 때에는 승낙한 것으로 본다.

정답 ▶ ③

20.

상법 제679조 (보험목적의 양도)

(1) 피보험자가 보험의 목적을 양도한 때에는 양수인은 보험계약상의 권리와 의무를 승계한 것으로 추정한다.

(2) 제1항의 경우에 보험의 목적의 양도인 또는 양수인은 보험자에 대하여 지체없이 그 사실을 통지하여야 한다.

정답 ▶ ④

21.

상법 제680조(손해방지의무)

보험계약자와 피보험자는 손해의 방지와 경감을 위하여 노력하여야 한다. 그러나 이를 위하여 필요 또는 유익하였던 비용과 보상액이 보험금액을 초과한 경우라도 보험자가 이를 부담한다.

정답 ▶ ①

22.

상법 제682조(제3자에 대한 보험대위)

① 손해가 제3자의 행위로 인하여 발생한 경우에 보험금을 지급한 보험자는 그 지급한 금액의 한도에서 그 제3자에 대한 보험계약자 또는 피보험자의 권리를 취득한다. 다만, 보험자가 보상할 보험금의 일부를 지급한 경우에는 피보험자의 권리를 침해하지 아니하는 범위에서 그 권리를 행사할 수 있다.

② 보험계약자나 피보험자의 제1항에 따른 권리가 그와 생계를 같이 하는 가족에 대한 것인 경우 보험자는 그 권리를 취득하지 못한다. 다만, 손해가 그 가족의 고의로 인하여 발생한 경우에는 그러하지 아니하다.

정답 ▶ ③

23.

보험자가 손해를 보상할 경우에 보험료의 지급을 받지 아니한 잔액이 있으면 그 지급기일이 도래하지 아니한 때라도 보상할 금액에서 이를 공제할 수 있다.

정답 ▶ ②

24.

상법 제666조 (손해보험증권) 손해보험증권에는 다음의 사항을 기재하고 보험자가 기명날인 또는 서명하여야 한다.

1. 보험의 목적
2. 보험사고의 성질
3. 보험금액
4. 보험료와 그 지급방법
5. 보험기간을 정한 때에는 그 시기와 종기
6. 무효와 실권의 사유
7. 보험계약자의 주소와 성명 또는 상호
8. 보험계약의 연월일
9. 보험증권의 작성지와 그 작성년월일

정답 ▶ ④

25.

상법 제651조 (고지의무위반으로 인한 계약해지)
보험계약당시에 보험계약자 또는 피보험자가 고의 또는 중대한 과실로 인하여 중요한 사항을 고지하지 아니하거나 부실의 고지를 한 때에는 보험자는 그 사실을 안 날로부터 1월내에, 계약을 체결한 날로부터 3년내에 한하여 계약을 해지할 수 있다. 그러나 보험자가 계약당시에 그 사실을 알았거나 중대한 과실로 인하여 알지 못한 때에는 그러하지 아니하다.

정답 ▶ ①

26.

농어업재해보험법 시행령 제3조의2(위원의 해촉) 농림축산식품부장관 또는 해양수산부장관은 법 제3조 제4항제1호에 따른 위원이 다음 각 호의 어느 하나에 해당하는 경우에는 해당 위원을 해촉(解囑)할 수 있다.

1. 심신장애로 인하여 직무를 수행할 수 없게 된 경우
2. 직무와 관련된 비위사실이 있는 경우
3. 직무태만, 품위손상이나 그 밖의 사유로 인하여 위원으로 적합하지 아니하다고 인정되는 경우
4. 위원 스스로 직무를 수행하는 것이 곤란하다고 의사를 밝히는 경우

정답 ▶ ②

27.

상법 제651조 (고지의무위반으로 인한 계약해지)
보험계약당시에 보험계약자 또는 피보험자가 고의 또는 중대한 과실로 인하여 중요한 사항을 고지하지 아니하거나 부실의 고지를 한 때에는 보험자는 그 사실을 안 날로부터 1월내에, 계약을 체결한 날로부터 3년내에 한하여 계약을 해지할 수 있다. 그러나 보험자가 계약당시에 그 사실을 알았거나 중대한 과실로 인하여 알지 못한 때에는 그러하지 아니하다.

정답 ▶ ④

28.

농어업재해보험법 제11조의5(손해평가사의 자격 취소)
① 농림축산식품부장관은 다음 각 호의 어느 하나에 해당하는 사람에 대하여 손해평가사 자격을 취소할 수 있다.
  1. 손해평가사의 자격을 거짓 또는 부정한 방법으로 취득한 사람

2. 거짓으로 손해평가를 한 사람

3. 제11조의4제6항을 위반하여 다른 사람에게 손해평가사의 명의를 사용하게 하거나 그 자격증을 대여한 사람

4. 제11조의4제7항을 위반하여 손해평가사 명의의 사용이나 자격증의 대여를 알선한 사람

5. 업무정지 기간 중에 손해평가 업무를 수행한 사람

② 제1항에 따른 자격 취소 처분의 세부기준은 대통령령으로 정한다.

정답 ▶ ④

29.

농어업재해보험법 제5조(보험목적물) 보험목적물은 다음 각 호의 구분에 따르되, 그 구체적인 범위는 보험의 효용성 및 보험 실시 가능성 등을 종합적으로 고려하여 농업재해보험심의회 또는 어업재해보험심의회를 거쳐 농림축산식품부장관 또는 해양수산부장관이 고시한다.

정답 ▶ ③

30.

농어업재해보험법 제9조(보험료율의 산정)
농림축산식품부장관 또는 해양수산부장관과 재해보험사업의 약정을 체결한 자(이하 "재해보험사업자"라 한다)는 재해보험의 보험료율을 객관적이고 합리적인 통계자료를 기초로 하여 보험목적물별 또는 보상방식별로 산정하되, 대통령령으로 정하는 행정구역 단위 또는 권역 단위로 산정하여야 한다.

정답 ▶ ②

31.

조교수 이상으로 「고등교육법」 제2조에 따른 학교에

서 수산물양식 관련학 또는 수산생명의학 관련학을 3년간 교육한 경력이 있는 자

정답 ▶ ④

32.

농어업재해보험법 시행령 제13조(업무 위탁)
법 제14조에서 "대통령령으로 정하는 자"란 다음 각 호의 자를 말한다.

1. 「농업협동조합법」에 따라 설립된 지역농업협동조합·지역축산업협동조합 및 품목별·업종별협동조합

1의2. 「산림조합법」에 따라 설립된 지역산림조합 및 품목별·업종별산림조합

2. 「수산업협동조합법」에 따라 설립된 지구별 수산업협동조합, 업종별 수산업협동조합, 수산물가공수산업협동조합 및 수협은행

3. 「보험업법」 제187조에 따라 손해사정을 업으로 하는 자

4. 농어업재해보험 관련 업무를 수행할 목적으로 「민법」 제32조에 따라 농림축산식품부장관 또는 해양수산부장관의 허가를 받아 설립된 비영리법인 (손해평가 관련 업무를 위탁하는 경우만 해당한다)

정답 ▶ ①

33.

② 심의회의 회의는 재적위원 과반수의 출석으로 개의(開議)하고, 출석위원 과반수의 찬성으로 의결한다.

정답 ▶ ②

34.

농어업재해보험법 시행령 제19조(기금의 결산)

기금결산보고서에는 다음 각 호의 서류를 첨부하여야 한다.

1. 결산 개요
2. 수입지출결산
3. 재무제표
4. 성과보고서
5. 그 밖에 결산의 내용을 명확하게 하기 위하여 필요한 서류

정답 ▶ ④

35.

농어업재해보험법 제25조(기금의 회계기관)
농림축산식품부장관은 기금의 관리·운용에 관한 사무를 위탁한 경우에는 해양수산부장관과 협의하여 농업정책보험금융원의 임원 중에서 기금수입담당임원과 기금지출원인행위담당임원을, 그 직원 중에서 기금지출원과 기금출납원을 각각 임명하여야 한다. 이 경우 기금수입담당임원은 기금수입징수관의 업무를, 기금지출원인행위담당임원은 기금재무관의 업무를, 기금지출원은 기금지출관의 업무를, 기금출납원은 기금출납공무원의 업무를 수행한다.

정답 ▶ ④

36.

농어업재해보험법상 손해평가사가 거짓으로 손해평가를 한 경우, 1년 이하의 징역 또는 1,000만원 이하의 벌금에 처한다.

정답 ▶ ②

37.

농어업재해보험법 시행령 제19조(기금의 결산)
① 기금수탁관리자는 회계연도마다 기금결산보고서를 작성하여 다음 회계연도 2월 15일까지 농림축산식품부장관 및 해양수산부장관에게 제출하여야 한다.
② 농림축산식품부장관은 해양수산부장관과 협의하여 기금수탁관리자로부터 제출받은 기금결산보고서를 검토한 후 심의회의 심의를 거쳐 다음 회계연도 2월 말일까지 기획재정부장관에게 제출하여야 한다.

정답 ▶ ③

38.

재해보험사업자는 법 제28조의2 제1항에 따라 수립한 보험가입촉진계획을 해당 연도 1월 31일까지 농림축산식품부장관 또는 해양수산부장관에게 제출하여야 한다.

정답 ▶ ②

39.

① 재해보험사업자의 발기인이 법 제18조에서 적용하는 「보험업법」 제133조에 따른 검사를 기피한 경우 → 200만원

정답 ▶ ①

40.

생육시기	재해	조사내용	조사시기	조사방법	비고
수확 전	보상하는 재해 전부	피해사실 확인 조사	사고접수 후 지체없이	보상하는 재해로 인한 피해발생여부 조사	피해사실이 명백한 경우 생략 가능
		재이앙(재직파) 피해 조사	사고접수 후 지체없이	해당농지에 보상하는 손해로 인하여 재이앙(재직파)이 필요한 면적 또는 면적비율 조사 · 조사방법: 전수조사 또는 표본조사	벼만 해당
		재파종 피해 조사	사고접수 후 지체없이	보상하는 재해로 인한 보험목적인 식물체 피해율 조사 · 조사방법: 전수조사 또는 표본조사	마늘만 해당
		경작불능 피해 조사	사고접수 후 지체없이	해당 농지의 피해 면적비율 또는 보험목적인 식물체 피해율 조사 · 조사방법: 전수조사 또는 표본조사	벼 및 밭작물(차(茶)제외)만 해당
		나무피해 조사	사고접수 후 지체없이	재해로 고사되거나 또는 지속적으로 과실생산이 불가능한 나무 수를 조사	특약가입 농지에만 실시
		결과모지 및 수정불량 조사	수정완료 후	살아있는 결과모지수 조사 및 수정불량(송이)피해율 조사 · 조사방법: 표본조사	복분자만 해당
		결실수 조사	결실완료 후	결실수 조사 · 조사방법: 표본조사	오디만 해당

정답 ▶ ③

41.

발아기 ~ 적과 전 : 태풍, 지진, 집중호우, 우박, 봄동상해

정답 ▶ ③

42.

"농업재해보험"이란 법 제4조에 따른 농작물재해보험, 임산물재해보험 및 가축재해보험을 말한다.

정답 ▶ ③

43.

농어업재해보험 손해평가요령 제5조의2 제1항(손해평가인 정기교육)

손해평가인 정기교육의 세부내용은 다음 각 호와 같다.

1. 농업재해보험에 관한 기초지식 : 농어업재해보험법 제정 배경·구성 및 조문별 주요내용, 농업재해보험 사업현황
2. 농업재해보험의 종류별 약관 : 농업재해보험 상품 주요내용 및 약관 일반 사항
3. 손해평가의 절차 및 방법 : 농업재해보험 손해평가 개요, 보험목적물별 손해평가 기준 및 피해유형별 보상사례
4. 피해유형별 현지조사표 작성 실습

정답 ▶ ②

44.

① 교차손해평가를 위해 손해평가반을 구성할 경우 손해평가사 1인 이상이 포함되어야 한다.

정답 ▶ ①

45.

- 가축 : 개별가축별
- 농작물 : 농지별
- 농업시설물: 보험가입 농가별

정답 ▸ ②

46.

벼의 보장범위는 이앙·직파불능 보장, 재이앙·재직파불능, 경작불능보장, 수확불능보장이다. 생산비보장은 원예시설·버섯재배사의 보장 범위이다.

정답 ▸ ①

47.

- 피해율 = (평년결실수 - 조사결실수 - 미보상감수결실수) ÷ 평년결실수 = (200-40-20) ÷ 200 = 0.78
- 종합위험방식 「과실손해보장」에서 "오디"의 보험금 산정 = 보험가입금액 × (피해율 - 자기부담비율) = 500 × (0.7 - 0.2) = 250만원

정답 ▸ ③

48.

종합위험방식 상품 「수확 전」 "복분자"에 해당하는 조사내용

수확 전	결과모지 및 수정불량조사	수정 완료 후	살아있는 결과모지수 조사 및 수정불량(송이)피해율 조사 · 조사방법: 표본조사	복분자만 해당

정답 ▸ ④

49.

특정위험방식 상품 "사과, 배, 단감, 떫은감"의 조사방법

적과후 ~ 수확전	태풍(강풍)· 집중호우	낙과피해(수)조사	사고접수 후 지체없이	재해로 인하여 떨어진 과실수를 조사 - 낙과수조사는 보험약관에서 정한 과실피해분류기준에 따라 구분하여 조사 · 조사방법: 전수조사 또는 표본조사
		나무피해 조사	사고접수 후 지체없이	발아기~적과전 조사와 동일
		낙엽피해(율)조사	사고접수 후 지체없이	6월부터 10월사이 태풍으로 인하여 발생한 낙엽피해 정도 조사 - 단감·떫은감에 대해서만 실시 · 조사방법: 표본조사
	우박	낙과수 조사	사고접수 후 지체없이	적과후~수확전 태풍·집중호우 낙과수 조사와 동일

정답 ▸ ①

50.

보험가입금액이 보험가액보다 작으므로,

(500-100)×(800÷1,000) = 400×0.8 = 320만원

※ 인삼의 보험금 산정(해가림시설)

- 보험가입금액이 보험가액과 같거나 클 때 : 보험가입금액을 한도로 손해액에서 자기부담금을 차감한 금액
- 보험가입금액이 보험가액보다 작을 때 : (손해액 - 자기부담금)×(보험가입금액 ÷ 보험가액)

정답 ▸ ②

제3과목 [재배학 및 원예작물학]

51.

온도는 그 조절이 용이하지 않고 식물, 계절, 생육단계, 기상조건에 따라 관리가 이루어져야 하기 때문에 시설 내에서 가장 중요한 환경인자이다.

정답 ▸ ①

52.

② 핵과류 - 복숭아, 자두

③ 장과류 - 포도, 참다래

④ 각과류 - 밤, 호두

정답 ▸ ①

53.

㉠ 접목 : 번식하고자 하는 모수의 가지를 잘라 다른
나무 대목에 붙여 번식하는 방법

㉡ 삽목 : 영양기관인 잎, 줄기, 뿌리를 모체로부터
분리하여 상토에 꽂아 번식하는 방법

정답 ▸ ④

54.

③ 종피파상 처리 : 수분을 흡수하지 못하여 휴면 상
태에 있는 종자의 휴면 타파 즉, 발아촉진을 위하
여 종피에 상처를 내는 처리이다.

정답 ▸ ③

55.

① 천적곤충을 이용하여 방제하는 방법은 생물학적
방제 방법이다.

정답 ▸ ①

56.

제시된 내용은 새싹채소에 대한 설명으로 채소의 씨
앗을 이용하여 2일 또는 6~7일 동안 싹을 길러서 이
용한다.

정답 ▸ ③

57.

오이의 암꽃착생에 가장 큰 환경 영향으로 온도와
일장이다. 즉, 오이는 육묘기간에 약15℃ 정도의 야
간저온과 10시간의 단일 조건에서 암꽃분화가 촉진
된다.

정답 ▸ ③

58.

배꼽썩음병은 꽃이 떨어진 부위에서 흑갈색으로 함
몰되어 말라버리거나 썩는 생리장해이다. 석회결핍
이나 토양수분의 급격한 변화에 의하여 생기는 것이
다. 병충해에 강한 방울토마토 보다 일반 토마토에
서 주로 발생한다. 응급 시에는 과실 및 잎표면에 염
화칼슘이나 질산칼슘 0.3~0.5%액, 시판 엽면시비용
칼슘제 등을 3~4일 간격으로 시비하면 효과적이다.

정답 ▸ ②

59.

토양에 석회 등의 알칼리성 물질을 시용하는 주요
목적은 산성토양을 개량하기 위함이다. 토양반응이
중성에 가까워지면 토양미생물 활동증진으로 토양
입단화가 촉진되어 통기성과 보습성 등 여러 가지
작물생육에 이롭다.

정답 ▸ ③

60.

② 일소현상, 결구장해, 조기추대는 고온장해 증상
이다.

정답 ▸ ②

61.

국화는 단일성 식물이므로 단일처리로 꽃눈분화를 촉진시키거나, 장일처리로 꽃눈분화를 억제시킬 수 있다. 재배지 주변의 가로등이 밤에 켜져 있으면 긴 암기를 조명으로 분단하는 광중단(또는 암기중단) 현상으로 국화의 꽃눈분화가 억제되어 개화가 되지 않을 수 있다.

정답 ▸ ②

62.

① 피복자재는 광투과율이 높고, 열전도율이 낮아야 한다.

정답 ▸ ①

63.

④ 안스리움 : 고온에서 잘 자라는 관엽식물로, 저온에 노출되는 시간이 길어질수록 피해가 발생한다.
① 장미 : 수확 직후 5~6℃ 의 저온저장고에서 예냉처리를 한다.
② 금어초 : 저온 발아성으로 생육 최저 온도는 4℃ 이다.
③ 카네이션 : 저장 전 처리 후 절화의 수분 유지가 가능한 상자에 포장하여 일정기간 동안 저온 저장한다.

정답 ▸ ④

64.

④ 증발억제제 살포는 토양의 수분 증발을 억제해 습해를 피해를 심화시킨다. 습해의 가장 큰 원인으로 토양의 과습상태가 지속되어 토양의 통기불량에 의한 산소부족 때문이다. 배수, 토양개량, 내습성 작물 선택 등은 습해방지의 기본대책이다.

정답 ▸ ④

65.

제시된 내용은 '춘화 현상"에 대해 설명이다. 춘화 현상이란 : 식물체가 생육의 일정시기(주로 초기)에 저온에 의하여 화성, 즉 화아의 분화, 발육의 유도 및 촉진하는 현상으로 버널리제이션이라고 한다.

정답 ▸ ①

66.

토양의 입단이 파괴되는 원인으로는 수분이 많거나 적을 때 "경운"을 하거나 토양이 건조하거나 질어질 때, "동결과 융해의 반복"이 이루어질 때, 입자의 결합체인 "유기물이 분해"될 때, "강우"가 많거나 "기온의 변동이 심할 때" 등이 있다.

정답 ▸ ④

67.

토양 수분을 pF값이 낮은 것부터 나열하며 **모관수**(표면장력에- 의해 토양공극 내에서 중력에 저항하여 유지되는 수분으로 2.7~4.5) - **흡**착수(분자간의 인력에 의해서 수증기가 피막상으로 응축된 수분으로 4.5이상) - **결**합수(점토광물에 결합되어 있어 분리시킬 수 없는 수분으로 7.0이상) 순이다.

정답 ▸ ③

68.

생육 초기에는 (종축) 생장이, 그 후에는 (횡축)생장이 왕성하므로 따뜻한 지방에서는 후기 생장이 충분히 이루어져 과실이 대체로(편원형) 모양이 되기 쉽고, 생육후기의 온도가 낮은 지역은 후기 생장이 일찍 정지 되어 (원형 또는 장원형)이 된다.

정답 ▶ ①

69.

우리나라 우박의 피해는 돌발적이고 단시간에 큰 피해가 발생하며, 우박은 지리적 조건의 영향으로 피해지역이 국지적으로 내리는 범위의 너비가 수 km에 불과하지만 그 피해는 큰 편이다.

정답 ▶ ③

70.

① 멀칭 : 농작물을 재배할 때 경지토양의 표면을 짚, 풀, 필름 등의 여러 가지 재료로 직접 덮어주는 일
③ 중경 : 작물의 생육 도중에 작물이 심겨진 골 토양을 가볍게 갈거나 긁어주는 작업
④ 쇄토 : 갈아 일으킨 흙덩이를 곱게 부수고 지면을 평평하게 고르는 작업

정답 ▶ ②

71.

④ 고두병 : 과수작물 표면에 검은 반점이 생기고, 과실 껍질 바로 밑에 과육에 죽은 부위가 나타나고 점차 갈색 병반이 생기면서 약간 오목하게 들어간다. 고두병의 주원인은 과실에 칼슘 성분 부족 때문인 것으로 알려져 있다.
① 일소 : 식물이나 작물의 표면에 맺히는 물방울이 렌즈작용을 하여 작물체가 빛에 의해 타들어가는 현상
② 동록 : 과피가 매끄럽지 않고 쇠에 녹이 낀 것처럼 거칠어지는 증상

③ 열과 : 다량의 수분이 흡수되어 과실의 외피가 터지는 수분장해현상

정답 ▶ ④

72.

① 진딧물은 어린잎이나 잎의 뒷면에 서식하여 식물체의 즙액을 빨아 먹고, 식물체의 생육을 정지시키고, 표면에 배설물을 부착시켜 그을음병을 유발시킨다. 고추의 전 생육기간에 걸쳐 발생하며 CMV(모자이크병) 등 식물 바이러스를 옮기는 매개충이다. 천적으로 기생성 진디벌과 포식성 파리류, 무당벌레, 풀잠자리 등이 있다.
② 잎응애류 : 대부분 잎의 표면에 기생하는데, 천적인 칠레이리응애는 잎응애의 알, 약충, 성충 등 모든 세대의 체액을 흡즙하여 사멸시킨다.
③ 잎굴파리 ; 유충은 잎이나 줄기속에서 굴을 파고 다니면서 식물체의 엽육을 갉아 먹어 피해를 준다. 잎굴파리의 천적에는 오부 기생봉인 굴파리좀벌과 내부 기생봉인 굴파리 꼬치벌이 있다.
④ 총채벌레 : 주로 꽃과 잎을 가해하여 작물의 생육 지장, 농산물의 상품성 저하 바이러스병 매개 해충이다. 천적인 애꽃노린재는 해충의 몸에 구침을 찔러 넣어 체액을 빨아 먹는다.

정답 ▶ ①

73.

② 지베렐린 : 벼의 키다리병균에 의해 생산된 고등식물의 식물생장조절제이다. 로제트(rosette)현상을 타파하기 위하여 지베렐린을 처리하면 줄기의 신장촉진작용, 휴면타파, 화아분화 및 개화촉진작용, 열매의 생장촉진작용 등이 있다. 로제트(rosette)현상이란 저온으로 인해 마디사이가 매우 짧아지고 생장점 부근에 잎이 밀생하는 것을 말한다. 이러한 현상은 생육온도가 적온이 되면

다시 정상적인 생장을 하게 된다.

① 옥신 : 세포분열과 세포신장을 촉진하여 생장촉진의 대표적 물질이다.

③ 에틸렌 : 알칼리 기체성 물질로 호흡촉진, 성숙촉진, 착색촉진, 개화촉진, 노화 및 낙엽촉진 등을 일으키는 식물호르몬이다.

④ 아브시스산 : 식물의 생장을 억제하는 대표적 물질로 발아억제, 엽록소형성 억재, 노화촉진, 낙엽 및 낙과 촉진, 수분 부족 및 저온장해 저항성 증진의 역할을 하는 식물호르몬이다.

정답 ▶ ②

74.

과수재배 시 일조가 부족하면 광합성이 저하되고, 신초 웃자람 현상이 나타난다. 꽃눈 형성 촉진, 과실 비대 촉진, 사과 착색 촉진은 일조가 충분해야 가능하다.

정답 ▶ ①

75.

② 염화비닐(PVC)필름 : 내후성, 내한성, 인열강도, 충격강도가 양호하며, 연질피복재 중 보온성이 가장 높다.

① 폴리에틸렌(PE)필름 : 광투과율이 높으므로 보온성이 떨어진다.

③ 불소계 수지(ETFE)필름 : 비점착성, 내약품성, 광투과성, 내후성, 내열성, 방습성, 난연성 등의 특징을 갖고 있다.

④ 에틸렌 아세트산비닐(EVA)필름 ; 폴리에틸렌(PE)필름 보다 보온성은 약간 떨어지나, 내후성 및 방적성이 좋다.

정답 ▶ ②

제3회 기출 모의고사 정답 및 해설

1	③	2	③	3	③	4	④	5	④	6	①	7	④	8	①	9	③	10	①
11	②	12	③	13	②	14	④	15	①	16	③	17	④	18	②	19	③	20	①
21	②	22	①	23	③	24	④	25	②	26	②	27	①	28	④	29	①	30	②
31	④	32	②	33	④	34	③	35	④	36	③	37	①	38	①	39	②	40	①
41	③	42	②	43	④	44	②	45	③	46	①	47	①	48	④	49	③	50	②
51	②	52	①	53	②	54	④	55	①	56	②	57	②	58	④	59	④	60	②
61	③	62	④	63	②	64	①	65	③	66	④	67	④	68	③	69	③	70	①
71	④	72	③	73	①	74	③	75	②												

제1과목 [상법]

1.

③ 보험자가 기간 내에 낙부의 통지를 해태한 때에
는 승낙한 것으로 본다(상법 제638조의 2 제2항).

정답 ▶ ③

2.

보험자의 파산선고와 계약해지(상법 제654조)

① 보험자가 파산의 선고를 받은 때에는 보험계약자
는 계약을 해지할 수 있다.

② ①의 규정에 의하여 해지하지 아니한 보험계약은
파산선고 후 (3월)을 경과한 때에는 그 효력을 잃
는다.

정답 ▶ ③

3.

③ 당사자 간에 다른 약정이 있는 때에는 보험자는
보험금액의 한도 내에서 그 손해를 보상할 책임

을 진다(상법 제674조 후단).

정답 ▶ ③

4.

④ 손해액의 산정에 관한 비용은 보험자의 부담으로
한다(상법 제676조 제2항).

정답 ▶ ④

5.

④ 상법 제677조에서는 '보험자가 손해를 보상할 경
우에 보험료의 지급을 받지 아니한 잔액이 있으
면 그 지급기일이 도래하지 아니한 때라도 보상
할 금액에서 이를 공제할 수 있다.'라고 명시한
다. 즉, 보험료불가분의 원칙에 따라 자연히 지급
기일이 도래한 보험료를 공제할 수 있다.

정답 ▶ ④

6.

② 피보험자가 보험의 목적을 양도한 때에는 양수인
은 보험계약상의 권리와 의무를 승계한 것으로

추정한다(상법 제679조 제1항).

③ 보험계약자와 피보험자는 손해의 방지와 경감을 위하여 노력하여야 한다. 그러나 이를 위하여 필요 또는 유익하였던 비용과 보상액이 보험금액을 초과한 경우라도 보험자가 이를 부담한다(상법 제680조 제1항).

④ 피보험자가 보험의 목적을 양도한 때 보험의 목적의 양도인 또는 양수인은 보험자에 대하여 지체 없이 그 사실을 통지하여야 한다(상법 제679조 참조).

정답 ▶ ①

7.

④ 보험의 목적의 전부가 멸실한 경우에 보험금액의 전부를 지급한 보험자는 그 목적에 대한 피보험자의 권리를 취득한다(상법 제681조 전단).

정답 ▶ ④

8.

① 상법 제683조에는 '화재보험계약의 보험자는 화재로 인하여 생긴 손해를 보상할 책임이 있다.'라고 규정한다. 이를 통해 화재보험에서는 일반적으로 위험보편의 원칙이 적용됨을 알 수 있다.

정답 ▶ ①

9.

① 화재보험계약의 성립이 이루어진 후 계약당사자 간의 편의에 의해 발행되는 것이 화재보험증권이므로 화재보험증권의 교부는 화재보험계약의 성립요건에 해당하지 않는다.

② 화재보험증권은 요식증권의 성질을 가지며 참고로 화재보험증권은 보험계약에 대한 증거증권이다.

④ 건물을 보험의 목적으로 한 때에는 그 소재지, 구조와 용도를 기재하여야 한다(상법 제685조 제1호 참조).

정답 ▶ ③

10.

② 총괄보험 : 보험목적의 일부 또는 전부가 수시로 교체될 것을 예정하고 있는 보험
특정보험 : 집합보험 중 보험의 목적이 특정되어 있는 것을 담보하는 보험

③ 집합된 물건을 일괄하여 보험의 목적으로 한 때에는 그 목적에 속한 물건이 보험기간 중에 수시로 교체된 경우에도 보험사고의 발생 시에 현존한 물건은 보험의 목적에 포함된 것으로 한다(상법 제687조).

④ 보험의 목적이 된 수개의 물건 가운데 일부에 대하여만 고지의무 위반이 있는 경우에 보험자는 나머지 부분에 대하여도 동일한 조건으로 그 부분만에 대하여 보험계약을 체결하지 아니하였으리라는 사정이 없는 한 그 고지의무 위반이 있는 물건에 대하여만 보험계약을 해지할 수 있고 나머지 부분에 대하여는 보험계약의 효력에 영향이 없다고 할 것이고, 이 경우 보험계약자가 일부 물건에 대하여 고지하지 아니한 사항이 보험계약의 나머지 부분에 있어서도 상법 제651조에서 정한 '중요한 사항', 즉 보험자가 보험사고의 발생과 그로 인한 책임부담의 개연율을 측정하여 보험계약의 체결 여부 또는 보험료나 특별한 면책조항의 부가와 같은 보험계약의 내용을 결정하기 위한 표준이 되는 사항으로서 객관적으로 보험자가 그 사실을 안다면 그 계약을 체결하지 아니하든가 또는 적어도 동일한 조건으로는 계약을 체결하지 아니하리라고 생각되는 사항에 해당하는 경우에만 그 불고지를 들어 계약 전체를 실효시키거나 취소할 수 있다(대판 1999. 4. 23. 선고 99다8599).

정답 ▸ ①

11.

② 보험자가 보험계약자로부터 보험계약의 청약과 함께 보험료 상당액의 전부 또는 일부의 지급을 받은 때에는 다른 약정이 없으면 30일 내에 그 상대방에 대하여 낙부의 통지를 발송하여야 한다(상법 제638조의 2 제1항 전단).

정답 ▸ ②

12.

① 보험계약자는 위임을 받거나 위임을 받지 아니하고 특정 또는 불특정의 타인을 위하여 보험계약을 체결할 수 있다(상법 제639조 제1항 전단).
② 손해보험계약의 경우에 그 타인의 위임이 없는 때에는 보험계약자는 이를 보험자에게 고지하여야 하고, 그 고지가 없는 때에는 타인이 그 보험계약이 체결된 사실을 알지 못하였다는 사유로 보험자에게 대항하지 못한다(상법 제639조 제1항 후단).
④ 타인을 위해서 보험계약을 체결한 보험계약자는 보험자에 대하여 보험료를 지급할 의무가 있다(상법 제639조 제3항 전단).

정답 ▸ ③

13.

ㄱ. 보험자는 보험계약이 성립한 때에는 지체없이 보험증권을 작성하여 보험계약자에게 교부하여야 한다. 그러나 보험계약자가 보험료의 전부 또는 최초의 보험료를 지급하지 아니한 때에는 그러하지 아니하다(상법 제640조 제1항). (○)
ㄷ. 기존의 보험계약을 연장하거나 변경한 경우에는 보험자는 그 보험증권에 그 사실을 기재함으로

써 보험증권의 교부에 갈음할 수 있다(상법 제640조 제2항). (○)
ㄴ. 보험증권을 멸실 또는 현저하게 훼손한 때에는 보험계약자는 보험자에 대하여 증권의 재교부를 청구할 수 있다. 그 증권작성의 비용은 보험계약자의 부담으로 한다(상법 제642조). (×)

정답 ▸ ②

14.

※ 보험사고의 객관적 확정의 효과(상법 제644조)
보험계약 당시에 보험사고가 이미 발생하였거나 또는 발생할 수 없는 것인 때에는 그 계약은 무효로 한다. 그러나 당사자 쌍방과 피보험자가 이를 알지 못한 때에는 그러하지 아니하다.

정답 ▸ ④

15.

① 보험대리상이 아니면서 특정한 보험자를 위하여 계속적으로 보험계약의 체결을 중개하는 자는 '보험계약자로부터 보험료를 수령할 수 있는 권한(보험자가 작성한 영수증을 보험계약자에게 교부하는 경우만 해당한다)' 및 '보험자가 작성한 보험증권을 보험계약자에게 교부할 수 있는 권한'이 있다(상법 제646조의 2 제3항 참조).
※ 보험대리상 등의 권한(상법 제646조의 2 제1항)
보험대리상은 다음의 권한이 있다.
1. 보험계약자로부터 보험료를 수령할 수 있는 권한
2. 보험자가 작성한 보험증권을 보험계약자에게 교부할 수 있는 권한
3. 보험계약자로부터 청약, 고지, 통지, 해지, 취소 등 보험계약에 관한 의사표시를 수령할 수 있는 권한

4. 보험계약자에게 보험계약의 체결, 변경, 해지 등 보험계약에 관한 의사표시를 할 수 있는 권한

정답 ▶ ①

16.

보험사고의 발생으로 보험자가 보험금액을 지급한 때에도 보험금액이 감액되지 아니하는 보험의 경우에는 보험계약자는 그 사고발생 후에도 보험계약을 해지할 수 있다(상법 649조 제2항).

정답 ▶ ③

17.

보험계약 당시에 보험계약자 또는 피보험자가 고의 또는 중대한 과실로 인하여 중요한 사항을 고지하지 아니하거나 부실의 고지를 한 때에는 보험자는 그 사실을 안 날로부터 1월내에, 계약을 체결한 날로부터 3년 내에 한하여 계약을 해지할 수 있다. 그러나 보험자가 계약 당시에 그 사실을 알았거나 중대한 과실로 인하여 알지 못한 때에는 그러하지 아니하다(상법 제651조).

정답 ▶ ④

18.

② 보험계약자는 계약체결 후 지체 없이 보험료의 전부 또는 제1회 보험료를 지급하여야 하며, 보험계약자가 이를 지급하지 아니하는 경우에는 다른 약정이 없는 한 계약 성립 후 2월이 경과하면 그 계약은 해제된 것으로 본다(상법 제650조 제1항). 다만 판례에는 당사자 간의 특약으로 계약이 실효됨을 규정한 약관은 무효라고 판시하고 있다(대판 1995. 11. 16. 선고 94다56852)

정답 ▶ ②

19.

ㄴ. 보험기간 중에 보험계약자, 피보험자 또는 보험수익자의 고의 또는 중대한 과실로 인하여 사고 발생의 위험이 현저하게 변경 또는 증가된 때에는 보험자는 그 사실을 안 날부터 1월내에 보험료의 증액을 청구하거나 계약을 해지할 수 있다(상법 653조). (○)

ㄷ. 보험사고가 발생한 후라도 보험자가 계약을 해지하였을 때에는 보험금을 지급할 책임이 없고 이미 지급한 보험금의 반환을 청구할 수 있다. 다만, 고지의무(告知義務)를 위반한 사실 또는 위험이 현저하게 변경되거나 증가된 사실이 보험사고 발생에 영향을 미치지 아니하였음이 증명된 경우에는 보험금을 지급할 책임이 있다(상법 655조). (○)

ㄱ. 보험기간 중에 보험계약자 또는 피보험자가 사고발생의 위험이 현저하게 변경 또는 증가된 사실을 안 때에는 지체 없이 보험자에게 통지하여야 한다. 이를 해태한 때에는 보험자는 그 사실을 안 날로부터 1월내에 한하여 계약을 해지할 수 있다(상법 652조 제1항). (×)

정답 ▶ ③

20.

동일한 보험계약의 목적과 동일한 사고에 관하여 수 개의 보험계약이 동시에 또는 순차로 체결된 경우에 그 (보험금액)의 총액이 (보험가액)을 초과한 때에는 보험자는 각자의 (보험금액)의 한도에서 연대책임을 진다(상법 제672조 제1항 전단).

정답 ▶ ①

21.

② 보험료청구권의 소멸시효는 2년이다(상법 662조).

※ 소멸시효(상법 662조)

보험금청구권은 3년간, 보험료 또는 적립금의 반환 청구권은 3년간, 보험료청구권은 2년간 행사하지 아 니하면 시효의 완성으로 소멸한다.

정답 ▸ ②

22.

① 손해보험계약의 보험자는 보험사고로 인하여 생 길 피보험자의 재산상의 손해를 보상할 책임이 있다(상법 제665조).

정답 ▸ ①

23.

손해보험증권(제666조)

손해보험증권에는 다음의 사항을 기재하고 보험자 가 기명날인 또는 서명하여야 한다.

1. 보험의 목적
2. 보험사고의 성질
3. 보험금액
4. 보험료와 그 지급방법
5. 보험기간을 정한 때에는 그 시기와 종기
6. 무효와 실권의 사유
7. 보험계약자의 주소와 성명 또는 상호
7의 2. 피보험자의 주소, 성명 또는 상호
8. 보험계약의 연월일
9. 보험증권의 작성지와 그 작성년월일

정답 ▸ ③

24.

④ 계약이 보험계약자의 사기로 인하여 체결된 때에 는 그 계약은 무효로 한다. 그러나 보험자는 그 사실을 안 때까지의 보험료를 청구할 수 있다(상 법 제669조 제4항).

정답 ▸ ④

25.

② 그 가액이 사고발생 시의 가액을 현저하게 초과 할 때에는 사고발생 시의 가액을 보험가액으로 한다(상법 제670조 후단).

정답 ▸ ②

제2과목 [농어업재해보험법]

26.

농업재해보험 손해평가요령 제8조(손해평가반 구성 등)

① 재해보험사업자는 제2조제1호의 손해평가를 하 는 경우에는 손해평가반을 구성하고 손해평가반 별로 평가일정계획을 수립하여야 한다.

② 제1항에 따른 손해평가반은 다음 각 호의 어느 하나에 해당하는 자를 1인 이상 포함하여 5인 이 내로 구성한다.

1. 손해평가인
2. 손해평가사
3. 「보험업법」 제186조에 따른 손해사정사

③ 제2항의 규정에도 불구하고 다음 각 호의 어느 하나에 해당하는 손해평가에 대하여는 해당자를 손해평가반 구성에서 배제하여야 한다.

1. 자기 또는 자기와 생계를 같이 하는 친족(이하 "이해관계자"라 한다)이 가입한 보험계약에 관한 손해평가
2. 자기 또는 이해관계자가 모집한 보험계약에 관한 손해평가
3. 직전 손해평가일로부터 30일 이내의 보험가입 자간 상호 손해평가
4. 자기가 실시한 손해평가에 대한 검증조사 및 재조사

정답 ▸ ②

27.

"농어업재해"란 농작물·임산물·가축 및 농업용 시설물에 발생하는 자연재해·병충 해·조수해(鳥獸害)·질병 또는 화재(이하 "농업재해"라 한다)와 양식수산물 및 어업 용 시설물에 발생하는 자연재해·질병 또는 화재(이하 "어업재해"라 한다)를 말한다.

정답 ▶ ①

28.

농어업재해보험법 제3조(심의회)

이 법에 따른 농어업재해보험(이하 "재해보험"이라 한다) 및 농어업재해재보험(이하 "재보험"이라 한다)에 관한 다음 각 호의 사항을 심의하기 위하여 농림축산식품부장관 소속으로 농업재해보험심의회를 두고, 해양수산부장관 소속으로 어업재해보험심의회를 둔다.

1. 재해보험 목적물의 선정에 관한 사항
2. 재해보험에서 보상하는 재해의 범위에 관한 사항
3. 재해보험사업에 대한 재정지원에 관한 사항
4. 손해평가의 방법과 절차에 관한 사항
5. 농어업재해재보험사업(이하 "재보험사업"이라 한다)에 대한 정부의 책임범위에 관한 사항
6. 재보험사업 관련 자금의 수입과 지출의 적정성에 관한 사항
7. 다른 법률에서 농업재해보험심의회 또는 어업재해보험심의회(이하 "심의회"라 한다)의 심의 사항으로 정하고 있는 사항
8. 그 밖에 농림축산식품부장관 또는 해양수산부장관이 필요하다고 인정하는 사항

정답 ▶ ④

29.

농어업재해보험법 제8조(보험사업자)

재해보험사업을 하려는 자는 농림축산식품부장관 또는 해양수산부장관과 재해보험사업의 약정을 체결하여야 한다.

정답 ▶ ①

30.

농어업재해보험법 제8조(보험사업자)

재해보험사업을 할 수 있는 자는 다음 각 호와 같다.

1. 「수산업협동조합법」에 따른 수산업협동조합중앙회(이하 "수협중앙회"라 한다)
2. 「산림조합법」에 따른 산림조합중앙회
3. 「보험업법」에 따른 보험회사

정답 ▶ ②

31.

농어업재해보험법 제9조 (보험료율의 산정)

농림축산식품부장관 또는 해양수산부장관과 재해보험사업의 약정을 체결한 자(이하 "재해보험사업자"라 한다)는 재해보험의 보험료율을 객관적이고 합리적인 통계자료를 기초로 하여 보험목적물별 또는 보상방식별로 산정하되, 대통령령으로 정하는 행정구역 단위 또는 권역 단위로 산정하여야 한다.

정답 ▶ ④

32.

농어업재배보험법 제10조(보험모집)

재해보험을 모집할 수 있는 자는 다음 각 호와 같다.

1. 산림조합중앙회와 그 회원조합의 임직원, 수협중앙회와 그 회원조합 및 「수산업협동조합법」에 따라 설립된 수협은행의 임직원
2. 「수산업협동조합법」의 공제규약에 따른 공제모집인으로서 수협중앙회장 또는 그 회원조합장이 인정하는 자

3. 「산림조합법」의 공제규정에 따른 공제모집인으로서 산림조합중앙회장이나 그 회원조합장이 인정하는 자
4. 「보험업법」에 따라 보험을 모집할 수 있는 자

정답 ▸ ②

33.

④ 보험목적물 또는 관련 분야에 관한 전문 지식과 경험을 갖추었다고 인정되는 대통령령으로 정하는 기준에 해당하는 사람에게는 손해평가사 자격시험 과목의 일부를 면제할 수 있다. 〈농어업재해보험법 제11조의 4(손해평가사의 시험 등)〉

정답 ▸ ④

34.

농어업재해보험법 제11조(손해평가 등)
농림축산식품부장관 또는 해양수산부장관은 제1항에 따른 손해평가인이 공정하고 객관적인 손해평가를 수행할 수 있도록 연 1회 이상 정기교육을 실시하여야 한다.

정답 ▸ ③

35.

농어업재해보험법 제19조(재정지원)
① 정부는 예산의 범위에서 재해보험가입자가 부담하는 보험료의 일부와 재해보험사업자의 재해보험의 운영 및 관리에 필요한 비용(이하 "운영비"라 한다)의 전부 또는 일부를 지원할 수 있다. 이 경우 지방자치단체는 예산의 범위에서 재해보험가입자가 부담하는 보험료의 일부를 추가로 지원할 수 있다.
② 농림축산식품부장관·해양수산부장관 및 지방자치단체의 장은 제1항에 따른 지원 금액을 재해보험사업자에게 지급하여야 한다.
③ 「풍수해보험법」에 따른 풍수해보험에 가입한 자가 동일한 보험목적물을 대상으로 재해보험에 가입할 경우에는 제1항에도 불구하고 정부가 재정지원을 하지 아니한다.
④ 제1항에 따른 보험료와 운영비의 지원 방법 및 지원 절차 등에 필요한 사항은 대통령령으로 정한다.

정답 ▸ ④

36.

농업재해보험 손해평가요령 제10조 (손해평가준비 및 평가결과 제출)
③ 손해평가반은 현지조사서에 손해평가 결과를 정확하게 작성하여 보험가입자에게 이를 설명한 후 서명을 받아 재해보험사업자에게 제출하여야 한다. 다만, 보험가입자가 정당한 사유 없이 서명을 거부하는 경우 손해평가반은 보험가입자에게 손해평가 결과를 통지한 후 서명없이 현지조사서를 재해보험사업자에게 제출하여야 한다.

정답 ▸ ③

37.

농업재해보험 손해평가요령 제12조(손해평가 단위)
보험목적물별 손해평가 단위는 다음 각 호와 같다.
1. 농작물 : 농지별
2. 가축 : 개별가축별(단, 벌은 벌통 단위)
3. 농업시설물 : 보험가입 목적물별

정답 ▸ ①

38.

농업재해보험 손해평가요령 제13조(농작물의 보험가액 및 보험금 산정) ① 농작물에 대한 보험가액 산

정은 다음 각 호와 같다.

1. 특정위험방식 보험가액은 적과후 착과수조사를 통해 산정한 기준수확량에 보험가입 당시의 단위당 가입가격을 곱하여 산정한다. 다만, 인삼은 가입면적에 보험가입 당시의 단위당 가입가격을 곱하여 산정하되, 보험가액에 영향을 미치는 가입면적, 연근 등이 가입당시와 다를 경우 변경할 수 있다.

2. 적과전종합위험방식의 보험가액은 적과후착과수조사를 통해 산정한 기준수확량에 보험가입 당시의 단위당 가입가격을 곱하여 산정한다.

3. 종합위험방식 보험가액은 보험증권에 기재된 보험목적물의 평년수확량에 보험가입 당시의 단위당 가입가격을 곱하여 산정한다. 다만, 보험가액에 영향을 미치는 가입면적, 주수, 수령, 품종 등이 가입당시와 다를 경우 변경할 수 있다.

4. 생산비보장의 보험가액은 작물별로 보험가입 당시 정한 보험가액을 기준으로 산정한다. 다만, 보험가액에 영향을 미치는 가입면적 등이 가입당시와 다를 경우 변경할 수 있다.

5. 나무손해보장의 보험가액은 기재된 보험목적물이 나무인 경우로 최초 보험사고 발생 시의 해당 농지 내에 심어져 있는 과실생산이 가능한 나무 수 (피해 나무 수 포함)에 보험가입 당시의 나무당 가입가격을 곱하여 산정한다.

정답 ▸ ①

39.

농어업재해보험법 제15조(보험료 및 운영비의 지원)
② 보험료 또는 운영비의 지원금액을 지급받으려는 재해보험사업자는 농림축산식품부장관 또는 해양수산부장관이 정하는 바에 따라 재해보험 가입현황서나 운영비 사용계획서를 농림축산식품부장관 또는 해양수산부장관에게 제출하여야 한다.

정답 ▸ ②

40.

농업재해보험 손해평가요령 제15조 (농업시설물의 보험가액 및 손해액 산정)
① 농업시설물에 대한 보험가액은 보험사고가 발생한 때와 곳에서 평가한 피해목적물의 재조달가액에서 내용연수에 따른 감가상각률을 적용하여 계산한 감가상각액을 차감하여 산정한다.
② 농업시설물에 대한 손해액은 보험사고가 발생한 때와 곳에서 산정한 피해목적물의 원상복구비용을 말한다.
③ 제1항 및 제2항에도 불구하고 보험가입당시 보험가입자와 재해보험사업자가 보험가액 및 손해액 산정방식을 별도로 정한 경우에는 그 방법에 따른다.

정답 ▸ ①

41.

① 복분자 : 결과모지 및 수정불량 조사
② 오디 : 결실수 조사
④ 단감 : 특정위험방식 또는 적과전 종합위험방식

정답 ▸ ③

42.

벌칙(농어업재해보험법 제30조 제2항)
다음의 어느 하나에 해당하는 자는 1년 이하의 징역 또는 1천만 원 이하의 벌금에 처한다.
1. 법을 위반하여 모집을 한 자
2. 법을 위반하여 고의로 진실을 숨기거나 거짓으로 손해평가를 한 자
3. 법을 위반하여 다른 사람에게 손해평가사의 명의를 사용하게 하거나 그 자격증을 대여한 자
4. 법을 위반하여 손해평가사의 명의를 사용하거나 그 자격증을 대여받은 자 또는 명의의 사용이나 자격증의 대여를 알선한 자

정답 ▸ ②

43.

※ 업무 위탁(농어업재해보험법 시행령 제13조)

법에서 "대통령령으로 정하는 자"란 다음의 자를 말한다.

1. 농업협동조합법에 따라 설립된 지역농업협동조합·지역축산업협동조합 및 품목별·업종별협동조합
1의 2. 산림조합법에 따라 설립된 지역산림조합 및 품목별·업종별산림조합
2. 수산업협동조합법에 따라 설립된 지구별 수산업협동조합, 업종별 수산업협동조합, 수산물가공수산업협동조합 및 수협은행
3. 보험업법 제187조에 따라 손해사정을 업으로 하는 자
4. 농어업재해보험 관련 업무를 수행할 목적으로 민법 제32조에 따라 농림축산식품부장관 또는 해양수산부장관의 허가를 받아 설립된 비영리법인(손해평가 관련 업무를 위탁하는 경우만 해당한다)

정답 ▶ ④

44.

② 경고(업무정지·위촉해지 등 제재조치의 세부기준 2. 개별기준_농업재해보험 손해평가요령 별표 3)

정답 ▶ ②

45.

③ 손해평가반이 손해평가를 실시할 때에는 재해보험사업자가 해당 보험가입자의 보험계약 사항 중 손해평가와 관련된 사항을 손해평가반에게 통보하여야 한다(농업재해보험 손해평가요령 제9조 제2항).

정답 ▶ ③

46.

※ 농작물의 품목별·재해별·시기별 손해수량 조사방법(농업재해보험 손해평가요령 별표 2)

종합위험방식 상품(농업수입보장 포함)

생육 시기	재해	조사 내용	조사 시기	조사 방법	비고
수확 전	보상하는 재해 전부	과실 손해 조사	결실 완료 후	결실 수 조사 • 조사방법 : 표본 조사	오디만 해당

정답 ▶ ①

47.

① 재해보험사업자는 보험가입자가 손해평가반의 손해평가결과에 대하여 설명 또는 통지를 (받은 날)로부터 (7일) 이내에 손해평가가 잘못되었음을 증빙하는 서류 또는 사진 등을 제출하는 경우 재해보험사업자는 다른 손해평가반으로 하여금 재조사를 실시하게 할 수 있다(농업재해보험 손해평가요령 제10조 제5항).

정답 ▶ ①

48.

※ 손해평가업무방법서(농업재해보험 손해평가요령 제16조)

(재해보험사업자)는 이 요령의 효율적인 운용 및 시행을 위하여 필요한 세부적인 사항을 규정한 손해평가업무방법서를 작성하여야 한다.

※ 재검토기한(농업재해보험 손해평가요령 제17조)

농림축산식품부장관은 이 고시에 대하여 2020년 1월 1일 기준으로 매 (3년)이 되는 시점(매 3년째의 12월 31일까지를 말한다)마다 그 타당성을 검토하여 개선 등의 조치를 하여야 한다.

정답 ▶ ④

49.

ㄱ. 특정위험방식 보험가액은 적과 후 착과 수 조사를 통해 산정한 기준수확량에 보험가입 당시의 단위 당 가입가격을 곱하여 산정한다. 다만, 인삼은 가입면적에 보험가입 당시의 단위 당 가입가격을 곱하여 산정하되 보험가액에 영향을 미치는 가입면적, 연근 등이 가입 당시와 다를 경우 변경할 수 있다(농업재해보험 손해평가요령 제13조 제1항 제1호).

ㄷ. 종합위험방식 보험가액은 보험증권에 기재된 보험목적물의 평년수확량에 보험가입 당시의 단위 당 가입가격을 곱하여 산정한다. 다만, 보험가액에 영향을 미치는 가입면적, 주수, 수령, 품종 등이 가입 당시와 다를 경우 변경할 수 있다(농업재해보험 손해평가요령 제13조 제1항 제3호).

정답 ▸ ③

50.

생육시기	재해	조사내용	조사시기	조사방법	비고
발아기 ~ 적과전	태풍(강풍)·집중호우	나무피해조사	사고접수 후 지체 없이	유실, 매몰, 도복, 절단, 침수피해로 고사되거나 또는 지속적으로 과실생산이 불가능한 나무 수를 조사	
	우박	유과타박율조사	사고접수 후 지체 없이	우박으로 인한 유과(어린과실) 및 꽃(눈)등의 타박비율 조사 · 조사방법: 표본조사	
	봄동상해	피해확인조사	사고접수 후 지체 없이	봄동상해로 인한 꽃(눈)등의 피해사실을 확인하는 조사 · 조사방법: 표본조사	

정답 ▸ ②

제3과목 [농학개론 중 재배학 및 원예작물학]

51.

② 핵과류 : 씨방의 중과피가 발달하여 과실이 되며 내과피가 단단히 경화되어 핵을 형성하는 과실(복숭아, 매실, 자두, 살구, 앵두, 양앵두, 체리 등)

① 인과류 : 씨방 이외의 꽃받기 발달하여 형성되는 과실(사과, 배, 비파, 모과 등)

③ 장과류 : 씨방의 외과피가 발달하여 형성되는 과실(포도, 블루베리, 무화과, 나무딸기, 키위 등)

④ 각과류 : 씨방의 자엽이 발달하여 형성되는 과실로 되며 과피가 단단하게 외부를 감싸고 있는 과실(밤, 호두, 아몬드 등)

정답 ▸ ②

52.

나트륨 이온을 첨가하면 점토의 결합을 느슨(분산)하게 하여 입단을 파괴한다.

정답 ▸ ①

53.

① 벼과작물은 콩과작물에 비해 질소시비량을 늘여주는 것이 좋으며, 콩과작물은 질소고정·공급력이 있으므로 벼과작물에 비해 질소시비량을 줄여주는 것이 좋다.

③ 질소결핍증상은 유엽(幼葉)보다 노엽(老葉)에서 먼저 나타나는데 이유는 질소가 부족하면 노엽(老葉)에서 유엽(幼葉)으로 체내 이동이 일어나기 때문이다.

④ 암모니아태 질소비료를 석회 및 마그네슘과 함께 사용하면 암모니아태 질소가 가스화되어 비효가 유실되기 때문에 동시에 사용하는 것은 바람직하지 않다.

정답 ▸ ②

54.

모두 식물체 내 물의 기능에 해당한다.

정답 ▶ ④

55.

밭에서 고랑(휴립구파)재배를 할 경우 배수가 불량하여 습해 피해가 발생되기 용이하므로 따라서 습해가 예상될 경우 이랑(휴립휴파)재배 즉, 이랑을 세워서 이랑위에 파종하는 것이 습해 대책으로 좋다.

정답 ▶ ①

56.

밀식재배를 할 경우 가뭄 피해가 더 커질 수 있다.
ㄱ. 중경제초 : 작물 생육기간 동안 작물사이 토양표면을 쪼아주면 모세관의 절단으로 토양수분 증발을 억제하고, 잡초를 동시에 제거하면 작물과 수분경합이 경감 되어 한해(旱害) 대책이 된다.
ㄴ. 밀식재배 : 밀식재배를 할 경우 작물의 내건성이 약화 되어 가뭄 피해가 더 커질 수 있다. ㄷ. 토양입단 조성 : 토양입단 조성이 조성 되면 토양수분 보유력 및 공급력이 증되되어 한해(旱害) 대책이 된다.

정답 ▶ ②

57.

과수작물의 동해 및 서리피해에서 배나무의 경우 꽃이 일찍 피는 따뜻한 지역에서 늦서리 피해가 많이 일어난다. 최근에는 온난화의 영향으로 개화기가 빨라져 핵과류에서 서리피해가 빈번하게 발생한다. 송풍법은 상층의 더운 공기를 아래로 불어내려 과수원의 기온 저하를 막아주는 방법이다.

정답 ▶ ②

58.

④ 작물의 생육 적온은 대부분 20~25℃이며, 대부분 주간의 생육적온이 야간의 생육적온보다 높은 변온조건이 유리하고, 주간과 야간의 생육적온은 다르다.

정답 ▶ ④

59.

광보상점은 광합성에 의한 이산화탄소 흡수량과 호흡에 의한 이산화탄소 방출양이 같은 지점이다. 그리고 내음성이 강한 작물은 약한 작물보다 광보상점이 높다.

정답 ▶ ④

60.

ㄱ. 우박은 5~6월에 가장 많이 발생한다.
ㄹ. 피해를 받지 않은 열매는 남기고, 상처가 심하게 나거나 생육이 부진한 열매를 따내 안전한 결실량을 확보하도록 한다.

정답 ▶ ②

61.

① 한해 : 추위로 입는 피해 또는 가뭄으로 인하여 입는 재해
② 습해 : 토양이 과습하여 작물 생장이 쇠퇴하고, 수량이 저하되는 등 과습에 의한 피해
④ 냉해 : 저기온으로 인해 식물에 장해를 일으키는 현상

정답 ▶ ③

62.

사과나무 낙과방지제로 옥신계 물질 2,4-D, 2,4,5-T, AVG 등이 사용된다. 시토키닌은 적정량의 옥신이 포함된 조직에서 세포분열 및 기관의 분화 등 생장을 조절하는 역할을 한다.

정답 ▶ ④

63.

① 경화 : 경화 또는 순화는 점진적으로 저온에 노출되어야 하는데, 일반적으로 각종 스트레스에 대하여 내성이 강화되는 모든 형태적 또는 생리적 변화과정과 그 결과로, 내한성, 내동성, 내건성, 내열성 등을 포함한다.

② 동화 : 물질대사를 통하여 생화학적으로 생물체내에서 물질이 합성되는 것을 말한다.

③ 적화 : 개화수가 지나치게 많을 때 꽃망울이나 꽃을 따주어 과실의 생장 및 품질을 조절하는 관리 작업이다.

④ 춘화 : 대부분 추파성을 갖고 있는 식물의 생육일 정시기(주로 초기) 온도(주로 저온)에 일정시간 노출시켜 화아분화 및 추대(抽薹:화아분화 되어 꽃대가 나오는 현상)를 촉진시키는 관리 작업이다.

정답 ▶ ①

64.

플러그육묘(고정육묘)는 '플러그'라는 불리는 응집성이 있는 소량의 배지가 담긴 개개의 셀에서 길러진 모종을 말한다. 플러그육모는 육묘과정을 정밀하게 집약적으로 관리함으로써 생력화와 생산비 절감 효과가 크고 생산자재 및 묘소질의 규격화가 가능하다.

정답 ▶ ①

65.

③ 봄결구배추 재배 시 보온육묘를 하여 생육초기 저온을 피할 수 있고, 추대(抽薹:화아분화 되어 꽃대가 나오는 현상)를 방지할 수 있어 상품성을 높일 수 있으므로 보온육묘해서 이식하는 것이 좋다.

정답 ▶ ③

66.

④ 영양번식방법 중에서 접목(접붙이기)은 수세를 조절하고 병해충 저항성을 높일 수 있다. 삽목(꺾꽂이)묘를 이용하면 수세 및 병충해에 대한 내성이 약해질 수 있다.

정답 ▶ ④

67.

담배모자이크바이러스병은 주로 담배, 사과, 가지과(가지, 고추, 토마토, 감자 등) 작물의 잎에 진하고 엷은 녹색의 무늬가 얼룩져 생긴다. 보통 감염된 식물은 죽진 않지만 잎, 꽃, 과일 등에 얼룩이나 반점이 나타나고 잘 크지 못하여 작물의 양과 질이 떨어지게 된다. 배추의 대표적인 병으로는 뿌리혹병, 무름병, 노균병, 탄저병 등이 있다.

정답 ▶ ④

68.

엽경채류는 주로 잎, 꽃, 잎줄기를 식용하는 채소(배추, 시금치, 상추, 미나리, 브로콜리, 아스파라거스, 죽순, 마늘, 양파 등)를 말한다. 오이는 과채류에 속한다.

정답 ▶ ③

69.

저온에 의하여 꽃눈형성이 유기되는 것을 춘화라 말하며, 당근·양배추 등은 녹식물춘화형으로 식물체가 일정한 크기에 도달해야만 저온에 감응하여 화아분화가 이루어진다.

정답 ▶ ③

70.

A농가 : 호흡급등형 과실 : 과실의 성숙 과정 중 호흡 활성이 일시적으로 상승하다가 그 후 저하되는 과실을 클라이맥테릭형 과실이라 부른다. 호흡 활성이 상승하는 시기가 과실의 가식기에 해당한다. 이에는 사과, 살구, 아보카도, 바나나, 망고, 파파야, 복숭아, 서양배, 자두, 키위 등이 속한다.

B농가 : 호흡 비급등형 과실 : 이에 반해 과실의 전 성숙 과정에 걸쳐 호흡 상승이 보이지 않고 과실 수확 후에도 호흡이 계속 저하되는 비클라이맥테릭형 과실이 있는데, 이에는 체리, 포도, 블루베리, 감귤류, 동양배, 가지 등이 속한다.

정답 ▶ ①

71.

단일성식물 : 밤의 길이가 낮의 길이 보다 상대적으로 긴 장야조건에서 꽃이 피는 칼랑코에, 포인세티아, 맨드라미, 국화 과꽃, 코스모스, 세루비아 등는 단일성 식물로 도로 건설로 야간 조명이 늘어나면 광중단(암기중단)현상으로 개화가 지연되어 대책이 필요하다.

장일성 식물 : 단일성 식물과 반대로 낮의 길이가 밤의 길이보다 긴 장일조건에서 꽃이 피는 페튜니어, 금어초, 양귀비 등이고, 낮

과 밤의 길이 즉, 일장과 관계없이 꽃이 피는 장미 시클라멘, 제라륨 등은 중성식물이다.

정답 ▶ ④

72.

③ 극락조화는 남아프리카 원산지인 식물로 비내한성 작물로 추위에 매우 약하여 월동온도가 최저 8℃로 이하로 떨어지면 냉해를 입는다.

① 장미 : 수확직후 5~6℃의 저온저장고에서 예냉처리를 한다.

② 백합 : 저온 처리하여 발아촉진(싹을 틔움) 시킬 수 있는 저온성 작물이다.

④ 국화 : 적정 저장온도는 1~2℃가 좋으며, 4~5℃에서도 약 2주간 저장이 가능하다.

정답 ▶ ③

73.

일조량 부족 : 하우스 오이재배의 경우 오이낙과의 직접적 원인은 꽃과 과일의 생장비대가 촉진되는 시기에 일조량이 부족하면 광합성에 의한 동화양분의 부족으로 낙과가 많이 발생한다.

정답 ▶ ①

74.

③ pH : 배양액의 적정 pH는 5.5~6.5 범위가 적당하며, 5.0~7.0의 범위에서도 생육에 지장이 없으므로 산도가 pH7에 가까운 물 pH7은 중성으로 수경재배에 사용이 가능한 물질이다.

① 철분 : 철분함량이 높은 물은 공기와 접촉하면 산화되어 침전되므로 작물이 직접 이용할 수 없을 뿐만 아니라 점적관수 때 노즐의 막힌 원인 되므로 제거해야 한다.

② 나트륨, 염소의 함량 : 일반적 용수 중에 나트륨, 염소의 함량 30~40ppm 정도가 되면 문제 발생 가능성이 있으며, 75ppm 이상에서는 급액방법과 배액방법을 적절히 조절해야 한다.100ppm이상이 되면 용수로서 장기간 이용이 어렵다.

④ 중탄산 함량 : 고농도의 중탄산은 pH 상승의 원인이 되므로 산으로 중화 시켜야 하며, 원수 속의 중탄산 함량은 30~50ppm 수준으로 유지 하는 것이 좋다.

정답 ▶ ③

75.

② 폴리에스테르필름은 광선투과율(90% 전후)이 높고 보온성이 좋은 경질 피복재이다.

연질피복재 : 두께 0.05~0.2mm의 필름으로 폴리에틸렌필름, 염화비닐필름, 에틸렌아세트산비닐필름 등이 있다.

정답 ▶ ②

손해평가사 1차 한권으로 끝내기

저   자 : 메인에듀손해평가사연구회
제작 유통 : 메인에듀(주)
초 판 발 행 : 2023. 07. 03
초 판 인 쇄 : 2023. 07. 03
마 케 팅 : 메인에듀(주)
주   소 : 서울시 강동구 성안로 115(성내동), 3층 304호
전   화 : 1544-8513
정   가 : 34,000원
I S B N : 979-11-89357-53-5